## 图书在版编目(CIP)数据

解释学视角的《资本论》经济哲学研究 / 王维平等著. —北京：中央编译出版社，2021.3
ISBN 978-7-5117-3895-0

Ⅰ.①解… Ⅱ.①王… Ⅲ.①《资本论》-马克思著作研究 Ⅳ.①A811.23

中国版本图书馆 CIP 数据核字(2020)第 259977 号

---

**解释学视角的《资本论》经济哲学研究**

| | |
|---|---|
| 责任编辑： | 刘　溪 |
| 责任印制： | 刘　慧 |
| 出版发行： | 中央编译出版社 |
| 地　　址： | 北京西城区车公庄大街乙5号鸿儒大厦B座（100044） |
| 电　　话： | （010）52612345（总编室）　（010）52612336（编辑室） |
| | （010）52612316（发行部）　（010）52612346（馆配部） |
| 传　　真： | （010）66515838 |
| 经　　销： | 全国新华书店 |
| 印　　刷： | 佳兴达印刷（天津）有限公司 |
| 开　　本： | 710毫米×1000毫米　1/16 |
| 字　　数： | 445千字 |
| 印　　张： | 30.25 |
| 版　　次： | 2021年3月第1版 |
| 印　　次： | 2021年3月第1次印刷 |
| 定　　价： | 168.00元 |
| 网　　址： | www.cctphome.com　　邮　箱：cctp@cctphome.com |
| 新浪微博： | @中央编译出版社　　微　信：中央编译出版社（ID：cctphome） |
| 淘宝店铺： | 中央编译出版社直销店（http：//shop108367160.taobao.com）　（010）55626985 |

本社常年法律顾问：北京市吴栾赵阎律师事务所律师　闫军　梁勤
凡有印装质量问题，本社负责调换。电话：（010）55626985

国家社科基金西部项目"解释学视角的《资本论》经济哲学研究"（项目批准号：14XKS005）

# 解释学视角的《资本论》经济哲学研究

王维平 等 著

中央编译出版社
Central Compilation & Translation Press

# 序 言

《资本论》是马克思留给人类的对资本逻辑批判的伟大精神遗产。本书从《资本论》文本"重新理解"的构建意义出发,对解释学解读《资本论》的适用性、有效性、有限性和价值性进行了探究,对《资本论》在解释学视域的存在方式、理解范式和当代价值展做了多维层面的讨论,以利于对《资本论》内容的原有的"理解"进行了"理解"本身的再审思,以更具实践性和历史性的"解释学"的批判意识重新审视对《资本论》文本"理解"的认知旨趣。具体来说,本书包含以下四个方面的内容。

一是从解释学切入,探讨解释学原理对以《资本论》为主要代表的马克思主义经典文本研究的"适用性",寻求二者之间的融合贯通,提出双向解释学研究方法以拓展研究范式,回应关于解释学与马克思主义经典文本研究的不相容性的质疑,搭建和拓宽解释学与马克思主义经典文本之间对话的可能性途径。

二是从马克思主义哲学切入,针对学界对《资本论》与唯物史观思想的关系这一论域的存疑,从实践的角度考察社会有机体发展维度这一整体性视域出发,从七个逻辑层面对《资本论》中的唯物史观思想进行理论提炼与阐明。针对《资本论》唯物史观思想的三重误解和错误论调,即《资本论》的思想性质在哲学与经济学上的断裂、《资本论》作为马克思成熟期的著作与他早期著作在思想上的断裂、《资本论》过时论及马克思《资本论》人学空场论，提出以总体性原则对《资本论》唯物史观思想进行科学理解，阐明马克思《资本论》辩证法和人学思想的科学内涵和时代价值，以阐明马克思主义哲学与解释学之间的融通性。

三是从政治经济学的视角切入，以"经济学—哲学"双重批判性逻辑为主线，以《资本论》商品货币及拜物教理论的经济哲学诠释、资本本质属性思想的经济哲学诠释、间距与市场经济理论、剩余价值学说思想贡献的当代诠释、资本主义经济的二律背反、资本循环机制的经济哲学诠释、虚拟资本理论的经济哲学诠释为专题，对马克思《资本论》中蕴含的经济哲学思想和方法进行了挖掘分析。政治经济学的切入能使得马克思主义政治经济学与解释学之间有机贯通与融合，以更好理解《资本论》文本意义，以回应《资本论》政治经济学研究与解释学研究之间的分野和"隔断"的观点。

四是从马克思主义伦理学视角切入，对《资本论》蕴含的劳动伦理、分配伦理、科技伦理、生态伦理思想进行了再挖掘，对其基本意蕴，现实启迪和当代价值进行了实践关照下的再阐释。特别是聚焦于劳动正义、劳动关系、劳动制度这一命题，从资本主义基本矛盾构筑资本主义劳资关系的基本特征等四重维度，对《资本论》劳动伦理思想的演进和内在的逻辑进行了分析。对《资本论》分配伦理的解释学解读呈现出马克思分配理论与解释学方法之间的融通性，再现了马克思对资本主义分配制度的正义失范、抽象公平、剥削本质、社会关系、反伦理性进行的锐利批判，在批判的基础上建构理想社会的分配制度，为促进人的全面而自由发展提供制度设计。对《资本论》蕴含的科技伦理进行总结和归纳，关照我国当代社会科技发展现实，审视科技的未来发展趋势，关注科技发展过程中出现的重大问题，警惕科技异化的出现，以科技伦理进行规约，确保科技发展的方向，坚持人的主体地位，努力克服科技异化，健全相关法律。阐明《资本论》生态伦理，分析资本主义生态正义失范的根源，界定人与自然之间的关系，探讨生态可持续发展和运行的基本路径，为当代我国生态文明建设提供理论借鉴和现实启示。上述四个角度的分析有助于展现《资本论》伦理学批判的多重维度，挖掘其当代价值，为我国生态文明发展提供理论资源，为推进《资本论》研究的伦理学与解释学相互融合提供有力尝试。

  本书研究的目的在于运用多学科、多视角来分析和研究《资本论》经济哲学，实现《资本论》研究的解释学与马克思主义哲学、经济学、伦理学之间的对话，力求将《资本论》文本意义的理解达到一个新的高度，这是本研究的初衷。其创新和特色之处体现在于研究方法的多元化，解释学与哲学方法之间的融通性与冲突之间的张力在《资本论》文本意义的理解中呈现出来，双向解释学的提出弥合了二者之间的冲突；坚持以中国特色社会主义实践为出发点，推进《资本论》经典文本理解的历史进程，防止对《资本论》文本意义的理解出现绝对主义和相对主义，以实践检验和发展对《资本论》经典文本的理解，力求为我国学术界《资本论》的研究走向深入做一点贡献。

王维平

2020 年 6 月

# 目 录

**引 论 本书相关文献综述** / 001

一、分析方法与文献来源 / 001

二、《资本论》经济哲学研究相关文献的计量分析 / 001

 （一）相关文献的数量与增长态势 / 001

 （二）相关文献聚类分析 / 003

 （三）本研究文献社会网络分析 / 005

三、国内外研究现状 / 005

 （一）国外研究现状 / 007

 （二）国内研究现状 / 008

**第一章 解释学视角的切入** / 013

第一节 《资本论》研究的解释学视角的分析 / 013

 一、解释学方法与《资本论》文本及观点的研究 / 014

 二、《资本论》解读的解释学方法的适用性 / 018

 三、《资本论》研究的解释学方法构成条件 / 020

 四、解释学与《资本论》原理的当代验证 / 032

第二节 解释学方法对《资本论》研究的启迪 / 034

 一、解释学与马克思主义经典研究适用性的学界争论 / 036

 二、解释学四重方法递进的《资本论》文本解读 / 040

三、《资本论》四重辩证法视域的解释学蕴含分析 / 054
　　四、解释学对《资本论》研究的四重方法论启迪 / 067
第三节　解释学视域的《资本论》意义图景重置 / 074
　　一、解释学的《资本论》与《资本论》的解释学 / 074
　　二、解释学视域中文本图景意义的探寻 / 077
　　三、《资本论》研究方法的解释学蕴含 / 085
　　四、解释学对《资本论》意义图景重建的方法论价值 / 099
第四节　解释学三重循环视域的《资本论》意义挖掘 / 112
　　一、解释学循环的方法论意义 / 113
　　二、以《资本论》文本为中心的循环 / 114
　　三、以《资本论》理解者为中心的循环 / 117
　　四、以《资本论》理解为中心的循环 / 120
　　五、《资本论》文本的"解释学循环"反思 / 124
第五节　效果历史观视域的《资本论》文本理解 / 125
　　一、效果历史观：通向"理解"的第三条道路 / 130
　　二、效果历史观与《资本论》的文本存在方式 / 134
　　三、效果历史观与《资本论》的文本理解范式 / 139
　　四、效果历史观与《资本论》的文本价值再现 / 144

## 第二章　马克思主义哲学视角的切入 / 153

第一节　《资本论》贯穿的唯物史观思想的再理解 / 153
　　一、《资本论》的唯物史观思想的研究情况 / 154
　　二、经济学-哲学批判与唯物史观在《资本论》中的发展 / 157
　　三、《资本论》唯物史观思想的七个逻辑层面 / 173
　　四、理解《资本论》唯物史观思想的总体性原则 / 187
第二节　《资本论》中体现的辩证法的再理解 / 190
　　一、《资本论》中体现的对立统一规律 / 193
　　二、《资本论》中体现的质量互变规律 / 199

三、《资本论》中体现的否定之否定规律 / 203

第三节　《资本论》中蕴含的实践人学思想 / 207
　　一、《资本论》的实践人学的生成逻辑 / 207
　　二、《资本论》的实践人学表达与人文关照 / 210
　　三、《资本论》的实践人学价值意蕴 / 228

## 第三章　马克思主义政治经济学视角的切入 / 230

第一节　时间间距与《资本论》对市场经济理论的贡献 / 231
　　一、市场经济是人类文明的共同成果 / 231
　　二、解释学"时间间距"视角与马克思"从后思考"方法 / 233
　　三、中国对市场经济几十年的艰难探索回顾 / 234
　　四、从时间间距看《资本论》对市场经济理论的贡献 / 237
　　五、从时间间距看中国社会主义市场经济 / 243
　　六、市场经济的优势和弊端属于全人类 / 247
　　七、透过时间间距看《资本论》的思想启迪 / 249

第二节　对《资本论》剩余价值学说思想贡献的再认识 / 251
　　一、关于剩余价值学说的唯物史观基础 / 252
　　二、关于资本主义社会的剥削本质 / 254
　　三、关于资本主义社会的剥削形式 / 256
　　四、关于资本家人格化资本的特征 / 260
　　五、关于资本主义制度的历史宿命 / 261
　　六、关于剩余价值规律的双重展现 / 264
　　七、关于价值创造的终极源泉 / 267

第三节　《资本论》虚拟资本理论的经济哲学解释 / 271
　　一、《资本论》第三卷的虚拟资本理论 / 272
　　二、解释学视角分析《资本论》的理论意义 / 274
　　三、解释学视角分析《资本论》虚拟资本理论 / 276
　　四、解释学视角分析《资本论》虚拟资本理论的时代启迪 / 302

## 第四章 马克思主义伦理学角度的切入 / 308

### 第一节 《资本论》中劳动的伦理阐释与当代价值 / 309
一、解释学视角看劳动的伦理追问与资本逻辑运行 / 309
二、基于历史唯物主义视角审视劳动伦理思想 / 323
三、劳动的伦理旨趣与现实问题反思 / 334

### 第二节 解释学视角的《资本论》分配伦理思想 / 345
一、《资本论》分配伦理思想此在解释学解读 / 346
二、《资本论》分配伦理思想的语言解释学解读 / 365
三、《资本论》分配伦理思想方法论的解释学解读 / 383
四、《资本论》分配伦理思想的解释学解读的启示 / 393

### 第三节 《资本论》蕴含的科技伦理思想 / 399
一、《资本论》蕴含的近代科技发展史 / 399
二、《资本论》中表达的科学技术观 / 401
三、《资本论》中的科技伦理思想 / 403
四、《资本论》中科技伦理思想的归纳 / 406
五、《资本论》中科技伦理思想的当代价值 / 409

### 第四节 《资本论》生态伦理思想价值的时代解读 / 411
一、文献梳理：《资本论》生态伦理思想研究综述 / 412
二、文本解读：《资本论》生态伦理思想的挖掘 / 414
三、视域融合：《资本论》生态伦理思想再理解 / 427
四、实践关照：《资本论》生态伦理思想的当代启迪 / 430

**本书主要参考文献** / 434

**附　录　马克思《资本论》（第一卷）细纲抽绎** / 443

**后　记** / 471

# 引 论 本书相关文献综述

## 一、分析方法与文献来源

文献计量分析是通过对相关文献的发表年份、关键词等进行统计分析而达到的对相关领域的研究状况和研究动态整体把握。它有助于我们进行研究视角的选择和寻找到本研究的独特价值。引论部分主要是利用文献计量分析软件 SATI 进行相关统计和可视化分析，数据来源是中国知网 CNKI 中的期刊和学位论文数据库。期刊论文的文献检索式是"SU = '资本论' and ( TI = '经济' or TI = '哲学' or TI = '解释学' ) "，来源类别为"全部期刊"，年限为 1980 年—2018 年。博硕士学位论文的检索式与期刊论文相同，学位授予年度为 1980 年—2018 年。初步检索之后经过认真筛选并去除不相关论文和重复论文，最后得到《资本论》经济哲学研究领域的论文总数目，包括期刊论文和硕士博士论文数量。

## 二、《资本论》经济哲学研究相关文献的计量分析

### （一）相关文献的数量与增长态势

从相关文献数量的统计来看，1980 年—2018 年该领域的发文量从整体

上是在波动中呈现增长态势的（见表 0-1），尤其是从 2010 年以来发文量持续保持了较高水平。具体来看，1980 年—1989 年间最高发文量是 42 篇，最低发文量是 2 篇；1990 年—1999 年间最高发文量是 25 篇，最低发文量是 11 篇；2000 年—2009 年间最高发文量是 42 篇，最低发文量是 11 篇；2010 年—2018 年间最高发文量达到了 51 篇，最低发文量是 26 篇。可见，关于《资本论》经济哲学及解释学视角的马克思主义的研究得到了学界的高度关注，是多年以来研究的一个热点问题。

表 0-1 1980 年—2018 年《资本论》经济哲学研究相关文献数量统计

| 年份 | 论文数 | 年份 | 论文数 | 年份 | 论文数 | 年份 | 论文数 |
| --- | --- | --- | --- | --- | --- | --- | --- |
| 1980 | 2 | 1990 | 13 | 2000 | 21 | 2010 | 32 |
| 1981 | 12 | 1991 | 17 | 2001 | 13 | 2011 | 26 |
| 1982 | 13 | 1992 | 12 | 2002 | 11 | 2012 | 33 |
| 1983 | 42 | 1993 | 11 | 2003 | 15 | 2013 | 31 |
| 1984 | 10 | 1994 | 25 | 2004 | 16 | 2014 | 47 |
| 1985 | 13 | 1995 | 14 | 2005 | 17 | 2015 | 46 |
| 1986 | 12 | 1996 | 14 | 2006 | 23 | 2016 | 48 |
| 1987 | 8 | 1997 | 21 | 2007 | 42 | 2017 | 51 |
| 1988 | 13 | 1998 | 20 | 2008 | 31 | 2018 | 31 |
| 1989 | 7 | 1999 | 17 | 2009 | 28 | | |

图 0-1 中的述曲线表明，《资本论》及其经济哲学研究的发展与我国社会主义市场经济的实践推进密切相关。在我国改革开放四十多年的历史上，其研究出现过几个高潮：第一个高潮是 1982 年到 1984 年，这正是我国改革开放事业的蓬勃发展时期；第二个高潮出现在 1992 年到 1995 年期间，这个时期邓小平南方谈话，中国进入改革开放新的历史关节点；第三个高潮是在 2007 年到 2008 年，这个时期正是美国次贷危机爆发时期，《资

本论》的伟大意义被重新唤醒,第四个高潮是党的十八大以后,马克思主义政治经济学对中国特色社会主义市场经济的指导价值。被再次重视起来。2015年11月23日,中共中央政治局第28次集体学习的内容就是马克思主义政治经济学的基本原理和方法论。

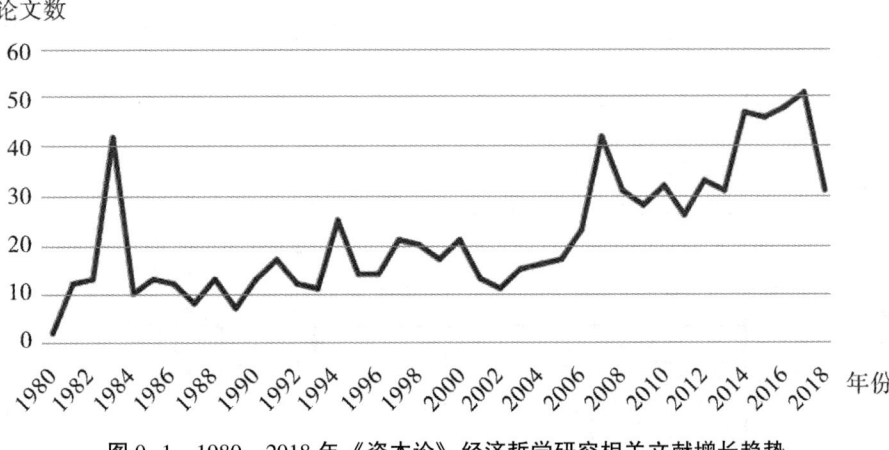

图 0-1 1980—2018 年《资本论》经济哲学研究相关文献增长趋势

可见,理论的命运和实践的命运从来都密不可分,理论因实践呼唤而出场,因实践要求而诞生,因实践发展而发展。包括《资本论》在内的马克思主义理论,在实践中不断出场,因而一直在场,从来没有被遗忘。《资本论》的理论魅力经久不衰,《资本论》的经典论述不断显现出其真理性的光芒。

### (二) 相关文献聚类分析

这里利用 SATI 进行了相关论文关键词的提取和词频统计,并在此基础上形成了频次较高的前 30 个关键词的相似共现矩阵,之后在 SPSS.21 的分类功能中对这些关键词进行了系统聚类分析。从图 0-2 中可以看出,该领域的研究主题集中在企业管理、市场经济理论、生产方式与生产关系、马克思主义解释学、马克思主义经济哲学、马克思主义政治经济学等方面。

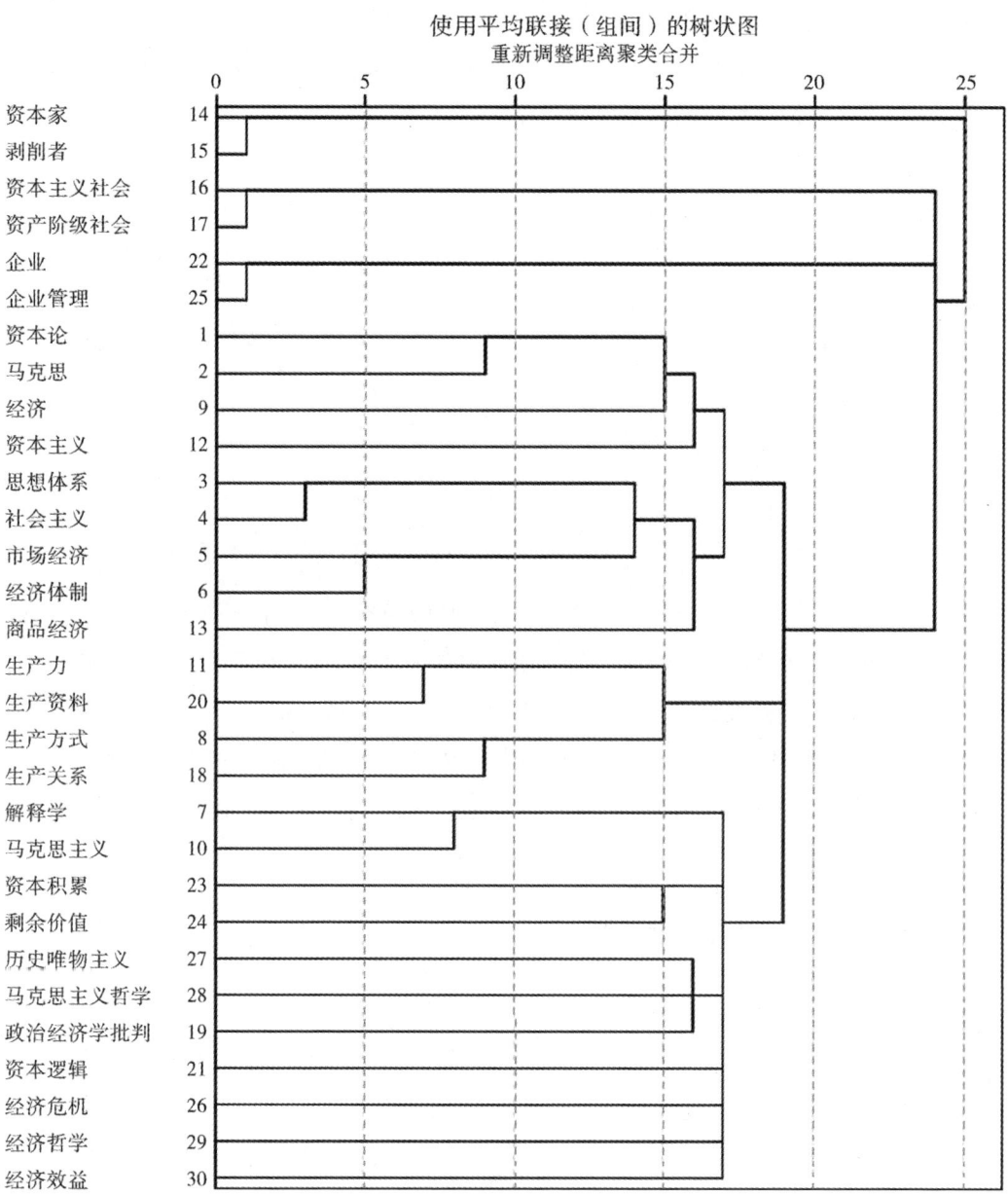

图 0-2 关键词使用平均联结的树状图

### (三) 研究文献的社会网络分析

这里的社会网络分析是将论文关键词作为网络节点,通过计算各节点的相关性而形成网络知识图谱。本书选取出现频次较高的前50个关键词作为网络节点,通过SATI和UCINET两个软件的结合运用形成了网络知识图谱。从图0-3中可以看出大量研究集中在《资本论》的经济理论方面,包括生产力、生产方式、市场经济、价值规律、剩余价值、企业管理等,而从哲学角度的研究较少,比如经济哲学、政治哲学、经济伦理、解释学等。

## 三、国内外研究现状

解释学,作为文本研究的一种范式,在西方具有悠久的历史。解释学是一门既古老又年轻的学科。解释学的源头一直可以追溯到古希腊,亚里士多德被称为解释学的先驱,中世纪主要用来解释《圣经》。近代以来,施莱尔马赫才真正意义上将解释学发展为一门现代意义上的解释学理论。后来经过海德格尔,尤其是伽达默尔,解释学才有了一定意义上的完备状态,解释学运用到各种学科当中,成为一门显学。马克思主义是一门重要的科学,马克思生前留下了大量的著作,但是要对这些著作有一个全面而深入的了解,解释学的范式是一种必不可少的研究样态。就目前国内外学者对马克思的文本解读的方式看,解释学的路径得到了很多学者的赞同。就目前国内外的研究情况来看,对马克思的经典著作运用解释学的研究已经不少,但是从整体来看,研究还是比较宽泛。本书主要运用解释学的范式,对马克思耗费了毕生精力、花费了40年写作的巨著《资本论》进行系统的解读,以求达到对马克思主义经典著作的本真解读,这也是对马克思经典文本解读的一种尝试,试图达到真正走进马克思,还原马克思主义的本来面目。

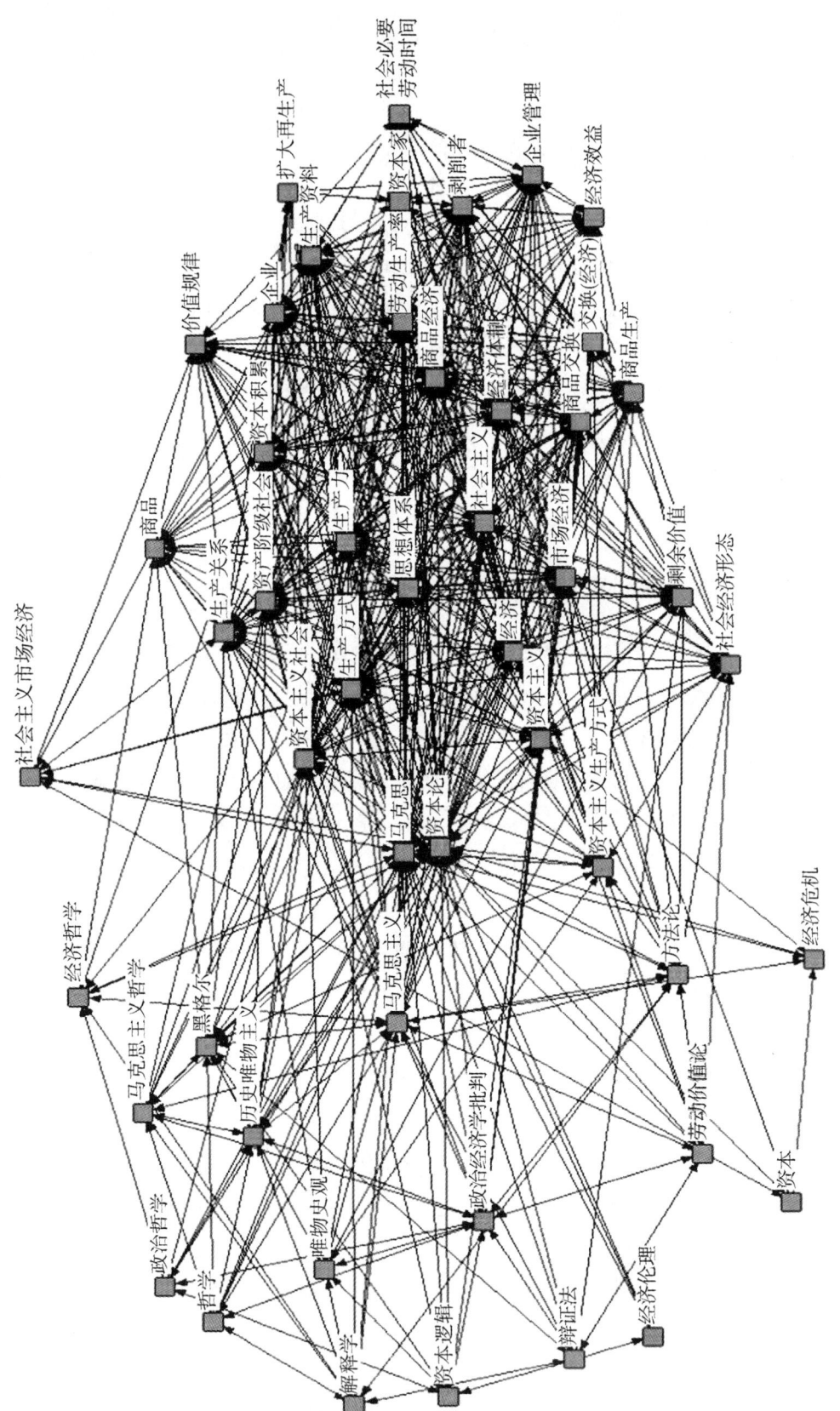

图0-3 解释学视角下的《资本论》经济哲学研究相关文献关键词的社会网络分析

## (一) 国外研究现状

解释学在西方是一种显学,解释学被运用到人文社会科学的很多学科中。对马克思主义的研究也是如此,马克思一生留下了大量的著作,要对这些著作有一个全面的了解,解释学的范式是一个很好的路径。尤其是自20世纪70年代以来,西方马克思主义和后现代哲学家中的一些代表人物,开始了对马克思文本的新的诠释。他们将马克思主义和解释学结合起来,德里达、詹姆逊、哈贝马斯、阿尔都塞、赛麦克等都是这方面的代表人物,他们被称为"解释学的马克思主义"。德里达主要用解构的范式来研究马克思,他的研究范式被称为"解释学的解释学";哈贝马斯主要运用解释学的方法构建交往行动理论,以此来"重建"马克思的历史唯物主义;阿尔都塞运用"总问题阅读法""症候阅读法"来解释马克思;詹姆逊运用元批评解释学解释马克思;赛麦克用同质型解释学来解释马克思。

总体来说,西方马克思主义主要是从现代主义、后现代主义、结构主义等视角去分析和解读马克思的著作。一方面对马克思《资本论》进行了地理学、马克思主义哲学、现代性、历史主义等视角的解读,推动了研究《资本论》范式的创新。这些研究的主要代表性著作有大卫·哈维的《跟大卫·哈维读〈资本论〉》和《马克思与〈资本论〉》,前者探讨资本积累理论较为深入,后者是他的另一部重要著作,对马克思的价值学说进行了当代解读,其中的反价值和无价值的价格理论对于认识货币贬值、资本投机等经济社会现象具有重要作用;广松涉的《资本论哲学》中的物像化理论在哲学界引起了广泛的关注;詹姆逊的《重读〈资本论〉》以哲学视角对马克思《资本论》的学说进行了解读,在学术界产生了重要影响。另一方面,他们责难马克思劳动价值论、价值转型理论、剩余价值理论的非科学性,这些问题动摇了马克思主义政治经济学的理论根基,引起学术界的广泛关注,或争鸣、或质疑,抑或是捍卫。总之,这些研究极大推动了马克思主义在国外的传播和发展,需要我们以批判的眼光去认识。

### (二) 国内研究现状

解释学自 20 世纪 70 年代末传入中国，在 80 年代得到了进一步的传播。解释学传入中国后，学者们开始主要是研究伽达默尔。伽达默尔是现代解释学的奠基人物。汤一介最早提出构建中国的解释学，成中英也提出了要构建中国的解释学，洪汉鼎也在引进和介绍解释学方面做了大量工作。目前来看，对马克思主义的经典著作运用解释学的研究还不够深入全面。

随着解释学在国内的不断传播，我国学者提出了构建马克思主义解释学并做了许多开创性的论述和分析。学者们用哲学解释学方法展开研究，还有学者用实践解释学、权力解释学来概括马克思主义研究方法。

我国《哲学研究》期刊早在 1990 年第 1 期就开辟了"关于理解和解释问题的探讨"的专栏；并把研究指向马克思主义，如潘德荣的论文《现代诠释学及其重建之我见》（1993），提出我们需要运用科学历史观结合中西文化的研究对之做出更深入的探讨。潘德荣的论文《关于马克思主义诠释学的探索》和《回顾与反思：关于马克思主义诠释学的探讨》（2001），认为在马克思的文本中有着极其丰富的解释学思想，提出马克思解释学的基本原则就是语言与实践的相互诠释。

俞吾金的论文《马克思的实践释义学初探》（1995）认为马克思虽未使用过"释义学"这个术语，但实际上创立了实践释义学。俞吾金的论议《实践诠释学：重新解读马克思哲学和一般哲学理论》（2001）和《马克思的权力诠释学及其当代意义》（2001）根据马克思关于任何时代占统治地位的思想都始终不过是统治阶级的思想的观点，提出马克思的"实践诠释学"的本质是"权力诠释学"。

王福金的论文《解释学与对马克思主义的理解》（1997）和他的专著《马克思的哲学在理解中的命运——马克思主义哲学史的解释学考察》（2003），系统地阐述了解释学意识与对马克思主义哲学的理解，这本书的内容涉及马克思哲学的自我理解，对马克思主义哲学的辩证唯物主义、历史唯物主义、实践唯物主义、实践哲学和人道主义理解等内容。王福金、王瑞东的论文《关于理解的"真理性"的几个问题》（2010）提出检验理解正确与否的标准只能是作为理解对象的文本或文本的意义。

杨学功的论文《论马克思主义哲学经典的解释——解释学方法及其在马克思主义哲学文献研究中的运用》（2003），在简要勾勒解释学的历史和成就的基础上，集中探讨了解释的客观性和解释学循环两个理论问题。

李金辉的著作《理解马克思——在"实践的解释学"视域内》（2009）阐述了理解马克思的"实践的解释学"的视角，指出马克思的本真精神应该随着历史性的实践得到历史的理解。

彭启福的论文《马克思主义"三原"问题的诠释学探析》（2018）提出需要正确认识和处理"原典""原理""原创"三者之间的关系。吴学琴的著作《马克思主义研究的解释学视域》（2009）循着解释学和马克思主义的结合之处进行了详尽考察。

还有一些研究生的学位论文，如张艳涛的博士学位论文《马克思开辟的哲学道路——我所理解的马克思哲学观》（2007），麻相漫的硕士学位论文《诠释学语境中的马克思思想研究》（2008）等，对马克思主义解释学研究做出了积极探索。

以上这些学者从解释学的研究视角对马克思主义做了非常难能可贵的理解和阐释，在我国学术界对马克思主义的解释学研究领域具有开创性贡献。

还有的学者立足于当代现实，用解释学的范式重新解释马克思的思想。如张一兵的著作《回到马克思——经济学语境中的哲学话语》（1999），有效利用了 MEGA$^2$ 的最新文献，把一大批对马克思早期经济学笔记的解读与哲学理论分析联结起来，形成了独特的学术创新点。孙伯鍨、张一兵合作的专著《走进马克思》（2001）摆脱了"体系哲学"的解释框架，围绕"实践""历史"和"社会"三个主要概念，深刻地阐发了马克思主义哲学的基本理论和方法。任平的著作《当代视野中的马克思》（2008），任平、陈忠的著作《当代视野中的马克思主义哲学》（2010）等，通过反思、借鉴，重新理解马克思，澄清了传统理解和解读中的观点偏差，在学术界引起了很大反响。

有的学者立足于解释学的维度，用解释学的视角研究马克思主义中国化。皮家盛的论文《马克思主义哲学中国化的新维度》（2005）较早地对马克思主义哲学中国化所蕴涵的理解和解释问题做了初步的探讨。皮家胜的专著《马克思主义哲学中国化的解释学之维》（2014）以解释学为工具，以中国人何以能够和如何实现对马克思主义哲学的理解、解释和运用为线索，对马克思主义哲学中国化何以可能与如何实现做了自己的回答。彭启福的著作《理解、解释与文化——诠释学方法论及其应用研究》（2017）结合中国传统文化与马克思主义大众化命题展开深入分析。这些研究在具体的文本解读中运用了解释学的研究范式，从而推进了我国解释学视角的中国化马克思主义研究的展开。

聂锦芳的专著《清理与超越——重读马克思文本的意旨、基础与方法》（2005）、《马克思主义与全球化——〈德意志意识形态〉的当代阐释》（2003）和他主编的《重读马克思：文本及其思想》（12卷本）（2018），从文本、文献的角度对马克思思想重新进行梳理、阐释和评论。

以上这些著作都是解释学视角对马克思主义经典文本展开系统研究的代表作。针对马克思文本的解释学，目前主要有针对马克思、恩格斯的重要文本如《1844年经济学哲学手稿》《关于费尔巴哈的提纲》《共产党宣言》等所展开的研究。其中主要有余根雄的博士论文《〈1844年经济学哲学手稿〉解读史初探——兼论马克思主义文本研究的解释学视域》（2007），潘惠香的博士论文《马克思的〈提纲〉在理解中的命运——对马克思哲学革命的解读》（2008），冯淇的硕士论文《〈共产党宣言〉与中国的四次结合——基于解释学视域的百年解读》（2018）等文献。这些研究对马克思、恩格斯的重要文本从解释学的范式进行了详尽而深入的解释，从而使我国用解释学方法对马克思主义经典文本的研究走向深入。

目前对于马克思的经典文本《资本论》的解释学的研究，国内尚处于起步阶段。主要有张凯的博士论文《〈资本论〉第一卷诠释史研究——以中国为范围的考察》（2016），聂锦芳的著作《〈资本论〉及其手稿再研究：文献、思想及其当代性》（2013）等。这些成果把马克思的《资本论》纳入解释学研究的视域中，并且做了历史的考证和分析。近年还有王维平等所撰写的论文《解释学视角的〈资本论〉当代价值》《双向解释学视域的〈资本论〉文本意义重置研究》《效果历史观视域的〈资本论〉文本研究》《〈资本论〉劳动伦理思想的建构逻辑与价值》《〈资本论〉生态伦理思想价值的时代解读》等。

国内关于《资本论》经济哲学的研究主要围绕以下几个方面：一是《资本论》体现出的本体论、方法论和伦理关怀、研究方法优越于西方经济学；二是《资本论》蕴含"马克思主义整体思想"，主要表现在马克思的政治经济学批判是哲学批判和经济学批判为性质的唯物史观研究，而资本逻辑、资本主义自身的内在否定性、人的发展的逻辑是马克思围绕历史尺度和价值尺度批判资本主义的经济哲学的价值立场；三是《资本论》的现代性的批判，主要体现在对资本逻辑、资本主义生态危机、资本文明等维度的研究上；四是《资本论》经济哲学的理论启迪作用，《资本论》所蕴含的经济哲学思想非常丰富，它对于分析和解决社会主义市场经济中遇到的重大矛盾和现实问题具有重要的启示价值。

总之，纵观国内外的研究现状，对《资本论》经济哲学的研究，学界的同仁作出了大量贡献，取得了丰硕的成果，形成了不同的解读范式。国内主要有理论哲学（经济哲学、政治哲学等）、实践哲学、解释学的范式形态；国外主要是经济学（数理学派、实证主义等）、哲学等研究范式。但就目前的研究成果看，对马克思主义解释学的研究还在不断深入。本书立足于马克思重要的经典文本《资本论》，从解释学的维度进行解读，一方面挖掘马克思《资本论》蕴含的解释学方法，另一方面运用解释学方法研究《资本论》，二者相结合，形成双向解释学的研究视域展开对《资本论》研究，试图做出一些开创性的研究，以期达到一定的效果，推进马克思主义在新时代的研究向纵深发展。

# 第一章 解释学视角的切入

解释学研究《资本论》有其条件适用性，间距、语言、视域融合、循环、效果历史意识等是一般条件。解释学三重循环法和四重递进法对分析《资本论》文本有重要的方法论启示，辩证唯物主义、历史唯物主义与解释学的循环理解有着互动融合功能，开启了研究《资本论》文本的新视野。视域融合与效果历史意识开辟了《资本论》研究的历史语境与当代语境、理解者与作者、历史与现实、过去现在与未来的统一，以实现《资本论》理解的"返本开新"，启迪现实，指导实践。用解释学原理去解读以《资本论》为代表的经典文本，在解读以《资本论》为代表的经典文本中呈现解释学原理的蕴含，这是在双向解释学视域中研究《资本论》文本，避免了走向理解相对主义、绝对主义、主观主义、客观主义的窠臼，以达至对以《资本论》为代表的经典文本的意义理解。

## 第一节 《资本论》研究的解释学视角的分析

《资本论》是马克思用40年心血铸就的研究资本主义生产方式内在运行规律的巨著，是留给人类的伟大精神遗产，而解释学为《资本论》研究提供了新的视角。"一般解释学"无视《资本论》研究的"解释学处境"，呈现出绝对主义倾向。在"哲学解释学"视角下,"语言""间距""视域""解释学循环"和"经验"等成为《资本论》研究过程得以正常展开的构成条件。在当代,只有立足于社会实践,通过解释学方法和马克思主义哲学方法的融合,才能既使《资本论》研究走向深入,又避免《资本论》的"哲学解释学"陷入主观主义的困境,从而挖掘和发现《资本论》的不朽价值,在发展实践中推进中国特色社会主义政治经济学和马克思经济哲学的研究。

## 一、解释学方法与《资本论》文本及观点的研究

解释学(英译 Hermeneutics),又称诠释学、释义学、阐释学,是"(广义上的)文本意义的理解与解释之方法论及其本体论基础的学说。"① 它是关于解释和理解的理论学说,最终指向被解释物或文本("流传物")的"意义",意义的揭示围绕"流传物"中心一般展开为三个向度:文本作者原意、文本原义和读者所悟之义。通过对不同向度的研究侧重,解释学历经不同形态的发展,从注重文本注释,或翻译规则,对圣经解读、律法解释等的"古典解释学"("专门解释学"),帕尔默(Palmer)称"局部解释学",进而发展至施莱尔马赫、狄尔泰等通过"心理移情"去更好地探究作者原意的普遍理解方法论的"一般解释学",以至海德格尔、伽达默尔等建立在现象学基础上的追求理解本体论意义的"哲学解释学"。"现代诠释学真正研究的是诠释学三要素之间的关系,并从中找到一个支撑点,这一支撑点规定了某一诠释体系的特征。"② 不过,进入哲学解释学,伽达默尔认为解释的任务在本质上是对文本的理解。理解过程中,"真正的参照点,既不是作者的主体性,亦非读者的主体性,而是在当下

---

① 潘德荣:《西方诠释学史》,北京:北京大学出版社2016年版,第4页。
② 潘德荣:《西方诠释学史》,北京:北京大学出版社2016年版,第7页。

对于我们而言的历史意义自身。"①

解释学主要经历了"古典解释学""一般解释学"和"哲学解释学"等几个大的演进阶段。从狭义的角度来说,"理解"是解释学的核心概念,而对文本的理解则是解释学的根本指向和任务。其中,"古典解释学"亦称"专门解释学",其特征是谋求理解文本所传达的内在的意义或其传达的思想。关于此,最早可以被追溯至古希腊时代,解释学被看作"是一门传达神旨的艺术,类似从符号中猜出神意或从中预测未来的艺术。"② 到了中世纪,解释学逐渐演变为用于诠释各种宗教教义的一种技术,如奥古斯丁就曾经以《圣经》为经典权威的文本依据,通过阐释其中的符号与语言之间的关系,用"解经规则"来梳理和阐述基督教的教义。到了近代,古典解释学所关注的问题和指向被扩展延伸为对一切文本的理解,使得解释空间逐渐扩展放大,从而产生了超越古典解释学的"一般解释学",这意味着解释学成为一门专门的学科。

解释学发展到"哲学解释学"的当代阶段,已由最初对"神"的语言(圣经)的解读经由对解释的一般方法论的追求发展至理解"本体论"的层面。"本体论"解释学以伽达默尔为代表,以海德格尔现象学为方法论基点,对现象背后的存在进行分析,将"此在"(Dasein)引进理解过程。"此在与世界同在着,这个'世界'不是一种知识客体,而是意义的世界;此在在它通常的存在方式中总是当下地存在着,从历史、即时间中获得自己确定的意义,因此,它又必然是历史的存在。"③ 将"此在"置于解释过程中,是对"理解何以可能"这一本质问题的回答,它内含历史同现实结合、文本同读者交融的关键维度。哲学解释学将理解置于本体论地位,推崇哲学追问境地,体现了解释学的本质转向。不同于偏向作者原意的"一般解释学","哲学解释学"追求"融合",将文本与读者之间的视域相绾

---

① 〔美〕理查德·E.帕尔默:《诠释学》,潘德荣译,北京:商务印书馆2012年版,第242页。

② 何卫平:《通向解释学辩证法之途》,上海:上海三联书店2001年版,第53—54页。

③ 潘德荣:《西方诠释学史》,北京:北京大学出版社2016年版,第300页。

一，以"问答的逻辑"理解历史"流传物"。伽达默尔认为"提问与理解之间所表现的密切关系给予诠释学经验以其真正的度向。"① 这重逻辑根植于文本同读者的交互作用中，理解以文本为基础，而文本始终向读者敞开其意义。对文本的理解不是纯粹再现文本意义，也不是纯粹重新创造文本意义，而是在新的视域中兼容文本及读者双重视域，从而提炼或领悟文本意义。"哲学解释学"的理解过程在竭力避免两种极端，即文本中心论和读者中心论，也即消除方法论同重建方法论之间存在的矛盾。然而，规避理解的相对主义促使伽达默尔在理解中不断重塑方法，而消除解释学的方法论定位又加快了伽达默尔"自我理解"（存在理解的相对主义倾向）的步伐。这是哲学解释学在解释过程中存在的界限，界限的突破应当寄托于实践的不断进步。

德国哲学家及新教神学家弗里德里希·丹尼尔·恩斯特·施莱尔马赫，德国哲学家、历史学家、心理学家及社会学家威廉·狄尔泰继承着由法国的启蒙运动所开启的理性主义思潮，他们主张在对文本解读中摒弃理解者的个人偏见，注重"理解"本身的作用，以便能用一种抛弃了成见的纯粹的理解去客观表达文本原有的意义。这种解释学虽确定了解释学的研究对象，奠定了解释学的学科地位，从某种意义来讲，这种"一般解释学"可被视为"方法论"角度的解释学，但它仍处于技艺学的水平，缺乏科学理论的支撑。狄尔泰则把解释学扩大到对历史生活的理解，即认识领域，他表达了一种历史观，从而把解释学初步地发展为一种哲学。而从海德格尔和伽达默尔后形成的"哲学解释学"则真正地实现了解释学上的"本体论"转向。海德格尔提出"理解是人的存在方式"，从而开始促成解释学与哲学之间的相互融合，但严格地说，海德格尔的学说并不是关于文本理解的理论，而是关于人的存在的理论，因而属于哲学范畴。② 伽达默

---

① 〔德〕伽达默尔：《诠释学 I：真理与方法》，洪汉鼎译，北京：商务印书馆 2010 年版，第 529 页。

② 王金福、陈海飞：《解释学的越界与哲学的退缩和唯心主义化》，载《苏州大学学报（哲学社会科学版）》，2004 年第 1 期，第 22 页。

尔则力求使解释学摆脱语言文本的研究范围，开始挖掘文本中蕴含的历史意义。从此，解释问题从文本到认识的普遍化促使传统解释学成为"精神科学"的一般理论，为解释学被广泛地运用于哲学社会科学的研究创造了条件。

尽管解释学尚存在一定的不完善之处，也难以避免在解释进程中的自我设限，但解释学的一般分析方法，诸如"提问—回答"的对话结构、前见分析、时间间距、循环解释、视域融合等在分析文本思想进程中具有较大的合理性和可借鉴性，这些分析方法或理念在很大程度上契合了经典文本思想的历史发展轨迹，将其运用于历史流传物的研究将推动文本理解更加深入。其中，"提问—回答"结构的历史视域表达为时代发展不断重构问题，通过对文本的理解回答时代之问；"前见"也称"前判断""前理解"，是理解前先在存在的理解和判断，它具有历史性，是理解的必要境遇；"时间间距"体现为理解活动中的一种积极存在，通过时间滤镜尽可能祛除错误前见，消除理解者先入之见，可让文本理论的真理在时间中逐渐呈现，从而为理解的合理展开准备条件；"循环解释"是解释学的基本方法，体现为整体与部分之间本体性的循环解释，在当代语境同传统文本的循环解释中，同间距效果相互作用，不断补充间距对前见过滤的空缺，持续赋予文本新的意义；"视域融合"是"效果历史"的必然结果，此种历史并非单纯的过去经验，而是显现"传统对那些属于它的东西的作用力量，以致即使拒绝或反抗传统，它们也仍被传统所制约"①，以不断启示当代，向当代呈现一种意义关联，此即"效果历史"（wirkungsgeschichte）。在伽达默尔那里，"理解按其本性乃是一种效果历史事件。"② 视域融合占据解释活动的关键位置，是理解活动的终点。

解释学为我们研究马克思主义经典著作提供了新的研究视角与方法。

---

① 〔美〕乔治亚·沃恩克：《伽达默尔：诠释学、传统和理性》，洪汉鼎译，北京：商务印书馆2009年版，第98页。

② 〔德〕伽达默尔：《诠释学Ⅰ：真理与方法》，洪汉鼎译，北京：商务印书馆2010年版，第424页。

但是，经过多年演变，由于不同学者的观点和看法各异，解释学内部发展出多种历史形态，这些形态彼此间出现了各种不同的乃至相互矛盾的理论观点。如何正确运用解释学理论，对马克思主义经典著作产生新的理解，科学而全面地阐释马克思主义基本原理，是当今一项极其重要的学术任务。

## 二、《资本论》解读的解释学方法的适用性

从解释学的角度如何开展对马克思经典文本的研究，学术界内部有多种主张，其中"以文本为本位"是一种重要观点。其主旨就是呼吁中国学者重视马克思的原典，深究马克思文本的原意，在忠实于文本的基础上对原始文本而非第二手材料进行具体解读与语境分析，以在对马克思主义的研究中消除理解者的自我成见，呈现马克思主义经典文本的历史原像。这正是应用了"一般解释学"的方法和观点，如施莱尔马赫就认为文本具备独立的意义，通过正确的理解方式能够帮助我们完整而准确地"重建"或"复原"原始文本的真实意义。这种方法被运用于《资本论》文本的研究，就要求我们以《资本论》文本中马克思思想发展的内在逻辑为起点，从马克思当年《资本论》创作的特定语境与客观历史背景出发，而非从其他理解者或者理解者自身所具有的诠释习惯抑或从固定倾向出发来理解和思考《资本论》的思想蕴含。但由此引发的问题在于，用"一般解释学"的视角研究《资本论》实质上是解释学的绝对主义倾向，由此极容易忽略《资本论》研究的真正的"解释学处境"。

何谓解释学中所说的"解释学处境"？海德格尔将"解释学处境"看作"理解的前结构"，他指出，"把某某东西作为某某东西加以解释，这在本质上是通过先行具有、先行之见与先行掌握来起作用的。"海德格尔还特别强调："解释从来不是对先行给定的东西所作的无前提的把握。"[①] 在

---

① 〔德〕海德格尔：《存在与时间》，陈嘉映、王庆节译，北京：生活·读书·新知三联书店1999年版，第184页。

海德格尔看来，文本解释的本质含义就是通过这个"前结构"来完成的，如果忽略了这个"前结构"，就很难对文本做出真正的解释。伽达默尔则将海德格尔的这个"理解的前结构"理解和诠释为"先入之见"即概括其为"前见"，并且进而将这个"前见"视为理解的可能的充分条件，在伽达默尔看来，这个"前见"并不构成理解的障碍，而是通向对文本理解的桥梁。伽达默尔则进一步认为，"前见就是一种判断，它是在一切对于事情具有决定性作用的要素被最后考察之前被给予的。"①伽达默尔在这里想要表达的观点是，人自身所必然具有的某种历史性特征正好就体现在对文本解释的"前见"之中。理解者所具有的"前见"是其不可克服的重要因素，这种"前见"还具有鲜明的开放特性与辩证思维价值。伽达默尔认为，人们对文本的"理解"以"前见"为基础，"前见"在历史内不断变动，并随着"理解"的深入而消解不符合实际的"盲目的前见"，保留"合法的前见"。这一"前见"原理用在《资本论》文本的研究中，要求我们必须将"前见"放置于"解释学处境"当中，使"前见"成为使马克思巨著《资本论》文本意义无限呈现的积极因素。

比如，在小资产阶级社会主义者看来，私有制是永恒的现象，而资本主义社会的资本就是一种生产工具而已，它同封建制条件下的手工磨坊毫无区别。在这种固化的"前理解"下，他们看不到资本主义生产方式的特殊性，因而也就找不到真正地解决问题的方案，只是在工具层面，在活劳动的组织方式层面寻求社会改革的良方。德国工人运动受到拉萨尔主义的影响，把所谓铁的工资规律看作是永世不变的真理，这个带着拉萨尔主义"前见"的观点，使得德国当时的社会主义思想的科学性大打折扣，从而使得马克思对《哥达纲领》进行了严厉的批判。

在中国学术界，在坚持马克思主义指导地位的前提下，海纳百川，吸收西方哲学社会科学界的新方法，把马克思主义哲学原理与当代解释学方法结合起来分析问题应该成为一种新选择。认真审视海德格尔的"解释学

---

① 〔德〕伽达默尔：《诠释学Ⅰ：真理与方法》，洪汉鼎译，北京：商务印书馆2010年版，第383页。

处境"与"理解的前结构"原理,会发现其与辩证唯物主义的联系与发展的观点有某些相通之处。联系和发展是唯物辩证法的总特征。在我们用解释学方法研究文本的时候,要把握理解的前结构,这实际上也就是在把握研究对象的变化、运动、发展过程和趋势,应在理解文本时将文本语境的特定出场场域和理解者理解文本观点时的现实环境联系起来,注意时空运动对一些文本观点的遮蔽或凸显,注意时空运动对一些观点的证实和再生,以使理解者在事物的相互联系、不断发展和无限运动与变化中去理解文本意义,而不是在孤立、停滞和僵化的形而上学思维中理解文本价值及其观点的意蕴。马克思主义哲学的辩证唯物主义方法与解释学的特殊理解方法的功能相互补充,有利于避免解释学方法产生的主观主义陷阱。

### 三、《资本论》研究的解释学方法构成条件

前述分析表明,传统的"一般解释学"的局限在于,其始终把解释作为一种外在活动来关照,未能摆脱主体-客体的二元论模式。海德格尔的贡献是不再把解释仅只看作一种认识的方法,而是把解释看作一种存在的方式,他认为,问题不应该是我们怎么知道,问题在于在理解中才存在的存在者的存在方式是什么。与"一般解释学"的局限性相比,"哲学解释学"能够明显地体现出对马克思主义经典文本包括《资本论》文本研究的独特价值。因为,与"一般解释学"不同,"哲学解释学"对文本的理解是一种对象性的过程,而解释学揭示的分析要素如"语言""间距""视域""解释学循环"和"经验"等,则构成这个对象性的解释过程得以丰富、生动、全面地展开的条件。

作为对象性的解释活动的条件,我们可以把语言看作解释的载体条件,把间距看作解释的生成条件,把视域看作解释的认识条件,把解释学循环看作解释的运动条件,把经验看作解释的参照条件。这些条件的运用就是使解释得以展开的基础,正是这些条件的综合为解释提供了一个丰富的运行空间和生动的思维视域。

### (一)"语言"——对象性的解释过程的载体条件

"语言"是文本得以理解的物质载体和传播中介,它的存在使作者能够充分地表达自己的思想,留下丰富的文本及其观点,并使作者与读者能够借助于语言载体跨越"时间维度"与"空间维度"而展开思想与观点的交流与对话。当然,首要条件是,不同的语言在"空间维度"内不断转换,理解者通过对文本语言的翻译,使得译文能够保持与原初文本意义的最大的一致。伽达默尔指出:"一切翻译就已经是解释,我们甚至可以说,翻译始终是解释的过程,是翻译者对先给予他的词语所进行的解释过程。"① 虽然由于翻译者本人的知识面、所处时代和理解的差异,语言在"个体维度"和"时间维度"中可能发生意义及内涵的转变,加上由于不同文字语言的转换使得有些内容甚至变得晦涩难懂,但语言本身具有的社会性却为解读者的理解奠定了重要基础。正是由于语言本身的"能指"与"所指"的划分,由此为理解者提供了解决语言与意义间的矛盾、语言的社会性与作者的个体性间的矛盾的条件。这里所说的语言符号的"能指",即语言符号的外在物质载体形式的存在;这里所说的语言符号的"所指"即是产生了这些语言符号的社会存在物和人们的实践结构。而解释学的重要任务就在于揭示"能指"背后所隐藏的"所指"。在这里,"能指"所表象的是语言内在客观固有的内容与含义。"所指"的深意则超越了语言本身,使语言与人们的社会历史发生联系。或者说"能指"是语言的技术功能,"所指"乃是语言符号在被人们应用时发挥出来的社会功能。作为后一个功能,语言符号则正是同时在"空间"和"时间"双重维度,在"主体"和"客体"双重维度的转换中衍生出千姿百态的意识或认识形态的。

《资本论》作为一本通过马克思的语言写就,并在 150 多年来被多种语言翻译而流传至今的凝聚人类思想精华的珍贵的经典文本流传物。正如

---

① 〔德〕伽达默尔:《诠释学 I:真理与方法》,洪汉鼎译,北京:商务印书馆 2010 年版,第 540 页。

伽达默尔所言,"流传物的本质以语言性作为标志,这一事实显然在流传物是一种文字流传物的情况中达到其完全的诠释学意义"①。也就是说,解释学的价值正是在文本流传物的语言性中得以实现的。我们理解《资本论》的首要条件和依据就是其浩繁丰富的内在的语言本身。《资本论》作为一部揭示资本主义生产方式发展规律和工人阶级解放前景的巨著,自诞生150多年以来,其先后被翻译为英、法、俄、中、日等多国文字。但由于各种主客观因素的影响,在翻译过程中,就一再出现译者对《资本论》文本含义或意义的不同解释和理解偏差。例如,恩格斯曾尖锐地指出布罗德豪斯将《资本论》从德语翻译为英语时出现的概念理解上的错误,指出:"他把 Wertgrösse〔价值量〕译成了'extent of value',忽略了 Grösse〔量〕是固定的数学名词,意思和'magnitude'这个名一样,或者是一定的数量,而'extent'除此之外还有很多别的含义。"② 必须看到,《资本论》中语言的"能指"仅仅为文本的象征符号的作用,虽然这种"能指"是理解的基础和依据,但在很多时候,其不仅不能为我们提供理解"所指"的便利,甚至会因为马克思独特的叙述方式被曲解或误解进而遮蔽"所指"的意义内涵。正如恩格斯所指出的,《资本论》的"研究方法是严格的现实主义的,而叙述方法不幸是德国辩证法的"③。所以,从理解和解释者的主体条件来说,如果不能有效掌握历史辩证法和唯物辩证法,就很难理解《资本论》的"所指"如商品二重性,及其产生的条件——劳动二重性,以及上述内容产生的条件——商品生产的基本矛盾等思想精髓。正如马克思所言:"在表面上呈现出来的经济关系的完成形态,在这种关系的现实存在中,从而在这种关系的承担者和代理人试图借以说明这种关系的观念中,从而在这种关系的内在的、本质的、但是隐蔽着的核心形态

---

① 〔德〕伽达默尔:《诠释学I:真理与方法》,洪汉鼎译,北京:商务印书馆2010年版,第548页。

② 《马克思恩格斯全集》第21卷,中共中央马克思恩格斯列宁斯大林著作编译局编译,北京:人民出版社1965年版,第267页。

③ 〔德〕马克思:《资本论》第1卷,中共中央马克思恩格斯列宁斯大林著作编译局编译,北京:人民出版社2004年版,第20页。

以及与之相适应的概念大不相同的,并且事实上是颠倒的和相反的"①。在马克思的认识中,商品二重性只是表现出来的结果,而其决定因素是劳动二重性,劳动二重性的生成又源自于商品生产产生的条件及其内在矛盾。这正是马克思科学抽象法的魅力使然。可见,只有对语言符号的"所指"的认识是达不到深层理解目标的。

### (二)间距——对象性的解释的生成条件

既有的经典文本作为一种历史的流传物,往往具有"疏异性"和"熟悉性"这看似矛盾着的两重属性。这是因为,以往的文本在历史沉淀里逐渐疏远于理解者,这可看作是文本对理解者产生了"疏异性";同时,理解者的理解依托于社会历史和传统因素的必然境遇又导致了理解者对文本必然产生"熟悉性"。而"时间间距"就成为连接"疏异性"和"熟悉性"这看似对立的两极的中间环节或因素。在过去"一般解释学"的分析框架下,理解者因为对于文本的理解仅仅囿于生硬的语法解释,缺失对"时间间距"的考量与把握,致使"疏异性"总是占上风,因而难以读出文本的真正历史价值。原因何在?因为客观存在的"时间间距"成为理解者理解文本过程中的一种障碍。施莱尔马赫和狄尔泰也发现了类似的文本理解的障碍,但他们主要是在心理层面认知"时间间距",以期促使理解者抛弃"前见"而将文本"自我置入"于作者所拥有的特定的历史境遇之中,以重建起对文本涵义的新理解。这种通过对理解者的自我超越和心理克服来解决客观存在的"时间间距"障碍的做法的实质在于对时间认知上的形而上学。其实,文本本身意义固定化的状况并不独立存在,这是因为解释者是作为活动者的主体对进行解释的。就如同自然界的美与丑本身并不自审,是人对自然界的审美关系创造了对自然界美与丑的感知和评价。而由人的活动的历史组成的"时间间距"则成为理解者与文本之间的中介、纽带或桥梁。阅读和解释文本的人是历史活动中的人,正是有了时间

---

① 〔德〕马克思:《资本论》第3卷,中共中央马克思恩格斯列宁斯大林著作编译局编译,北京:人民出版社2004年版,第231页。

间距，才使得经典文本的意义得以发现，价值得以再现，内涵得以证实，图景得以重置。在"哲学解释学"中，正是由于"时间间距"对"前见"进行"过滤""辨别""筛选"的过程中造成了文本意义流动性生长的结果。如伽达默尔所言："时间距离常常能使诠释学的真正批判性问题得以解决，也就是说，才能把我们得以进行理解的真前见与我们由之而产生的误解的假前见区分开来"①。在伽达默尔看来，时间间距对于理解文本有三大功能：一是对文本批判性理解的彰显，二是使"前见"得以在理解中产生并起作用，三是有助于解释者甄别前见的真假。

在马克思《资本论》发表 150 多年的历史岁月里，其文本的命运经历了多次跌宕起伏。《资本论》刚出版时，代表资产阶级意识形态的官方科学曾试图"用沉默置《资本论》于死地"②，想通过官方的沉默在时间推移中置《资本论》于被遗忘的境地。但因为《资本论》客观而深刻地反映了 19 世纪资本主义生产方式及其所产生的资本主义社会的真实状况，这部巨著"所作的结论日益成为伟大的工人阶级运动的基本原则"③。因而其文本价值总是被不断唤醒，从来没有被人们遗忘。其实，正是由于历经了"时间间距"的过滤、映证和检验，《资本论》的文本价值才经久不衰，《资本论》内在的真理性才历久弥新。

诚然，世界上没有永恒的真理，也没有一成不变的观点和理论，正如马克思在《资本论》中所指出的，他"所考察的经济范畴，也都带有自己的历史痕迹"④。虽然《资本论》中个别、具体的结论在人类历史发展演变中被证明有些不合时宜，但是从世界范围内看，《资本论》中得出的"资

---

① 〔德〕伽达默尔：《诠释学 I：真理与方法》，洪汉鼎译，北京：商务印书馆 2010 年版，第 422 页。

② 〔德〕马克思：《资本论》第 1 卷，中共中央马克思恩格斯列宁斯大林著作编译局编译，北京：人民出版社 2004 年版，第 18 页。

③ 〔德〕马克思：《资本论》第 1 卷，中共中央马克思恩格斯列宁斯大林著作编译局编译，北京：人民出版社 2004 年版，第 36 页。

④ 〔德〕马克思：《资本论》第 1 卷，中共中央马克思恩格斯列宁斯大林著作编译局编译，北京：人民出版社 2004 年版，第 197 页。

本的限制在于资本自身"的重要理论逻辑不但没有过时,而且在以各种形式不断发生的周期性的、或世界或区域性的经济危机中不断被有力验证。早在1929年世界性资本主义经济危机爆发后,西方主流经济学就被迫在一定程度上肯定了《资本论》的理论价值,并竭力从中借鉴理论资源,以企求挽救资本主义的命运。马克思揭示了资本主义周期性经济危机的实质是资本主义的基本矛盾必然导致相对生产过剩,"生产过剩只同有支付能力的需要有关"①,而致使危机周期性的物质条件是固定资本更新。凯恩斯将"投资需求"和"消费需求"归纳为"有效需求",而认为正是"有效需求不足"造成了经济危机。一些经济学者试图用凯恩斯"有效需求"理论重新解说《资本论》的危机理论,以此来寻找凯恩斯和马克思的某种"共谋"。实质上,凯恩斯理论是将"资本的限制"外化,从资本主义制度之外去解释危机的原因,寻找解决危机的手段,从而对资本主义生产关系进行"无害化"处理。而马克思《资本论》揭示的资本主义经济危机的根本原因在于资本的无限扩张的冲动和资本主义本身难以克服的基本矛盾,正是由于"时间间距",《资本论》的理论价值才不断反复地被验证。

### (三) 视域——对象性解释的主体条件

伽达默尔认为:"视域(Horizont)就是看视的区域,这个区域囊括了从某个立足点出发所能看到的一切。"② 就是说,在文本理解中,不仅有理解者的"视域"即"前见",也同时存在着文本本身的"视域"。这是因为,由一定历史时期的作者针对一定历史境遇而创造的文本,与同样身处的一定历史环境和历史条件的理解者,这两种不同时期或不同时代的"视域"总是有区别的。有关文本的两个主体——文本创造者和文本理解者,由于所处不同历史境遇必然导致不同视域的差异,这两种"视域"之间必

---

① 《马克思恩格斯全集》第34卷,中共中央马克思恩格斯列宁斯大林著作编译局编译,北京:人民出版社2008年版,第574页。

② 〔德〕伽达默尔:《诠释学Ⅰ:真理与方法》,洪汉鼎译,北京:商务印书馆2010年版,第427—428页。

然存在着一种张力。"一般解释学"要求理解者在理解文本时抛弃前见，直接进入文本的封闭历史。但是因"前见"的客观存在，任何要求理解者只能无限趋近于文本的解释学方法都被认为是不可能做到的。因为，人的理解或解释是对象性的，或者说人具有主观能动性，真正的理解过程总是伴随着理解者将自己的视域移入文本视域，并将文本视域置入理解者自己的视域的一种双向互动的认识和解释活动之中，即文本作者的视域与文本解释者的视域这两者的"视域融合"。这两种"视域"之间从原本的对立、张力到汇聚、融合，体现了一种历史与现代的交汇，过去与当下的交融，体现了一种用来处理历史与现在相互关系的"效果历史意识"。

从解释学发展史来看，这种效果历史意识理论大致有两条不同的路线，一是将历史事件的理解忠实地还原到历史事件发生时的本来历史情景中去解释历史，二是在保持过去和现在张力的基础上，通过过去与现在的视域融合，获得对历史事件的新的理解和解释。后者就是哲学解释学的选择。正因为不同的对象性的理解者往往有着不同的"视域"，所以其在与文本"视域"进行"融合"的过程中必定会衍生出对文本多样性、丰富性的理解，而这种多样性和丰富性又不是随意的，而是统一于"效果历史"当中的。

马克思《资本论》的文本"视域"是基于英国19世纪上半叶机器大工业时代的资本主义经济状况的。马克思之所以以英国为典型来研究资本主义制度，客观原因是英国是发生工业革命最早的国家，其资本主义经济关系在当时的世界范围内最为成熟。历史进入19世纪末20世纪初，资本主义从自由竞争走向垄断阶段，卡特尔、辛迪加、托拉斯、康采恩等新型垄断组织的出现，造就了列宁研究资本主义的新"视域"。在列宁与马克思的"视域融合"的过程中，列宁延续和发展了马克思《资本论》文本的逻辑，创作了《帝国主义论》。列宁认为帝国主义的本质就是垄断金融资本的统治和国际垄断组织瓜分世界。垄断金融资本的经济关系代替马克思时代的家族式资本和股份资本，并真正突破民族国家的地理界限，控制了资本主义生产和社会生活的各个领域。在列宁笔下形成的文本，承继了马克思关于资本主义生产关系剥削本质的理论，并根据历史演变,揭示了资本主义生产关系的新变化。列宁对垄断资本主义基本经济特征的研究和阐述是从马克思的视域出发的,如列宁指出,"马克思对资本主义所做的理论和历史的分析,证明了自由竞争产生生产集中,而生产集中发展到一定阶段就导致垄断。"[1] 由此可以看出,列宁研究的视域是与马克思生产和资本集中的理论视域相融合,并在此基础上衍生的。马克思主义的发展过程就是一代代马克思主义者在视域融合中与时俱进,继往开来的历史过程。

### (四) 循环——对象性解释的运动条件

解释是一种思想的运动,这种运动分别围绕着不同的中心展开。"解释学循环"并存着三种主要循环形式,分别是以文本为中心的循环、以理解者为中心的循环和以理解本身为中心的循环。从解释学发展史来看,以上三种循环形式伴随着解释学的发展而产生和发展。这个发展完善过程历经了两个阶段。在第一阶段,传统的解释学将"解释学循环"视为理解者把握文本意义的方法或途径。理解者通过从部分入手进而理解文本中的句子、段落和章节等,从而进一步理解整个文本的意义,同时,理解者在把握文本整体内容之后,更加深入到文本的具体细节中去,通过将自身置于作者创作文本(部分)的历史语境(整体)的循环之中,以期达到解释者对作者创作活动的思想图景的重置和再"重构"。在第二阶段,随着对理解者主体性地位的认知,即对象性解释或理解特征的确立,"解释学循环"范围再次得以扩大。"以往的关于诠释学的循环结构之探讨,都局限于整体与部分的形式关系,意在消除文本所具有的陌生性,以达到正确理解。"[2] 而以海德格尔为代表的"现代解释学"即哲学解释学则将理解本身纳入思考之中,增加了理解与前见之间的循环,这种循环意味着当代与历史理解的一个大循环。据此,解释学的各种循环之间在本质上彼此并不矛

---

[1] 《列宁专题文集(论资本主义)》,中共中央马克思恩格斯列宁斯大林著作编译局编译,北京:人民出版社2009年版,第111页。

[2] 潘德荣:《西方诠释学史》,北京:北京大学出版社2016年版,第317页。

盾，理解者可针对不同境遇，使各种循环的作用通过解释实现融合与互补。

借鉴解释学方法，在理解《资本论》的精神实质时，可以从两个方面展开以文本为中心的循环：一是注重《资本论》一卷至三卷逻辑过渡的内在关联，二是注重《资本论》与马克思所著的其他文本特别是《资本论》形成前的各手稿的关联。《资本论》整个三卷以"剩余价值理论"为论述主题，严密地分析和揭示出资本主义生产方式的运动规律。其中，第一卷以资本的直接生产过程为对象，揭示资本的本质及其运行的基本经济规律，即剩余价值规律；第二卷以资本的流通过程为对象，揭示资本在运动中增殖的规律；第三卷以资本主义生产总过程为对象，考察资本在现实运动中的诸多具体形式，揭示出剩余价值被不同领域的资本所有者分割的真相。同时，《资本论》也与《1857—1858年经济学手稿》《1861—1863年经济学手稿》和《1863—1865年经济学手稿》这"三大手稿"，以及被称为《资本论》第四卷的《剩余价值学说史》有着观点和资料上的承前启后的内在联系。

在研读《资本论》时，理解者应本着马克思的"从抽象到具体"的方法，从分卷到全书，再从全书到分卷，从文本到相关手稿和资料进行系统、全面、联系地分析和领悟。当代人对《资本论》进行理解时，理解者要置身于《资本论》机器大工业初期时代的资本主义的典型国家——英国的历史语境之中，从而深刻把握文本出场的场域。马克思就在给《祖国纪事》杂志编辑部的信中，指出了尼·康·米海洛夫斯基将《资本论》"关于西欧资本主义起源的历史概述彻底变成一般发展道路"①的整体历史语境错位，强调不能简单地用个别代替一般。

我们可以看到，不同时代的理解者在对马克思《资本论》进行解读时，都必然置身于自身对文本的"前理解"中。比如，19世纪末20世纪初，西欧无产阶级革命运动走向低潮，在这种情形下，早期西方马克思主

---

① 《马克思恩格斯全集》第25卷，中共中央马克思恩格斯列宁斯大林著作编译局编译，北京：人民出版社2001年版，第145页。

义者对马克思《资本论》的"前理解",从把《资本论》当作社会变革的行动指南,变为对其进行纯粹的学术文本的解读。在这个时期,从卢卡奇到弗洛姆等西方马克思主义学者对《资本论》构建出了诸多"人本主义"理解形态,这种人本主义的理解形态从某种角度挖掘和展现了马克思《资本论》的深层含义,因而可以说他们开辟了《资本论》研究的新途径,但却回避了对马克思揭示的历史发展客观规律的分析。这种人本主义理解形态到了20世纪60年代,又为阿尔都塞、沃尔佩和科莱蒂等以"科学主义"理解《资本论》的"前理解"创造了理解前提。

可以看出,西方马克思主义理解者对《资本论》的涵义理解的历史嬗变,并不仅仅是学术理论发展的思想产品,而且也是理解者所处时代境遇变化的客观理论产物。人本主义的马克思主义的出场的场域是资本主义的和平发展和其对生产关系的被迫调整。这里呈现出一个解释学循环的思想运动规律:通过理解者和经典文本"前理解"两者之间解释的不断循环,从而衍生出对经典文本的新理解,而这个新的理解又伴随着历史和时间的流逝成为新的"前理解",新一轮的"解释学循环"又开始启动,如此周而复始,循环往复,使得理解的理解总是不断地超越原初的理解视域,不断提升至更高的理解和认识层面。由此可见,经过不断的理解的循环运动,经典文本的涵义不断呈现螺旋式深入的样态,文本理解逐渐深化,文本深意不断呈现,文本价值不断被唤醒。国内外学术界对马克思《资本论》及其手稿的研究和解读也正是这样。

以上分析表明,在哲学解释学视角里,"语言""视域""间距"和"循环"等这些方法或思路都是理解和解释得以深化的条件,诚如伽达默尔所说:"作为解释者的我们可以对它们随意地加以应用——这些条件其实必须是被给予的。"[①]

---

① 〔德〕伽达默尔:《诠释学Ⅰ:真理与方法》,洪汉鼎译,北京:商务印书馆2010年版,第418页。

### (五) 经验——对象性解释的参照条件

伽达默尔指出:"解释学探究人的世界经验和生活实践的问题,包括此在的全部世界经验"①。正是由于理解和解释者是生活于现实世界中的人而非孤立地在书斋里苦思的人,他们的理解活动必然是一种社会历史活动,直接或间接的世界经验在理解者和解释者对文本的理解中是理解的重要依托和参照对象。所以,伽达默尔把他的解释学又称为"解释学经验"的理论。可以看出,伽达默尔特别强调经验的开放性和延展性,试图打破黑格尔经验的封闭性和绝对性的思想局限。伽达默尔认为,"经验的真理经常包含与新经验的关联"②。在伽达默尔看来,黑格尔的经验视域只是一种单纯的意识运动而已,因而其经验仅注重结果而非过程,而他的经验理解与黑格尔的则恰恰相反,在伽达默尔的理解中,经验辩证运动的最终归宿是通过经验本身所促成的对于新经验的开放性。③

解读伽达默尔的经验范畴,我们可以发现其解释学经验包含有三大特征:其一,否定性特征,即通过否定性或批判性的经验或辩证的经验,利于解释者获得对文本的具有创造意义的更加深远的理解和认识;其二,有限性特征,即由于解释者的知识储备和认识能力与所认识的客观对象本身都处在发展变化中,这就使得解释学的对象始终都是社会历史性的,历史螺旋式地发展,总是通过不断否定的方式向崭新的经验敞开;其三,开放性特征,即经验中的否定因素总是会迫使以往的经验不断地与时更新和自我超越。

也就是说,任何文本其实都并没有一个原初的封闭的绝对静止的意义整体,任何文本的意义和深层价值都是在"间距化"即历史时空的作用下,在解释者对文本的理解和阐释的过程中不断被发现,不断生成和更新

---

① 〔德〕伽达默尔:《真理与方法》,上海:上海译文出版社1999年版,第6页。
② 〔德〕伽达默尔:《真理与方法》,上海:上海译文出版社1999年版,第457页。
③ 吴波:《论伽达默尔解释学经验的辩证本质》,载《西藏民族学院学报(哲学社会科学版)》,2006年第1期,第80页。

的。实际上，由于历史不可能凝固，事件不可能停止，时间间距或大或小总是客观过程，因而，这里的解释者，既包括文本作者本人在文本发表后的不同历史时期对自己以往文本观点的新阐释或观点的纠正和解释，也包括后人在间距作用下对经典文本的新解读和新发掘。

马克思在世的时候和恩格斯晚年修订出版《资本论》第二、三卷的时候，就对《资本论》的已有观点，在不同时期发表的《资本论》的多篇序言或跋中依据时间间距所形成的世界经验做出过肯定坚持或补充修正的说明。1873年，马克思在《资本论》第一卷发表六年后在《1872年第二版跋》中指出："使资产者最深切地感到资本主义社会充满矛盾的运动，是现代工业所经历的周期循环的各个变动，而这种变动的顶点就是普遍危机。"[1] 1886年，恩格斯在马克思《资本论》第一卷发表10年后，在其英文版序言中指出了资本主义发生的新变化："1825年至1867年每十年反复一次的停滞、繁荣、生产过剩和危机的周期，看来确实已经结束，但这只是使我们陷入持续的和慢性的萧条的绝望泥潭。"[2] 由此可以看出，马克思的观点并不是封闭的，将世界经验作为理论观点不断出场的场域是他们对待包括《资本论》在内的所有理论文献的一贯原则，与时俱进是马克思主义最珍贵的理论品格。

如今，《资本论》的发表已经150多年了，这一个多世纪的时间间距中积累的新的世界经验告诉了我们什么呢？归纳起来主要有：第一，资本主义私有制基础上的盲目追逐利润扩张的本质并没有改变，因而资本主义基本矛盾及其发展趋势并没有改变；第二，资本主义周期性的经济危机的总根源和总特征没有变，只是形式变了；第三，因多次经济危机教训导致的资本主义宏观经济调节手段有所改变，政府干预成为常态；第四，股份公司制度和垄断组织的发展使资本主义生产关系得以调整，提高了对生产

---

[1] 〔德〕马克思：《资本论》第1卷，中共中央马克思恩格斯列宁斯大林著作编译局编译，北京：人民出版社2004年版，第23页。

[2] 〔德〕马克思：《资本论》第1卷，中共中央马克思恩格斯列宁斯大林著作编译局编译，北京：人民出版社2004年版，第34页。

力进步的适应性；第五，资本主义社会的社会保障制度的建立，使得资本主义社会的阶级生活状况发生了改变；第六，资本主义的国民收入再分配，虽不能根本解决其阶级矛盾，但对社会两极分化有一定的调节作用；第七，资本主义企业内部，由于工人阶级运动和劳动法的约束，劳资矛盾变得时隐时现；第八，随着技术进步和劳动生产率的提高，知识工人越来越多，使资本的野蛮剥削受到限制。

以上发生的这一切变化既是人类文明进步的必然历史趋势，也是马克思那一代人对资本主义弊端无情批判的客观实践效果。因此，我们今天研读《资本论》，就可以透过 150 多年的时间间距，基于 150 多年的世界经验，借助解释学循环的方法，把个别观点和总体思路结合起来，个别结论和基本原理联系起来进行分析和研究，以求科学、准确、开放、整体、扬弃地理解和解释历史巨著《资本论》的语言及观点。

## 四、解释学与《资本论》原理的当代验证

必须指出，在借鉴西方解释学研究马克思主义文本时，要避免"依赖陷阱"。"哲学解释学"在强调文本意义的理解要依赖于"解释学处境"，指出文本意义是相对的而非绝对的、多样的而非单一的、无限的而非局限的，是一种"效果历史意识"的同时，却容易对解释方法形成一种盲目依赖或尊崇，常常进入过度诠释的境地，使解释陷入一种对解释方法的"依赖陷阱"。例如，美国学者沃恩克就指出了过度解释的弊端，他认为，伽达默尔在"为前见恢复名誉"的同时也释放出了"主观主义的幽灵"[①]，使得解释成了解释者信马由缰的纯粹主观行为。事实上，伽达默尔也试图弥补"哲学解释学"的这种理论缺陷，他试图用"时间间距"来实现对错误"前见"的过滤或遮蔽功能。但是，理解者只有不断回归到复杂生动的实践中去，才能从根本上杜绝解释的随意性和主观

---

① 〔美〕乔治娅·沃思克：《伽达默尔：诠释学、传统和理性》，洪汉鼎译，北京：商务印书馆 2009 年版，第 95 页。

盲目性。

"哲学解释学"的固有局限在于，把理解活动本身片面地当作一种实践，问题是理解者应把理解视为依托于生动实践的一种精神活动。而在社会实践的本体论基础之上，从马克思主义辩证唯物主义认识论的基点上去合理探寻理解者对文本理解的科学过程和机制，这才是解释学应用于文本研究应有的内在限度。

中国特色社会主义市场经济走向成功，《资本论》原理的启迪有重要的作用。

首先，改革开放以来，我们党号召全党解放思想，恢复实事求是的马克思主义思想路线，科学理解马克思《资本论》对资本主义的批判，注重并合理甄别资本主义的东西和社会化大生产的东西的界限。邓小平在1992年南方谈话中科学阐述了市场和计划两者都是手段，资本主义有计划，社会主义有市场，使得我们成功确立了社会主义市场经济的改革取向，并且在十八届三中全会完成了从市场的基础性作用到决定作用的思想解放和实践推进。

其次，我们根据《资本论》的原理，认识到马克思揭示的社会化大生产和人类市场经济的共同规律。从马克思对资本主义本质和弊端的深刻批判中汲取警示和历史经验，努力减轻市场经济体制转型中的阵痛，尽量少走弯路，坚持一切都从中国的国情出发，坚持马克思主义的指导地位，坚持改革开放的社会主义方向，坚持公有制为主体，多种所有制共同发展，坚持按劳分配为主体，多种分配方式并存的社会主义市场经济体制的社会主义初级阶段的基本经济制度。坚持社会主义市场经济下的宏观调控，坚持对国民经济发展的客观战略进行部署和规划，坚持通过国民收入再分配和财政转移支付积极遏制两极分化倾向，坚持科学应对经济周期的波动，取得了我国社会经济的巨大发展，使中国特色社会主义道路越走越宽广。

再次，我们通过《资本论》和马克思其他文本所揭示的世界市场原理，努力推进改革开放和国际经济合作关系，认真学习和借鉴经济发达国家的经验和教训。结合中国国情，善于甄别《资本论》基本原理和个别结论，善于观察《资本论》诞生的150多年来，资本主义社会的新变化、新发展，积极应对世界市场竞争和国际资本冲击的挑战，使得我们与整个世界，包括发达国家和发展中国家，以及落后国家的各种经济文化联系越来越紧密，对世界的吸引力越来越大，对外开放的格局越来越大，向世界经济各领域的渗透越来越深，抵御外来不利影响冲击的能力越来越强。

最后，正是由于我们多年来解放思想、实事求是、开拓创新，主动吸取《资本论》对资本主义的深刻批判和社会化大生产的原理，从而在多次世界性经济危机，如亚洲金融危机和美国次贷危机的震荡中，我们都能成功应对挑战，坚持社会主义市场经济之路，彰显了中国特色社会主义的道路自信，几十年的时间，用经济社会发展的实践证明了《资本论》的科学性，维护了马克思主义理论的科学尊严。同时必须看到，马克思《资本论》中揭示的150多年前资本主义经济的许多问题和矛盾，也同样困扰着我们，比如商品货币经济唯利是图的倾向，社会分配活动中两极分化的趋势，发展过程中经济运行周期的波动，虚拟泡沫对实体经济的冲击等，这充分证明了马克思主义政治经济学的强大生命力和《资本论》的强大生命力。

## 第二节 解释学方法对《资本论》研究的启迪

马克思一生最为成熟的作品《资本论》，在其后一代又一代人对历史和文本的理解中存在、生成和延续，在每个时代都有新的解读者为它注入新的意义。《资本论》的观点和研究方法由此成为蕴含着时代精神的精华，《资本论》成为与时代一起思考、发展、演进的开放的经典。而这正是哲学解释学为我们重新理解和解释《资本论》的研究方法提供的一种创新的视角。解释学方法过程即是：解释者的前见是理解和解释的依据，解释者在具体的理解活动中，与文本的他者性相遇，倾听文本掷来的提问，不断地修正、调整自己的前见，从而使解释者的视域和文本的视域产生融合，在解释学循环中形成具有效果历史的理解。这一切都可以在《资本论》中找到生动的体现。同时，如果我们深入探究文本就会发现，马克思《资本论》中应用的四种辩证方法也蕴含着解释学的方法，即历史辩证法与时间间距，批判辩证法与视域融合，唯物辩证法与效果历史意识，实践辩证法与解释学循环。探寻彼此在方法论上的融通，正是在创新《资本论》的研究方法，可以为哲学解释学理解的意义融通开辟可能的路径。

由此，在研究《资本论》及其他马克思主义经典的过程中，我们可以从两个方向切入：一是用解释学原理来分析马克思主义经典的文本或观点论述；二是解读出马克思主义经典文献或观点论述中所蕴含的解释学方法。这种方法可以被定义为"双向解释学"方法。

从某种意义来说，哲学是人类探索世界和自我的方法论的记录，不同的哲学体系虽然在具体的对象选择方面大相径庭，但每一种在哲学史上留下印痕的体系都是以自己独特的方法为边界的。马克思主义哲学的方法是对以德国古典哲学为最高成就的西方思想史的继承、批判和超越，《资本论》是马克思主义哲学方法最光辉的文本典范。可以说，没有马克思独特的研究方法作为资本主义经济规律研究的灵魂指导，就不可能有《资本论》的诞生。如今的我们，也只有深入研究隐藏在《资本论》理论内容背后的方法论，才能完整深刻地理解马克思创作《资本论》的初衷和目的，理解《资本论》中各种观点的真实蕴含和完整意义，理解《资本论》思想的当代价值，进而理解一个真实全面的、立体的马克思。固然，辩证唯物主义和历史唯物主义是贯穿和渗透在《资本论》中的最为重要的研究方法和分析方法。但是，认识和实践是历史和具体的统一，《资本论》第一卷发表已经150多年了，作为当代人，站在哲学社会科学繁荣发展的新的历史制高点，我们怎样用新的方法、新的视角研究和解读《资本论》，从中发现和挖掘出更多的思想宝藏呢？

哲学解释学以其独特的"理解"方法，给我们提供了一种新的可能性。其中，伽达默尔所开创的哲学解释学，是当代西方哲学思潮中非常重要的一脉，它意在突破以往传统的客观主义的解释学框架，恢复人的主体性，进而开辟一种理解文本的新的视域。"其中关于语言、真理和意义的阐释是贯穿其哲学运思的三条主要脉络。"① 解释学是以理解为研究对象的，虽然其开始的"理解"是以对文本的解读为主要内容的方法论的探寻，但当解释的范围突破了文本的局囿，开始拓展到历史本质的认识时，理解的旨趣也不可避免的发生了一个鲜明的转向，使得解释学与哲学解释学有了某种对立。因为作为哲学解释学之研究对象的"理解"，本质上是对历史的认识。② 哲学解释学是将"理解"本身作为存在而进行批判的哲学，它能帮助我们对《资本论》文本做出新的理解。

## 一、解释学与马克思主义经典研究适用性的学界争论

当前，在马克思主义哲学研究空前繁荣，对于新形态研究的建构空前热情，学界对于是否能让马克思主义经典研究与哲学解释学发生对话，进而革新对经典文本的理解和释读这一尝试，基本形成了较为一致的认识，那就是肯定哲学解释学为马克思主义哲学研究提供了非常独特的视野，"不仅因为解释学在现代已发展成为一门哲学，而且也在于解释学对于解决马克思主义哲学中国化问题的洽适性"③ 但在马克思主义哲学与解释学的对话过程中，学界却始终存在着两个顾虑：一是马克思的研究方法是否和哲学解释学有内在的相容性，用解释学理论来阐释马克思是否会制造"误解"？二是解释学理论是否能够直接用来解读马克思，如果不能，解释学理论是否需要马克思主义研究方法的改造？

俞吾金教授在《实践诠释学》中似乎已经给了我们一个答案。他通过对马克思《关于费尔巴哈的提纲》"第一条"的解读，认为马克思解读历史的工作方法和认知方式完全可以被称为是一场"哥白尼式的革命"，因

---

① 李云飞：《语言·真理·意义——国内伽达默尔哲学解释学研究的历史及其现状》，载《南京社会科学》，2002年第8期，第7页。
② 陈海飞：《解释学与哲学解释学》，载《高校理论战线》，2005年第2期，第57页。
③ 皮家胜：《解释学：马克思主义哲学中国化研究的新维度》，载《哲学研究》，2005年第11期，第30页。

为其非常彻底地革新了以往哲学对历史本质和人类社会的认知方式，由此也将人的诠释和理解活动放置在一个新的视域中，具体来说，这种革命就是在认识论领域所发生的，指出"在这里，完全可以说，马克思在理解和诠释活动中发动了一场'哥白尼式的革命'。如果说，康德的'哥白尼式的革命'主要是在认识论领域发生的，其革命的主旨是确立静观的认识主体的轴心作用，那么，马克思的'哥白尼式的革命'则是确立实践在人的全部理解和解释活动中的轴心作用。在这个意义上，我们不妨把马克思的诠释学理论称之为'实践诠释学'。"① 此外，在俞吾金教授看来，马克思主义哲学不但是一种实践诠释学，还是权力诠释学、资本诠释学。更重要的是，马克思是用自己的历史认识的方法完全地完成了一个诠释学的哲学本体论的革新，克服了传统的历史认知活动中所抱有的那种较为抽象的理论态度，把人对世界的认识活动铺展在现实的政治经济要素组构的权利磁场之中，由此其理论转向是极具创新性的，这种创新又是先于海德格尔完成的。"马克思不仅以自己的方式先于海德格尔完成了诠释学的本体论转折，而且克服了传统的诠释学所持的抽象的理论态度，真正地揭示出人的诠释活动得以展开的现实的权力磁场"②。胡潇教授也是认同这种观点的，他认为"马克思将主观辩证法贯注于解释活动及其逻辑操作中，并在实践唯物论基础上展开了他对解释学基本理念的思考和言说。'不是从观念出发来解释实践，而是从实践出发来解释观念。'马克思这一实践唯物论解释学思想原则，是我们在研读其文本、理解其思想的过程中应当高度重视的。"③

而学者桑明旭则批评了这样一种试图以哲学解释学作为马克思经典文本解读方法的主张。他认为，首先，不能将马克思主义哲学等同于解释学，因为"马克思主义哲学主张把'对象、现实、感性'当作人的实践活

---

① 俞吾金：《实践诠释学》，昆明：云南人民出版社2001年版，第5页。
② 俞吾金：《马克思的权力诠释学及其当代意义》，载《天津社会科学》，2001年第5期，第17页。
③ 胡潇：《"从实践出发来解释观念"——马克思解释学思想片论》，载《马克思主义研究》，2006年第8期，第53页。

动来'理解',或者主张从实践出发来'解释'观念的形成,这里的'理解''解释'就是一种'认识',其对象是对客观事物及其规律的把握,而不是对文本意义的把握"①。如此,怎么能把马克思实践的哲学理解为"实践的解释学"呢?王金福教授也对马克思主义研究的解释学化进行反思,认为"理解是一个永远不会终结的过程",要突破对马克思哲学教条的"绝对主义"认识,就必须有这种对解释本身的反思;但"否认文本存在的独立意义"的相对主义的解释学是不可行的,因为它"取消了马克思主义研究的任务之一是要正确把握马克思主义,取消了马克思主义研究的学术性方面,把马克思主义研究作为为各自的需要服务的简单工具,因而也就取消了用马克思主义来解决我们现实生活中所面对的问题这一根本目的、根本任务。"②那么我们如何在"绝对性"与"相对性"之间把握"理解"本身呢?既然在哲学解释学的视域中解读马克思,是如此暧昧不明,那么回到马克思主义的研究方法来看待今天"理解马克思的解释学现象",是否能产生新认识呢?

从对马克思一生最伟大的著作《资本论》的解读传统中,我们必须也有必要开辟一条不同以往的更富张力的解读路径。因为在事实上,《资本论》虽然被置于经济学的话语中不断地做着意义解读,但仅仅将其局限于商品、资本、劳动力、生产关系的矛盾运动中进行学理上的探讨,实质上是窒息了其最富张力的时代阐释力,使得其中所蕴含的哲学的意义始终被遮蔽。当然,对于这一解读传统,学界在进行不断的反思,这种反思最早可以追溯到恩格斯,恩格斯晚年就曾批判这种"经济决定论",第二国际时代,伯恩施坦也曾批判这种"经济决定论与辩证法斗争精神相结合的暴力"③,但伯恩施坦指出了问题却走向了偏离,即求助于康德的道德哲学。西方马克思主义学者也试图在重新解读《资本论》方面有所建树,诸如卢

---

① 桑明旭:《解释学与"理解马克思"的科学立场》,载《湖北社会科学》,2016年第9期,第7页。

② 王金福:《马克思主义研究的解释学反思》,载《江苏行政学院学报》,2001年第4期,第21页。

③ 仰海峰:《资本论的哲学》,北京:北京师范大学出版社2017年版,第1页。

卡奇、阿尔都塞，或是人学的批判，或是"断裂论"的重构，都是试图去"经济学的色彩"之蔽，恢复哲学的意蕴。但是，这些尝试虽然具有"革新"的意义，却也将《资本论》的解读形象变得四分五裂了。而从20世纪90年代开始，中国学者开始了"实践诠释学"的研究转向，即旨在以对哲学解释学进行"实践反思和批判"为基础，重新探索一条以哲学对话为基本路径的当代中国马克思主义哲学研究路径，这为马克思主义经典文本的解读和理论研究开辟了新的视域。

的确，马克思主义哲学与不同的哲学进行比较对话的基础，就在于马克思主义自身科学、开放、实践的理论品格，其具体地表现为：马克思主义哲学具有"一面针对着世界，另一面针对着哲学本身"①的自我批判的科学精神；马克思主义哲学具有始终与时代进行建设性对话和开展反思性自我对话的开放品格；马克思主义哲学更具有始终立足于社会历史现实，将哲学的意图指向"改变世界"的实践特质。而"正如阿佩尔所指出的那样，真正的解释学探究处于与自然科学对事件的对象化和说明活动的互补关系中"②，哲学解释学不仅有助于我们在"互补"的精神中打破自然科学对人类精神的技术理性垄断，也能够帮助我们以更具实践性、历史性的视野重新审视"理解"的认知旨趣。

在对前面提到的马克思可以为解释学所解读的"实践诠释学"的再反思的基础上，我们试图在探寻马克思可以为解释学所理解的方法论意义上，对《资本论》这一经典文献展开"双向解释学"研究。所谓"双向解释学"，即有两个参照物、两个方向。两个参照物是纯文本的参照物和观点论述的参照物，虽然这两者不可分，但研究切入点可以分；两个方向是研究可以有两种途径深入，一是用解释学原理来分析马克思主义经典的文本或观点论述；二是解读出马克思主义经典文献或观点论述中所蕴含的

---

① 《马克思恩格斯全集》第40卷，中共中央马克思恩格斯列宁斯大林著作编译局编译，北京：人民出版社1982年版，第327页。

② 王南湜：《"历史科学"的两种模式——〈资本论〉方法论问题的再思考》，载《福建论坛（人文社会科学版）》，2017年第7期，第92页。

解释学方法。此外，在与哲学解释学的对话中，我们也形成这样一个基本认识：无论哲学解释学以怎样的方式重新定义了"历史科学何以可能"这一问题，其在历史的根本性问题上并没有对马克思主义哲学形成理论逻辑内部的瓦解，因为只要"资本批判"的逻辑依然是解答资本时代之谜的根本方式，那么《资本论》的当代性价值就必然会被不断被唤醒，马克思主义哲学就仍然是当今时代不可撼动的思想巨擎。当然，要使马克思主义哲学真正走向当代，不仅仅需要继续坚持理论的真理性，还需使马克思主义哲学以自我批判的精神在与哲学解释学的互补关系中重新寻求"历史"的认知旨趣。

## 二、解释学四重方法递进的《资本论》文本解读

为什么要特别注重用解释学来释读马克思呢？虽然解释学的"理解"从被提出后，其对象已经不拘泥于文本理解，而是扩展到历史理解，但从其发生的第一个领域来看，就是"语言"，要想理解"语言"传达的"信息"，我们不得不面对一个难题，即其"多义"的困境，也就是说，语言的多义必须要求我们慎重地进行意义的解读，因为一旦脱离任何一种语境，都将面临语言的错解和误读，进而无法真正走入文本的理解。而当我们面对马克思的语言时，这种多义性便更为突出。连恩格斯也认为，马克思的确给后来的读者留下了一个无法解读的语义分析难题，即其特色的工作用语——灵活多变的哲学用语。这就更需要我们重视语境的选择，特别注重语言语义的理解和解读。哲学解释学正是关注这种语境的使用和识别活动，强调"历史的"看待问题，研究问题的哲学特质。

从解释学角度来看，历史是由理解历史的文本构成的（这正与历史唯物主义"物质生产实践"构成历史的观点相抵牾），而文本并非是静止的形态，相反，它作为一个具有历史生成性的构成物存在。其历史生成性正是与历时存在的解释者相关的，因为解释者对文本真理的解读是具历史阶段性的，又是绵延不断的。这一构成的过程即是一种"解释学循环"，即

围绕解释者展开的"文本解读"。解释者的前见是理解和解释的依据,在文本的具体理解活动中,理解者与文本的他者性相遇,理解者虽然怀着解释的前见,但也在与文本的对话和问答中,不断地修正和调整自己抱有的前见,由此,理解者和文本的视域融合进一步生成,最终的理解即是在解释学循环中所形成的具有效果历史的理解。

### (一)理解:一种历史性事件

从解释学的视域出发,文本都是历史流传下来的物品,正因如此,对文本的理解是具有"历史性"的,即情境变迁后,对于同样的文本在每次的理解中,都会产生不同的意义。伽达默尔认为,"文本和解释者的结合之所以能够克服间距所造成的历史疏离性,其原因就在于解释学的经验必须是在现实的客观中寻找它的基础,每一真正的解释学都包含着对当下的应用[①]",这就意味着,理解的本质是一种历史性事件,正是由于时间的张力给予了解释者对文本能够加以重新理解和重新解释的可能性,对文本的理解才能真正成为文本意义与人在实践哲学意义上的实存的一种彼此渗透、彼此互动的过程。另外,需要特别关注的是,哲学解释学非常重视对文本展开"理解"这一意义事件的重新认识,"理解"在哲学解释学的历史性的视域之中,并非一个完成的事件,而是一个不断"生发"的事件。对于理解者来说,其真正的任务就是要在"理解"事件所不断扩展的视域中不断增进自己的认知,促使文本的"视域"与其他的历史的、现实的、实践的视域不断地融合,进而在视域融合的过程中,真正实现所谓的"效果历史"。而"效果历史",就其本质来说,就是理解的主体所持有的历史的"意义映照",即我们对文本的理解不可能脱离先在性的历史经验,也不可能脱离历史传统所带给我们的前见的制约,哲学解释学所真正保护的正是这种在尊重作品经验的前提下进而呈现出的真理性,"理解"由此才能真正变成一种不断实践的、延展

---

[①] 〔美〕理查德·E. 帕尔默:《诠释学》,潘德荣译,北京:商务印书馆2012年版,第328页。

的、未知性的开放事件，在一代代解释者的视域中呈现出文本意义的历史深刻感和时代革新性。由此，当我们把"理解"视为是一种历史事件的时候，我们便赋予了文本新的存在意义，当我们把"理解"视为是一种"效果历史"的意义关照的时候，我们便赋予了文本真正的历史性的存在。而从这个意义来看，我们对文本意义的追寻，对文本存在价值的追问，其根本的就是一种"历史性"的反思，而文本的理解则始终是处在文本存在的"历史性"与"共时性"的视域交叠之中的。而这也是历史上众多经典文献之所以久盛不衰的重要原因，也是《资本论》的意义不断被唤醒，价值不断被挖掘的重要原因。

《资本论》第一卷出版后不久，马克思在《给〈祖国纪事〉杂志编辑部的信》中指出：《资本论》第二十四章"所谓原始积累""只不过是想描述西欧资本主义经济制度从封建主义经济制度内部产生出来的途径"。如果米海洛夫斯基，"一定要把我关于西欧资本主义起源的历史概述彻底变成一般发展道路的历史哲学理论，一切民族，不管他们所处的历史环境如何，都注定要走这条道路……他这样做，会给我过多的荣誉，同时也会给我过多的侮辱。"[①] 也就说，马克思从来不希望自己的理论被解释成一种放之四海而皆准的权威，进而成为不同的民族国家"决策"的依据。作为一本政治经济学著作，《资本论》批判对象的指向性非常明确，即资本主义生产方式及和它相适应的生产关系和交换关系。其基本方法就是"政治经济学批判的学科工作规范"[②]，这种立足于科学的抽象研究的经验与康德在《纯粹理性批判》中所揭示的"人的理性的有限性"有着内在的契合。由此，一切试图将《资本论》与生活世界、作者及解释学境遇割裂，将其存在的时间性、历史性排除的文本审美，都是对《资本论》历史性存在方式的无视与误视，而历史事实证明，马克思本人也对这种无视历史性的

---

[①] 《马克思恩格斯选集》第 3 卷，中共中央马克思恩格斯列宁斯大林著作编译局编译，北京：人民出版社 1995 年版，第 341—342 页。

[②] 徐光伟：《政治经济学批判的多重规定与研究意蕴——纪念马克思诞辰 200 周年》，载《当代经济研究》，2018 年第 11 期，第 5 页。

"拔高方式"持坚决批判的态度。

从《资本论》的解释史来看，苏联对《资本论》展开的研究，在理论和实践上都是给我们留下诸多启示，且值得关注的一部分。1873年1月24日，在《资本论》第二版出版时，马克思在新撰写的跋中指出，"1872年春，彼得堡出版了《资本论》的优秀的俄译本。初版了3000册现在几乎已售卖一空"①。在19世纪70年代，《资本论》第一卷的俄文版在俄国出版，引起了巨大的轰动。当时，也正值民粹主义运动在俄国蓬勃发展，以巴枯宁"无政府主义"激进思想为代表的"自由乌托邦"严重影响着普列汉诺夫所领导的"劳动解放社"。但革命者很快发现，在俄国革命运动中名噪一时的巴枯宁主义，与马克思的著作在许多方面的观点都不一致，比如到底谁是社会发展的动力和革命的主要力量，又该如何正视国家的存在，以及法律的权威。由此，"劳动解放社"成员在对《资本论》的学习中也出现了极大争议。为此，小组成员曾写信向马克思请教，"《资本论》中讲的历史必然性是否广泛适合世界各国？"马克思在详细研究了19世纪俄国农村公社的问题后认为，俄国的农村公社有自己的特点，遂在1881年3月8日的信中明确回复："我在《资本论》中所讲的对农民的剥夺，以及必然发生的剥夺者被剥夺这一运动的'历史必然性'明确的限于西欧各国，而并不适应于落后的东方国家"②。这说明，马克思不认为《资本论》第一卷的结论具有普遍的意义，其更注重强调的是一般原理应用所依据的具体历史处境。

因此，精通《资本论》研究的革命导师列宁指出："马克思没有留下逻辑（大写字母的），但他遗留下了资本论的逻辑，应当充分地利用这种逻辑来解决当前的问题。③"他强调必须将《资本论》中的基本理论与具体

---

① 〔德〕马克思：《资本论》第1卷，中共中央马克思恩格斯列宁斯大林著作编译局编译，北京：人民出版社2004年版，第19页。
② 《马克思恩格斯全集》第19卷，中共中央马克思恩格斯列宁斯大林著作编译局编译，北京：人民出版社1963年版，第268页。
③ 《列宁全集》第1卷，中共中央马克思恩格斯列宁斯大林著作编译局编译，北京：人民出版社1984年版，第245页。

的历史实践相结合，进而去阐释像俄国这样的落后国家发展的特殊性问题。在回答马克思、恩格斯生前提出的"俄国农民村社是否会走上社会主义道路"和"俄国无产阶级革命与西方无产阶级革命的关系"这两个问题时，列宁结合19世纪末至20世纪初的世界历史变革对俄国经济、政治和社会发展的影响，历史地考察了俄国社会分工和国内市场的形成，以马克思《给〈祖国纪事〉杂志编辑部的信》为文本依据，撰文指出："马克思已经在信中表明了态度，他不愿在俄国的自由派经济学者和民粹派有关俄国社会发展道路的对立观点中进行选择，并由此给出一个具体的答案"[①]，这是因为马克思关心的是他在《资本论》中提出的历史发展规律"怎样应用于俄国的问题"，具体来说，就是"马克思的理论是在研究和说明某些国家的经济制度的演进；至于把这种理论'应用'到俄国来，只能是利用已经创造出来的唯物主义方法和理论政治经济学方法，来研究俄国生产关系及其演进情形"[②]。在这里，列宁其实已经提出了一个与解释学在"理解"本质问题上相通的认识，即对于文本理解的经验必须是在现实的客观中寻找它的基础，每一真正的解释学都包含着对当下的应用。对《资本论》的理解不能离开俄国的历史、传统和革命对象，这些作为历史情境的形塑是每一个俄国革命者在理解《资本论》时无法抛却的"前见"，也正是因为历史情境的变迁，列宁对《资本论》中的一般原理的考察才能立基于一个更为广阔的视角，即从帝国主义时代的东方社会发展规律、西欧政治经济的发展规律和世界无产阶级的革命运动规律的一般性与特殊性的辩证关系上解答问题，进而将《资本论》的历史研究方法在历时性与共时性的视域中有机结合起来，开创了最早将马克思主义基本理论与本国具体实践历史性地相结合的典范。

---

① 《列宁全集》第1卷，中共中央马克思恩格斯列宁斯大林著作编译局编译，北京：人民出版社1984版，第222页。

② 《列宁全集》第1卷，中共中央马克思恩格斯列宁斯大林著作编译局编译，北京：人民出版社1984版，第235页。

### (二) 文本：进入"理解"的前提

"谁想理解，谁就准备让文本告诉他什么"①，尊重文本才能真正进入文本，哲学解释学强调的是解释者必须首先倾听文本的讲述，然后再从自己的前见出发与文本对话。伽达默尔以游戏来喻拟尊重文本的意义，就像人们在进行游戏娱乐活动时，其目的就是追寻愉悦的情绪一样，人们在实现这种目的的满足之前，必须尊重游戏本身，也必须对游戏的规则进行充分的理解，如果在游戏中抱着蔑视游戏、拒斥规则的心态，那么人就不可能理解游戏本身的意义，也不会获得良好的游戏效果。因此，尊重文本才意味着我们能够获得"完满的意义"，在此基础上，才有可能用我们的此在的处境去验证理解的价值。

当下我们"理解"《资本论》文本的意义的问题主要存在于两个方面：第一个方面是，我们怎么样才能对《资本论》实现真正的"理解"，即获取文本的"本真含义"；第二个方面是，我们如何能够将对《资本论》的理解引入当代，赋予其文本"当代价值"。就第一个方面的问题而言，我们必须真正认识到，想要达到"理解"的效果，便必须尊重文本本身的结构和书写逻辑，虽然作为经典，《资本论》不可避免地存在于一代代解读者所"构筑"的意义之中，但学界近年来所提倡的"走进"抑或是"走近"的呼号正反映了我们对《资本论》理解本身的反思。在探入哲学语境之中去深谙文本意义的时候，我们希冀开辟出一条能够折返于历史与现实之间的"出场"路径，但是所面临的真正的困境正在于，我们在某种意义上无法正视自己作为"他者"的存在性。在哲学解释学中，读者就是对文本发出"视看"动作的人，读者的"视域"也具有特定的边界，读者必须把自己放置在文本的历史语境之中，同时又必须审视自己的"现代性"，如果割裂了二者，那么文本的"解读空间"就会变成一个完全闭塞的牢笼，而理解就会成为一种陷入困境的无意义的"自说自话"的行为，就像

---

① 〔德〕伽达默尔：《诠释学Ⅰ：真理与方法》，洪汉鼎译，北京：商务印书馆2010年版，第348页。

阿尔都塞所描述的，"一个理论实践面对的认识对象，其本身就是另一个理论实践的内在结构，而这个结构之获得又与再下一个认识对象有关……以此类推，以至无穷"①。而所谓的理解便成为一种无限的向文本的历史回溯的过程，由此，理解者便"使自己进入巨大的文本黑洞之中，直至成为虚无"②。从问题的第二个方面出发，我们要认识到，所谓的"理解"也不可能是遗忘历史意识的一种完全的自主性行为，当然，"当代"的限定，使得我们总是不可避免地带着一种"当代意识"与文本发生问和答的对话，而由此所可能造成的困境就在于，我们的"解读"总是一种目的主义的"解读"，总是一种寻章摘句的"问话"和"解答"，认为只要从文本中找出解题释疑的答案，便是完成了对文本理解的"当代性"的转换，由此造成了我们虽然意图为经典文本的当代性价值进行真理性的辩护，但却总是把文本视为一种外在的东西，把"理解"作为一种释读的手段或是工具，这样的直接结果就是把马克思所说的《资本论》的艺术整体割裂开来。

在《资本论》译著传播的过程中，一直受到来自不同论敌们的思想攻击，除了出于知识局限、阶级偏见或者有意为之等原因，其中很重要的原因就在于他们不尊重文本的存在，不曾认真"倾听"马克思的思想，而只是道听途说，甚至凭空杜撰。19世纪70年代，巴枯宁将马克思主义理论的实质歪曲成"泛斯拉夫主义"或"国家主义"，这显然是不符合原著本意的解读，对此马克思曾斥责道："对巴枯宁先生来说，学说（用圣西门、蒲鲁东等人的片段拼凑成的废话）过去和现在都是次要的东西——仅仅是抬高他个人的手段。他的理论方面虽然至多等于零，但作为阴谋家却是很内行的。"③ 而在19世纪80年代，以保尔·恩斯特为代表的德国社会民主

---

① 〔法〕路易·阿尔都塞、巴里巴尔：《读〈资本论〉》，李其庆、冯文光译，北京：中央编译出版社2001年版，第39页。
② 吴猛：《阿尔都塞〈资本论〉解读的困境及其意义论根源》，载《哲学研究》，2009年第8期，第8页。
③ 《马克思恩格斯选集》第4卷，中共中央马克思恩格斯列宁斯大林著作编译局编译，北京：人民出版社1995年版，第296页。

党内的"青年派"和以巴尔特为代表的德国资产阶级学者又分别将马克思主义理论"理解"为"经济唯物主义"和"经济决定论"。对此恩格斯反驳道,"如果有人在这里加以歪曲,说经济因素是唯一决定性的因素,那么,他就是把这个命题变成毫无内容的、抽象的、荒诞无稽的空话①。"

"一个人如果想研究科学问题,首先要学会按照作者写作的原样去阅读自己要加以利用的著作,并且首先不要读出原著中没有的东西。"② 这是对读者的起码要求,也是《资本论》科研者应遵循的基本原则。时至今日,我们唯一留存的可以真正走进马克思的历史片段,唯有文本可循,文本由此担负着历史传流物、思想承载物、理论传承物的功能,解读原著也是每个马克思主义科研者所必须具备的扎实的基本功。反观自20世纪70年代兴起的后马克思主义者对马克思理论的种种解读和改造,我们所能明显看到的纰漏还是因为没有真正地去"理解"马克思进而从某一个方面和某一个观点上去攻讦所产生的偏差。当然,尊重文本的重点不是听命于文本,而是在此基础上真正地"进入文本",在这个过程中,解释学提出了不会让解释者完全从命于文本的三个前提因素:一是"前见",使得解释者在"熟悉性与陌生性的两极对立"中获得新的认识;二是"间距",由于文本已经面临新的解释学境遇,因此"创造物自己的真正本性才呈现出来";三是"实践",解释者将文本内容具体化到自身处境中,应用到时代的具体事态中,使文本内容在现实中得到再创造。

《资本论》问世距今,已150多年,其虚无或过时之论不时泛起,究其原因是对文本与现实的读者和时代存在的"前见"与"间距"的质疑。因为文本意义的生成总是从属于解释者的现实生活经验和历史传统,所以对《资本论》文本的解读都是"全凭己见",不存在所谓的"权威"和"原理";因为《资本论》与今天的时代存在着由于历史延续造成的时间距

---

① 《马克思恩格斯选集》第4卷,中共中央马克思恩格斯列宁斯大林著作编译局编译,北京:人民出版社1995年版,第477页。
② 《马克思恩格斯文集》第7卷,中共中央马克思恩格斯列宁斯大林著作编译局编译,北京:人民出版社2009年版,第26页。

离，所以"当时不同今日"，我们无法克服"间距"进入马克思主义诞生的时代去真正"理解"，而《资本论》也因其时空的限制无法对我们所处的时代做出一切说明。但在哲学解释学的视域中，"前见"和"间距"正是《资本论》获得意义创造空间的前提，因此，在这种方法论视域下，文本的意义才会在理解中得以连续、延伸。

比如在 21 世纪，资本主义社会在此遭遇了新一轮经济危机，而经济危机中更掺杂着社会、环境、政治等诸多因素，由此使得许多西方学者很快忧心忡忡地回到了"重新发现马克思"的研究中，包括一些普通民众也开始研读马克思，《资本论》《共产党宣言》等经典文献又开始热销起来。虽然一些西方学者对为何又"都转向'科学社会主义'之父去获得鼓舞"这一现象不甚理解，但"重新发现"马克思却并非偶然或异象。正如当代马克思主义经济学家欧内斯特·曼德尔所言，"与一般公认的信念相反，马克思与其说是 19 世纪的经济学家，还不如说是 20 世纪的经济学家。今天的西方世界远比写作《资本论》时的世界更接近《资本论》中的'纯粹'模型。"[①] 虽然资本主义制度经历了许多被迫的改良与变革，虽然马克思视野中那个暗无天日的作坊已经成为历史遗迹，但我们所处的时代依然是"资本逻辑"起作用的时代。正如哲学解释学中强调的那样，"某个像我们呈现的单一事物，即使它的起源是如此遥远，但在其表现中却赢得了完全的现在性"[②]，存在的历史性更需要从对文本与理解者的双重历史性的确认出发，使得文本的意义不仅在时间中生成，也在空间中生成，不仅在时间中延展，也在空间中达到多元。因此，"社会遇到的问题越多，就会有更多的人试图从马克思的著作中寻找答案"[③]，马克思主义没有远离，世界还在因它而改变。

---

[①] 〔德〕欧内斯特·曼德尔：《〈资本论〉新英译本导言》，仇启华、杜章智译，北京：中共中央党校出版社 1991 年版，第 232 页。

[②] 〔德〕伽达默尔：《诠释学Ⅰ：真理与方法》，洪汉鼎译，北京：商务印书馆 2010 年版，第 165 页。

[③] 潘革平：《"马克思用著作改变世界"——访比利时劳动党副主席戴维·派斯提欧》，载《光明日报》，2008 年 5 月 6 日，第 8 版。

## (三) 解释学循环：意义重构的过程

在传统的哲学解释学语境中，解释学循环是通往理解把握文本真意的最为重要的一环，也是哲学解释学中具有方法论指向性的一种实践途径，在解释学循环中，循环主要发生在理解的客体方面，具体来说，有文本内部的整体和文本局部的部分之间的循环，有文本和文本之间的循环，还有文本与文本所处的解释学语境之间的循环。在传统解释学语境中，解释学循环是方法论意义上把握文本意义的途径，这一循环主要是指理解客体方面的循环，即文本内部的整体与部分的循环、文本与文本之间的循环、文本与语境之间的循环等。海德格尔指出，解释学循环的意义就在于揭示了"理解"这一事件所隐喻的一种此在的"生存状态"，正是由于"解释学循环"发生于"实践"的意义之上，"理解"才能以生生不息的样态延续文本的意义。而伽达默尔所做出的新的贡献则是，遵循着这一思想，更强调了这一循环运动在解释者沟通"历史"和"当下"时对历史与现实的理解的融通。他指出，"为了理解文本，我们必须以前理解构造出一个意义整体——完全性前把握，从而解释学循环就是完全性前把握与文本之间的运动，这种循环在本质上就不是形式的，它既不是主观的，又不是客观的，而是把理解活动描述为流传物的运动和解释者的运动的一种内在相互作用。"① 也就是说，虽然海德格尔已经通过循环的辩证法确证了"理解"与历史发生的存在论的本质，但伽达默尔为解释学循环赋予了新意义，使得这种循环真正把文本与"他者"的倾听联系了起来，具有了一种历史辩证法的意味，由此这种循环的本质意味着理解者的当下性与文本所处的历史性之间的互动关系。

以解释学的方法解读《资本论》，我们可以发现，其所强调的解释学循环在历史的、辩证的意义上与《资本论》的批判逻辑是相通的。诚如马克思、恩格斯所指出的，"感性世界决不是某种开天辟地以来就直接存在

---

① 〔美〕理查德·E. 帕尔默：《诠释学》，潘德荣译，北京：商务印书馆2012年版，第376页。

的、始终如一的东西,而是工业和社会状况的产物,是历史的产物,是世世代代活动的结果,其中每一代都立足于前一代所达到的基础上,继续发展前一代的工业和交往,随着需要的改变而改变它的社会制度。①"这就是说,人类与感性世界的关系,人类对感性世界的认知把握,从来就是一个不断拓展、不断融合的过程,是一种一代人与另一代人的"交往"之中历史生成的过程,那么封建社会到资本主义社会的演进也是这样。"手推磨产生的是封建主的社会,蒸汽磨产生的是工业资本家的社会②",人的不断超越现实的生成性的存在方式决定了人类社会面向未来的无限开放性。人不断超越现实的生成性决定了人类社会面向未来的无限开放性。

此外,从马克思在《资本论》中的批判逻辑的展开方式来看,其根本就是始终明确地将对对象或事物的认识理解为现实的人的感性活动的产物,进而在现实人类历史中的生成和发展的宏观视野中,揭示现存事物的不合理性,去否定资本主义生产方式的自然性、永恒性的先验幻象。而在解释学的视域中,我们对事物的认知不可能完全再现历史真实,我们也永远与历史处于一种张力之中,对所有"存在"的理解不应建立在对其存在本身的"先验逻辑"之上。因此,遵从《资本论》的批判逻辑就是应对文本所处的历史作出评价,并将解释的活动建立在文本所处的历史语境之中,同时,也要关照对文本进行解释的当下历史处境,在不断的解释学循环中,实现文本意义的重构。以这样的视角来审视马克思《资本论》写作的深刻意蕴、恩格斯对《资本论》的解读、列宁及苏联马克思主义者对《资本论》的解读、当代中西方学者对《资本论》解读的最新成果之间的理论关系,我们可以获得一个较为明确的认识:《资本论》为我们认识和批判资本主义的产生、矛盾运动和发展提供了一个理论框架,但其内容并非是滞留在作者创作的文本中而是根据理解者的

---

① 《马克思恩格斯选集》第1卷,中共中央马克思恩格斯列宁斯大林著作编译局编译,北京:人民出版社1995年版,第58页。
② 《马克思恩格斯选集》第1卷,中共中央马克思恩格斯列宁斯大林著作编译局编译,北京:人民出版社2012年版,第222页。

不断解释而变化着的，结合当代资本主义的发展与其面临的各种危机，反思现代社会对整个人类的生存境况的冲击和为人类所提供的新的解放条件，其本身就是对《资本论》文本意义的一种丰富和构建。而这种意义重构的过程需要不同时代、不同地域、不同民族、不同国家的思想家的不断解读，种种解读在时序上构成了一个动态发展的《资本论》，由此，它的时代价值和时代意义才能被不断地延展下去。正如卢卡奇在谈到马克思主义哲学本质时所指出的那样，"任何人若幻想靠对辩证唯物主义的广泛深入的认识来一劳永逸地掌握自然和社会的现象，就必然要从生动的辩证法重新陷入机械的僵化状态，从全面的唯物主义重新陷入唯心主义的片面性。"① 在解释学循环的辩证逻辑中不断地"重新理解"马克思，正是《资本论》不断循环出场的核心所在。

### （四）视域融合与效果历史：意义创新的可能性

哲学解释学之所以赋予了文本新的历史经验和生成意义，其最重要的环节就在于"视域融合"这一历史与当代发生理论回响的创新过程，而意义与价值的不同也可以用尊重历史经验和效果映照的解释学的逻辑来阐释，即"效果历史意识"对于解释者和文本意义的关照。具体来说，视域，就是目光所及而能够是看得见的区域，在文本理解中，视域特指文本的作者和文本的解释者对文本意义的预期表达。而视域融合，则指的是文本的"原初意义域"与解释者现在所居的"视域"的交叠。二者之间尽管存在着非常大的差距，但并非是一种对立，而是一种相互融通的关系，在人的主体性的意识中也存在着相互交叠的可能性。而理解的意义就在于文本的视野与理解者视野的一种"融合"，"融合"的意义在于我们能够把对以往文本的阅读经验放置于现实获取的经验之中，通过历史视域和现实视域的融合，去重新创造和理解文本的意义。这样就开拓了一条赋予文本新意义的基本途径，即带着自己的当下问题与文本进行对话，将自己"现在

---

① 〔匈〕卢卡奇：《卢卡奇自传》，杜章智编，李渚青、莫立知译，北京：社会科学文献出版社1986年版，第221页。

的视域"与文本"原初的视域"进行融合,从而构建独立的、富含时代精神的文本意义,以回应新的时代问题。而效果历史则是指解释者在赋予文本新意义时所含带的理论目的。无可辩驳的是,有一种固然的效应是发生在每一个解释者身上的,那就是解释者从自己所处的解释学境遇出发去解读某个历史现象,从事历史认知活动时,都不可避免地要受到前见带给自己的某种具有偏向的意识的影响,这种影响来源于历史的传统、个人的境遇和解读者的偏好,这种影响就是效果历史意识。从客观的方面来看,效果历史意识是一种无法拒斥的历史关照,是无可避免地发生在每个解释者身上的效应活动,解释者的解释活动不是为了解释而解释,也不可能做到纯粹客观的无意识,而应当带着某种效果历史意识进行解释。当解释者从对自己所处的具有根本意义的解释学处境出发去理解某个历史现象时,总是已经受到效果历史的种种影响。解释者不是为解释而解释,而是带着效果历史意识进行解释的。

保持对哲学自身以及哲学与生活实践的矛盾的反思和批判状态,是马克思主义学者应当承继的基本科学精神。"真正的批判要分析的不是答案,而是问题"①,这种自觉意识的本质就在于,没有永恒不变的、解决一切问题的真理体系,只能从现实问题出发,依据实践的不断深化和对矛盾的不断认识去更新哲学理论。正如马克思在《资本论》第二版跋中所专门强调的:"辩证法不崇拜任何东西,按其本质来说,它是批判的和革命的。"②回顾《资本论》的解释历程,我们能够不断看到在视域融合中对文本意义持续批判和创新的过程。但是,"问题意识"也并非就是能够真正捍卫文本当代性价值的不二法门。虽然这种思路的初衷是具有鲜明的实践特质的,即从包括《资本论》等马克思主义文本中去寻找解答时代问题的说明,进而回到问题去验证理论的阐释力。但如此"按图索骥",我们也需

---

① 《马克思恩格斯全集》第40卷,中共中央马克思恩格斯列宁斯大林著作编译局编译,北京:人民出版社1982年版,第298页。
② 〔德〕马克思:《资本论》第1卷,中共中央马克思恩格斯列宁斯大林著作编译局编译,北京:人民出版社2004年版,第22页。

要反思，由于对问题的回答总有不同的解答和不同的看法，以至于由问题引发的"理解的问题"更为纷繁复杂，致使我们几乎无法确认哪样的"解释"才是解决问题的真正出口。这种困扰，正是我们在阐释文本时所带的"理论目的"或"价值偏向"，也就是解释学所说的效果历史在我们身上的映照。

比如在19世纪末至20世纪初，主要资本主义国家从自由资本主义过渡到帝国主义，与此同时，就出现了诸如罗莎·卢森堡、考茨基、希法亭、列宁、布哈林等一批马克思主义理论家对帝国主义的批判。很显然，马克思的著作中并没有帝国主义的概念，更没有可能对帝国主义这一现象展开分析，因此，用《资本论》的原理去回应帝国主义时代所出现的新问题、新情况和新现象，正是卢森堡、列宁等马克思主义理论家带着时代问题对话马克思的过程。

以罗莎·卢森堡为代表的第二国际的马克思主义理论家所提出的解决方案是马克思主义理论的实践形态。一方面在《资本积累论》中，她大胆地批评和修改了马克思的资本积累理论，使其能够说明帝国主义时代的经济现象；另一方面她又在帝国主义理论、社会主义民主等问题上，强调"自发性"和"规律性"。而列宁则敏锐地指出罗莎·卢森堡是"实际主义"，因为她只是"从问题出发"去解决问题，而无视马克思创设的原理；此外她更忽视了无产阶级的领导权，忽略了东方国家的特殊性，没有看到帝国主义发展的不平衡规律给落后民族和国际无产阶级斗争带来的新机遇。列宁认为，"只有以先进理论为指南的党，才能实现先进战士的作用"①。列宁始终从捍卫马克思主义理论权威性的目的出发，意在证实帝国主义即垄断资本主义发展所呈现的一切依然未突破马克思主义的理论批判。那么问题是，为什么列宁和卢森堡都以《资本论》中所阐释的资本积累理论对帝国主义现象展开分析，但却在对帝国主义经济和政治特点的理解上存在着极大差异？到底哪一种"视域融合"所产生的"意义创新"才

---

① 《列宁选集》第1卷，中共中央马克思恩格斯列宁斯大林著作编译局编译，北京：人民出版社1995年版，第312页。

是合理的？

　　从哲学解释学的视角出发，罗莎·卢森堡与列宁"差异"的关键在于他们的语境不同、视角不同，或是他们都带着自己的前见或传统，在"效果历史观"的照应下其"解释"的目的不同。罗莎·卢森堡与列宁分析问题的一致性在于，两者都是从《资本论》这一文本的理解出发的，都没有回避现实性的问题，而区别在于，卢森堡是"从问题出发"去改造马克思主义，而列宁则是在坚持原理上"真意"的前提下去展开"批判"。据此，我们必须明确，"理解"永远不能混淆历史与现实、文本与实践之间的界域，所有的"理解"必然是要从文本自身出发，去廓清问题和思想产生的初始含义的。以"当代性"之名去肢解文本的"客观性"，只能使文本走向虚无。只有当我们看到历史的延续与积累，看到现实的复杂和纷繁，把历史原貌的追寻、思想史的考辨与现实的观照省思联系起来，我们才有可能去克服相对主义与历史的虚无化，才有可能真的去确立文本的思想史地位和当代意义，也才有可能在视域融合与效果历史的共同关照下，实现意义的创新乃至超越。

## 三、《资本论》的四重辩证法视域的解释学蕴含分析

　　从 19 世纪末到今天，以马克思学说为理论框架，结合现代社会的发展创造性地发展马克思学说的成果层出不穷，《资本论》也正是在这一页页的解读中被一次次地推向当代的最前沿，而马克思学说中那些丰富的历史内容和富有历史预见性的思想也正祛除遮蔽，被创造性地不断生发出来。而从《资本论》的研究方法来对照哲学解释学，我们又能对这种以"理解"为本体的哲学产生什么样的思考呢？

　　回看哲学解释学进入中国的这一进程，我们可以知晓，大约从 20 世纪 70 年代末开始，学者们就开始关注哲学解释学与马克思主义的关系，试图探寻哲学解释学为马克思主义哲学的"理解"更新所提供的新的路径和方法，而在这一探索中，哲学解释学也随着国内学者的译注、评述和推介，在研究的深度与广度上不断得到拓展。而从总体上来看，哲学解释学所奠

基的基础其实是一种"实践"的哲学,即它不以主观或客观的倾向来定义"理解"这一事件,而指出理解的本质在于"主客观"的两个方面的辩证关系,理解者的主观性和文本的客观性,理解的主观性和效果历史意识的客观性,前见、视域的主观性和解释学循环的客观性,上述这些总是彼此对应的两个方面构成了一种真正的"解释学经验",这种经验所导向的理解,不是主观随意的,也不是客观呆板的,其根本的实践性在于理解者的参与,在于辩证法的历史展开的过程,而"解释"正像一个整体与部分不断循环扩大的同心圆,在解释中文本的意义能在视域融合中不断得以拓展。也就是说,理解主体和文本是在相互作用中同时不断地被修正着的,而这种修正也进一步凸显出理解的历史性、辩证性特征。但对这种历史性特征的阐释,并非是伽达默尔或者解释学开创者的发明。

众所周知,黑格尔早就注意到了这种循环的辩证法,他将这种循环看作是维持内容整体生命力的途径,这其中既有部分和整体的辩证法,也有否定之否定的辩证法,因此,有学者指出,"同阿斯特、施莱尔马赫和狄尔泰等人一样,解释学循环在黑格尔那里已是分析认识问题的一部分。"① 但不同的是,这种辩证法在伽达默尔那里被拓展到了本体论的层面。

而马克思坦然承认自己是黑格尔"这位大思想家的学生",其原因就在于马克思在《资本论》中运用的是从黑格尔那里"颠倒"过来的辩证法。这种辩证法,在内容上是"充分地占有材料,分析它的各种发展形式,探寻这些形式的内在联系。只有这项工作完成以后,现实的运动才能适当地叙述出来"②,在方法上则是以"资本内在否定性"为轴心而统一的艺术整体。由此,我们从《资本论》与哲学解释学在辩证法上的相通性出发,进而尝试挖掘《资本论》研究方法视域下的解释学蕴含。

---

① 汝信主编:《世界哲学年鉴(1988—1990)》,上海:上海人民出版社1991年版,第206页。
② 《马克思恩格斯选集》第1卷,中共中央马克思恩格斯列宁斯大林著作编译局编译,北京:人民出版社2012年版,第93页。

## (一) 历史辩证法与时间间距

马克思对人类社会问题的研究具有一种深刻的"历史思辨"的意味，可以说，虽然在抽象的意义上，马克思是以辩证法的逻辑来审视人类社会发展的"否定之否定"之进程的，但是马克思也十分注意这种方法运用所占有的历史经验材料的基础，也就是说，马克思不仅是从抽象的历史趋势的总体辩证法的意义上来把握历史的，也是从具体的丰富的感性的历史学的意义上来把握辩证法的。由此马克思说，"经济学家们在论断中采用的方式是非常奇怪的。他们认为只有两种制度，一种是人为的，一种是天然的。封建制度是人为的，资产阶级制度是天然的。……以前是有历史的，现在再也没有历史了。"① 这种唯心主义和形而上学的历史观，歪曲了历史发展的真相；这种非历史的、无批判的经济学是马克思在《资本论》中批判的对象。比如对亚当·斯密和李嘉图等人所提出的劳动价值论的批判，就是在这样一种历史辩证法的主导下进行的。马克思认为，这些资产阶级经济学家虽然已经看到了剩余价值的生产和资本生产的逻辑，但他们却没有用历史的眼光去审查资本主义社会生产方式中一切现象的必然性和历史性，而是将其视为一种最高级阶段的完美样态，一种永恒的社会制度的逻辑，这在根本上是对资本主义制度的一种辩护，也是辩证法在经济学领域研究中的一种软弱，对于这样的不彻底性的经济学研究，马克思的评价是，斯密和李嘉图的单个的孤立的"人的经济学"是"18世纪的缺乏想象力的虚构"。而马克思从历史唯物主义具象的充满现实生命力的研究中，所得到的批判性的结论是，历史形式最终的矛盾发展的结果，必然是导致那种在历史中起决定作用的生产形式的瓦解，以及由此所带来的新的与之对应的形式的革新，历史道路的开辟必然是一种替代性的客观规律的结果，而这种客观规律所揭示的和起作用的方面，必然不存在于纯粹的精神领域。正如马克思所指出的那样，物质的力量要靠物质的力量来摧毁，理

---

① 〔德〕马克思：《资本论》第1卷，中共中央马克思恩格斯列宁斯大林著作编译局编译，北京：人民出版社2004年版，第99页。

论的力量要靠实践的发展来验证，斯密和李嘉图等人的错误之处就在于，他们虽然在实践的科学领域揭示了一种制度的矛盾形式，但却没有在历史领域看到这种矛盾形式的历史发展，由此，他们会把资本主义视为是一种永恒的统筹历史发展的制度，进而在一个抽象的经济学领域去尝试解答一个不断发展的历史问题。但是现实的经济学，不是几个公式和几个定理便可以构建起来的，彻底的研究需要立足于更为深远的历史的视域，马克思这样批判古典政治经济学的不彻底性："被斯密和李嘉图当作出发点的单个的孤立的猎人和渔夫，是18世纪的缺乏想象力的虚构"[1]。在对历史唯物主义具象的研究中，马克思认为，"一种历史生产形式的矛盾发展，是这种形式瓦解和新形式形成的惟一的历史道路"[2]，由此他使自己的历史观上升为历史的辩证法。而我们今天对这种历史的辩证法的重新审视，会发现这种历史辩证法与哲学解释学强调"历史间距"在思路上有某些共通之处。

解释学的经验是在时间与空间并存的"间距"中去寻求文本理解的开放性和生成性，即历史性。这种历史性既体现在理解对象上又体现在理解主体上，具体表现为历史地看待理解。历史性从理解的视角上更尊重和注意历史本身的丰富性，这种历史性不仅仅体现在历史时间的流转中，也体现在历史对理解者的塑造性上。在历史的视域中去审视人的认知活动，其本身就是一个不断延续和发展的历史性进程，这种历史性从根本上否定了所谓"永恒"的存在，使文本的意义与人的实存相互渗透，在解释者与文本的对话中得到不断更新和发展，从方法论上否定了将历史封闭在社会结构中以自足的历史终结论。如像伽达默尔在解释学中对"间距"所做的时空观考察那样，马克思在《资本论》中，一方面在人类社会演变发展的历史通道中，把资本主义社会的生产关系、阶级关系和盘托出，再现了资本

---

[1] 《马克思恩格斯选集》第2卷，中共中央马克思恩格斯列宁斯大林著作编译局编译，北京：人民出版社2012年版，第683页。

[2] 〔德〕马克思：《资本论》第1卷，中共中央马克思恩格斯列宁斯大林著作编译局编译，北京：人民出版社2004年版，第562页。

主义社会发展变化的生命史，以批判的辩证的眼光看待资本主义生产方式，看待资本逻辑；另一方面在市民社会的现实空间中揭开了对资本主义社会生活的各种神秘赋予与理论遮蔽，通过对资本运动规律和趋势进行分析论证和实证性描述，科学地说明了资本主义的各种经济范畴从来都处在变动中，资本主义不是先验的而是历史发展的结果，资本主义最终也会在历史的发展中走向灭亡的科学规律，从历史观的高度彻底粉碎了资产阶级意识形态中的"最终"与"永恒"的神话。

而解释学则以和《资本论》研究方法相似的历史性思维强调，无论在自然科学中，还是在人文社会科学中，理解始终是一种历史的、辩证的、语言性的事件。从历史本质的真正意义上来看，历史是一种不断由实践推进向前的开放的活动，处于历史中的个体和在历史中形成的认识也必然会随着历史本身的演化而向更高级的形态演化。而对于历史的理解，其关键的意义在于从历史不断变化发展的语境中发生"参与"的行动，进而以一种带着历史经验的方式去审视历史活动的真谛，以一种历史辩证法的姿态去为历史认知活动提供有效的方法和路径，其目的不是为了给理解提供一个确定的客观有效的解读规则，而是促使人更具开放性的，尽可能历史的全面的去思考和理解问题。在这种历史理解活动中，一方面，人的理解的发生是以尊重历史传统和倾听文本话语为前提的；另一方面，理解本身也是历史视域与当下视域的融通和结合，如此的交往视域为人更好地理解历史和把握未来，提供了最为有效的认知指南。而在这样一个不断融通和不断扩展的过程中，文本的意义也获得了开放性、无限性和生命力。从这个意义上去重新定义"理解"，我们所持有的态度便是一种"参与"与"开放"的姿态，把握文本的根本意义不是操纵文本或是控制"理解本身"，而在于运用历史经验，以辩证的方法意识，完成对文本的有效的意义性阐释。所达成的效果也不是寻求一种方法论意义上的客观的解读规则，而是寻求主客观辩证的全面的历史意识，也是一种对文本和自身的反观和反思。由此，我们可以总结，一方面，理解不能脱离于历史和传统，也必须受制于理解的对象；另一方面，理解也不能脱离解释者的当下境遇，脱离于当代的视域，只有将两者完美地融合起来，才能真正架起沟通历史和未来之间的桥梁，完成理解。这是一个不断拓展、不断融合的过程，文本的意义也因此获得了开放性、无限性。

## （二）批判的辩证法与视域融合

"辩证法在其对现存事物的肯定理解中同时包含对现存事物的否定的理解，即对现存事物的必然灭亡的理解；辩证法对每一种既成的形式都是从不断的运动中，因而也是从它的暂时性方面去理解；辩证法不崇拜任何东西，按其本质来说，它是批判的和革命的。"① 基于这种科学的方法论的哲学视角，马克思在《资本论》中批判地看待资本主义生产方式，辩证地看待资本逻辑。

在《资本论》中，马克思坚持历史尺度和价值尺度的统一性来系统揭示资本的逻辑。马克思从不否定资本主义发展有其历史进步性的客观性意义，且与以往人类社会的发展形态不同的是，资本主义不仅是一种具有趋势的必然性的社会形态，也是具有极大的创新意义和价值的新的社会形态，但是正如辩证法本身的批判性思维对现存事物的认识一样，必然性之中也包含着对其合理性的质疑，人类社会不断更迭的历史使得资本主义社会也仅仅是历史前驱的进程中的一个阶段，由此，马克思对资本主义的批判也是从价值的尺度与历史的尺度两个方面展开的。从其历史必然性的客观规律性来看，资本主义的发展是依附于"物"之上的，还呈现着受制于"商品统治"和"生产统摄"的客观规律之下，但这是历史发展的必经阶段，也是人类社会演进的必由形态。但是，从价值批判的尺度审视，资本主义制度又呈现出其剥削的本性，即把资本当成是社会的发展主体和生产活动的最终目的，以资本的逻辑对整个社会进行经济的统摄，由此人也成为促使资本增殖的手段。而由历史必然性来看，社会的发展必然是以"价值回归"为趋向的，应当走向一个以人的全面发展为目的社会，走向促使人解放的新的历史阶段，由此才能真正超越"物的依赖"，冲破资本的主

---

① 〔德〕马克思：《资本论》第 1 卷，中共中央马克思恩格斯列宁斯大林著作编译局编译，北京：人民出版社 2004 年版，第 22 页。

导逻辑，走向真正的共同体。

由此，马克思对资本主义生产方式的评价是充满着历史和辩证的双重反思意味的，他说，"资本主义生产方式是一种特殊的、具有独特历史规定性的生产方式"①，同以前的奴隶制、农奴制等相比，资本主义的建设性、文明性体现在其生产的组织形式更加有利于推进社会生产力的发展和进步，也更有利于推进人类社会文明的进步，而各种新的要素也在这种更为高级的社会形态中孕育成熟，在广泛的交往意义上促进了人类的融合。由此，地方和民族过去的那种闭关自守的封锁状态和自给自足的生产状态被进一步打破，随之而来的是各民族在各个方面更加频繁地互相往来。从今天资本主义社会发展所带来的全球化的历史变革来看，马克思当时的评述无疑是具有前瞻性和历史感的，他说资本主义的生产方式使得"过去那种地方的和民族的自给自足和闭关自守状态，被各民族的各方面的互相往来和各方面的互相依赖所代替了。物质的生产是如此，精神的生产也是如此。"② 然而，资本也有其无法克服的狭隘性、野蛮性，从其所发迹的历史来看，资本主义社会的每一次生产的革新都更为深重地把苦难负加在了无产阶级的身上，虽然机器的更新和技术的发展改进了劳动的形态，使得它在外在的表现形式上更为文明和进步，但其剥削的本质却没有改变，榨取活劳动的程度还在加深。以资本为中心的生产方式，就是通过资本来吸附一切生产资源，包括吸吮劳动，将工人变为资本的奴隶。因此马克思才会尖锐地评价，"资本主义生产比其他任何一种生产方式都更浪费人的活动，它不仅浪费人的血和肉，而且浪费人的智慧和神经。③"

而解释学所强调的"视域融合"，正与《资本论》批判的辩证法融通。理解是通过视域融合而实现的，文本从其产生的意义和问题域出发，与既

---

① 〔德〕马克思：《资本论》第3卷，中共中央马克思恩格斯列宁斯大林著作编译局编译，北京：人民出版社2004年版，第994页。

② 《马克思恩格斯选集》第1卷，中共中央马克思恩格斯列宁斯大林著作编译局编译，北京：人民出版社2012年版，第404页。

③ 《马克思恩格斯全集》第47卷，中共中央马克思恩格斯列宁斯大林著作编译局编译，北京：人民出版社2001年版，第190页。

带着前见又生活在当下的我们进行视域融合。但由于人的因素,对文本的理解必然呈现出某种不确定性。但这并不是否认文本意义的可知性,把理解误读为某种纯粹的主观性行为。对于人在哲学解释学中所持有的"前见",伽达默尔的定义和理解是积极的,即这种"前见"的构成本身是丰富的,既包括理解者所特有的价值、情感、观念和思维方式,也包括其所处的特定历史时期和历史结构,"前见"并非是一个纯粹主观的因素,它所形成的过程恰恰就是一个社会历史经验的客观的积累。此外,"理解"的对象本身也是客观的,因为在解释的过程中,文本意义的阐释并非是由理解者主观臆断的,也不应当由其本身所决定,更不是思辨活动的产物,其所显现的过程是一种主客观统一的自在的显现。也就是说,解释过程的双方共同决定这一客观性陈述中所意指的不是科学的客观性,而是一种真正的历史的客观性,即在对文本予以肯定的理解的同时,也给予批判的否定性的解读,摒除肯定性中的决定性,审视肯定性中的相对性,在历史客观与价值意义的双重层面中,坚持理解是绝对性与相对性的辩证统一,这就是解释学中所蕴含的《资本论》式的研究方法。

### (三) 唯物辩证法与效果历史意识

在哲学解释学看来,文本具有一种历史的存在性,效果历史意识即是从这种历史存在性的角度出发,去审视人与历史语境所发生的反思行为和审视活动。可以肯定的是,效果历史意识既与文本所处的历史语境的变化有关,也与解释者所处的解读语境有关,还与历史传统和历史文化的流传有关。解释者带着效果历史意识的解释活动,便不仅仅是一种对文本意义的解读,而更是一种对文本所处的历史语境和历史活动的评价,而这种评价需要解释者在对文本的理解活动中,对所处的历史做出评价,表达他对于过去的历史和当下正在发生的事物的看法,由此,文本才会在理解活动中被赋予新的意义。以哲学解释学的观点来看,文本的存在是一种富有"历史性"意味的状态,理解者试图对文本进行解读这一过程,就是正视效果历史在自己的身上发生映照的过程,也就是说,理解者应当对有待理解的历史和文本持有高度的反思性意识,应当将理解始终视为是一种有待验证的不断批判的行动。理解者的目的不是纯粹为了"解释",而应当是对文本所处的历史语境做出一个客观评价,并以自己的效果历史意识来审视文本的价值,并在视域交叠中阐发自己对于过去的历史和当下的历史的看法。

"资本和劳动的关系,是现代全部社会体系所依以旋转的轴心。"①马克思对资本主义社会的批判也是围绕着这两个最主要的核心要素展开的。资本主义社会的发展,催生了新的生产关系的成熟,资本的积聚带来了形式更为文明,效率更为先进的生产组织形式,但是在资本对劳动的操控中,资本与劳动的关系也日益尖锐起来,工人与资产阶级的矛盾也日益尖锐起来,这种对立正是资本和劳动的关系的真实反映,而揭示这种随着资本主义发展而日趋激烈的对立的趋势,阐明劳动与资本所处的对立的客观真相,阐明资产阶级和工人阶级之间的不可弥合的阶级矛盾,正是历史与现实的视域交叠带给马克思的思考,而这一思考的最终成果则是《资本论》的成型。当然,这种批判与揭示,不是马克思的原创,英国古典政治经济学的批判学家们对于资本主义社会所存在的种种矛盾、冲突的客观现实,早有描述。但是这种描述,仅仅停留于经济事实发生的表面现象,至多也是仅仅触及了资本主义经济制度的次要的鄙陋之处,而并非是探入事情的真相寻求规律。比如李嘉图在试图以政治经济学进行资本与劳动关系的解读时,便不可避免地歪曲了劳资关系的本质状况,以"变帽子"的戏法来掩盖客观的阶级对立关系,更以经济的有效性取代了批判的正义性,将人与人的剥削关系视为是自然的,而马克思正是在资产阶级经济学家不承认存在阶级关系的地方开始了自己的实证研究。

让历史的认识回归生活的经验,让抽象的逻辑回归现实的批判,承认物质生活生产方式对于整个社会生活、政治生活和精神生活的制约作用,并看到上层建筑和经济结构之间彼此对应和彼此影响的互动关系,是马克思对资本主义社会展开批判的一个基本立场。在马克思看来,人们创造自

---

① 《马克思恩格斯选集》第 2 卷,中共中央马克思恩格斯列宁斯大林著作编译局编译,北京:人民出版社 2012 年版,第 70 页。

己的历史，必然要受到一种历史性继承条件的制约，因为"一切已死的先辈们的传统，像梦魇一样纠缠着活人的头脑"①，人们虽然在忙着改造自己和周围的事物并创造前所未有的事物，但实践的需要必然会使得"世界历史召唤亡灵的行动"一幕幕地上演，也正是因为人能够通过自己的实践反观自身、认识自身、复现自身，历史之于人才会具有"现实的意义"。而人也正是带着这种历史感，在本质力量的对象化的过程中不断改造着自己的主客观世界，由此，才会有人类历史的延续、书写与发展。马克思也从不否认自己的这种"历史感"，他宣称"我们的历史观首先是研究工作的指南，并不是按照黑格尔学派的方式构造体系的方法。必须重新研究全部历史，必须详细研究各种社会形态存在的条件，然后设法从这些条件中找出相应的政治、私法、美学、哲学、宗教等的观念。"② 由此，当我们用唯物主义从原因上解释马克思历史观的"实践变革"时，也必须认识到，观察问题的方式与解决问题的方式，是伴随着思想本身的发展历史性地展现出来的，作为观念综合体的某一哲学理论，既反映着每个时代多层次的矛盾着的种种倾向，也必须去理解和超越各个哲学派别本身内部矛盾着的各种倾向，由此才能真正担负起"历史革命"这一价值。"人们在自己生活的社会生产中发生一定的、必然的、不以他们的意志为转移的关系，即同他们的物质生产力的一定发展阶段相适应的生产关系。这些生产关系的总和构成社会的经济结构，即有法律的和政治的上层建筑竖立其上并有一定的社会意识形式与之相适应的现实基础。物质生活的生产方式制约着整个社会生活、政治生活和精神生活的过程。"③ 马克思从不否认自己的阶级立场，也从不否认《资本论》中所呈现出的意识形态逻辑。"政治经济学所研究的材料的特殊性质，把人们心中最激烈、最卑鄙、最恶劣的感情，把

---

① 《马克思恩格斯文集》第 1 卷，中共中央马克思恩格斯列宁斯大林著作编译局编译，北京：人民出版社 2009 年版，第 417 页。
② 《马克思恩格斯文集》第 1 卷，中共中央马克思恩格斯列宁斯大林著作编译局编译，北京：人民出版社 2009 年版 587 页。
③ 《马克思恩格斯选集》第 1 卷，中共中央马克思恩格斯列宁斯大林著作编译局编译，北京：人民出版社年版，第 2 页。

代表私人利益的复仇女神召唤到战场上来反对自由的科学研究。"① 在阶级社会里，任何文化、文本都具有意识形态性，每个时代都会产生对应的需要，这种需要都要通过该时期社会中的支配阶级与被支配阶级表现出来。"意识形态本身只不过是人类史的一个方面"②，马克思主义的意识形态理论为当代意识形态批判理论提供了内在依据，这一点与解释学的效果历史意识的客观性反思在研究方法上是相通的。

从解释学上来说，对于这一原则可做如下表述：决不存在"无预设"的诠释。而这种"无预设"在马克思看来，正是意识形态的经济属性和阶级属性。不同的社会利益集团是维护不同政治经济利益的聚合体，为了达成某种特定的局面，或反对某种特殊的目的，不同的社会利益集团必然要进行对话，从对话和进一步的实际交往中，尽可能达成对自己有利的共识。而在这一过程中，最为有效的活动即是各种互动关系的发生，正是由于在特定社会语境中的各种交往行为的发生，意识形态的内容才能进一步融合，进而走向一种暂时性的"共识"状态。而在这个过程中，"个体的自我诠释不过是历史生命的封闭电路中的一次闪光。由此，个人的前判断就与个人的判断相比，更是其存在的历史实在。"③ 简言之，理解是一种历史地积累下来的并历史地运作的基本结构，是我们无法摆脱和克服的前判断，也是我们能够完全理解历史的基础。

## （四）实践的辩证法与解释学循环

马克思在承认自己是黑格尔辩证法的学生的同时，也鲜明地宣告："我的辩证方法，从根本上来说，不仅与黑格尔的辩证方法不同，而且和

---

① 〔德〕马克思：《资本论》第 1 卷，中共中央马克思恩格斯列宁斯大林著作编译局编译，北京：人民出版社 2004 年版，第 4 页。

② 《马克思恩格斯全集》第 3 卷，中共中央马克思恩格斯列宁斯大林著作编译局编译，北京：人民出版社 1995 年版，第 20 页。

③ 〔德〕伽达默尔：《诠释学 I：真理与方法》，洪汉鼎译，北京：商务印书馆 2010 年版，261 页。

它截然相反"。① 这种相反即是把"对象、现实、感性……当做实践去理解……把人的活动本身理解为对象性的活动,实现了实践辩证法的理论创新。而这种实践的辩证法正是马克思所说的,在《资本论》中把这个方法应用到一种经验科学即政治经济学的事实上去的方法。

马克思主义在诞生伊始,就以"改造世界"为实践宣言,其产生的历史条件是无产阶级斗争的兴起和解决无产阶级革命前途这一历史实践活动的需要。在百年来的理论传播与革命实践中,马克思主义促推了世界无产阶级对自身历史性存在的反思与自我意识的觉醒,而马克思主义也在这种无产阶级的革命实践中不断产生着"改变世界"的"效果历史"。因此,可以说,马克思主义的诞生成长史也是现代工人阶级运动的革命实践史,社会主义的建设改革史也是马克思主义的创新发展史。此外,马克思虽然是坐在书房里进行《资本论》创作的,但他查阅的资料、所用的案例、针对的问题和批判的指向,都是实践的。从论证的材料看,《资本论》第一卷第三篇《绝对剩余价值的生产》中的争取正常工作日的斗争。14世纪中叶至17世纪;1833年—1864年英国的工厂立法;第七篇《资本的积累过程》中的"资本主义积累一般规律的例证"等都引用了大量当时的数据和案例资料。可以说,马克思运用批判性的思维和实践批判的方法,从物质生产、精神生产、人自身的生产以及社会关系生产等各个方面,进行了深刻的详细的研究,他特别地把目光聚焦于物质生产和社会关系的生产这一对辩证关系的运动中,"在思辨终止的地方,在现实生活面前"②,真正发现了他一生所聚焦的问题——对资本主义生产关系的全面的彻底的深入的批判,由此才能真正地"把经济的社会形态的发展理解为一种自然史的过程"③。从研究方法来看,马克思将人的劳动作为历史唯物主义的研究起

---

① 《马克思恩格斯全集》第44卷,中共中央马克思恩格斯列宁斯大林著作编译局编译,北京:人民出版社2001年版,第22页。
② 《马克思恩格斯选集》第1卷,中共中央马克思恩格斯列宁斯大林著作编译局编译,北京:人民出版社2012年版,第153页。
③ 〔德〕马克思:《资本论》第1卷,中共中央马克思恩格斯列宁斯大林著作编译局编译,北京:人民出版社2004年版,第10页。

点，以劳动发展史为线索，寻找到了理解人类历史和社会发展历史的解题之钥。从对劳动二重性的理论讨论为出发点，马克思揭示了剩余价值的奥秘，并通过创立资本技术构成与价值构成相结合的资本有机构成理论，从价值构成和技术构成的双重意义出发，对资本有机构成进行了抽象和具体两个维度的考察，进而揭示了资本积累的历史趋势，建立了资本主义积累的历史趋势和无产阶级的历史命运的理论。马克思把对资本主义社会的现实考察建立在个别与整体的循环关系中，把对资本主义社会的理论思考建立在前理解和新的理解之间的循环关系中，把对资本主义社会本质的哲学批判建立在对现实世界理解本身上，进而对资本主义社会发展趋势进行了具有洞穿力的预言。

而从哲学解释学来看，"理解发展的本体过程"的展开方式是解释学循环，这种循环往返于历史与理解者，是一种生活经验的循环，意义随着解释循环的运动不断展开，理解由此成为一个不断发展和创新的过程，成为一个对意义的预期和筹划与具体的理解之间不断循环的过程。而这个过程最重要的路径，就是实践。正如伽达默尔所说："我们所探究的不仅仅是精神科学的问题，而是人的世界经验和生活实践的问题"①，因为实践是贯穿过去、现在、未来的纽带。人类在实践活动中，进行着对世界的解释与改变，人类在实践中与世界亲近，也实现着自身的改变。可以说，在实践与理解的存在与相互作用下，才有了人类对世界与现实社会的认知和改造。这与马克思实践的辩证法的基本原则相符。历史本身就是一种反思性的文化存在，只有通过解释的和反思的方式对历史意义和价值进行提纯，历史研究才能真正关照现实生存，人才能够真正获得对自身存在价值的觉醒。这也说明只有对自身存在的现实和对未来的变化感兴趣的人，才会真正关注历史，因为正是人的实践活动促使人重回历史，渴望从历史中去领会和发现能够解决当前任务的关键和指示。因此，历史研究的前提一定是与现实相关，有时代目的，反映时代要求和能够回答现实问题的一种批判

---

① 〔德〕伽达默尔：《真理与方法》上卷，洪汉鼎译，上海：上海译文出版社1999年版，第6页。

性的思考。

在一定意义上来看，实践辩证法就是以最现实、最复杂的社会基本矛盾及其运动为基点，通过不断循环验证，修正理性认识，不断接近真理的过程。马克思用这种实践的辩证法研究人类社会漫长的演进过程，特别是研究资本主义生产方式的发展过程，并在生产力与生产关系、经济基础与上层建筑的社会矛盾运动中逐步把握人类社会发展的一般规律；而哲学解释学则以这种实践的解释学循环的方式去看待解释者与文本的关系，并在历史与现实、整体与部分、统一与差异的互动融合中不断揭示文本的意义。

## 四、解释学对《资本论》研究的四重方法论启迪

从马克思主义创立到发展，马克思恩格斯始终坚持通过阅读笔记、书信及论著与思想先驱及自己同时代思想家们对话或论争，由此，我们可以说，马克思主义哲学不是纯粹思辨的结果，也并不能简单地视同为实践化的产物，其发迹的历史要久远于时代本身，是整个西方哲学和社会文化实践活动的产物。而从马克思主义时代化、大众化的进程来看，每一哲学本身都是具有一定的历史意识的反思与批判的产物，无论是以探究科学发展规律为根本效用的科学主义思潮，还是反思人的存在和人的主体性意识的人本主义思潮，以及是以语言、心理学、宗教、政治学为核心问题的种种哲学流派，还有我们正在讨论的哲学解释学，其根本都是与时代问题的一种互动和契合。新问题的提出，新的哲学研究论域的开辟，新的哲学研究方法的革新，都是以时代化的价值在回应时代化的问题，而这种随着实践所推动的哲学研究的成果，正为当代马克思主义哲学的发展提供了可以借鉴和学习的方法论指导和思想资源。因此，针对前述提出的学界对马克思主义与解释学对话的质疑问题，我们可以作出一个明确的回答：从马克思主义哲学的科学性、开放性和实践性原则出发，我们能够寻求到马克思主义研究方法与解释学理论所存在的"内在"的包容性；"对话"不是"同化"，不是非让马克思主义成为"解释学"，"对话"也不必要是"改造"，

不是非让解释学变成"马克思主义"。"对话"本身就是马克思主义哲学的一种与时俱进的发展姿态,是一种平等的、互相理解的和平事件。对话的前提在于我们必须保持马克思主义哲学的"文本"与我们生活于其中的"现实"之间的张力,对话的目的在于发展马克思主义哲学,从马克思主义哲学的视角和体系建构出发,吸取、整合中国哲学和西方哲学的学术资源和方法,进而把以《资本论》为代表的文本研究和整个马克思主义基础理论研究推进向前。

从彼此融通的双向解释学分析的视角出发,我们认为,解释学对我们重新理解《资本论》,在新的历史图景和哲学境遇中挖掘《资本论》的当代价值和现实价值,具有以下几点有益的启示。

### (一) 坚持历史的、开放的研究视野

因为"时间中的真理总是未完成的",而且"即使在最美妙的状态中也是最终不可改变的"①。因而真理对认识主体来说是永远处于历史的突破之中,这种突破的结果使真理性认识在历史的视野中永远不会僵死和停滞,所以解释学的真理性不是教条的、机械的、简单的,而是开放的、系统的。这就启示我们,对《资本论》的研究也必须保持着一种"理性地无限开放的和向上的运动"②。

任何一个时代的哲学都需要批判性地吸收人类思想史上一切优秀的思想成果,进而创造性地认识和回答前人所提出的问题。纵观马克思一生的学术研究,他是在对诸如黑格尔、费尔巴哈、青年黑格尔派等进行"理论批判"的成果上逐步成熟的,也是在对诸如蒲鲁东、拉萨尔、杜林等进行"政治批判"的实践中逐步完成"自我批判"的。由此,我们说马克思主义从来都不是一个封闭的固化的体系,它始终在无产阶级的革命实践中发

---

① 〔德〕施泰格缪勒:《当代哲学主流》,王炳文、王路、燕宏远译,北京:商务印书馆1992年版,第257页。

② 〔德〕施泰格缪勒:《当代哲学主流》,王炳文、王路、燕宏远译,北京:商务印书馆1992年版,第257页。

展，在与时代问题的交锋中演进，在与各种思潮、各种资产阶级意识形态的对垒中确证，在历史的和当代的解释者的视域融合中呈现着文本意义的深意与革新。因此，对《资本论》的研究，必须带着历史审视的眼光，回到在历史解释中可能被遮蔽的马克思的真精神上，而不是停滞在马克思当年的一切现成结论上止步不前。对《资本论》的研究，也必须本着开放的态度，正视在异质多样的文化知识和社会实践背景之下对马克思主义形成的各种认识和理解，以跨学科的视野展开马克思主义与西方多种现代思潮和知识的对话，围绕我们所处的时代的特征和问题，对马克思的经典理论和经典著作开展创新性地阅读和理解。比如，对《资本论》所阐述的劳动价值理论的理解问题，随着发达国家和全世界科技进步，全员劳动生产率的提高，经济增长中的科技贡献率的提升，体力劳动比重的历史性下降，用传统视角理解劳动价值论就难以服众，必须对马克思的劳动二重性理论做出新解释，从而从纷繁复杂的变化中重新找回价值创造的源头，实现对马克思劳动价值论的意义重置。

**（二）坚持反思的、批判的自觉意识**

哈贝马斯认为哲学解释学是一种"批判的反思知识"。因为解释学理论将文本拓展至社会历史世界，它重新肯定了理解与反思的关系，即"反思必须成为解释，因为除了在分散于世界中的符号之外，我们并不能把握生存的行动"[①]，任何地方都可以谈论反思，因为反思的开启必然总要通过对特定传统的文化产品加以解释。这样的解释使反思具体化，并使得解释学成为一种开启文本与社会历史世界相通的社会科学研究方法。

人的历史性存在的根本的意义就在于，人能够在有意识的生命活动中不断生成自己的新的本质理论，同时也意味着人需要在"用历史来创造历史"的活动中不断开辟新的更富活力的未来。历史总是在自我否定中不断演进，而人的认识也是一个与历史概念自身的肯定与否定、渐进与飞跃的

---

① 〔法〕保罗·利科：《解释的冲突》，莫伟民译，北京：商务印书馆2017年版，第243页。

矛盾运动相伴而生的螺旋式发展过程。从马克思在《资本论》中的批判逻辑的展开方式看，其根本就是始终明确地将人的活动本身理解为感性的实践活动，将对象事物理解为现实的人的感性活动的产物，进而在现实人类历史中的生成和发展的宏观视野中，去否定资本主义生产方式的自然性、永恒性的先验幻象。以解释学方法解读《资本论》的批判逻辑，我们可以发现，其所强调的"发生"事件在历史的、辩证的意义上与《资本论》的批判逻辑是相同的，即"真正的历史对象根本就不是对象，而是自己和他者的统一体，或一种关系，在这种关系中同时存在着历史的实在以及历史理解的实在。"① 因此，遵从《资本论》的批判逻辑就应以对文本所处的历史作出评价，并将解释的活动建立在文本所处的历史语境之中，同时，也要关照对文本进行解释的当下历史处境，在不断的反思与批判中，实现文本新意义的生成。

### （三）坚持宽容的务实的研究态度

对话需要宽容，不能把文本看成居高临下的东西。用沃恩克的话来说："对于诠释学形式来说，过去不仅是现在研究的先驱，它乃是一种我们必须对之考虑的传统，一种对话中的伙伴，其立场即使它们被修正也是重要的并被整合在新的理解中"②。从马克思主义时代化发展的解读规律来看，对马克思主义进行多样化解读的尝试是学科研究的必然趋势，其中因为不同的研究方法和解读视角所产生的冲突也是在所难免的，但是在较为长远的发展视野中来审视马克思主义的研究，我们有必然的信心相信，宽容的研究姿态与互相理解的研究对话，乃是在共识上最终形成一致性的可能性所在，而这也是马克思主义理论进一步丰富发展，其理论体系进一步革新完善的路径所在。

---

① 〔德〕伽达默尔：《诠释学 I：真理与方法》，洪汉鼎译，北京：商务印书馆2010年版，第424页。

② 〔美〕乔治娅·沃恩克：《伽达默尔：诠释学、传统和理性》，洪汉鼎译，北京：商务印书馆2009年版，第94页。

时代在发展，历史场域在转换，马克思在《资本论》中分析的许多现象已经变化，预设的许多可能性已经改变，我们今天和马克思对话，就要辩证地去看待他所处的历史场景，务实地指出观点的真理性和非真理性，既不对他有些过时的观点加以指责，又不对他科学的预判加以无边的赞美，而是实事求是地予以评判，地位平等地予以分析，这才是科学的态度。比如说，马克思当年预测的中产阶级难以存在的结论，机器排挤工人导致无产阶级越来越贫困的结论，资本主义生产关系的狭隘性难以克服的结论，在资本主义本质和内在矛盾不变的情况下，许多具体情况今天都有了新变化，而也正是这种变化的当代视域为我们的理论创新提供了条件。因此，在马克思主义的基本原则与基本方法的前提下，应当鼓励多重视角、多重路径和多重维度的理解与解读，因为只有拓展其研究的视野、研究的思路和研究的角度，才能真正突破传统而狭窄的研究方法，让《资本论》中的资本理论及其对资本逻辑的批判呈现出其应有的思想史地位和当代意义。

### （四）坚持实践的人本的价值导向

"海德格尔说，如果没有人类的意识，就没有世界"①。解释学重新确认了主客体分离前人的历史存在，通过将理性和科学重新放入到人的历史存在之中。在这种反思人之存在的基础上，解释学更多关注的是人的主体性，即理解者在"理解"活动中的中心地位，更多地强调人在从事理解活动中所具有的主观能动性，以及坚持人的"主体意识"对于达成解释的重要意义。的确，从某种意义来讲，哲学解释学的兴起是以"人"的价值反叛为基调的，它更强调人本价值的导向。与启蒙运动兴起以来，西方哲学所崇尚的理性主义、科学主义的主流导向不同，哲学解释学以其回归人文科学的意识体现出人的独立意志和人的自主地位的显要性价值。而马克思在《资本论》中所呈现的则是经济学的科学属性与人文属性的统一，是科

---

① 〔德〕伽达默尔：《诠释学Ⅰ：真理与方法》，洪汉鼎译，北京：商务印书馆2010年版，第94页。

学方法与人文精神的统一，是历史唯物主义实现人的自由全面发展的价值理想。正是在这种人本精神的价值理性与研究方法的工具理性中，马克思确立了其根本立场，即对人的关怀。而这正是当下从事人文研究所需回归的价值关怀。

人的思维是否能够客观地反映社会存在，人的认识是否能够具有客观的真理性，这不是一个理论的问题，而是一个实践的问题。人同历史对话，进行解释活动的过程，就是一个在实践的交往中更好地看清世界、参透生活、认识自己的过程，而实践正是促使人的认识由"低级"向"高级"的进化，使人能够透过历史和文本看到现实意义和社会进步的可能性的一种有意识的认知活动，其本身也呈现着历史的变化、发展、演进的这个统一体的过程。"应当让受现实压迫的人意识到压迫，从而使现实的压迫更加沉重；应当公开耻辱，从而使耻辱更加耻辱"①。在《资本论》中，马克思以经济事实为基础，把对资本主义社会的研究起点放在了具体的现实的社会的人身上。由此，通过对工人阶级的了解，通过对资本主义发展方式的认识，马克思得出了人民即是社会发展的实践者也是需要实现的价值目标这一结论；马克思的政治经济学也始终坚持着对人的尊严、自由、价值、权利的执着追求，把人的全面发展看成是社会发展的最高目标。因此，《资本论》的意义也不仅仅是一部伟大的经济学著作，更是在批判的基础上探究了人类伦理关系的本质和发展趋向，且为研究人类社会伦理现象提供了强大的科学方法论。而现阶段就业、社会保障、协调发展、收入分配、安全生产、社会治理等与群众切身利益关系比较密切的问题还比较突出，这些问题就是时代的声音，也就是我们全面深化改革必须要逐步解决的问题。《资本论》中的基本原理和基本精神对回应这些时代问题，依然具有非凡的价值意义。

坚持以人民为中心的思想要贯彻和落实到治国理政的各个方面和各个领域。中国特色社会主义进入新时代，社会主要矛盾发生重要转化，广大

---

① 〔匈〕卢卡奇：《卢卡奇自传》，杜章智编，李渚青、莫立知译，北京：社会科学文献出版社1986年版，第6页。

人民群众对美好生活的向往对我们的发展提出了更高要求。人民对民主法治、公平正义、生态环境、教育医疗、健康养老、新能源、高端科技、智慧城市、食品安全等有了更高要求。因而，需要我们更加突出人民本位，依靠人民执政，坚持群众无小事的基本态度，牢固树立全心全意为人民服务的宗旨。积极贯彻新发展理念，推动区域协调发展，缩小地区发展差距。我们要深刻理解习近平总书记所讲的全面脱贫攻坚和全面建成小康社会的短板，汇集发展力量，补齐发展短板。正确认识全面脱贫的定性与定量指标、短期目标与长效机制、绝对标准与相对标准；正确认识全面建成小康社会中若干重大问题，生态环境、脱贫攻坚、经济高质量发展、国家安全、人民健康事业等问题是全面建成小康社会的重大问题。解决好、实现好、维护好人民的利益是中国共产党人义不容辞的义务，我们应紧密团结在以习近平同志为核心的党中央周围，团结和依靠广大人民群众，坚持稳中求进的总工作基调，坚持以供给侧结构性改革为核心，积极贯彻新发展理念，坚持以"六稳"和"六保"为工作重点，实现经济社会发展的各项目标，提升对外开放水平，推动各项事业的发展都要紧紧依靠人民，这样才能汇集起发展中国特色社会主义伟大事业的磅礴力量。

社会发展的目的是为了人的发展，把人看作目的而非手段才是一个社会良性运行的关键。我们在发展市场经济的过程中要警惕和杜绝"见物不见人"、唯利是图、投机倒把、商业欺诈等背离社会主义核心价值观的行为，加强社会主义伦理道德建设，提升人的思想道德水平，用伦理规约市场经济主体的商业行为，规范经济人的行为举止，形成良好的市场经济秩序，培育良好的社会信用，促进市场经济可持续发展。

新时代，要坚持和完善社会主义市场经济体制，就要坚持市场经济为人民服务的价值导向，就要始终坚持人本价值导向，提升广大人民群众的获得感、幸福感，破除物对人的影响。新时代，要坚持以人民为中心的发展思想，坚持和贯彻新发展理念，推动经济高质量发展，着力解决人民群众对美好生活的需要的要求，坚持全面共建共治共享的社会治理格局。坚持以人民为中心的发展思想就要始终靠人民执政，拜人民群众为师，贯彻党的群众路线、工作方针，始终把人民拥护不拥护、赞成不赞成、高兴不高兴、答应不答应作为一切工作的出发点和落脚点。要坚持一切从实际出发，大力发展生产力，以全面深化改革开放为动力，把中国特色社会主义制度优势转化为治理效能。

## 第三节　解释学视域的《资本论》意义图景重置

马克思的巨著《资本论》代表了150多年前对资本主义社会弊端反思批判的时代精神和对其运行和发展规律进行揭示的科学成果，是马克思在人文社会科学领域留下的辉煌遗产，是马克思主义哲学方法论的最光辉的典范作品。《资本论》在人对历史和文本的理解中存在、生成和延续，在每个时代都有新的解读者为它注入新的意义，《资本论》的研究方法也由此成为蕴含着时代精神的精华，成为与时代一起思考、发展、演进的开放的思想体系。从这个意义上来看，解释学为我们重新理解和解释《资本论》的研究方法提供了一种创新的视角。用解释学原理来分析马克思主义经典的文本或观点论述，并且解读出马克思主义经典文献或观点论述中所蕴含的解释学方法，这种"双向解释学"的方法，对马克思的历史巨著《资本论》的意义图景重现具有方法论价值。

### 一、解释学的《资本论》与《资本论》的解释学

从某种意义来说，哲学是人类探索世界和自我的方法论的记录。不同的哲学体系虽然在具体的对象选择方面大相径庭，但每一种在哲学史上留下印痕的体系都是以自己独特的方法为边界的。马克思主义哲学方法是对以德国古典哲学为最高成就的西方思想史的批判和超越，《资本论》是马克思主义哲学方法最光辉的文本典范。抛去对《资本论》实证主义化的经济学解读，立足于马克思历史哲学的哲学视野，可以说，没有马克思独特的研究方法作为研究资本主义经济规律的灵魂指导，就不可能有《资本

论》的诞生；也只有深入研究隐藏在《资本论》理论内容背后的方法论，才能完整深刻地理解马克思创作《资本论》的初衷和目的，进而理解一个真实、全面、立体的马克思。在这个"资本依旧起作用"的时代，马克思《资本论》的当代价值毋庸置疑，但这也并不意味着马克思主义哲学能够在各种西方哲学思潮的冲击下高枕无忧。诸如"历史主义的贫困""人学的空场""历史唯物主义的重建"等种种从当代性出发的诘难，汇聚成了一股质疑马克思主义的对抗性力量，而以伽达默尔为代表的哲学解释学则直接对马克思主义历史哲学产生了最为剧烈的冲击。当然，哲学解释学为《资本论》文本研究开拓了一个新的"理解"视域，以至于有学者认为马克思主义哲学"不仅是一种实践诠释学，还是权力诠释学，资本诠释学"①。但这种以寻求两种理论内在相容性为归旨的乐观研究态度也同样备受质疑，因为哲学解释学几乎就是用相对主义的"历史解释问题"置换了马克思主义历史哲学"思存统一"的历史辩证法，如此，怎么能把马克思实践的哲学理解为实践的解释学呢？

事实上，虽然马克思主义哲学面临着当代性挑战，但这种充满着挑战的哲学对话也正是当代中国马克思主义哲学研究的创新路径。因为只有对话才能为马克思主义哲学提供解答时代问题的契机和实现当代性转换的场域，而马克思主义哲学之所以能够与哲学解释学对话，也在于其本身所具有的指向"改变世界"的实践特质。"诠释本身是历史的，如果我们试图它成为别的什么东西，我们会使诠释和我们自身枯竭。"②当我们认识到对《资本论》研究方法的解读不是"一劳永逸"的"正确诠释"时，我们便已经在面向解释学的历史特征了。也只有当我们将对历史的认知行动放置于运动的、变化的、发展的现实语境中，并带着唯物的、辩证的历史思维去重新审视历史的当代价值时，"历史思维"才能在"现实意义"上真正转化为一种解决当下问题的思维能力；也只有对

---

① 俞吾金：《实践诠释学》，昆明：云南人民出版社2001年版，第5页。
② 〔美〕理查德·E.帕尔默：《诠释学》，潘德荣译，北京：商务印书馆2012年版，第325页。

现实有深刻的把握和认知，才能有意识地把握历史，进而获得对历史真正的评价和认知。

历史和文本以何种状态存在，它们与人对历史的理解和文本的解读存在着什么样的关系，这是哲学解释学试图回答的两个最首要的问题。要对"理解"本身进行重新解释，就必须先对其面向的"理解的对象"进行客观的审视。而在伽达默尔的认识中，历史和文本是以一种不断的演化和生成的状态存在着的，它们的存在与人对历史和文本的理解活动是不可分割的，正是因为人的理解活动具有不断更新和不断拓展的特质，文本的意义才能被挖掘出来，不断在实践的解释学中衍生出时代化的意义，由此，理论学说的价值才会走进当代，进而发扬光大起来。正如詹姆逊在《马克思主义与形式》中解读马克思的《资本论》时所说，"无论在哪个社会和历史发展的特定时候，这些形形色色的构成要素彼此都存在着不同而又相当具体的比率，以致在它们的比例发生变化时，整个过程的性质也随之改变。因此，不能把农业视为柏拉图式本质或理式的某种东西。在资本主义社会，以及同样在前资本主义的畜牧社会，根本没有土地所有制之类的固定范畴。相反，各部分相互联系，并随整体本身的演化而演化。"①

《资本论》在人对在历史和文本的理解中存在、生成和延续，在每个时代都有新的解读者为它注入新的意义，研究方法也由此成为蕴含着时代精神的精华，成为与时代一起思考、发展、演进的开放的思想体系。从这个意义上来看，狄尔泰所开辟方向的、以海德格尔存在论为基础的、由伽达默尔集其大成的哲学解释学，为重新理解和解释《资本论》的研究方法提供了一种创新的视角。

由此，我们对马克思主义经典文献的解释学研究从方法论意义上说，可以有两个参照物、两个方向。从两个参照物来说，有纯文本的参照物和观点论述的参照物，虽然这两者不可分，但研究切入点可以分；两个方向是说，研究可以有两种途径深入，也可称之为双向的解释学，一是用解释

---

① 〔美〕弗雷德里克·詹姆逊：《马克思主义与形式》，李自修译，南昌：百花洲文艺出版社1997年版，第284页。

学原理来分析马克思主义经典的文本或观点论述；二是解读出马克思主义经典文献或观点论述中所蕴含的解释学方法。

## 二、解释学视域中文本图景意义的探寻

解释学是一门关于理解与解释的艺术，在中西方都有着悠久的历史传统。从狄尔泰开始，解释学从对语言文本的理解转向对历史的理解，从一门专门以语言文本的理解为偏好的"解读"学科，变成了一门以对历史进行"实践诠释"的理解哲学。但是在探究文本或是历史的"理解"本身这一点上，它的研究旨趣是始终没有改变的。从文本意义追寻的意义上来看，解释学的姿态乃是一种承认历史条件，尊重文本语境，将人类的理解都归属于有限的历史范围之内的谦恭的姿态。在这样一种历史性的反思中，解释学始终保持着一种批判性的反思，即在解释学的循环中始终包含着最原始的认识的一种积极的可能性，当然，这种可能性首先在于解释必须具有一种首要的、不断的和最终的任务意识——"不让向来就有的先行具有、先行视见以偶发奇想和流俗之见的方式出现，它的任务始终是从事情本身出来理清先行具有、先行视见与先行掌握，从而保证课题的科学性。"① 从具体的环节来看，我们提出以下五个环节，分别来做解释。

### （一）间距：文本新意义发现的基本前提

伽达默尔的"间距"概念源于他对海德格尔"时间性"概念的引入和改造。海德格尔反对用"过去——现在——未来"这一表达式来机械地表示"时间"这个概念，"时间性"在他那里是"存在者存在绽开或当下到时的"时间空间同一的生命体验。由此，伽达默尔的"间距"是指一种既包含时间又包含空间存在的具体状态。在伽达默尔那里，间距是解释学意

---

① 〔德〕马丁·海德格尔：《存在与时间》，陈嘉映、王庆节译，北京：生活·读书·新知三联书店2006年版，第179页。

义增长的真正的"中间地带",可以说,如果以往的解释学总是顾忌谈论间距,认为它是文本理解的一种障碍的话,那么在伽达默尔这里,间距正是理解得以发生的条件,打个比方,如果文本是一方舞台的话,那么观众必须与舞台保持一定的距离,才会产生一种与"审美距离"相近的观赏的意义。由此,我们说,间距是文本原初的意义与解释者生成的意义之间的中介,文本的意义不仅在时间中生成,也在空间中生成,不仅在时间中延展,也在空间中多元。间距是文本不断产生新的意义的生长域,正是由于间距的存在,才使得解释者对文本新意义的再造和组合拥有了延展的空间与可能性。伽达默尔在《真理与方法》中认为,无论在科学中,还是在人文学中,理解应当是一种具有历史性的,崇尚辩证法的语言性事件。对于解释者来说,理解的关键不是操控或是对"理解事件"的控制,而应当是本着一种参与的和开放的姿态,以一种历史解释的辩证法去寻求理解事件本身,进而达成一种尽可能全面的思考。文本和解释者的结合之所以能够克服间距所造成的历史疏离性,其原因就在于解释学的经验必须在客观现实中寻找它的基础,每一真正的解释学都包含着对当下的应用[①],这就意味着,理解是文本的意义与人的实存相互渗透的过程。一方面,理解不可能脱离理解的对象,而这种对象又是始终存在于历史和传统的影响之中的;另一方面,理解也不能脱离解释者所持有的现实的当下视域,只有在视域融合中使得历史与现实、过去与当下、传统与现代彼此融通,完美地结合起来,我们才能真正以实践的方式去把握理解的真谛,进而使得理解成为一个不断延展和不断融合的辩证过程,文本的意义也会因此获得开放性和无限性。一方面,理解离不开历史、传统、解释的对象;另一方面,理解也离不开解释者当下的视域。只有把二者完美地结合起来,才能更好地了解历史与把握未来。这是一个不断拓展、不断融合的过程,文本的意义也因此获得了开放性、无限性。

---

① 〔美〕理查德·E.帕尔默:《诠释学》,潘德荣译,北京:商务印书馆2012年版,第328页。

## （二）视域融合：赋予文本新意义的基本途径

视域就是文本的作者和解释者对于文本原意的一种追寻的视域，也是作者和解释者的一种意义预期，而"视域融合"则是指文本中所隐含的"原初"视域，以及理解者所拥有的"现在的视域"，两者之间的一种融通和互动。二者之间尽管具有非常大的差异，但是伽达默尔认为，在理解中这两种视域是应当且可以融合的。当然，从观念的抽象意义上来看，这种视域融合似乎是存在困难的，因为如何回归文本的原初视域，又如何真正把握和审视解释者的当下视域，是一个融合之前的难题。而就"融合"本身而言，如何促使这两种视域真正发生互动，生成新的意义，也是一个很难操作的环节。但是哲学解释学进一步指出，这种"融合"从实践的意义来看，其实是一种"对话"关系。理解不是一蹴而就的结构，而是一种对话交往的过程，这种对话交往发生在人对历史文本的理解之中，文本虽然不会自己"发声"，但它具有自己原本的意义和所针对的问题，而我们在解读文本时也不可避免地是从自己的意义和前见出发，来对文本进行重新"释读"的。由此，理解的过程，就是文本的视域和理解者的视域相互融合的过程，在这种不断扩展的新的视域之中，理解者尽力克服自己的个别性的限制，也拒斥文本作者的个别性，由此文本的意义才得以在更高的普遍意义上提升。在作为解释学经验核心的视域融合概念中，"解释者视域中的某些因素被否定，而另一些因素却被证明。文本视域中的某些因素被弱化，而另一些因素却被发展，因而在某种意义上，每一真正的解释学经验都是新的创造，都是对存在的一种新的揭示。人类就是以这样永恒更新的方式参与着存在之形成。"[1] 解释学视域要求解释者把对过去文本的阅读置之于现时的经验之上，解释者虽不可能跨越历史时代绝对地再现文本作者的原始意蕴，却能通过与作者的视域融合，重新创造文本的意义。比如，当下学界对《资本论》文本的解读，就存在一种回归"历史语

---

[1] 〔美〕理查德·E.帕尔默：《诠释学》，潘德荣译，北京：商务印书馆 2012 年版，第 315 页。

境"的倾向,即并非是单纯地去阅读文本,而是联系前后的理论承继关系,联系马克思所处的不同的时代境遇和理论创造基础,联系同时代的与之交锋碰撞的不同观点的批判性解读来重新审视文本的价值,这就从"原初语境"的意义上真正扩张了文本的生命力。而解读文本也并非是解释的最终目的,联系时代化的问题,进行意义的再延展,原理的再验证,理论的再创新,才能让文本走进当代,才是视域融合的真正价值所在。由此,我们说,哲学解释学这样就开拓了一条赋予文本新意义的基本途径,即文本的意义不可能在某个人和某个时代得到最终的完成,对解释者来说,他只是带着自己的问题与文本进行对话,将自己"现在的视域"与文本"原初的视域"进行融合,解释者在这一过程中不断提升自己的方法论水平,从而构建独立的、富含时代精神的文本意义,以回应新的时代问题。

### (三) 效果历史意识:解释者赋予文本新意义的理论目的

当解释者从对自己所处的具有根本意义的解释学处境出发去理解某个历史现象时,总是已经受到效果历史的种种影响。这里的效果历史,即"理解从来就不是一种对于某个被给定的对象的主观行为,而是属于效果历史,这就是说,理解是属于被理解东西的存在。"[1] 对这种效果历史的自觉是解释者理解活动过程中必须审视的一个要素。也就是说,任何事物的存在都具有一种效果历史意识的映射,具有一种效果历史的意义,不存在完全游弋于精神世界的自在自由的历史客体,也不可能有那种完全脱离客观的自由自主的历史主体,而真正的进入解释学视域的历史对象,从根本上来说,根本就不是对象,既没有自在的历史客体,也不存在自在的历史主体,"真正的历史对象根本就不是对象,而是自己和他者的统一体,或

---

[1] 〔德〕伽达默尔:《诠释学I:真理与方法》,洪汉鼎译,北京:商务印书馆2010年版,第8页。

一种关系，在这种关系中同时存在着历史的实在以及历史理解的实在。"①也就是说，以效果历史观来审视历史中的主体，我们便会认识到一个客观的真相，即我们永远不可能获得真正的历史真实，因为历史已经过去，历史只能以文本复现的方式流传，重返历史的真正语境是不可能达到的事情，而我们对于历史的种种解读，也都是从所处的现实视域出发，去进行有目的的解读，让历史为我们服务。由此我们认为，在效果历史观的关照中，我们是处于历史中的主体，我们所拥有的历史视野只能是对历史后来的解读，而不可能是完全再现的真实的历史。由此，我们与历史是存在着一种无可超越的"间隔"和"疏离"之感的，我们和历史也永远地具有一种张力，这种张力使得我们是寻求历史意义的"理解者"，而历史则是回应当代的回声廊，以给我们提供参照物的方式不断参与到当代人的问题之中。而文本则是秉承历史特质的承载物，对于文本的解读必然也带着一种历史意识和历史关照，由此对文本的理解也不会是一种纯粹主观的判断，而应当对居于当下的处境和有待解读的历史处境的双重反思审视。解释者不可能达到那种真正的历史真实，任何的解读都必然带着一种有目的有意识的反思态度再进行重新审视和理解，解释者不是为解释而解释，而是带着效果历史意识进行解释的。每一个解释行为都是一种从现实视域出发的有一定历史追求的有意义的审视活动，每一个解释者也必然要受到前见的制约，历史传统的影响，当下视域的限制，以及个人理解的偏好的影响，因此，理解者既需要对文本所处的历史语境做出客观的评价，也需要对他所处的当下的历史问题做出回应，对他所依赖的当下的历史境遇做出评价，即在理解者所形成的文本新意义中，必须包含着他对历史和当下的双重批判的认知意识。

---

① 〔德〕伽达默尔：《诠释学Ⅰ：真理与方法》，洪汉鼎译，北京：商务印书馆2010年版，第8页。

## （四）解释学循环：文本新意义生成的重要方法

从一般意义上来讲，解释学循环在传统解释学语境中是方法论意义上的对文本意义进行理解的有效途径，循环的展开主要依附于理解的客体，即文本。具体而言，就是在文本的内部所展开的，整体与部分、文本与文本，文本与语境之间的多重循环。在施莱尔马赫和狄尔泰那里，解释学循环被真正视为一种具有普遍性意味的认识论和方法论，解释学循环的关系也由此得到了更为广泛意义上的拓展。而后，海德格尔把解释学循环理解为此在的生存论状态，第一次把解释学循环的核心和中心转向了理解主体，把解释学循环拓展为理解者和文本之间的关系，即理解者可以按照自己的前见来自然地进入文本的理解活动中，并以这种理解来解释文本的局部和细节的意义，而这种局部与细节又可以反过来验证和支持理解者对于整个文本的理解，由此，局部与整体，围绕着理解者和文本完成了论证上的解释学循环过程。伽达默尔遵循海德格尔的这一思想，认为理解者的前理解也是这一循环的一部分。"为了理解文本，我们必须以前理解构造出一个意义整体——完全性前把握，从而解释学循环就是完全性前把握与文本之间的运动，这种循环在本质上就不是形式的，它既不是主观的，又不是客观的，而是把理解活动描述为流传物的运动和解释者的运动的一种内在相互作用。……理解的循环一般不是一种方法论的循环，而是描述了一种理解中的本体论的结构要素。"① 也就是说，伽达默尔质疑，如果解释学循环真如海德格尔所想的那样，那么人的生存在本质上就是一个语境化的意义，我们会被抛入一个历史前见的世界，我们对世界的理解似乎毫无把控力，理解的本质成为一个取决于世界现在的历史传统的理解过程。而伽达默尔再拓展这种解释学循环的意义就在于，他反思了理解主体所持有的"前判断"，认为人的理性应当和传统达成二者的统一，传统与此在是可以在视域融合的过程中

---

① 〔德〕伽达默尔：《真理与方法》上卷，洪汉鼎译，上海：上海译文出版社1998年版，第376页。

双向互动的，由此一切历史都能以现实的世界为根基得到"当代"意义的解读，而一切传统的内容也都可以作为一种积极意义上的前见进入理解者的视域之中。所以，在伽达默尔那里，解释学循环是一种充满积极的创新意义的过程，正是这种循环给伽达默尔赋予解释学循环以新的意义，这种循环成了所有理解的积极基础。文本的意义在解释者与文本的对话中得到更新和发展，由此"时间不再主要是一种由于其分开和远离而必须被沟通的鸿沟，时间其实乃是现在植根于其中的事件的根本基础"①。也就是说，在伽达默尔的理论中，时间间距是一种具有积极意义的内容，不是必须被理解者克服的东西，相反，理解者应当正视这种间距，并在理解的过程中把这种具有历史性的"隔离感"带入进去。当然，解释学所倡导的这种历史意识不是一种真实客观的历史过程，而是一种以历史为反思对象的历史意识的实在，即哲学解释学所说的"效果历史"，正是这种哲学意义上的历史观的革新真正改变了解释学循环那种寻求"客观精神"的意义，使得原来那种试图克服间距而进行的不断的循环，变成了增强文本与实践行动和历史意识的不断发展的循环，由此，理解者能够从当下语境出发延续文本的意义，成为文本理解的新的历史主体。

**（五）世界经验：使文本意义从属于人的价值是文本意义生成的本质特征**

文本原本就不是一个封闭原初意义的整体，文本自己不会完全呈现出其真意来，相反，它的意义内容只能在"理解"中被不断阐释和生成。伽达默尔在重新定义前见和重新审视解释学循环的前提下，又充分肯定了世界经验的概念，即肯定了洪堡"语言就是世界观"的判断，认为理解可以包含人类世界的全部的经验和意义，而语言正是完成"理解"这一活动的最为普遍的媒介，人是在语言中去把握世界的意义和生活的意义的，可以

---

① 〔美〕理查德·E.帕尔默：《诠释学》，潘德荣译，北京：商务印书馆2012年版，第381页。

说，人对世界的拥有就是建立在理解语言和把握语言的前提之上的，由此，伽达默尔甚至发出了"谁拥有语言，谁就能够拥有世界"的呼号。因为解释者自身的具体历史处境构成解释者在对文本解释之前已经拥有的"前理解"（或"成见"），即形成了一定的思想观念或价值取向，所以认识主体是在前见中进行理解的，也就是说，解释者的理解和解释不再是作为主体对立面的客体对象，而是自身和他者的统一体。"对象如何对他说来成为他的对象，这取决于对象的性质以及与之相适应的本质力量的性质，因为正是这种关系的规定性形成了一种特殊的、现实的肯定方式。"①

从辩证法的意义上去审视伽达默尔对于世界经验的界定，我们可以认为，伽达默尔并不是孤立地静止地把世界经验视为是一种人的理解的客观复现，而是视为一种融通、互动和不断前进的理解过程，任何世界经验都不可能是一蹴而就的，也不可能是达到永恒真理的，世界经验必然是一种否定再否定的过程，只有这种否定才能够使人真正地去理解和解读对象的内在本质和价值意义，这种否定性也是一种开放的，具有历史性、有限性和创造意义的活动。由此，伽达默尔从包括文本在内的一切对象性事物的视角去审视"理解"这种活动，指出，一切对象性的事物，包括我们在理解活动中的对象性的活动，在本质上都反映着主体的本质力量，是主体意志的一种投射和复现，同时这种"另在"又与主体相区别，是有别于自身又关照自身的一种精神的外化。

在解释学中，文本作为主体的研究对象，是以一种特定的"理解"的方式被阅读的，这种方式取决于文本的形式及内容，以及阅读者所持有的肯定或是否定的性质，此外还取决于理解者所具有的文化内涵及其与文本所构成的统一性。在这种辩证统一的关系中，主体和文本发生着对话，形成一种具有言说意义的肯定性的互动。世界经验的获取，永远也不可能是一种终结的形态，而应当是通过不完全的理解达致完整，通过否定性的批判达致建构，通过有限性的解读达致历史的无限性的一个辩证的

---

① 《马克思恩格斯全集》第42卷，中共中央马克思恩格斯列宁斯大林著作编译局编译，北京：人民出版社2001年版，第125页。

融通的过程，否则文本就不可能成为被理解者所解读的对象，它只能作为被读者质疑、批判和否定的理解对象，在这个过程中，理解者也只能以一种反对文本和拒斥意义的方式，在文本上投射和认知自己的理智力量，进而复现出个人的精神世界，达成一种理性的认知。在这个意义上，伽达默尔革新了哲学解释学的认知转向，从本体论的意义上反思人进行事件理解的根本特征，进而强调了理解的主体所具有的能动性。也就是说，文本的意义之生成取决于和归因于理解者在现实生活中所积累到的世界经验，而由世界经验所影响达成的文本意义，也具有理解者意志的映照，由此，对"人性"的赋予是文本意义生成的最本质的特征。

## 三、《资本论》研究方法的解释学蕴含

马克思的巨著《资本论》代表了150多年前对资本主义社会弊端反思批判的时代精神和对其运行和发展规律揭示的科学成果，是马克思在人文社会科学领域留下的辉煌遗产。丰富翔实的历史资料、哲学辨证的思维方式、终极关怀的人道主义情怀，使得《资本论》无论作为哲学著作还是作为政治经济学著作都始终闪耀着真理的光芒。资本主义不过是一种历史的具体的社会生活形式和在全球性历史建构中形成的一种历史的具体的抽象统治形式，面对当代资本主义的新变化，重新发掘和拓展马克思《资本论》中的哲学方法，重新激活马克思《资本论》对当代资本主义批判的理论潜力，是当前学界讨论最为热烈的主题之一。借鉴当代解释学研究中的时间间距、效果历史、视域融合、解释学循环等研究方法，对《资本论》的文本重新加以理解和反思，马克思贯穿于其中的哲学方法也将会以更为丰富的理论形象呈现在我们的面前。

### （一）间距与《资本论》研究方法的历史观

"经济学家们在论断中采用的方式是非常奇怪的。他们认为只有两种制度，一种是人为的，一种是天然的。封建制度是人为的，资产阶级制度

是天然的。……以前是有历史的，现在再也没有历史了。"① 这种唯心主义和形而上学的历史观，歪曲了历史发展的真相；这种非历史的、无批判的经济学是马克思在《资本论》中批判的对象。解释学的经验是在时间与空间并存的"间距"中去寻求理解的开放性和生成性的，其自身的特征即历史性。这种历史性既体现在理解对象上又体现在理解主体上，它非常具体地表现为，以历史的思维去审视和反思理解本身，而理解又必须在非常具体的历史条件下才能展开，理解活动应当包含着历史的理解主体和历史的文本两个部分。历史性从理解的视角上根本上否定了存在所谓的"永恒"，使文本的意义与人的实存相互渗透，在解释者与文本的对话中得到不断地更新和发展，从方法论上否定了对将历史封闭在资本结构中以自足的历史终结论。

正如伽达默尔在解释学中对"间距"所做的时空观考察那样，马克思在考察资本主义社会时也做了两个方面的考察，即一方面马克思注重考察了人类社会整体的发展演变史，在历史演进的过程中，审视资本主义社会所构建的生产关系，以及与之对应的阶级关系，从阶级发展的过程中，揭示出资本主义社会变化与发展的生命史，以批判、辩证的眼光看待资本主义生产方式，看待资本逻辑；另一方面在市民社会的现实空间中揭开了资本主义社会生活的各种神秘面纱，通过对资本运动规律和趋势进行分析论证和实证性的描述，深刻地剖析了伴随着生产力的发展，资本主义生产关系的性质和变化的状况，科学地说明了雇佣劳动与资本制度的社会经济结构、内在矛盾和一般发展趋势。在《资本论》中，马克思考察资本的原始积累和社会分工的过程时，将原始社会同现代社会，原始社会的生产和资本主义社会的生产进行了对比。也就是说，正是在"历史证据"的探寻中，马克思一步步确立了历史唯物主义，也正是在这种历史间距的张力中，历史唯物主义才能够获得精神事实和物质事实两个方面的论证，进而真正地证明人类历史发展的合规律性和合价值性

---

① 〔德〕马克思：《资本论》第 1 卷，中共中央马克思恩格斯列宁斯大林著作编译局编译，北京：人民出版社 2004 年版，第 98 页。

的辩证统一关系。

马克思从不否认历史间距的客观存在，也从不否定历史本身所带来的具有传统感的效果映照，马克思对历史的研究是深入的，他甚至把对资本主义社会的研究在晚年延伸至整个人类历史的研究，而这种研究的目的就在于寻求一把真正能够理解人类发展史的"历史钥匙"，这把钥匙能够将历史审视的视域从现代社会转向原始社会，从文明社会转向荒蛮社会，由此，在历史的视域中，对资本主义社会才能进行"社会形态的透析"，进而以"唯物史观是以一定历史时期的物质经济生活条件来说明一切历史事件和观念，一切政治、哲学和宗教的"① 的批判方法，从国家和人类文明起源的历史材料出发，雄辩地证明私有制和国家的存在的历史暂时性的和灭亡的历史必然性。由此，马克思得出结论，在资本主义生产一般的抽象中忘记了历史差别是"那些证明现存社会关系永存与和谐的现代经济学家的全部智慧"②；"经济范畴按其在历史上起决定作用的先后次序来安排是不行的，错误的"③，只有按照事物的内在结构来决定事物的先后时间次序，才能再现历史进程的本质。

由此，我们说，《资本论》是以和解释学相似的历史性思维对人类历史的时间线和市民社会的空间域进行历史性考察的，并对资本的起源、本质进行分析，对三大社会形态理论进行阐释，在资本主义社会的经济关系与以往社会的经济关系的对比中揭示了经济关系的演变，进而科学地揭示了资本主义的各种经济范畴从来都在变动，资本主义不是先验的而是历史发展的结果，资本主义最终也会在历史的发展中走向灭亡的科学规律，从历史观的高度彻底粉碎了资产阶级意识形态中的"最终"与"永恒"。

---

① 《马克思恩格斯文集》第3卷，中共中央马克思恩格斯列宁斯大林著作编译局编译，北京：人民出版社2009年版，第320页。
② 《马克思恩格斯选集》第2卷，中共中央马克思恩格斯列宁斯大林著作编译局编译，北京：人民出版社1995年版，第3页。
③ 《马克思恩格斯全集》第46卷（上册），中共中央马克思恩格斯列宁斯大林著作编译局编译，北京：人民出版社2001年版，第40页。

"资产阶级政治经济学家们往往从资产阶级的偏见出发进行研究,他们所处的境况已经不容许他们在资产阶级的视野之内进行公正无私的研究了。"① 劳动价值论是由斯密和李嘉图等人最先提出来的,但是由于在他们的意识中,资本主义制度是作为一种完备的永恒的社会制度而存在的,代表着人类社会发展的最高级阶段,因此尽管制度中存在着缺陷与不公正,但其需要的仅仅是一种调节,由此对资本主义制度的辩护也是一种必然选择。对于他们的这种观点,马克思并不认同,他指出,"被斯密和李嘉图当作出发点的单个的孤立的猎人和渔夫,是 18 世纪的缺乏想象力的虚构"②。在研究资本主义这颗成熟的"现代社会之果"时,马克思显然是脱离了这种抽象,在实然和应然的客观规律的意义上,以一种消除了历史目的论的科学推演方法,以一种在实质上与达尔文偶然性进化论的科学解释相契合的科学研究方法所进行的。马克思强调历史研究不可能是对经验实证材料的僵死的汇集,也不可能是脱离了经验实证材料的完全的抽象,在进行资本主义经济运行过程的整体性研究中,马克思由果溯因地确定了生产、交换、消费、分配这四个紧密联系的因果环节,从而非常清楚地指明了工人阶级受剥削和压迫的现实存在和求解放、求自由的斗争目标。而在对科学社会主义发展趋势的预测判断中,马克思也一以贯之地坚持用因果联系的辩证法来分析历史事实和历史规律之间的必然性与偶然性。由此,在对历史唯物主义具象的研究中,马克思认为,"一种历史生产形式的矛盾发展,是这种形式瓦解和新形式形成的惟一的历史道路"③,由此他使自己的历史观上升为历史的辩证法。

---

① 〔德〕马克思:《资本论》第 1 卷,中共中央马克思恩格斯列宁斯大林著作编译局编译,北京:人民出版社 2004 年版,第 7 页。

② 《马克思恩格斯文集》第 8 卷,中共中央马克思恩格斯列宁斯大林著作编译局编译,北京:人民出版社 2009 年版,第 5 页。

③ 《马克思恩格斯全集》第 44 卷(上册),中共中央马克思恩格斯列宁斯大林著作编译局编译,北京:人民出版社 2001 年版,第 562 页。

## （二）视域融合与《资本论》研究方法的辩证法

相对性是理解的根本性质，即理解是通过视域融合而实现的，文本从其产生的意义和问题域出发，与既带着前见又生活在当下的我们的视域融合。但由于人的因素，对文本的理解必然呈现出某种不确定性。但这并不是否认文本意义的可知性，把理解误读为某种纯粹的主观性行为，因为人的前见的形成由多种因素决定，既包括时代特点、思维构架，也包括价值观念、情感方式，这本身就是一个社会历史过程，具有客观性。况且，解释的对象本身也是客观的。所以在解释过程中，文本的意义不是由解释者来决定，也不是由解释对象来决定的，它是在文本中显现出来的存在，而不是心灵反思活动的产物。解释与被解释的双方共同决定了这一客观性陈述所意指的不是科学的客观性，而是一种真正的历史的客观性，在肯定理解的相对性的同时应肯定相对性理解中的绝对性成分，坚持理解是绝对性与相对性的辩证统一，这是解释学的辩证法。带着比解释学辩证法更为革命的批判的方法论自觉，马克思阐明了辩证法的精髓。"辩证法在其对现存事物的肯定理解中同时包含对现存事物的否定的理解，即对现存事物的必然灭亡的理解；辩证法对每一种既成的形式都是从不断的运动中，因而也是从它的暂时性方面去理解；辩证法不崇拜任何东西，按其本质来说，它是批判的和革命的。"[①] 基于这种科学的方法论的哲学视角，马克思在《资本论》中批判地看待资本主义生产方式，辩证地看待资本逻辑。

在《资本论》中，马克思是从历史尺度和价值尺度辩证统一的两个方面和两个角度来对资本主义展开批判的。马克思首先运用历史的客观尺度，揭示出在资本主义社会，奉行"商品拜物教"，并将整个社会关系依附于"物"之上，这是由资本主导的逻辑所呈现的必然的历史结果，他辩证地指出，资本虽然在社会生产力的发展中起着重要推动作用，但从价值尺度来看，资本又有着剥削人的本性，其推动生产力发展的目的不是为了

---

① 〔德〕马克思：《资本论》第 1 卷，中共中央马克思恩格斯列宁斯大林著作编译局编译，北京：人民出版社 2004 年版，第 24 页。

社会的发展和人的发展,而是以追逐资本增值为最根本的目的,以资本为社会的主体,而人成了在这一过程中的手段。由此,人类社会发展真正的进步应当是摆脱物的依赖,走向人的全面发展和自由个性的实现。由此,马克思对资本主义的批判,绝不是仅仅聚焦于具体历史环节的逻辑关系的描摹,而是针对整个人类历史发展过程的逻辑论证。对历史的认识不会一蹴而就,而应当是一个对历史进行溯源式考察的过程。人的历史性存在的根本的意义就在于,人能够在有意识的生命活动中不断地生成自己新的本质,同时也意味着人需要在"用历史来创造历史"的活动中不断开辟新的更富活力的未来。历史总是在自我否定中不断演进的,而人的认识也是一个与历史概念自身的肯定与否定、渐进与飞跃的矛盾运动相伴而生的螺旋式发展过程。已知的更高级的历史事物为我们透析过去和未来的未知历史事物的特征提供了推断依据,马克思也正以这样的历史眼光指出,资本积累的雪球不会永远滚下去,作为一种社会关系、一种制度,资本主义对社会生产力发展的促进作用也是有限度的,超过这个限度,资本必然就会表现为限制人和社会进步的桎梏。

马克思从历史辩证法的高度对资本主义生产方式进行了科学评价:"资本主义生产方式是一种特殊的、具有独特历史规定性的生产方式"①,同以前的奴隶制、农奴制等形式相比,资本主义的建设性、文明性体现在其生产形式"更有利于生产力的发展,有利于社会关系的发展,有利于更高级的新形态的各种要素的创造"②;这种生产方式促进了人类的融合,"过去那种地方的和民族的自给自足和闭关自守状态,被各民族的各方面的互相往来和各方面的互相依赖所代替了。物质生产是如此,精神的生产也是如此。"③

---

① 〔德〕马克思:《资本论》第1卷,中共中央马克思恩格斯列宁斯大林著作编译局编译,北京:人民出版社2004年版,第993页。

② 《马克思恩格斯全集》第25卷,中共中央马克思恩格斯列宁斯大林著作编译局编译,北京:人民出版社2001年版,第925—926页。

③ 《马克思恩格斯选集》第1卷,中共中央马克思恩格斯列宁斯大林著作编译局编译,北京:人民出版社1995年版,第276页。

马克思透过资本主义经济勃兴和科学技术革命方兴未艾的繁荣表象，充分认识到，虽然经济的发展和科技的变革使人能通过生产达到前所未有的物质充盈，极大地摆脱自然界的奴役和压迫，但"现实的人"却并没有因此获得解放，因为资本主义经济制度为人扣上了另一种奴役和压迫的关系，使人对象化的产物——商品成了与人自身对立的产物；而作为价值一般衡量尺度的货币，则成了束缚人身自由和精神自由的财富；劳动虽然创造着资本，劳动者却被资本支配，由此资本成为主导劳动和主导人生活的核心要素。也正是看到"现实的人"的哥特式恐怖的生存境遇，马克思才会发出呼喊——资本主义对商品、财富、资本关系的误读，淹没了劳动在财富创造中的决定性地位；堆积如山的物质掩盖了人与人的关系，使得人成为商品货币和资本关系的奴隶！由此，马克思才会深刻地指出，资本的本性充斥着然而，资本也有其无法克服的狭隘性、野蛮性，由此，资本主义生产方式仅仅是存在于人类历史进程中的一种物质生产方式而已，这种生产方式的是以资本为中心的，以资本为主体吸附着人的劳动，工人由此成为资本的奴隶，依赖于物的生产。因此，这种生产方式是一种浪费人的血肉，并且浪费人的神经的活动，并不代表着人类社会发展的理性方向。

辩证法从根本上来说，是批判的，也是革命的，它应当是实践的唯物主义者应当始终坚持的立场，且必然应当包含着一种基于实践批判基础上的不断的自我批判。资本主义不过是一种历史的具体的社会生活形式和在全球性历史建构中形成的一种历史的具体的抽象统治形式。在《共产党宣言》中，马克思、恩格斯认为，资本主义社会频频出现致命的经济危机，其决定性的原因就是生产社会化和生产资料私有制之间的矛盾，矛盾的日益激烈，使得危机也更加深重。社会生产力这一极具革命性质的因素，它无时无刻不在运动与发展，当它发展到生产关系无法容纳的时候，生产关系就要随之变革。资本家站在纯粹的盈利立场上，通过对工人阶级毫无保留的剥削来创造剩余价值，最终只会造成严重的两极分化，随着矛盾的激化，资本主义所有制必将成为生产社会化的阻碍，旧社会终将要被取代。20 世纪 20 至 30 年代，正如马克思、恩格斯所预测的那样，在资本主义社会发生了如同瘟疫一样裹挟整个资本主义世界的经济危机,而在经济发展相对落后的部分地区,资本主义的世界之网链也最终被撕开了一个豁口,一批社会主义国家建立起来。但正如恩格斯在 1895 年的《卡·马克思〈1848 年至 1850 年的法兰西阶级斗争〉一书导言》中所言,"历史表明,我们以及所有和我们有同样想法的人,都是不对的"①。资本主义是必然要灭亡的,但是现在是否进入了腐朽垂死的阶段,还需要用历史的辩证的目光来做考量。今天资本主义发展已经从死里逃生的自由主义经济危机中吸取了教训,在上层建筑方面采取了一系列国家干预调节和福利主义措施,资本主义的寿命比当时马克思预想的要长得多。由此,我们必须去批判地审视,资本主义国家的历史之路必须是经过充分发展走完它的各个发展阶段之后,资本主义这颗果实才能成熟。如果继续按照资本主义这套自身的逻辑走下去,无视环境承载力,无力解决贫富差距、社会分化、种族结构等一系列问题,终有一天,资本主义必然会验证"资本主义必然灭亡"的预言,成为一颗自己掉下来的"成熟的果实"。比如在 19 世纪 50 年代,马克思就曾经预言,那些非西方社会要通过迈进理想社会的进程,就必须要经历资本主义发展的积累和痛苦,但在晚年,马克思在研究了东方社会的独特性之后,又阐发了新的思想,即指出东方国家必须要根据自己独特的历史条件和现实的实践的发展,来设计和调整自己的发展道路,比如有的国家是有可能跨越"卡夫丁峡谷",进而走自己民族的特殊的发展道路的。其实,早在《〈政治经济学批判〉序言》中,马克思就曾经谈论过自己对于政治经济学方面的研究的思考,他说:"这只是要证明,我的见解,不管人们对它怎样评论,不管它多么不合乎统治阶级的自私的偏见,却是多年诚实探讨的结果。"②

---

① 《马克思恩格斯选集》第 4 卷,中共中央马克思恩格斯列宁斯大林著作编译局编译,北京:人民出版社 2012 年版,第 512—513 页。
② 《马克思恩格斯文集》第 2 卷,中共中央马克思恩格斯列宁斯大林著作编译局编译,北京:人民出版社 2009 年版,第 594 页。

### (三) 效果历史意识与《资本论》研究方法的唯物论

"个体的自我诠释不过是历史生命的封闭电路中的一次闪光。由此，个人的前判断就与个人的判断相比，更是其存在的历史实在。"① 简言之，理解是一种历史地积累下来的并历史地运作的基本结构，是我们无法摆脱的前判断，也是我们能够理解历史的基础。从解释学上来说，对于这一原则可做如下表述：任何解释者决不存在"无预设"的诠释。而在阶级社会里，意识形态浸润在任何文化和文本之中，因为社会的阶层结构必然对照着社会不同阶层的需求，且这种需求都必须要通过在不同社会时期中的支配阶级的利益诉求呈现出来，而每个时代也都会产生出属于这个特殊时代的不同的利益需求，由此，为了保障自己的利益，支配阶级总是想试图证明当下的阶层状态是最稳固和最合理的，而被支配阶级的质疑、怀疑和否决，则会使得他们总是在与现行的稳定的阶级体系抗争，由此去破坏当前操纵社会的统治阶级的支配性价值体系，而这正是马克思经济基础决定上层建筑的唯物论，也是《资本论》中所要阐明的阶级观。

马克思运用历史唯物主义的观点肯定了一个基本的观念，即每一时代的思想，每一时代的政治和精神，都应当在这一时代的经济生产及与此紧密连接的社会结构中去寻求历史基础。《资本论》的立论基础是资本主义社会的基本矛盾的学说，正是坚守这个基础，马克思才会深刻地指出，当人类社会进入资本主义社会，无产阶级和资产阶级的矛盾与斗争也必然进入一个新的阶段，而通过对这个新的阶段的社会矛盾运动和阶级关系的分析，以及无产阶级自身所经历的不同的发展阶段的考察，马克思认为，无产阶级革命的潜力是巨大的，无产阶级完成自我解放，摆脱奴役和制度压迫的趋势是必然的。而《资本论》的阐释依然具有说服力的原因也在于历史前结构，即虽然马克思是以批判 19 世纪的欧洲资本主义社会为主题的，

---

① 〔德〕伽达默尔：《诠释学 I：真理与方法》，洪汉鼎译，北京：商务印书馆 2010 年版，第 261 页。

但是人类社会发展的进程表明了，任何国家和民族的社会发展，在任何的历史阶段和发展进程中，都必然要受到经济基础和上层建筑矛盾运动的规律制约，虽然不同国家和民族的历史变化也许会有其不同的特点，但它们总是表现为这一基本矛盾运动的特殊的表现形式，而并不超越这个基本的规律范畴。以这样的真正的历史的眼光审视人类社会的发展，马克思才会深刻地指出，"资本和劳动的关系，是现代全部社会体系所依以旋转的轴心。"[①] 资本主义的成熟和发展，也孕育着不断成熟和壮大的无产阶级，而资产阶级和无产阶级之间的矛盾日益激化，则更表征着劳动和资本之间对立关系的历史真相，阐明这个经济事实，阐明无产阶级所担负的历史责任，是《资本论》所担负的重大的责任。"人们在自己生活的社会生产中发生一定的、必然的、不以他们的意志为转移的关系，即同他们的物质生产力的一定发展阶段相适应的生产关系。……这些生产关系的总和构成社会的经济结构，既有法律的和政治的上层建筑竖立其上并有一定的社会意识形式与之相适应的现实基础。物质生活的生产方式制约着整个社会生活、政治生活和精神生活的过程。"[②] 的确，带着这种历史感，马克思从不否认自己的阶级立场，也从不否认《资本论》中所呈现出的意识形态逻辑。马克思以历史的唯物的研究方法明确了一个道理，那就是在他的唯物史观中，意识形态理论要遵循经济基础与上层建筑的相互作用的关系，必须在整个社会结构中去重新定位意识形态的位置及功能，要明确意识形态究其本质也不过是一种具有鲜明阶级烙印的阶级倾向性，是人类历史发展演变的其中一个方面。马克思主义的意识形态理论为当代意识形态批判理论提供了内在依据，体现了解释学效果历史意识的客观性和自觉性。

意识形态是阶级之间展开对话的产物，文本作为一个可以铺展开来的载体，呈现出各种不同的阶级利益博弈的结果。为了达成某种局面的稳定

---

[①]《马克思恩格斯全集》第 16 卷，中共中央马克思恩格斯列宁斯大林著作编译局编译，北京：人民出版社 2001 年版，第 213 页。

[②]《马克思恩格斯全集》第 31 卷，中共中央马克思恩格斯列宁斯大林著作编译局编译，北京：人民出版社 2001 年版，第 412 页。

性，统治阶级必须以一种维护的姿态出场，而被统治阶级则以反对的姿态呈现出自己的态度，在不断地抗争与对话中，双方最终达成一种妥协的共识。而在这种共识中，研究者必须要在一个永恒互动的变化的阶级关系中去理解意识形态的内容，要结合当时的社会语境去理解文本这一载体。此外，在阶级社会中，文本最本质的存在就是，它是阶级斗争的一个战场，我们能在这个战场中看到多方的言论和不同的表述，由此，解释学中所强调的效果历史的自觉与马克思在《资本论》中"经济基础决定上层建筑"和对阶级社会中意识形态的哲学分析并无相悖。

**（四）解释学循环与《资本论》中研究方法的抽象力**

哲学解释学循环要解决的一个问题是"理解发展的本体过程"是什么，是如何展开的。与传统解释学循环围绕文本的意义从整体与部分的关系角度对循环关系进行探寻不同，哲学解释学不再注重对解释对象的关注，更是一种本体意义上的把握。哲学解释学循环认为循环往返于历史与理解者，是一种生活经验的循环，意义随着解释循环的运动不断展开，理解由此成为一个不断发展和创新的过程，成为一个对意义的预期、筹划与具体的理解之间不断循环的过程。

"资本主义是什么？"自资本主义诞生开始，这个问题就始终存在着巨大的争议，且困扰着人类。这个问题之所以被不断提起并日益重要，其原因就在于它是人类对自己现在所处的现代性的社会状态之本质的追问。当然，西方学者试图给这个问题一个明确的答案，种种新帝国主义、福利资本主义，或是灾难资本主义，"后工业"的新帽子等，都试图从某种特质上抓住资本主义的本质，但却始终没有完成对资本主义社会本质的根本性的总结。而马克思的深刻之处就在于"我们阅读《资本论》，不只要了解资本主义如何运行，而且要了解资本主义是什么，这是一个迄今为止尚没有人提出，而马克思以深刻、令人难忘的方式回答了的问题。"[①] 时至今

---

① 〔美〕罗伯特·L.海尔布隆纳：《马克思主义：支持与反对》，马林梅译，北京：东方出版社2014年版，第7页。

日，马克思对资本主义的分析仍然有许多有效且有意义的核心内容，譬如他对资本主义经济发展不可阻挡的全球动力的分析，再譬如当今的资本主义社会依然无法走出它的内部矛盾，不断遭受着危机和变革。资本主义就其本质来说，无法适应社会化大生产的全球趋势，在150多年前，马克思就做出了预测，并指出，只有社会主义经济才是必然的发展前途。但是关于马克思的争议也正在于此，也许人们并不否定马克思对资本主义经济矛盾进行分析的事实，但却质疑，"社会主义"是否真正是人类社会的未来出路？虽然苏联曾大刀阔斧地实践过，中国也正在社会主义建设的实践中，但西方学者却质疑，现在的社会主义模式和共产主义政权建立的社会主义是否真的是属于马克思的呢？还是在当代的"变形体"？

这是一个非常核心的问题，因为即使连马克思本人对这个问题的回答也是十分谨慎的，马克思没有甚至也拒绝为社会主义的经济和经济制度做出具体的阐释，更没有论及共产主义社会的具体形式，即使是他在针对德国社会民主党人"真正的社会主义"写的《哥达纲领批判》中，他也没有以确定的描述给社会主义实践者们留下具体的经验指导。但这也正是马克思给他的继承者们所留下的发展空间和实践的开放性。像所有真正的思想一样，马克思的所有理论和思想是未完成也不可能完成与终结的内容，其之所以还没有失去当代性的价值和意义，就在于它在根本上是对资本主义这种社会经济式的评述和看法，其理论本身也在随着当前资本主义的不断发展，不断的危机和自我的革新与改造的运动，而不断调整其阐释分析的框架，是一种不断的"循环意义"上的重构和重解的过程。这也正是我们在解释学循环的意义上所注重的特质。这种特质具体反映在马克思《资本论》中的特殊研究法，是建立在辩证唯物主义和历史唯物主义基础之上的逻辑方法。

马克思说："分析经济形式，既不能用显微镜，也不能用化学试剂。二者都必须用抽象力来代替。"[①] 马克思说的这种运用抽象力分析经济形式

---

[①] 〔德〕马克思：《资本论》第1卷，中共中央马克思恩格斯列宁斯大林著作编译局编译，北京：人民出版社2004年版，第17页。

的方法，就是逻辑方法。马克思的逻辑方法，是由一系列功能各异、相互联系的具体方法构成的方法论体系，包括抽象和具体、简单和复杂、整体和个体、内容和形式、本质和现象、一般和特殊、归纳和演绎、动态和静态相统一等。其中，抽象和具体的辩证方法是马克思逻辑方法最为具体的运用。马克思把资本主义社会看作庞大的商品体堆积，从纷繁复杂的资本主义经济现象中抽象出商品这个细胞形式，对商品的内在属性、外在形式做了周密的研究，然后在每一个具体研究内容中按照商品两因素原理辩证地展开。"一切劳动，一方面都是人类劳动力生理学意义上的支出。并且，当作第一的人类劳动或抽象的人类劳动，它形成商品价值。一切劳动，另一方面又都是人类劳动力在特殊的有一定目的的形式上的支出。并且，当作具体有用的劳动，它生产使用价值。"① 马克思认为商品二因素，是由生产商品的劳动二重性决定的，在劳动二重性理论的基础上，马克思创立了资本技术构成与价值构成相结合的资本有机构成理论，从价值构成和技术构成的双重意义出发，对资本有机构成进行了抽象和具体两个维度的考察，进而揭示了资本积累的历史趋势，建立了关于无产阶级贫困化的理论。马克思把对资本主义社会的现实考察建立在个别与整体的循环关系中，把对资本主义社会的理论思考建立在前理解和新的理解之间的循环关系中，进而对资本主义社会的本质，对人类历史发展的一般规律呈现出神奇的洞察力。恩格斯曾在《资本论》第一卷出版时评价指出，现在来看，诸如欧文、圣西门、傅立叶这些空想社会主义学家的思想和著作当然都是具有价值的，但是"只有一个德国人才能攀登最高点"②，这个人正是马克思，只有他才能够以透视的眼光审视现代社会关系的全部领域。站在历史唯物主义的科学之上，就如同站在高山之巅，使得马克思对山下的风景具有过人的洞察力。

---

① 《马克思恩格斯全集》第23卷，中共中央马克思恩格斯列宁斯大林著作编译局编译，北京：人民出版社2001年版，第8页。

② 《马克思恩格斯选集》第3卷，中共中央马克思恩格斯列宁斯大林著作编译局编译，北京：人民出版社2012年版，第79页。

### （五）解释者的能动性与《资本论》研究方法的人文关怀

发出"理解"这一动作的主体，当然是人，对文本进行"解释"的一过程也必须由人来完成。但是解释，不可能是人仅仅对于文本原初视域的一种追寻和复现，这种寻求本身也是徒劳的，解释必须是一种融合历史和当下视域的新的创造。在这一融合的过程中，每一个创造的主体将会受到自己所处的不同历史条件的制约，他的前见的构成是复杂的，要受到多重因素制约和操控，这些因素既有客观的历史环境因素，也有其主观的理解能力因素，而哲学解释学更看重的就是人在理解中的这种主体意识。

长久以来，对《资本论》的解读具有不同的偏向。第一种是"阶级斗争"的政治批判，认为《资本论》是服务阶级斗争的工具。这便使得马克思著作中"人"的意味被压缩，甚至被去除，只留下了尖刻、尖锐的批判。第二种是将《资本论》视为揭示人类社会发展一般规律的科学，以生产力与生产关系、经济基础与上层建筑的关系作为人类社会中起作用的"必然性"，却否认了人在这种经济力量之中的主体性地位及人的活动的生活意义，使得人文性与科学性也对立起来。第三种是近年来中国学界较热的"实践论"意义上的解读，把劳动理解为实践最基本的形式，把马克思主义哲学放置在生产劳动的基础上，进而指出只要劳动者认识了外部世界的因果律，在劳动中达到自由，就能在其他的实践领域达到自由。虽然这种解读已经是将人的自由与解放放置在哲学与伦理学的视域中进行的批判性的解读，但究其本质来说，其正是哈贝马斯所批判的，作为"工具目的性行动"的生产劳动使得马克思丧失了对人的真正生存境遇和实践活动的关注，由此，我们需要更加重视人文关怀的维度。

《资本论》研究方法中体现了人文关怀。但在实质上，只要我们抛弃种种"解读范式"，回到马克思的著作和思想本身，种种争议便迎刃而解。马克思的论著，从来都没有抛弃人的主体性地位，因为马克思哲学的出发点就是"现实的人"。由此，在《资本论》中，马克思以经济事实为基础，把对资本主义社会的研究起点放在了具体的现实的社会的人身上。在《资本论》中，马克思引用了大量关于劳动者工作和生活状况的例子，用铁的事实对资本运动规律和趋势进行分析论证和实证性的描述，这些例子的主题集中在工人的贫困、劳动折磨、受剥削、受奴役、失业等方面。正如马克思在论述他揭露资本主义生产关系真相的初衷时指出的："应当让受现实压迫的人意识到压迫，从而使现实的压迫更加沉重；应当公开耻辱，从而使耻辱更加耻辱。应当把德国社会的每个领域作为德国社会的羞耻部分加以描述，应当对这些僵化了的关系唱一唱它们自己的曲调，迫使它们跳起舞来！为了激起人民的勇气，必须使他们对自己大吃一惊。"① 马克思的政治经济学坚持对人的尊严、自由、价值、权利的执着探寻，通过对工人阶级的生存状况的了解，通过对资本主义发展方式的认识，马克思得出了这样一个结论："人民"既是社会发展的实践者，也是价值目标实现者。与资产阶级唯心主义的人道主义不同，马克思的人文关怀是建立在唯物史观基础上的；与资产阶级纯粹工具理性的价值取向不同，马克思的人文关怀是工具理性与价值理性的统一。马克思主义经济学的人文精神强调人的自由而全面的发展，把人的全面发展看成是社会发展的最高目标。《资本论》的意义也不仅仅是一部伟大的经济学著作，它更在批判的基础上探究了人类伦理关系的本质和发展趋向，且为研究人类社会伦理现象提供了强大的科学方法论。

## 四、解释学对《资本论》意义图景重建的方法论价值

### （一）解释学方法与《资本论》意义图景的当代重置

狄尔泰认为，要了解人的历史和社会现实存在的各种联系，就得再度体验人的各种生活，只有通过这种"体验"才能达到"理解"。由此，狄

---

① 《马克思恩格斯选集》第 1 卷，中共中央马克思恩格斯列宁斯大林著作编译局编译，北京：人民出版社 2012 年版，第 6—7 页。

尔泰把哲学解释学拓展到了精神科学的领域内，他认为必须关注人的内心体验，由此我们对一切存在物的解释就是一种把握精神世界的意义的必要方法，但是狄尔泰是一个历史客观主义者，他承认人的精神价值，却忽略了人自身的历史性存在，由此导致解释学成了一种实证主义的东西。在20世纪，存在主义的哲学创始人海德格尔提出人的本质就是生存的观点，他认为生存给人带来了领会，领会就是人对这个世界的认知，由此哲学解释学在这种存在论的导向下也发生了一次真正的本体论转向，此在也具有了前理解和解释学循环的意味。而伽达默尔则在海德格尔的基础上对哲学解释学的基本特征进行了总结，他认为理解是人的一种存在的模式，只有语言才是真正宣扬存在的手段，人的理解活动就是人和世界一切关系的融通，理解的过程发生于人的一切方面。哲学解释学不是哲学的方法论，而是哲学的本体论，从而形成了作为本体论的哲学解释学。而后，哈贝马斯进一步发展了解释学理论，形成了批判解释学或深层解释学。解释学要解决的确实是一个非常困难的问题，即到底如何来解决"理解"的有效性这一问题，以及对文本所达成的理解能否在现有的基础上再开辟出一条不同的道路这一问题。伽达默尔的研究旨趣确实是非常具有野心的，他试图用"时间间距""前见传统""效果历史"等多重概念，重构一种正视理解问题和获取文本意义的有效的方法，而这种方法最为核心和关键的地方，就是去解读和理解"理解"这一事件本身。

《资本论》是马克思主义哲学方法最光辉的文本典范。没有马克思独特的研究方法作为研究资本主义经济规律的灵魂指导，就不可能有《资本论》的诞生。如今，150多年的时间间距与世界经验，给我们提供了进一步研究《资本论》的新的时空条件，通过当代解释学方法，透过间距，循环分析，关照经验，展开对话，运用效果历史意识，我们更能解读出《资本论》文本及观点中的许多深层含义，从而唤醒《资本论》的真实价值，重置《资本论》的理论意义，挖掘《资本论》的精神财富。由此，运用解释学原理，从体悟、解读和发现《资本论》的"前提、双向性、对话性、历史性、循环性、创造性"等解释学视域，对其意义作出新解释，挖掘出新价值，重建新图景，有利于在新时代把对《资本论》的研究和整个马克思主义基础理论研究推向前进。

　　正如康德从来不想为现代的自然科学去做出该如何该怎样的规定，而是试图在更深刻的意义上去追问，近代自然科学何以可能，其所反映的根本就是人的认识何以可能的问题。而认识的条件是什么，它的界限又是什么呢？由此，哲学解释学也不想去追问古老的哲学解释学是怎样成为一门达成理解的技艺并由此延承这种技艺炮制出一套规则体系来描述或者去指导精神科学的方法论程序，而是力图展露隐匿于各类理解现象背后并使理解成为主体进行解释的基本条件，并通过研究和分析一切理解现象的基本条件找出人的世界经验，在人类的有限的历史性的存在方式中发现人类与世界的根本关系。解释学研究方法的价值是，如保罗·利科所说："每一个了解释学的理解都起始并终止于事物本身，而解释学的事物本身正是在对象化的过程中被创造的意义图景。"①

　　我们之所以可以从马克思的《资本论》中寻找或品读出解释学的方法论，不是说马克思当年已经有了这些方法，而是说解释学方法从某种意义上是客观的分析方法，文本解释起源于古希腊教育制度，解释学一直在不断发展，马克思的辩证唯物主义和历史唯物主义与解释学原理之间不可能没有关系，两者都有解释世界的功能，它们只是视角不同，要解决的问题不同。

　　我们今天对《资本论》展开的文本研究，既不是要简单地重复或张扬解释学中的某些理论方法，也不是呆板的牵强的用解释学的概念范畴来套用马克思的政治经济学研究，进而解构《资本论》的研究方法，更不是要用马克思的哲学原理和方法论去在解释学中增加一个新的品牌或新的品种。解释学方法的本质是重建或创造意义，理解和解释的过程就是再创造的过程，就是文本新的意义得以铺展、得以挖掘的过程。因此，以解释学的方法开展对《资本论》的阅读，就是带着一种跨学科的创新视角，带着

---

①〔法〕保罗·利科：《诠释学与人文科学：语言、行为、解释文集》，〔英〕J. B. 汤普森编译，孔明安、张剑、李西祥译，北京：中国人民大学出版社2012年版，第33页。

一种当代问题意识的思考，带着一种与时代和实践同步的开放性，去弄清马克思主义文本中思想精神的精华和精髓，不断推进马克思主义理论创新的精神。

### （二）解释学方法对《资本论》意义图景重置的价值

从具体的方面来说，解释学对我们重新理解《资本论》，在新的历史图景和哲学境遇中挖掘《资本论》的当代价值、现实价值，具有以下几点有益的启示。

#### 1. 历史的演化的方法论视域

帕尔默认为："诠释本身是历史的，如果我们试图它成为别的什么东西，我们会使诠释和我们自身枯竭。"① 当我们认识到对《资本论》研究方法的解读不是"一劳永逸"的"正确诠释"时，我们便已经在面向解释学的历史特征了。历史和文本都是不断生成的，是一种延续的存在，对它们的理解和人对历史的理解、对文本的诠释经验是不可分割的，正是通过不断的解释更新，从文本应有的"原初意义"中不断地开掘出新的意义，一种学说的新价值才能真正地延续和增值。詹姆逊在对形形色色的《资本论》的解读予以评价的时期曾指出，虽然这些不同版本不同视域的解读和构成要素，存在着完全不同的"思想"比例，以至于有时当这些比率的权重发生变化时，"理解"的性质也随之发生变化，但是我们必须看到，这些形形色色的构成要素正是与每个社会和历史发展的特定的时期相关联的，它们彼此之间也是相关联的，正如詹姆逊曾在解读马克思的《资本论》时指出的，不论是哪个特定的社会环境，或是哪个特定的历史时段，这些构成要素都无比的丰富和繁杂，彼此之间交互着呈现出不同的比率，以至于当交互的比例发生变化的时候，整个理解的性质也会发生改变。因此，"不能把农业视为柏拉图式本质或理式的某种东西。在资本主义社会，以及同样在前资本主义的畜牧社会，根本没有土地所有制之类的固定范

---

① 〔美〕理查德·E.帕尔默：《诠释学》，潘德荣译，北京：商务印书馆 2014 年版，第 325 页。

畴。相反，各部分相互联系，并随整体本身的演化而演化。"① 伽达默尔也认为，历史性正是人类存在的基本事实，无论是理解还是文本，都有着很强的历史的烙印，真正的理解不是去克服历史的局限，而是正确评价和适应这一历史性。我们必然要在一种传统历史文化中去理解，而理解也是传统的一部分。"不论在哪一种情况，解释者仍是受制于效果历史的威力，受制于对象在他或她所属的传统中得以已经被理解的方式"②。由此，我们也必须认识到，只有通过解释的和反思的方式对历史意义和价值进行提炼，历史研究才能真正关照到现实生存，人才能够真正获得对自身存在价值的觉醒。这也说明只有对自身存在的现实和对未来的变化感兴趣的人，才会真正地去关注历史，因为正是人的实践活动促使人重回历史，渴望从历史中去领会和发现能够解决当前任务的关键和指示。因此，历史研究的前提一定是与现实相关的、有时代目的的、能反映时代要求和能够回答现实问题的一种批判性思考。伽达默尔在更深一层的意义上指出，理解的对象和理解者都不是固化的，而是一种具有历史性的存在，正因为如此，文本的意义才会和理解者始终处于一个不断交互和不断增补的过程中，这种形成的过程就是历史本身，伽达默尔更看到了历史映照在理解者身上"效果"，这种效果就是理解者和理解对象之间的相互作用和相互融通。"效果历史"决定了对文本的解释经验在本质上是开放的，它并非是固化不变的内容，而是不断随着历史生成的新的东西。

2. 融合的开放的方法论视域

列宁说："以最简单的归纳方法所得到的最简单的真理，总是不完全的，因为经验总是未完成的。"③ 因而真理对认识主体来说永远处于历史的

---

① 〔美〕弗雷德里克·詹姆逊：《马克思主义与形式》，李自修译，南昌：百花洲文艺出版社1997年版，第284页。

② 〔美〕乔治娅·沃恩克：《伽达默尔：诠释学、传统和理性》，洪汉鼎译，北京：商务印书馆2009年版，第98页。

③ 《列宁全集》第38卷，中共中央马克思恩格斯列宁斯大林著作编译局编译，北京：人民出版社1986年版，第19页。

突破之中，这种突破的结果使真理性认识在历史的视野中永远不会僵死和停滞，所以解释学的真理性不是教条的、机械的、简单的，而是开放的、系统的。这就启示我们，对《资本论》的研究也必须保持着一种"理性的无限、开放的和向上的运动"，因为马克思主义从来都不是一个封闭的固化的体系，它始终在无产阶级的革命实践中发展，在与时代问题的交锋中演进，在与各种思潮和各种资产阶级意识形态的对垒中确证，在历史的和当代的解释者的视域融合中呈现着文本意义的深刻与革新。因此，对《资本论》的研究，必须带着历史审视的眼光，回到在历史解释中可能被遮蔽的马克思的真精神上，而不是停滞在马克思一切的现成结论上固步自封；对《资本论》的研究，也必须怀着开放的态度，正视在异质多样的文化知识和社会实践背景之下对马克思主义形成的各种认识和理解，以跨学科的视野展开马克思主义与西方多种现代思潮的对话，围绕我们所处的新时代的特征和问题，对马克思的经典理论和经典著作展开创新性的阅读和理解。比如，对《资本论》所阐述的劳动价值理论的理解问题，随着发达国家和全世界的科技进步，全员劳动生产率的提高，经济增长中的科技贡献率的提升，体力劳动的比重急剧下降，保护劳动者利益的法律制度得到推进，用传统视角理解劳动价值论就难以服众了，必须对马克思的劳动二重性理论做出新解释，从而从纷繁复杂的变化中重新找回价值创造的源头，实现对马克思劳动价值论的意义本身的理解。

3. 反思的追问的方法论视域

哈贝马斯认为哲学解释学是一种"批判的反思知识"。因为解释学理论将文本拓展至社会历史世界，它重新肯定了理解和反思的相互关系，即"反思必须成为解释，因为除了在分散与世界中的符号之外，我们并不能把握生存的行动"[1]，反思是一个极具普遍性问题，在任何地方都可以进行反思，而反思的开启必然要经过对于特定的传统文化产品的解释才能达成，因为这样的文化释读会使得反思更加具体化，并能够让解释学成

---

[1] 〔法〕保罗·利科：《解释的冲突》，莫伟民译，北京：商务印书馆2017年版，第243页。

为一种连接文本与历史世界的科学的方法。阿尔都塞是马克思文本研究的开创人物,他曾用断裂说和症候阅读法给马克思主义理论研究带来最为深刻的影响。但就文本解读的这一研究工作来说,他也曾极具感触地说道:"马克思通过创立他的历史理论,奠定了马克思主义哲学的基础,但还有大量的工作需要我们去做。因此,首先的任务是要我们直接阅读经典著作作好阅读方法前提的批判。"① 资产阶级经济学家固化地看待私有制,把资本主义当作新的千年王国,就像马克思所指出的:"政治经济学对待资产阶级以前的社会生产机体形式,就像教父对待基督教以前的宗教一样。"② 理解资本主义的历史暂时性,就需要马克思这种反思追问精神,否则《资本论》不可能诞生,而只有亚当·斯密的市场经济论和大卫·李嘉图的生产分配论。我们可以从马克思的《资本论》中看到这种解释学反思追问的体现。而马克思的批判精神使得其研究直指问题的实质,使得我们能深刻地理解《资本论》所揭示的资本主义生产方式运行的规律即剩余价值规律对小商品经济价值规律的超越,以及它给人类商品经济文明带来的新机遇和新挑战;理解大工业是人类文明进步的结晶但又给人类文明带来新困惑;理解资本主义经济中的许多二律背反现象的必然性。由此,我们必须认识到,对历史最根本的经验获知,也必须通过对现存世界的"革命化"的实践,在不断地批判与再批判中,实践才能成为理论发展的动力与源泉。从社会主义的五百多年发展史的进程来看,从空想到科学,从理论到实践,社会主义的发展史就是一个不断实践和批判发展的过程,也唯有在实践中坚持批判的辩证逻辑,才能不断校准社会主义事业向前发展的方向与舵盘,也才能用"武器的批判"为理论的生命之树提供现实的源泉。

4. 生动的多元的方法论视域

因为在解释学真理的探索过程中,"普遍法则是需要运用的,而法则

---

① 〔法〕路易·阿尔都塞:《保卫马克思》,顾良译,北京:商务印书馆2010年版,第63页。

② 〔德〕马克思:《资本论》第1卷,中共中央马克思恩格斯列宁斯大林著作编译局编译,北京:人民出版社2004年版,第99页。

的运用又是没有法则的。解释学真理的获得是方法论的原则和丰富性的统一，因为理解和解释不仅仅需要理性的分析，还需要理性的直观，不仅仅需要历史的积淀，还需要创造性的批判，只有在这样的基础上，才能保证真理的合理性、可靠性和稳定性。"① 研究任何事物必须运用一定的研究方法，这些方法实际就是由现象逐渐达到本质的过程中人们所借助的工具及途径。从历史发展的基本规律来看，《资本论》的研究存在着多样发展的特征和趋势，即使出现相互抵牾的解释学冲突也是在所难免的，但是能够以宽容的态度和对话交流的方式去寻求一定程度上的一致性，实现一种统一的共识，这本身就是对马克思主义理论研究的进一步的发展，也是其理论体系的进一步的丰富和完善。比如说，《资本论》所揭示的剩余价值规律在当代的特点，在规律的运行特征上，规律的表现形式上，规律的作用的特征上发生了哪些变化。理解《资本论》所揭示的其他经济范畴也是这样。比如，马克思所论述的作为思维具体的商品、货币和作为抽象本质概念的价值、剩余价值、资本都具有双重本质，即作为具体形态的本质和作为社会关系的本质，这种系统性、多样性的分析就为我们今天理解这些范畴提供了空间，比如货币的本质是交换关系，电子货币和虚拟符号货币都符合这一条本质规定。在马克思主义的基本原则与基本方法的前提下，应当鼓励多重视角、多重路径和多重维度的理解与解读，因为只有拓展其研究的视野、研究的思路和研究的角度，才能真正突破传统而狭窄的研究方法，进而将马克思主义宽广的思想视野、深邃的历史意识和深刻的哲学蕴涵全面地展示、提炼出来，让《资本论》中的资本理论及其对资本逻辑的批判呈现出其应有的思想史地位和当代意义。在这种开放而多元的解读姿态下，我们更能够深刻地领悟，为什么马克思强调人是历史发展中最活跃的因素，因为历史正是在人有目的性的能动的实践过程中生成的，每一历史阶段的发展和社

---

① 〔法〕保罗·利科:《诠释学与人文科学:语言、行为、解释文集》,〔英〕J.B.汤普森编译,孔明安、张剑、李西祥译,北京:中国人民大学出版社2012年版,第19页。

历史的选择，都是以社会基本矛盾运动为规律的"实践的结果"，其总体的历史趋势也是合规律性与合价值性统一的人民的选择。以这种辩证的科学眼光来审视、认知历史，其根本的实践意义就在于通过曲折前进的历史，看到中国共产党领导人民在革命、建设、改革不同时期所取得的历史性成就和所作出的历史性贡献，不断提升我们为中华民族伟大复兴中国梦不懈奋斗的自信力和使命感。

5. 实践的此在的方法论视域

正如狄尔泰所说："理解和解释是应用于精神科学的方法"[①]，"在当前，解释学必须寻求它与一般认识论任务的关系，以阐明一种关于历史世界的关联的知识的可能，以及实现它的方法"[②]，因为实践是贯穿过去、现在、未来的纽带。在实践活动中，人类进行着对于世界的不断改造和对于历史的解释活动，人类也是在实践中逐步与世界达成亲近和谐，进而在这种互动关系中实现自身改变的。可以说，也是在这种实践与理解的存在与相互作用下，才有了人类对于世界与现实社会的认知与改造。马克思当年虽然是坐在书房里写作《资本论》的，但他查阅的资料、所用的案例、针对的问题是现实的、实践的，比如资本主义11年一个轮回的经济危机的历史，英国工厂法诞生和发展的资料，机器大工业时代工人阶级生活的现状等都具有十分强烈的问题意识。再比如，从分析论证角度看，《资本论》第一卷第三篇《绝对剩余价值的生产》中的"争取正常工作日的斗争。14世纪中叶至17世纪"。"1833年—1864年英国的工厂立法"；第七篇《资本的积累过程》中的"资本主义积累一般规律的例证"等都引用了大量当时的数据和案例资料。从文本变化的角度看，正如恩格斯在《资本论》1886年英文版序言中指出的："一门科学提出的每一种新见解都包含这门

---

[①] 〔德〕狄尔泰：《对他人及其生命表现的理解》，见何兆武主编：《历史理论与史学理论：近现代西方史学著作选》，北京：商务印书馆1999年版，第320页。

[②] 〔德〕狄尔泰：《对他人及其生命表现的理解》，见何兆武主编：《历史理论与史学理论：近现代西方史学著作选》，北京：商务印书馆1999年版，第333页。

科学的术语的革命"①。从《资本论》第一版到 1890 年第四版，恩格斯调整了很多术语和引文，体现了恩格斯与时俱进的科学精神。因此，马克思主义坚持实事求是，一切从实际出发，充分地占有材料，与解释学的世界经验视域不谋而合。马克思主义理论的命运依托于理解，更依托于实践，只有不断地通过实践加深对资本主义、社会主义的认识，才能使得我们与《资本论》的理解和对话具有更丰富的意义空间和更深刻的解释学内涵；只有立足实践、面对问题，把理解放在运用马克思主义基本原理解决自己时代面临的新问题上，才能使得马克思主义的当代价值不仅仅是停留在寻章摘句、咬文嚼字的文本研究上，而更突出地体现在作为观察当代问题和解决当代问题的立场、观点和方法的价值上。的确，以历史唯物主义的方法来说审视"实践的理解活动"，我们也必须看到，这正如马克思所说的，人的思维不是一个纯粹的理论问题，而是一个真正的实践问题，因为实践，人的思维才会在不断地校正中呈现出客观的真理性。而与历史对话的过程，就是一个在实践的交往中更好地看清世界、参透生活、认识自己的过程，因此，历史上的苦难和辉煌、曲折和胜利都不可忘却、不容否定，失败的教训都是历史反思的珍贵财富。在更高级的社会发展阶段胎胞里所发展的生产力，同时创造着解决个人在社会生活条件中生长出来的对低级社会形态生产力的物质对抗条件；问题与发展就是一对充满矛盾运动的对抗性元素，只有我们经历了发展本身，保持着对历史发展规律的清醒认知，我们才能更真切地看清历史留给当代人的重责。

6. 理解的对话的方法论视域

对话需要预设，包括情景预设、逻辑预设；对话更需要宽容，不能把文本看成居高临下的东西。用沃恩克的话来说："对于诠释学形式来说，过去不仅是现在研究的先驱，它乃是一种我们必须对之考虑的传统，一种

---

① 〔德〕马克思：《资本论》第 1 卷，中共中央马克思恩格斯列宁斯大林著作编译局编译，北京：人民出版社 2004 年版，第 32 页。

对话中的伙伴，其立场即使它们被修正也是重要的并被整合在新的理解之中"①。从历史的规律来看，对于马克思主义理解的多样性发展是趋势所在，其中解释冲突的出现也难以避免，但依靠宽容与对话来寻求一定程度的统一，实现共识上的一致性，便是对马克思主义理论的进一步丰富，是该理论体系的进一步发展。《资本论》发表150多年了，时代在不断发展，历史场在转换，可能马克思在该书中分析的许多现象已经变化，预设的许多可能性已经改变，我们今天阅读《资本论》，和马克思对话，就要理解地去看待他当时的历史场景，宽容地指出他当时观点的真理性和非真理性，既不对他有些过时的观点加以指责，又不对他科学的预判加以无边的赞美，而是实事求是地予以评判，地位平等地予以分析，这才是科学的态度。但这种对话也必须要以历史唯物主义为指导，真正把握马克思主义哲学方法论的"历史思维"，要明确这种对话的意义不是简单地溯源历史史实或历史材料，而是在前进中面对历史，在思考中回顾历史，怀抱着对现实实践问题的关切，进行出于实际、旨在回应或触动现实的哲学思考。文本解读和历史研究的材料的十分丰富，因为文本承载着社会发展的规律和前人的智慧经验，历史记录着前人的故事和历史的治乱兴衰，但面对卷帙浩繁的"理解材料"，我们研究的出发点却只有一个，那就是必须担当起时代赋予我们的使命，让历史研究不仅仅是讲过去的事，更落脚于回答现在和未来的问题，最大限度地汲取历史的智慧，满足时代的实践需求。

7. 融合的照应的方法论视域

对《资本论》当代价值的理解，必须站在时代制高点，既不仅仅囿于传统精神，又不单单局限于当代精神，要以融合开放的视野重新审视社会发展。在不同的历史时期和不同的学者视角中，不管是对资本主义否定的或肯定的观点都不会是一成不变的，《资本论》的当代价值始终在问与答的合理争论中存在。所以，我们今天对《资本论》的态度，要采取可对

---

① 〔美〕乔治娅·沃思克：《伽达默尔：诠释学、传统和理性》，北京：商务印书馆2009年版，第126页。

话、可质疑、可扬弃的态度，这才更符合事物发展和分析事物的辩证法。正如马克思所揭示的那样，"历史从哪里开始，思想进程也应当从哪里开始。而思想进程的进一步发展不过是历史过程在通向理论上前后一贯的形式上的反映；这种反映是经过修正的，然而是按照现实的历史过程本身的规律修正的。"① 这说明，尽管历史为我们理解思想进程的发生逻辑提供了一个可靠的参考，但对思想的把握并非是完全建立于历史内容之上的，因为思想必须是在实践的基础上、经过历史修正的再现。而我们所能做的，就是坚持文本解读、文本精神与当代生活的统一，坚持当代精神历史的、实践的、内在的统一，这也说明，我们必须坚持马克思主义所特有的立足于实践的运思方式，坚持历史的规定性与实践多样性的马克思主义辩证法，寻找到促使二者彼此阐释的科学逻辑和恰当契机，而这也正是解释学循环所强调的，不断在实践基础上校验思想的根本方法。解释学循环在传统解释学语境中是方法论意义上的把握文本意义的途径，这一循环主要指称理解客体方面的循环，即文本内部的整体与部分的循环，文本与文本之间的循环、文本与语境之间的循环等。海德格尔把解释学循环理解为此在的生存论状态，伽达默尔遵循海德格尔的这一思想，认为理解者的前理解也是这一循环的一部分。我们只能通过整体领悟个别，同时又只能通过个别领悟整体。这就是著名的解释学循环。

以这样的思维逻辑审视文本，我们会发现，在马克思的《资本论》里体现了这种解释学循环的原理。从整体分析来看，马克思把资本主义社会理解为一个庞大的商品堆积，整个社会的使用价值一极和价值一极，即商品一极和货币一极形成对立；在具体细节的分析中也体现了这种对立。比如，商品拜物教产生的秘密就在于使用价值和价值的对立。"正是商品世界的这个完成的形式——货币形式，用物的形式掩盖了私人劳

---

① 《马克思恩格斯文集》第 2 卷，中共中央马克思恩格斯列宁斯大林著作编译局编译，北京：人民出版社 2009 年版，第 603 页。

动的社会性质以及私人劳动者的社会关系,而不是把它们揭示出来"①。在《资本论》第三卷分析资本主义生产的总过程时,马克思指出了所用资本和所费资本的区别,即由于固定资本周转的特殊性,使价值和使用价值出现分离,所用资本就是价值已经转移完毕,归资本家无偿使用的资本,所用资本与所费资本的差额导致了剩余价值率概念转化为利润率概念,从而掩盖了资本的剥削关系;在分析资本有机构成时,马克思首先区分了生产资料和劳动力这个使用价值层面与不变资本和可变资本这个价值层面,从而使分析建立在科学的基础上。在这里就体现了整体与个别的高度一致性。

### 8. 人文的人本的方法论视域

马克思曾鲜明地强调,他的"新历史观"的前提,就是"人的现实存在",对以往的历史和人,以及对历史过程与规律的思考,都应当以这个"现实"为起点。而将这种"现实"放置在马克思历史哲学整体的研究视域中,我们就能明确,所谓"现实"不仅仅是一种时间上的表征,更意味着反思处于当下的人的实践活动,而历史意义的丰富性和价值性,正归结于此。解释学以充满"人学"意味的价值把"理解"这一客观的活动导向了人对所生活的世界的重新认识。海德格尔说,"如果没有人类的意识,就没有世界"②,解释学对前见的肯定重新确认了主客体分离前人的历史存在,在最根本的意义上去着力关注和纠正了当代科学主义所呈现出的对于技术、科学和理性的偏执,以融合的方式将理性和科学重新放置于人的历史存在的意义之中加以思考。它由此阐明了人文与理性缺一不可的人类精神,依然是我们今天进行思想创新和理论创造,发展社会科学理论的核心精神,尤其是在今天,面对这个全球化、泛科技化的信息社会,人类愈益需要从技术的迷梦中清醒过来,重新建立起自我意识,发挥理性真正的力

---

① 〔德〕马克思:《资本论》第 1 卷,中共中央马克思恩格斯列宁斯大林著作编译局编译,北京:人民出版社 2004 年版,第 93 页。

② 〔德〕伽达默尔:《诠释学 I:真理与方法》,洪汉鼎译,北京:商务印书馆 2010 年版,第 94 页。

量，树立起对人类存在的整体理解。马克思在《资本论》的研究中，呈现出了对人类未来命运的深刻关怀，以及希冀对人类社会进行剖析解读的愿景，其最根本的理论研究起点是"现实的个人"，而对人的生存境遇的关注和思考，以及对现实生活进行改造和重构，则是马克思实践的体现。也是立足于此，马克思对各种理论和各种思想观点展开了批判，最终把实现人的自由全面的发展及人的解放视为理论的最终落脚点。在对马克思哲学人文关怀的解读中，我们一方面要延承马克思对人类命运深刻关注的哲学关怀，探寻构建人类命运共同体的马克思主义思想底蕴；另一方面要深刻领会马克思"改变个人""解放世界"的价值追求，坚持"以人为本"，坚持以人民为出发点，以尊重人、关怀人，以及以人的自我价值实现为追求的理论品格对《资本论》进行具有人文关怀、现实关怀、时代价值、实践价值的解读。

## 第四节　解释学三重循环视域的《资本论》意义挖掘

《资本论》是马克思最为成熟的代表作之一，而解释学为《资本论》研究提供了新的视角。"解释学循环"是解释学最为重要的核心理论概念，为《资本论》研究提供了新途径。用解释学循环原理研究《资本论》文本，通过以《资本论》文本为中心的循环、以《资本论》理解者为中心的循环和以《资本论》理解为中心的循环，这三重循环层层递进、并行不悖，各自有着独特的作用，同时也有着特有的缺陷。理解者只有从总体上辨析各种循环的关系，驾驭各种循环的功能，才能实现对《资本论》循序渐进的理解，从而更深地挖掘出其内在蕴含的文本价值，以寻求对中国特色社会主义政治经济学的新启迪。

## 一、解释学循环的方法论意义

马克思主义经典文本是马克思主义经典作家思想的重要载体,也是中国化马克思主义研究的思想源泉。长期以来,国内学术界偏重于以价值中立的视角理性地考据与分析经典文本的具体内容,却无意识地忽视了对理解者的方式与视域、理解本身的内涵与条件的反思,即存在着"解释学遗忘"现象。伽达默尔认为:"诠释学的任务就是要解释这种理解之谜,理解不是心灵之间的神秘交流,而是一种对共同意义的分有",并号召"我们必须唤醒并且保持清醒的诠释学意识"。①《资本论》诞生已有150多年,凝聚着马克思主义的精华,是人类思想史上的丰碑。列宁曾指出:"在'资本论'中,逻辑、辩证法和唯物主义的认识论〔不必要三个词:它们是同一个东西〕都应用于同一门科学。"②而"解释学循环"因以下特点成为我们融合马克思主义哲学理解《资本论》时保持"诠释学意识"的最佳途径。

1. 认识论意义

"一般解释学"将"解释学循环"视为认知人的理解行为本身的一种方法,主张在《资本论》文本与马克思创作《资本论》的历史语境之间进行循环。"哲学解释学"将"解释学循环"视为"此在"的存在方式,这绝对是一种"本体论的僭妄"③,但同时也意蕴着些许认识论的意义,此意义映射至《资本论》的研究上,就变为研究者、解释者对《资本论》的理解具有的历史局限性和未来开放性。

---

① 〔德〕伽达默尔:《诠释学Ⅰ:真理与方法》,洪汉鼎译,北京:商务印书馆2010年版,第16页。

② 《列宁全集》第38卷,中共中央马克思恩格斯列宁斯大林著作编译局编译,北京:人民出版社1959年版,第357页。

③ 张一兵:《回到马克思——经济学语境中的哲学话语》,南京:江苏人民出版社2014年版,第679页。

2. 辩证法精神

从"整体—部分"角度理解《资本论》,似乎是一个形式逻辑的悖论,因为理解者在理解伊始既不能理解它的整体,也无法理解它的部分,在这里"解释学循环"的辩证法精神彰显出其巨大优越性,整体与部分作为对立面的双方,在良性互动中实现理解的质的飞跃。

3. 实践性特征

"解释学是哲学,而且是实践哲学"①。"解释学循环"在本质上是一种理论实践,而非物质实践,并不能涵盖人的整体的基本活动方式。《资本论》是马克思依据19世纪机器大工业时代的英国资本主义经济运动的实践过程而创作的,但以《资本论》文本作为研究对象的过程并不直接是生产实践,而是人们理解活动的真实反映,必须从实际的理解活动中加以总结。

## 二、以《资本论》文本为中心的循环

以《资本论》文本为中心的"解释学循环"是传统解释学在《资本论》研究中的应用。在传统解释学的视域内,循环结构囿于"文本内个体与整体的形式关系的范围"②,《资本论》的文本意义、逻辑体系作为"整体",《资本论》中的段落、章节及核心概念作为"部分"而存在。理解者通过"整体—部分"之间的辩证循环,进而得以全面把握《资本论》的主旨内涵,深刻理解《资本论》的具体细节。

1.《资本论》文本意义与段落章节之间的循环

《资本论》的理论价值并不仅仅在于文本中的个别、具体结论,而是在于文本的整体意义。马克思曾言:"无论我的著作有什么缺点,它们却

---

① 〔德〕伽达默尔:《诠释学Ⅰ:真理与方法》,洪汉鼎译,北京:商务印书馆2010年版,第98页。

② 〔德〕伽达默尔:《诠释学Ⅱ:真理与方法——补充和索引》,洪汉鼎译,北京:商务印书馆2010年版,第75页。

有一个长处，即它们是一个艺术的整体"①。但是，理解者对文本意义的整体把握必须依赖于对段落章节的深入分析。例如，《资本论》第一卷第一章蕴含的"从抽象上升到具体"的叙述方法贯穿于《资本论》的三卷之中，对于资本主义的生产与再生产而言，这种"逻辑的研究方式是唯一适用的方式"②。马克思从"庞大的商品堆积"中蒸发出作为抽象的"元素形式"的简单商品，而简单商品是使用价值和价值的矛盾结合体，商品的内在矛盾必然导致价值形式的一系列演变，商品价值形式又作为"逻辑中介"，引发"一般等价物"从商品中分离，最终上升为货币这一具体形式。《资本论》第一卷的整体逻辑是根据"商品—货币—资本"的顺序不断上升的。第二卷的分篇次序亦表现为同样的结构，第一篇抽象地分析各种资本形态的循环，第二篇则将资本循环放置于相对具体的周期性运动当中，但以社会的整体视角而言，第一篇与第二篇都是对抽象的单个资本进行分析，这种单个资本循环在第三篇中又上升为更加具体的社会资本循环。马克思在《资本论》的前两卷中已经基本揭示了资本的运行规律，并在第三卷进一步探究了抽象的资本在资本主义生产的总过程中如何变更为诸如商人资本、生息资本等具体资本形式。"一切事的开头总是困难的"，《资本论》第一卷第一章论述的简单经济关系包含着最为抽象的规定，成为理解者驾驭《资本论》全卷意义的枢纽，同时《资本论》各卷内涵也无不是复杂经济关系的具体再现，成为理解者把握第一卷第一章理论的确认。

2. 《资本论》逻辑体系与核心概念之间的循环

马克思曾经在给恩格斯的信中这样评价《资本论》："你明白，在像我这样的著作中细节上的缺点是难免的。但是结构、整个的内部联系是德国

---

① 《马克思恩格斯全集》第31卷，中共中央马克思恩格斯列宁斯大林著作编译局编译，北京：人民出版社1972年版，第135页。

② 《马克思恩格斯全集》第13卷，中共中央马克思恩格斯列宁斯大林著作编译局编译，北京：人民出版社1962年版，第532页。

科学的辉煌成就。"①《资本论》内在意蕴着严密而完整的无产阶级政治经济学逻辑体系。马克思在《政治经济学批判》序言中，坚持从"资本、土地所有制、雇佣劳动、国家、对外贸易、世界市场"六个方面考察资产阶级的经济制度，后因实际研究进展状况的变化，基本遵循《1861年—1863年经济学手稿》内所制定的框架写作。恩格斯恪守马克思的遗志，最终将《资本论》编纂为三卷和《剩余价值学说史》。《资本论》第一卷以资本的直接生产过程为对象，围绕资本与劳动的对立，阐明资本的本质与基本规律。第二卷以资本的流通过程为对象，在纯粹流通的基点之上，进一步分析生产。第三卷以资本主义生产总过程为对象，剖释资本在现实运动中的多种具体形态及其相互竞争。无论是原初的"六册计划"，还是现实的三卷体系，剩余价值理论都是《资本论》的核心概念。《资本论》的主旨是论资本，而"资本是带来剩余价值的价值"。马克思在第一卷中，"研究剩余价值时，撇开了它的特殊形态——利润、利息、地租等等"②，从直接生产的过程揭示剩余价值的产生根源，即产业资本对无偿劳动的侵占。资本的积累与剩余价值的再生产类似于同一个硬币的两面，实质是一样的。"流通过程则是第二卷研究的对象"③，剩余价值虽然产生于直接生产的过程，却不能离开流通过程而独自产生，流通对于剩余价值量和剩余价值率有着重要影响。如前所述，马克思于第一卷分析剩余价值一般，而将剩余价值具体转化形式安置于第三卷进行考察，从而有效批驳了资产阶级经济学的"三位一体的公式"（萨伊的"资本—利润、土地—地租、劳动—工资"）。产业资本家"是剩余价值的第一个占有者，但绝不是剩余价值的

---

① 《马克思恩格斯〈资本论〉书信集》，中共中央马克思恩格斯列宁斯大林著作编译局编译，北京：人民出版社1976年版，第202页。

② 《马克思恩格斯〈资本论〉书信集》，中共中央马克思恩格斯列宁斯大林著作编译局编译，北京：人民出版社1976年版，第225页。

③ 〔德〕马克思：《资本论》第3卷，中共中央马克思恩格斯列宁斯大林著作编译局编译，北京：人民出版社2004年版，第29页。

最后占有者"①。剩余价值在各职能资本家（包括土地所有者）之间被以产业利润、商业利润、利息、企业主收入和地租等具体形式瓜分。在《剩余价值学说史》中，马克思又系统批判了自17世纪中叶以来资产阶级经济学家涉及的剩余价值理论。理解者要把握《资本论》的逻辑体系，就必须从剩余价值这一红线入手，恩格斯将剩余价值理论和唯物史观视为马克思的两个伟大科学发现，其曾讲："马克思的整本书都是以剩余价值为中心的"②。

以《资本论》为中心的"解释学循环"是一种封闭式循环。理解者始终限于文本之内，囿于对《资本论》文本"原意"的执着，这种循环模式能否完整阐释《资本论》仍有待商榷。而且，该循环无法彰显出《资本论》文本的历史价值与意义，无法回应后人对《资本论》的挑战与非议。所以，一般解释学试图从更大范围的循环中，寻找出解决难题的路径。

### 三、以《资本论》理解者为中心的循环

以《资本论》理解者为中心的"解释学循环"是一般解释学在《资本论》研究中的应用。一般解释学认为"循环经常不断地在扩大，因为整体的概念是相对的，对个别东西的理解常常需要把它安置在愈来愈大的关系之中"③，《资本论》的文本地位由"整体"退化为"部分"，而马克思在创作《资本论》时的历史语境作为"整体"而存在。理解者进入文本的历史语境，"设身处地"地重构马克思的思想，在更大范围的"整体—部分"关系循环中，以期实现对《资本论》"原意"的理解，先形成了两种主要循环的结果。

---

① 〔德〕马克思：《资本论》第1卷，中共中央马克思恩格斯列宁斯大林著作编译局编译，北京：人民出版社2004年版，第651页。

② 《马克思恩格斯全集》第20卷，中共中央马克思恩格斯列宁斯大林著作编译局编译，北京：人民出版社1971年版，第252页。

③ 〔德〕伽达默尔：《诠释学Ⅰ：真理与方法》，洪汉鼎译，北京：商务印书馆2010年版，第274页。

1. 理解者弃《资本论》如"失效的旧约",是"没有逻辑的、过时的"①

《资本论》诞生伊始,资产阶级学者和其代言人企图"用沉默置《资本论》于死地"②,但因其准确而客观地反映了工业革命时代英国资本主义的真实发展历程,它"所作的结论日益成为伟大的工人阶级运动的基本原则"③。随后150余年里,《资本论》过时论的论调时常泛起,其中最为重要的一个因素就在于理解者总是将《资本论》的历史语境桎梏于19世纪的自由资本主义,而当代资本主义在生产力、社会结构和劳动者权益等方面产生了诸多复杂的变化,已历经私人垄断资本主义、国家垄断资本主义,到达了金融垄断资本主义的历史阶段。理解者认为《资本论》中的经济理论已然不能涵盖资本主义的新变化。例如,保罗·巴兰在《增长的政治经济学》中运用"经济剩余"理论取代《资本论》中的剩余价值理论,通过论证"经济剩余"的增长与吸收之间的基本矛盾,来分析和揭示垄断资本主义社会。欧内斯特·曼德尔将资本主义短期循环危机与长期结构性危机相融合,以替换《资本论》中的危机理论,实现对"晚期资本主义"的解读。更有甚者,一些西方经济学家诸如凯恩斯、萨缪尔森等人竟然以历史虚无主义的视角,直斥"马克思撰写的三卷本《资本论》从来都没有真实存在过"④。一言以蔽之,这些理解者未站在唯物史观的高度,仅仅从实证科学的角度,对《资本论》进行纯粹的传统经济学范式的认知,将《资本论》归于自由资本主义的政治经济学,从而得出《资本论》伴随资本主义的嬗变必将过时的错误结论。

---

① 〔英〕佛朗西斯·惠恩:《马克思〈资本论〉传》,陈越译,北京:中央编译出版社2009年版,第18页。

② 〔德〕马克思:《资本论》第1卷,中共中央马克思恩格斯列宁斯大林著作编译局编译,北京:人民出版社2004年版,第18页。

③ 〔德〕马克思:《资本论》第1卷,中共中央马克思恩格斯列宁斯大林著作编译局编译,北京:人民出版社2004年版,第36页。

④ 〔意〕理查德·贝洛菲尔、罗伯特·芬奇主编:《重读马克思》,徐素华译,上海:东方出版社2010年版,第121页。

2. 理解者视《资本论》为"历史之谜"的破解，意蕴着"现实的历史"

恩格斯《在马克思墓前的讲话》中，明确指出马克思有两大发现，即"发现了人类历史的发展规律"和"发现了资本主义生产方式和它所产生的资产阶级社会的特殊运动规律"，这两大发现天然地意蕴在马克思本人最为成熟与经典的作品《资本论》内。"叙述的辩证形式只有明了自己的界限时才是正确的"①，所以，理解者必须进入人类发展的宏大历史语境中，才能真正阐释出《资本论》的理论精华。不同于西方经济学形而上学地"只见物不见人"，马克思始终从"经济学—哲学"的双重理论维度分析经济现象背后的人与人之间的社会关系。"资本不是物，而是一定的、社会的、属于一定历史社会形态的生产关系"②。资本作为"普照的光"构建起了资本主义生产关系及由此而产生的人类社会形态。但是，资本的限制在于资本自身，"它必须成为起点又成为终点"③，资本主义必然经历萌芽、发展、勃兴、衰败和消亡的生命周期。每当资本主义处于稳定与发展的阶段，一些西方学者就弃《资本论》如敝屣，对其贬低乃至歪曲，而当资本主义遭遇不可避免的周期性危机之时，又试图从《资本论》中汲取思想、寻找良方。例如，在 19 世纪末 20 世纪初，资本主义进入帝国主义阶段，冯·庞巴维克在《资本与利息》中主张以利息时差论否定马克思的剩余价值论，阿尔弗雷德·马歇尔在《经济学原理》中试图用均衡价格论折中马克思、恩格斯的劳动价值论。1929 年世界经济危机的爆发宣告新古典经济学的破产，"凯恩斯学派"代表人物琼·罗宾逊公开宣称要"向马克思学习"。2008 年由美国次贷危机引发全球经济危机之后，西方学界和社会又掀起了重新阅读《资本论》的狂潮。"资产阶级社会是最发达的和最

---

① 《马克思恩格斯全集》第 46 卷（下册），中共中央马克思恩格斯列宁斯大林著作编译局编译，北京：人民出版社 1980 年版，第 513 页。

② 〔德〕马克思：《资本论》第 3 卷，中共中央马克思恩格斯列宁斯大林著作编译局编译，北京：人民出版社 2004 年版，第 922 页。

③ 《马克思恩格斯全集》第 12 卷，中共中央马克思恩格斯列宁斯大林著作编译局编译，北京：人民出版社 1962 年版，第 25 页。

具多样性的历史生产组织"①，马克思在《资本论》中运用"从后思索"的方法，通过考察"比较具体的范畴"继而揭示了"比较简单的范畴"，即通过对资本主义社会关系的分析实现对人类社会发展规律的澄明。现如今，资本主义在全球范围内仍然具备强大的生命力，但却依然未能脱离"资本内在否定性"的境遇。理解者将《资本论》安置于"物的依赖性关系"的历史语境当中，就会发现其非但并不过时，反而展现着"现实的历史"。

以《资本论》理解者为中心的"解释学循环"是一种局部式循环。马克思创作《资本论》时的历史语境包含着多种复杂的因素，理解者很难对其完全把握。而且，理解者总是窠臼于自身所处历史时代背景的限制，一旦试图进入《资本论》的历史语境，会产生众多具有个人相对性的理解结果，滑入主观主义的泥潭，造成理解客观性的失范。因此，哲学解释学又试图通过一个新的理解循环解决这个问题。

## 四、以《资本论》理解为中心的循环

以《资本论》理解为中心的"解释学循环"是哲学解释学在《资本论》研究中的应用。哲学解释学秉承了对"整体—部分"关系的相对性认知，试图通过探究"理解"本身的问题，在更大范围的循环中，以摆脱理解陷入主观任意性的境遇。理解者在"理解"之前，受历史传统的制约，存在着一种不可摒弃的"前理解"，该"前理解"引导着"整体"的"意义预期"。《资本论》及对《资本论》的"理解"都作为历史传统的"部分"而存在，并且通过"时间间距"不断检验和修正着预见性的意义整体。"理解永远是从整体理解（解释的前理解）运动到部分（传统之一部分）又回到整体的理解"②，这种循环构成了"效果历史"的运动，促使理解者对《资本论》由相对理解达到真理性理解。

---

① 《马克思恩格斯全集》第 12 卷，中共中央马克思恩格斯列宁斯大林著作编译局编译，北京：人民出版社 1962 年版，第 755 页。

② 殷鼎：《理解的命运》，上海：上海三联书店 1988 年版，第 147 页。

## 1. "人本主义"地理解《资本论》

马克思在《资本论》中立足于"经济范畴"分析物与物的关系背后的人与人的关系,从而实现对"现实的人及其历史发展"的理解。许多理解者未能够把握马克思将唯物史观与辩证法相统一的理论自觉,却将《资本论》理论内涵片面视为一种"经济决定论"。针对这种境况,恩格斯曾作了明确批评,并指出如果有人认为"经济因素是唯一决定性因素,那么他就把这个命题变成毫无内容的、抽象的、荒诞无稽的空话"①。但是在恩格斯逝世以后,第二国际修正主义开始泛滥,考茨基等人放弃了辩证法,其认为"马克思的《资本论》仿佛就是一个铁的历史时刻表,物质生产力的生长自动产生着经济进程的变动,再由此发生出全部社会上层建筑的改变"②。总之,在19世纪末,《资本论》被理解者普遍认为是排除了主体的实践性与革命性,仅仅揭示客观历史进程的"自然发生学",意蕴着"人学的空场"。当这种"前理解"与列宁领导的布尔什维克所强调的阶级意识相碰撞时,就为西方马克思主义者重新理解以《资本论》为代表的马克思经典文本提供了可能。卢卡奇通过对《资本论》的理解得出马克思政治经济学批判的实质是一种劳动本体论的批判,《资本论》就是《1844年经济学哲学手稿》中异化劳动理论的深化与延续,"在马克思看来,劳动到处都处于中心范畴,在劳动中所有其他规定都已经概括地表现出来"③,劳动作为人的本质规定,却被商品社会所异化,劳动者变为经济生产的附属物,《资本论》就是要揭示出劳动者主体性丧失的事实,以求恢复历史"总体性"。柯尔施的思想比较接近卢卡奇,其对《资本论》的理解诉诸"何谓政治经济学批判"的思考上,认为劳动是政治经济学的核心范畴,而政治经济学的"批判"重点就在于"商品的拜物教性质及其秘密"。与

---

① 《马克思恩格斯全集》第37卷,中共中央马克思恩格斯列宁斯大林著作编译局编译,北京:人民出版社1971年版,第477页。

② 张一兵:《文本学解读语境的历史在场》,北京:北京师范大学出版社2004年版,第197页。

③ 〔匈〕卢卡奇:《关于社会存在的本体论》上卷,〔德〕本泽勒编,白锡堃、张西平、张秋零等译,重庆:重庆出版社1993年版,第642页。

卢卡奇同期的葛兰西，曾发表了著名的题为《反〈资本论〉的革命》的评论文章，其认为马克思的《资本论》描述的历史发展进程是"怎样会必定产生一个资产阶级，又怎样会必定开始一个资本主义时代"①，但是"布尔什维克否定了卡尔·马克思"。实际上，葛兰西并非否定的是《资本论》文本本身，而是第二国际对《资本论》的理解即"透过'卑污的唯利是图的利益'棱镜来观察一切事物"②，其更加关注"集体的社会意志"，强调人的能动性。

2. "科学主义"地理解《资本论》

以卢卡奇为代表的第一代西方马克思主义者在一定程度上恢复了《资本论》内辩证法的主体因素，厘正了第二国际对《资本论》理解的偏颇。"人本主义"作为一种"前理解"影响着后续西方马克思主义者对《资本论》理解的整体意义预设，但是，却又造成《资本论》的理解步入了另一种极端，即理解者直接将《资本论》意识形态化，忽略了《资本论》内在的科学性。例如，弗洛姆在继续秉持《1844年经济学哲学手稿》与《资本论》两者"一致论"的前提下，认为："马克思的目标是使人的精神上得到解放，使人摆脱经济决定论的枷锁，使人的完整的人性得到恢复"③。为了澄明"人本主义"的错误立场，西方马克思主义者内部出现了以"科学主义"理解《资本论》的转向，其中，阿尔都塞的理论最具代表性。阿尔都塞还提出了著名的"认识论的断裂"，以重新划分马克思著作中的"意识形态"与"科学"，其曾言："我们可以读到马克思真正哲学的地方是他的主要著作《资本论》"④，并且只有《资本论》才能体现出马克思

---

① 〔意〕葛兰西：《葛兰西文选》，李鹏程编，北京：人民出版社2008年版，第8—9页。

② 〔意〕葛兰西：《狱中札记》，葆煦译，北京：人民出版社1983年版，第139页。

③ 《西方学者论〈1844年经济学哲学手稿〉》，复旦大学哲学系现代西方哲学研究室编译，上海：复旦大学出版社1983年版，第31页。

④ 〔法〕路易·阿尔都塞、巴里巴尔：《读〈资本论〉》，李其庆、冯文光译，北京：中央编译出版社2001年版，第24页。

的"历史科学"。阿尔都塞在《读〈资本论〉》中反对"人本主义"将历史发展视为人的主体的异化、丧失与复归的过程,而是对《资本论》进行了"历史无主体"的理解,"真正的主体不是……'具体的个体','现实的人',而是……这些规定者和分配者:生产关系(以及政治的和意识的社会关系)。但是,由于这是一些'关系',我们不能把他们设想为主体的范畴"①,要理解《资本论》就必须遗弃"直接阅读",同时诉诸"症候阅读",从而揭示出"被掩盖的东西"即"客观社会关系与结构"的"总问题"。值得注意的是,"科学主义"作为又一种"前理解"持续影响着一些新马克思主义流派,例如"分析的马克思主义"对《资本论》的理解。

以《资本论》理解为中心的"解释学循环"是一种开放式循环。该循环表征着从根本上否定了理解结果的绝对权威,具有突破性的重大意义。但是,该循环将"理解"归于本体,是"此在"生存论上的演变,不仅未能杜绝主观主义,并且在更大范围内陷入了主观唯心主义。伽达默尔曾言:"循环性的逻辑错误不代表理解程序的错误"②,同理,理解程序的正确也不能掩盖对理解本身认知的偏差。正如马克思所指出的:"当我们不去批判我们现实历史的未完成的著作,而来批判我们观念历史的遗著——哲学的时期,我们的批判恰恰接触到了当代所谓的问题之所在的那些问题的中心"③。实际上,每一种"前理解"的产生都必然溯源于当时的社会实践,"人本主义"地理解《资本论》肇始于"十月革命"的胜利,"十月革命"从实践上自明了阶级意识的辩证能动性,证伪了第二国际的机械与经验主义,为西方马克思主义者重新理解以《资本论》为代表的马克思经典文本提供了历史可能。1956年,苏共二十大的召开,标志着国际共产主

---

① 〔法〕路易·阿尔都塞、巴里巴尔:《读〈资本论〉》,李其庆、冯文光译,北京:中央编译出版社2001年版,第164页。

② 〔德〕伽达默尔:《诠释学Ⅱ:真理与方法——补充和索引》,洪汉鼎译,北京:商务印书馆2010年版,第330页。

③ 《马克思恩格斯全集》第1卷,中共中央马克思恩格斯列宁斯大林著作编译局编译,北京:人民出版社1956年版,第458页。

义运动进入了一个新的重要历史转折点，并由此掀起了"马克思主义人道主义化"的"潮流"。正是面对着这种境遇，阿尔都塞在汲取了结构主义思想的基础之上，拯救"危如累卵"的马克思主义科学。所以，对《资本论》的理解，必须建立在实践本体论的基础之上，从认识论的层面审视该循环的理论意义。

## 五、对《资本论》文本的"解释学循环"的反思

"解释学循环"三重形式的历时态生成过程是解释学的一部凝缩史，而《资本论》自诞生后的流传史也是《资本论》的理解史，因此，《资本论》的理解必然内在地表现出以文本、理解者、理解为中心的三种循环。这三种循环的存在并不是非此即彼的，而是并存不悖的。只有从总体上辨析各种循环的关系，驾驭各种循环的功能，使其各自正确发挥自身的特殊作用，才能实现对《资本论》循序渐进的理解。

对于以《资本论》为代表的马克思经典文本的研究，学术界长期存在着两种关注点：一是"返本"，即"回到马克思"，力图重新理解马克思文本的原初意义；二是"开新"，即"在场的马克思"，试图挖掘马克思的当代价值。这两种观点存在着明显的区别，并且学术界围绕着这种区别已然进行了多次争鸣。"解释学循环"为我们解决分歧提供了一种可能性的路径。

以《资本论》文本为中心的循环，为理解者全面而客观地理解文本提供了辩证逻辑的方法，为理解者尽可能地接近"原意"提供了条件。以《资本论》理解者为中心的循环，使理解者清晰地认知到"马克思的幽灵"并没有过时，依然飘荡在人类世界上空。以《资本论》理解为中心的循环，使文本不断地走向当代，摒弃了历史人物对历史文本的绝对主义理解。但是，"解释学循环"本身并不能保证理解的客观性，这三种循环必须立足于社会实践，因为"一切理论观点，只有理解了每一个人与之相应

的时代的物质生活条件,并且从这些物质条件中被引申出来的时候,才能理解"①。

中国特色社会主义已经进入了新时代,这标志着中国特色社会主义的社会实践条件发生了巨大的崭新变化,人民对美好生活的需要和不平衡不充分发展之间的矛盾成为我国社会的主要矛盾,这要求我们要站立新的历史方位审视中国特色社会主义发展面临的主要矛盾。这种新变化为当代人理解《资本论》提供了新的循环条件,新一轮的"解释学循环"又将开启,这就为中国特色社会主义政治经济学的发展带来了一种契机。不断赋予《资本论》研究以时代条件,与时俱进地发展马克思主义经济学是其生命力鲜活的表现。

## 第五节 效果历史观视域的《资本论》文本理解

《资本论》自诞生以后,就不断被后人以诸多不同的解读范式来进行"理解",诸如价值的、历史的、文本的、实践的、当代的、方法论的多重视域交叠,构成了《资本论》丰富的意义图景,也给《资本论》赋予了"常读常新"的时代内涵。正如哲学解释学所关注的那样,上述种种"理解"正是我们所思考的"本身"。把"理解"作为文本解读的核心,进行"理解"本身的"再理解",正是"效果历史观"所观照的问题。重温《资本论》,不仅是从它出场的历史境遇中去寻找根据和缘由,更应以融合开放的视野重新审视由于社会历史发展而赋予它的新价值。这就需要我们把自己置身于马克思主义的基本立场、观点和方法之中,在自身的当前视域与文本原生视域的历史性、共时性的融合中,呈现出《资本论》文本真理的内容与意义的当下性,

---

① 《马克思恩格斯全集》第13卷,中共中央马克思恩格斯列宁斯大林著作编译局编译,北京:人民出版社1965年版,第526页。

由此深刻理解习近平新时代中国特色社会主义思想对马克思主义精髓的传承。

20世纪80年代以来，西方哲学思潮不断涌入我国，在这一过程中，经过施莱尔马赫开创，最终由伽达默尔集大成所发展建立起来的哲学解释学，引起了国内学界对"重新理解马克思"这一命题的思考，而由此所产生的根本性的研究范式的调整和转换，及其所产生的巨大的影响力，是非常值得我们深思的。当然，这一问题的提出也存留着许多的质疑：一方面，对于哲学解释学是否能够与马克思发生真正的"对话"，存在争议；另一方面，如果能够发生对话，那么以何种具体的方式操作，才可以使得哲学解释学真的变为理解马克思的一条通道，进而激活我们对原著的研究活力，阐发新的意义呢？对于第一个问题，学界的意见是较为一致的，因为从近年来研究的实际情况来看，哲学解释学的确为马克思主义哲学开辟了非常独特的视野，"不仅因为解释学在现代已发展成为一门哲学，而且也在于解释学对于解决马克思主义哲学中国化问题的洽适性。"① 也是在这一视野中，我们才真正从文本研究中突破了以往的有些按图索骥的寻章摘句式的研究方式，真正通过方法论的革新提高了自身进行原著解读的水平。而对于第二个问题，学者们的意见便呈现出很大的分歧，甚至彼此针对。

对于这个问题的学术争鸣影响较大的有三个路向，梳理如下。第一个路向是由孙伯鍨首先提及，张一兵进一步阐明和正式提出的"回到马克思"，或是"走进马克思"派。他们开启了对以往马克思文本研究范式的反思和批判，希冀以一种语境化的"文本回返"的方式走回到马克思的"历史语境"中去，改变了以往的哲学、政治经济学、科学社会主义三个部分的马克思主义研究的传统，指出了学院研究和文本研究的重要意义。此后，陈学明、马拥军还提出了"走近马克思"的口号，当然"近"与"进"有着区别，即不可能完全的"进入"马克思的世界，但是可以无限

---

① 皮家胜：《解释学：马克思主义哲学中国化研究的新维度》，载《哲学研究》，2005年第11期，第27页。

地"接近",但是他们总体的研究旨趣却是相同的,即"其特殊的解释学意义是:正确把握马克思的思想。其一般的解释学意义是:理解是要'回到文本意义或作者思想'。"① 第二个路向是俞吾金所提出的以"重新理解"为口号的马克思"实践诠释学"的走向。俞吾金批判和否定了前者折返马克思"历史语境"的可能性,因为这种研究企图寻求的是一个纯粹的,历史中原本的马克思,是希冀文本自己说话的假想,而这一活动"是以一个错误的假定为前提的,即设定了一个纯粹的、完全不受理解者和理解活动'污染',而又能自动地说出自己学说"的马克思②。随即他所提出的建议是回到马克思的"实践哲学"的特质。以一种实践的"解释学"去解读"马克思在理解和诠释活动中发动了一场'哥白尼式的革命'。"③ 对于这种理解,彭启福做了进一步的"建构尝试",即对这种方法予以"实践—文本诠释学"的具体思路的设计,希冀把这种方法予以实践化地阐明。但对于把马克思主义视为是一种"实践诠释学"的观点,国内学者掀起了此起彼伏的争论,其中王金福的反对意见最为强烈。王金福直截了当地指出,马克思主义哲学不可能是解释学,如此理解是存在偏差的。桑明旭也认为,马克思主义哲学是主张把"'对象、现实、感性'当作人的实践活动来'理解',或者主张从实践出发来'解释'观念的形成,这里的'理解'、'解释'就是一种'认识',其对象是对客观事物及其规律的把握,而不是对文本意义的把握。"④ 由此,马克思主义哲学和哲学解释学在根本的哲学意义上是不同的。此外,需要特别强调的是,在用哲学解释学解读马克思的时候,最容易失去的就是对尊重马克思原著解读的客观有效性,因为解释学是相对主义的,但对于马克思主义的文本解读必须要尊重原著和尊重原意,要以这个客观的原则为前提。

---

① 王金福:《为"回到马克思"再辩护》,载《学术评论》,2012年第1期,第35页。
② 俞吾金:《实践诠释学》,昆明:云南人民出版社2001年版,第34页。
③ 俞吾金:《实践诠释学》,昆明:云南人民出版社2001年版,第5页。
④ 桑明旭:《解释学与"理解马克思"的科学立场》,载《湖北社会科学》,2016年第9期,第7页。

从以上三种不同的文本解读和研究的思路出发,在哲学解释学方法论的总体原则的指导下,学者们对于《资本论》的文本解读也呈现出三种不同的研究倾向。第一种是重视《资本论》意义解读的"文化学派",他们秉承着"回到马克思"的原则,特别注重对文本和文献的研究和解读,所寻求的是马克思文本的"原初语境",进而在尊重文本,运用哲学解释学原则的方法论指导下,去阐释和解释马克思主义哲学中内蕴的概念和内涵,意义和价值,包括对《资本论》手稿中的利益观、正义观、人的劳动解放思想等重要思想观点进行的解读,都是着眼于《资本论》的文本意义解读。第二种是着眼于对《资本论》当代价值进行挖掘和阐释的"实践诠释"派,他们的指向极为明确,那就是回返马克思是一件不可完成的事情,但是让马克思"走到当代来"却是完全可能的,从当下研究者所处的新的时代语境出发,我们可以用当代性的视角,带着时代性的问题去马克思那里寻求答案,或者以"马克思重新出场"的逻辑让马克思在新的时代地平线上发声。那么从具体的方法论层面来看,该如何从当代的思想语境重新解释《资本论》呢?有学者认为,那就要摆脱"以往我们注重历史唯物主义思想维度的研究,立足于 21 世纪中国和世界发展的现实"①,从经验性和规范性的双重融合的视角中寻求《资本论》解读在学术维度上的延展。第三种是方法论学派对《资本论》的解读。该学派侧重于对马克思主义"哲学方法论"的挖掘,以一种"方法论"的姿态呈现出对《资本论》进行"纯粹哲学的解读,解读的核心是大写字母的逻辑学"②,进而完全串联起"回到"与"当代"的整体性逻辑线索,不割裂,不偏颇。方法论学派认为,"只有呈现《资本论》研究诉求的理论萌发、理论准备与理论展开及其与唯物史观构建之间的内在关系,才能真正赋予《资本论》以唯物

---

① 张艳涛:《思想史语境中的〈资本论〉——兼论〈资本论〉与 21 世纪"中国现代性"建构》,载《马克思主义与现实》,2015 年第 4 期,第 59 页。

② 白刚、吴留戈:《〈资本论〉的三重逻辑》,载《南京社会科学》,2016 年第 5 期,第 30 页。

史观的基本性质与理论品格"①，由此也才能以一种对方法论解读的方式去重新理解马克思的思想逻辑，进而走出哲学解释学的方法论，构建具有马克思主义自身逻辑性的解读方式，去回应和迎战对理论解读的种种"误读"和"过时"的论调。

当然，在马克思主义的解读史上，马克思和《资本论》向来都是以多种不同的形象被学者们呈现着和理解着的，对马克思文本研究进行较早革新和反思的法国马克思主义学者阿尔都塞，以其"症候"解读法和"断裂论"声名鹊起，他指出，在解读《资本论》时学者们呈现着不同的偏好，如"哲学家、经济学家、历史学家和文学家阅读《资本论》的模式"②。而另一位英国学者弗朗西斯·惠恩则在马克思的传记中，把对《资本论》的解读模式划分为"维多利亚时代的通俗剧、大部头的哥特式小说、希腊悲剧、一个黑色滑稽剧及一个反讽的乌托邦"的五种风格。从《资本论》的解读史来看，其理解的方式绝非是一种、一元或是一致的，对《资本论》的解读所形成的种种不同的意义，构成了一个纵横交错的意义图景，而种种解读方法和解读内容的冲突、碰撞、矛盾、交叠，其本身也正反映了人们在"理解"《资本论》时所呈现出的根本性的难题，即如何达成一致，进而如何有效的理解。由此，我们在哲学解释学的意义上去重新审视这个问题，所关注的并不是"如何理解"，而是"如何看待理解本身"的问题。虽然哲学解释学以其多元的丰富的解读视域，衍生出了我们对《资本论》重新理解和解读的种种探索，但这种探索并不是由于我们选择了哲学解释学而产生的，而是本来就始终存在的问题。当下，我们强调用哲学解释学的方法再审视马克思和《资本论》的文本意义，其实是在对"理解"这一效果历史事件进行重新审视和慎重度量，而在"效果历史意识"中去思考理解时，我们所得到的答案是一个对"理解"之"再理解"的

---

① 卜祥记、邬蕾：《唯物史观是判别〈资本论〉当代效用的根本准则》，载《学习与探索》，2016年第7期，第7页。

② 〔法〕路易·阿尔都塞、巴里巴尔：《读〈资本论〉》，李其庆、冯文光译，北京：中央编译出版社2001年版，第24页。

认识。

由此，在这一部分，我们是秉承着对"理解"本身进行"再理解"的探讨目的，展开以下几个方面的论述的：一是将哲学解释学与方法论解释学进行比较，阐明哲学解释学所特别强调的效果历史观的意义和价值，强调效果历史观所阐释的文本解读和研究的本真精神；二是尝试在效果历史观的视域中，对《资本论》的文本存在方式进行新的解读和研究，以重新认识和理解的精神对《资本论》文本理解进行再深化；三是尝试对《资本论》多重文本的理解范式进行再理解和再阐释，在效果历史观的视域中进行文本理解的再反思；四是在文本和阅读者的"解读"和历史视域和现实视域的多重交叠中，对文本的"理解"进行解释学意义上新的探求。

## 一、效果历史观：通向"理解"的第三条道路

那么让我们还是回到解释学一开始就关注，并始终试图解释的那个焦点问题：对文本的理解缘何会产生如此多的不同和迥异？当然这个问题本身是复杂的，在实际的考量中我们不得不这样来做个解释：虽然文本是唯一的，但是在历史中所流传的版本却是不同的，被翻译的译本却是不同的，在不同的时期哪怕就是同一版本，也会遭遇不同的读者，而不同的读者所持有的观点、思想、所拥有的解释经验是不同的；即便是同一个读者在他自己所经历的和拥有的知识储备、人生体验的影响下，也会在完全不同的人生阶段产生不同的体悟，且这种感受和理解的状态也是不断地动态演变着的，以更为复杂的方式演化着的。如此来看，解释学还能够用合理的有效的方式来完全解决这个达成理解一致的难题吗？通向真正的理解是否还能够有第三条通道或者方法呢？在这种反思的基础上，伽达默尔特别在哲学解释学中强调了"效果历史观"，即用历史性的理解和视角来理解多样性的肯定意义，进而正视理解，获得达成理解的方法。

对于伽达默尔之前的哲学解释学者来说，"客观主义"依然是他们坚持的原则，即解释就是力求达成对文本本真意义的客观理解，就是要

求同存异，破除各种异质的隔阂，进而把理解聚焦于作者的原意或是文本的本意，寻求一种消弭时间间距，达成人性共通的方法论原则。但是伽达默尔用"效果历史"肯定了真正发生在理解者身上并对"理解"产生影响的各种因素本身，即正视读者的"前见"，肯定"时间间距"的意义，肯定"历史"的影响，进而寻求在作者、读者及文本的互动中，使得文本的意义真正地一次次发生交融，一次次地历史性地生成。由此，伽达默尔这样定义效果历史，他说，"一种名副其实的诠释学必须在理解本身中显示历史的实在性。因此我就把所需要的这样一种东西称之为'效果历史'。理解按其本性乃是一种效果历史事件。"[1] 在这里，伽达默尔特别肯定的是每个读者所持有的历史和传统，这种"前意识"虽然影响着解读者就"理解"方面是否能够实现达成一致的效果，但正是不一致的理解才真正构成了文本丰富的意义的生成图景，使得文本成为一种富有张力的历史流传物，而"这里的'效果'不单单指历史实在对后来历史影响的效果，更是指历史研究的效果，是两者共同结合形成的'效果统一体'。"[2]

当然，如此审视理解和文本，虽然恢复了文本意义多元的生命力，但也存在问题，因为不寻求一致，是由于历史的效果所呈现在每个解读者身上的照应的反射，但由此是否也将理解变成了一种无从趋同、分崩离析的活动？由此让人质疑，如此看待理解本身，如此去肯定理解的历史性的意义，如此在多元的意义空间中去肯定不同的理解的存在，是不是已经消解了"理解"本身，把"理解"视为了一种纯粹相对主义的，永远也不可能达成自我认识的存在呢？伽达默尔很肯定地否决了这种认识。他指出，"效果历史理论反对客观历史主义历史观，却不倡导一种相对主义历史观，效果历史理论防止滑入历史相对主义的重要保证是时

---

[1] 〔德〕伽达默尔：《诠释学 I：真理与方法》，洪鼎汉译，北京：商务印书馆 2007 年版，第 385 页。

[2] 〔德〕伽达默尔：《诠释学 I：真理与方法》，洪鼎汉译，北京：商务印书馆 2007 年版，第 362 页。

间距离。时间距离可以遏制因认识主体主观干扰而对历史事物的兴趣，由此过滤掉因认识主体暂时性兴趣引起关注的历史事物，让那些只引起历史永久兴趣的事物真正涌现出来。"① 伽达默尔认为，使得理解在效果历史观的视域中还能保持一定的客观性的原因在于"时间距离"的存在，"时间距离"能够遏制作为理解主体的阅读者所持有的历史传统中的那些"暂时性的兴趣"，进而排除对获取真正的历史认知产生干扰的无关的历史事物，由此，随着时间的过滤，只有那些引起对历史的永久兴趣的事物会真正的呈现出来，而那些一般的无意义的暂时的事物会被理解自动排除在外。

那么关注理解的研究者能否在完全肯定"效果历史"的前提下，再去努力尝试，寻求一种相对客观的，能够真实呈现文本本真意义的客观的认识呢？伽达默尔对此也是否定的，他认为他所说的"效果历史"不是为了奉行一种客观主义的原则，而是对这种原则的反叛，即其意义就是要颠覆以往的哲学解释学企图不断接近文本的"原意"，进而寻求客观理解的这种方式。在效果历史观的视域中，伽达默尔所认为的"理解"本身是一个不断循环往复的过程，也就是肯定了其时间性和历史性，肯定了其永恒开放的意义生成性。真正的理解可能永远不能达成，但理解本身则是有意义的，且这种理解的标准不能够用"解释的一般规则"来框定，因为这种"标准根本无法包容历史性和相对性。"② 也就是说，虽然伽达默尔是在肯定的意义上去认识"理解"本身的，但在谈及其最后所能获取理解的认识问题时，却持一种否定所有"真理性认识"的消极意义的建构，以一种无限循环的开放的态势去定义历史认知，由此也消解了人们所能达到的所有现有历史认识的"肯定性"意义。

伽达默尔能用辩证法的智慧去审视解释学问题，并运用一种反对"极

---

① 杨生平、李鹏：《试论伽达默尔效果历史理论》，载《世界哲学》，2018年第3期，第108页。
② 潘德荣：《文字、诠释、传统——中国诠释传统的现代转化》，上海：上海译文出版社2003年版，第6页。

端、寡头的非此即彼的独白,而推崇执两用中、和而不同的对话的实践智慧"①,为哲学解释学开辟出了新的阐释路径,其方法论的灵活与变通,的确是高明的,这也是"效果历史观"所具有的价值。具体来说,伽达默尔以效果历史观为我们提供了这样一种解释学经验,即"否定性——通过这种否定性的经验或辩证的经验,我们可以获得具有创造性意义的深远的认识;有限性——由于我们的知识及其对象两者都在改变,使得解释学的对象始终都是历史的,其不断用否定的方式向新的经验敞开;开放性——即经验中否定的因素迫使经验不断地更新和自我超越,并向新的经验敞开。"②综上所述,伽达默尔的效果历史观所排除的是任何一种"极端"的主义,包括方法论解释学的客观主义,包括纯心理学解读的主观主义,或是失去标准的相对主义,以及绝对真理的绝对主义等,他所坚持的是一种提倡和平对话,尊重多元视野,促进多方互动的开放的精神。

而在事实上,多元共生的哲学对话之所以能够成为当代中国马克思主义哲学研究的重要的路径,其真正的基础并不在于哲学解释学,而在于马克思主义哲学。因为马克思主义哲学自身就有着科学、开放、实践的理论品格。从根本上来说,马克思主义哲学具有针对哲学自身和针对现实世界的双重的自我批判精神,又兼具始终与同时代进行建设性对话和开展反思性自我对话的开放品格,而从其最根本的"改变世界"的实践特质来说,马克思主义哲学是始终立足于社会历史现实,并立志改变社会实践进程的哲学。由此,从马克思主义哲学和哲学解释学对话交融的互补关系的意义来看,哲学解释学不仅有助于我们在"互补"的精神中打破自然科学对人类精神的技术理性垄断,也能够帮助我们以更具实践性、历史性的视野重新审视"理解"的认知旨趣。

---

① 杨泽树:《"效果历史"——理解之维的哥白尼革命》,载《浙江社会科学》,2007年第6期,第131页。

② 王维平、王海龙:《〈资本论〉研究的解释学视角刍议》,载《当代经济研究》,2018年5期,第20页。

## 二、效果历史观与《资本论》的文本存在方式

伽达默尔在任何的一种极致意义上否定了"理解",那么在他所创立的哲学解释学中,理解到底是一种怎样的存在呢?伽达默尔说,理解在本质上可以被看作是一种效果历史事件,因为理解是发生在理解者受到经验制约和历史影响的视域之中的,而理解也会随着理解者不断延展的视域而发生变化,尤其是当视域融合这种特殊的效果事件发生的时候,所有带着不同影响因素的历史性事件彼此交叠,互相碰撞,效果历史的重要性便显现出来。在精神科学中,理解的主体是不可能脱离历史传承物的前见制约而独立存在的,因此效果历史就是去肯定这种前见的经验性存在,而解释学的经验也正是由于这种前见的肯定才获得了解读的价值,因为对于已知的文本意义来说,这一部分是未知的,是丰富的,是延伸的和开放的,而理解也将在这种历史和时代的视域融合中真正呈现出一种对文本意义革新的价值。由此,我们说,效果历史的意义就在于它为我们重新理解文本的存在形态提供了新的视角,当我们把理解放在效果历史之中时,文本才真正被赋予了历史性,理解才能真正成为一种开放的事件。从这个视域出发,理解者对文本的追问本身就是对自身的"历史性"的反思,也是对文本存在价值的省视,即在历时性与共时性的互动之中重新定义文本的存在。

以这样的反思意识回顾《资本论》这一被认为是集纳了马克思毕生精力而撰写的光辉的论著,我们也会获得新的认识。虽然在一般观念中,《资本论》是马克思最为成熟的著作,但就其文本的真实的存在形态而看,《资本论》并不是一本已经完全成型的著作。从其编辑出版的历史来看,《资本论》出版之前有多个手稿,其内容最为庞杂,结构最为复杂,可编辑的文稿也最为丰富。众所周知,只有《资本论》第一卷是经由马克思整理审核出版的成型之作,第二、三卷都是经由恩格斯这位"手稿"的阅读者所编辑组构而成的,由此,对于三卷本的整体构架和通体逻辑,学者们是持一定的争议和怀疑的,具体表现在除了第一卷能够反

映马克思自己真实的思想意图,其余的两卷是否能够真正代表马克思本人的想法,是否与第一卷之间存在着紧密的逻辑关联性的争论。但正如聂锦芳所关注到的,一个新的情况也迫使我们重新去思考《资本论》的"三卷本"形态是否是业已固定的内容,比如,"随着 MEGA² 中专门刊出'《资本论》及其手稿卷'15 卷 23 册的第二部分业已出齐,再加上其第三部分'书信卷'第 8—35 卷大量涉及《资本论》的通信,以及第四部分'笔记卷'第 2—9 卷所刊布的作为《资本论》准备材料的四个笔记等文献的刊布"①,我们是否面临着一个极为尴尬的境遇,那就是文本研究赖以展开的文献资料本身面临着被肢解和被推翻的风险。由此也更进一步验证了前述对文本的判断,即《资本论》实际上是始终处于一种日益发展的不断翻新的历史进程中的,它也始终处于一个没有完成的状态之中,由此给学者们留下疑惑或是解读的困境,也是在所难免的。也正是由于文本这种四分五裂的存在的形态,在西方马克思主义者百年的学术研究进程中,《资本论》才会呈现出一种被肢解和被割裂的复杂的"解读形象"。② 除却文本本身的结构和组成的复杂性,中国学者也始终受到自身的外语语言不通和历史文化背景不同等客观历史原因的制约,由此呈现出阅读者或研究者对于文本"二手资料"解读的权威性的质疑和对理论研究本身的解读乏力的问题。而在改革开放的四十多年当中,中国学者虽然力破苏联解读范式的影响,也开始走进西方哲学的话语体系,并结合本土文化的语境与正在进行的社

---

① 聂锦芳:《〈资本论〉再研究:文献、思想与当代性》,载《中国高校社会科学》,2013 年第 6 期,第 48 页。
② 孙乐强:《〈资本论〉形象的百年变迁及其当代反思》,载《马克思主义与现实》,2013 年第 2 期,第 48—54 页。该文认为,"四重"分裂的"解读形象"即"首先在政治形象上,由原来的'工人阶级的圣经'转化为一种'失效的旧约',政治影响力日益衰退;其次,在学术形象上,由原来集哲学、经济学于一体的《资本论》,被拆解为相互分割的哲学或经济学著作,并在各自领域中建构出了不同的学术形象;再次,由原来作为有机整体的'完整著作'被解构为各自独立的'手稿片断',实现了由'科学著作'到'虚构伪书'的全面退化;最后,在资产阶级经济学家眼中,《资本论》的形象也由原初的'资产阶级的判决书'转变为资本主义均衡发展的'科学指南'"。

会实践，寻求一种文本解读范式的嫁接式的创新，并积极与西方马克思主义学者展开批判性对话，但依据西方哲学研究的不同旨趣，或是结合自身的理论视域和文化视域去做解读尝试，所产生的最直接的结果就是造成了一个"千面马克思"的解读乱象。对于这样的研究"繁荣"，也有学者直接批判指出，"我们所'看到'的马克思实际并不是一个'本真'的马克思，而是'打了折扣'的马克思"①。反观今日我们对马克思的种种的理解和释读，我们也不难理解，为什么马克思一再说"我不是马克思主义者"②；而列宁认为"半世纪以来，没有一个马克思主义者是理解马克思的"③。

当前我们正在遭遇一个非常现实的"文本"困境，那就是如果我们不能够正视这个文本的存在并去努力跳脱出这个"文本虚无"的困境的话，我们将无法真正展开对文本研究的"理解本身"，而我们对《资本论》的种种解读也只能是自言自语。那么当我们回到解释学效果历史观的视域中时，新的研究方法能否使我们对文本的存在方式形成一种完全不同的新的认识呢？答案是不言而喻的。我们正在面临的"文本"困境为我们重新"参与"文本的构成提供了机会，正是由于文本本身的不完整，我们才会真正带着自己的时代感进入文本的历史性视域中，进而去探寻彼此融通的可能性。在效果历史观看来，文本的视域和我们所持有的理解者的视域，都不会是单纯自为或单纯自在的。效果历史发生的可能性正在于两种视域的彼此融合，不管文本本身经历了多少变迁，当理解者能够真正地去倾听和重新解读文本时，文本才是富有生命力的，才是能够以"共时性"的价值串联其过去与现在、将来的意义的完整存在。这使我们不得不慎重地考量，在历史的思考中或在现实的行动中，以各种方式对马克思及其文本的

---

① 王浩斌：《马克思文本学研究的历史脉络与现实考量》，载《南京师范大学学报（社会科学版）》，2014年第6期，第6页。
② 《马克思恩格斯全集》第35卷，中共中央马克思恩格斯列宁斯大林著作编译局编译，北京：人民出版社1971年版，第385页。
③ 《列宁全集》第55卷，中共中央马克思恩格斯列宁斯大林著作编译局编译，北京：人民出版社1990年版，第151页。

解读，应当以一个怎样的存在形态来被理解，又将以怎样的方式走向或回归生活实践？毋庸置疑，《资本论》应当且首先是作为马克思主义经典文本而存在于一代又一代中外理解者的翻译、注释、考据、研究和阐释之中的，文本的解读视域也从表层话语到深层思想，从历史渊源到当代价值，从文本出场到多方对话对其的解读与传播中不断得以开拓和延展。但如果仅仅将其作为处于被动立场之中"被解读"的理解对象物、思想承载物、实践参照物，将文本存在的意义归结为一种认识和感受的媒介，归结为文本背后的某种它在，则会使文本在时间的间距和空间的隔阂中丧失其具有历史性意义的独立存在方式。

文本是一种历史性的存在之物，而历史性也是"此在本身的时间性的存在方式"①，因此，对文本意义的追寻本身就是一种"历史性地"追问，但这种追问一定是立足于文本存在的有限性与境遇性之中的，如果将文本与生活世界、作者及解释学的境遇割裂，将其与存在的时间性、历史性割裂，那么文本的审美将被拘囿于一个闭环之内，文本的历史性存在也就被无视与误视。"就个人来说，每个人都是他那时代的产儿。哲学也是这样，它是被把握在思想中的它的时代。妄想一种哲学可以超出它那个时代，这与妄想个人可以跳出他的时代，跳出罗陀斯岛，是同样愚蠢的。"② 黑格尔也曾在对意识存在的研究中指出，思想家和著作的存在是具有历史性的，这种历史性赋予了文本和意义的有限性，而这种有限性也同样适用于《资本论》。的确，《资本论》的存在价值有一个前提，那就是我们强调它的当代意义，并不意味着我们认为《资本论》是无时间界限或是超时间性的永恒存在的经典，因为时代的急剧变化使得马克思的一些观点和判断，以及在具体的经济学领域的范畴之中的考察，呈现出一些逝去的痕迹，一些根据当时的经济情势和社会情况所得出的推断和判断也和今时今日的世界形

---

① 〔德〕海德格尔：《存在与时间》，陈嘉映、王庆节译，北京：生活·读书·新知三联书店 2006 年版，第 1 页。

② 〔德〕黑格尔：《法哲学原理》，范杨、张企泰译，北京：商务印书馆 1996 年版，第 12 页。

势呈现出一些不符合现实逻辑的地方，这都是文本出场的历史境遇，以及正在遭遇的现实情境变化所导致的客观的情况。由此，对文本存在的历史性的考察更需要从文本的历史性与理解者的历史性的双重境遇出发，使得文本真正凭借其历史性跳脱出本身所具有的历史性的特征，进而进入"第二等级的历史主义"①。

尽管就《资本论》当下所存在的文本形态而言，我们可能正在陷入一个非常无奈的悖论之中，即当研究者在陈述自己的研究内容的时候，他所依据的文本载体，研究的对象却消失了。当恩格斯对《资本论》三卷本的编辑深入人心的时候，我们对《资本论》的解读却在新的文本的验证下失效了。但是就哲学解释学所持有的历史性的反思来说，这也不得不说是一个深入文本的方式，因为当《资本论》如聂锦芳教授所说的那样，被拆分为"两卷本著作、三本书计划、五个分篇、六册计划、九项内容、两大部分、三卷四册结构、四卷内容"的"组成材料"时，我们也真正获得了与文本发生对话的契机。可以说，不断丰富的文本材料，为我们不断调整自己的"理解"视域和方法论的转向提供了新的机遇，相对于以旁观者的视角去观看文本，我们以研究者的身份去理解文本，更庆幸的是已然开始真正进入了"理解事件过程中的一个阶段"，我们不仅参与到文本意义的解读中，而且参与到文本形成的结构的重组中，如此与文本产生一种特别的互动效果。以这种积极的历史意识去审视今天我们对《资本论》的理解时，我们便可以跳脱出过去那种对成型的文本的思想概括或逻辑梳理的思路，进而重新以浸入式的研究方式全然潜入到《资本论》及其手稿的研究中去，结合这些文本出场的历史语境，马克思个人的生活遭际和思想视域，以及当代人的审视和思考，进而重新穿梭于马克思40年殚精竭虑的探索过程中去，对《资本论》所内蕴的更为曲折，更为宏观，更为全面的意

---

① 黑格尔将艺术看作是绝对精神自我实现历程中的一个必经阶段，但既然这一过程已经实现，那么艺术就是过去之物。这种历史主义虽然承认了理解对象的不可取消的历史性，但却忽视了理解者自身的历史性，因而海德格尔和伽达默尔将理解者自身的历史性当作哲学的解释学需要首需确认之事，是为"第二等级的历史主义"。

义图景和逻辑结构进行更加深刻的思考、把握和分析。这也就是聂锦芳教授所说的,"以史的方式把对问题的不同理解连缀起来进行叙述和评论,又会勾勒出一幅古典政治经济学史连贯而完整的图景,把马克思所实现的理论创新置于这一思想史的进程和图景中,更能显示出其独有的价值和意义。"① 在这种被构建的《资本论》的审视意识中,我们所获得的并非是一种达成"真知"的效果,而是一种寻求"价值"的姿态,我们或许会对现有的种种解读做出质疑,进而动摇"理解"的信心,但我们一定会对当下多种解读范式并存的"理解"情形多出一份期待,进而增强"理解"的创新性和可能性。而从文献学研究的意义上来说,这种基于研究共识的《资本论》文本的再修订与再整理,也更有助于我们去重新梳理马克思主义理论建构的整体的脉络,进而重新理解马克思创立历史唯物主义的历史意义。

## 三、效果历史观与《资本论》的文本理解范式

本着效果历史观的认知意识,对文本存在方式进行"自主性"认识的反思,也仅仅是完成了哲学解释学对作品阅读的第一个环节。进入理解方式的革新,把文本的存在放置于读者的理解和解释中,才是文本真正被理解的活动的意义的关键所在。在效果历史观的视域中,哲学解释学特别强调文本与理解者之间所存在的那个由时间间距、历史视域所不断构筑视域融合的解释空间的存在,正是在对这样一种存在的肯定中,相较于传统的阅读方式,哲学解释学才更显露出革新之变。

当下,我们在对《资本论》进行文本意义解读时所面临的问题主要有两个:一是我们怎样让文本从它的历史处境出发去"言说"本意,二是我们怎样从当代境遇出发去赋予文本"新意"。从第一个问题出发,我们必须承认,要理解文本的真意便必须尊重其自身的存在意义,不能希冀从被

---

① 聂锦芳:《〈资本论〉再研究:文献、思想与当代性》,载《中国高校社会科学》,2013年第6期,第57页。

人构筑起来的"作品"中去获取文本真意,而要深入到文本背后的历史语境和哲学语境中,以思想史的方式展开重返文本出场的历史探寻。但是,有一个难题正是效果历史观所提示我们的,那就是不要遗忘我们"自己",因为我们必然是带着某种意识和某种目的潜入文本的。如果抛弃了这种自我意识,那么当我们进入文本的时空之中,文本便会变成一个封闭的牢笼,而我们努力解读和阅读的后果就是陷入这样的文本困境之中:"一个理论实践面对的认识对象,其本身就是另一个理论实践的内在结构,而这个结构之获得又与再下一个认识对象有关……以此类推,以至无穷"①,这正是阿尔都塞所说的文本的"黑洞"。最后的结果就是,我们"不断向文本的历史主义源头回溯,从而使自己进入巨大的文本黑洞之中,直至成为虚无"②。而从第二个问题来看,当我们以"当代性"的自我意识自居,与文本对话的时候,就意味着我们虽然没有忘却自身,但却陷入一种"目的主义"的解读困境,以寻找方案和探求方法的意识,或是嫁接着时髦的西方哲学思想,对《资本论》进行重新解构。当然,无论是哪种方式的"当代性"自我意识,其解读的尝试都是善意的,即试图为《资本论》的当代性价值辩护,但是如此解读的结果却是令人失望的,因为文本会沦为一种手段,或是一种工具,而并非是马克思所说的一个"艺术的整体"③。

提出"创新理论"的奥地利学者熊彼特是马克思的针锋相对的反对者,但是这并不意味着他否定马克思及其著作的价值本身。他曾直截了当地评价,"绝大多数智力或想像力的创作,经过短的不过饭后一小时,长的达到 个世纪的时间,就永远消失了。但有一些创作却不是这样。它们遭受几度隐没,复又重现,它们不是作为未被认识的文化遗产的一部分出

---

① 〔法〕路易·阿尔都塞、巴里巴尔:《读〈资本论〉》,李其庆、冯文光译,北京:中央编译出版社 2001 年版,第 39 页。

② 吴猛:《阿尔都塞〈资本论〉解读的困境及其意义论根源》,载《哲学研究》,2009 年第 8 期,第 12 页。

③ 《马克思恩格斯〈资本论〉书信集》,中共中央马克思恩格斯列宁斯大林著作编译局编译,北京:人民出版社 1976 年版,第 196 页。

现的，而是以作者个人的方式、带着个人的印迹出现的，这些是人们能看到、感受到的。这就是我们称之为伟大的东西，把伟大和生命力联系在一起并没有什么不好的地方，按这个意思说伟大这个词无疑适用于马克思的学说。①"时至今日，这种"伟大"的东西还在各种译著的传播中延续着其生命力。时间是残酷的东西，因为时间所带来的只能是《资本论》与当代越来越厚重的历史的隔离，理解者试图穿梭时空，打破隔阂，在真正的理解中倾听文本的真意，这仅仅是一种怀抱着理想主义的幻想，因为我们必须正视这种"时间"的隔离，它是客观存在的东西，由此所造成的理解的疏离也是自然的。而效果历史观则更为我们增强了这种面对时间隔离的信心和勇气，它告诉我们文本的意义不应当被当成一种已经完成的事件，也不能被当成一种完全渗透了个人主观意识的内容，文本的意义是在肯定时间间距的前提下，融合理解者自身与文本历史性的统一体。由此，时间所创造的真正的意义空间正在于，理解者可以通过前理解和文本本身暗含的原初视野相互融合促成新视域的达成。也就是说，在解释学的理解范式中，文本并非文本自身内容的独立显现，而是读者在效果历史的解释学境遇中，能动地与文本进行互动交往而形成的产物；文本的意义也不可能在某个人和某个时代得到最终的完成，对解释者来说，他只是带着自己的问题与文本进行对话，将自己"现在的视域"与文本"原初的视域"进行融合，解释者在这一过程中不断提升自己的方法论水平，从而构建起独立的、富含时代精神的文本意义。

哲学解释学为我们提供了一种新的历史观，这种历史观其实也是马克思唯物史观所肯定的内容，即历史进程永远是一个正在发生的过程，我们所从事的各种实践活动不是从历史中去挖掘，而是在现在的意义上去创造的，立足于现实的人的境遇，立足于正在发生着的实践基础，是当代人永远保持创造力的基点，也发现了历史真谛，用历史智慧启迪今天的实践，启示明天的生活意义。从这种观点出发，对于《资本论》文本解读中所呈

---

① 〔奥〕约瑟夫·熊彼特：《资本主义、社会主义与民主》，吕良健译，北京：商务印书馆 1999 年版，第 1 页。

现出的要么"过去式",要么"现在时"的两个时空领域的断裂,我们所做的工作不是权衡,而是以实践的意识和实践的创造方式去接续,在融通时空、贯连文本的尝试中去实现文本生命能量的存续。这种尝试正是马克思所说的,"人的积极存在、人的发展的空间"①,也是黑格尔所阐述的历史精神的本质,即"不在于对过去事物的修复,而在于现时生命的思维性沟通"②。

唯物史观的基本原理告诉我们,"在特定历史舞台中出场的主体,不是丧失现实生活规定性的抽象的人,而是受社会历史语境制约的现实的个人、阶级的个人,因而这一主体所关照的对象就与现实社会生活始终存在着的一种互动关系。"③ 其所强调的与现实生活的互动及对历史语境制约性的考量,正与解释学效果历史观的解读范式,在方法论上是相通的。解释学把理解定义为"人与历史文本的一种对话交往关系",那么文本的意义正是在这种对话和交往中不断生成的。文本的意义,不再是一系列已然发生的,已然定型的客观事件,也不意味着追求作者的主观意识,一味寻求作者原意的尝试,而应当是在承认时间间距的前提下,正视理解者与文本的统一,追求作者的原初视域、文本的历史视域和理解者的解读视域三者的融通和自洽。立足于文本的历史性存在的意义,理解者能够在理解的过程中反观效果历史发生在自己身上的反映,把握自己的历史性,也能够在当代性的视域中通过历史不断反思自我,反省自我。文本将会持有一种真正的自主性,文本理解将会成为一个动态连续的过程,也只有当理解者将文本视为一个历史性的存在过程,以积极的能动的方式去理解和解释,以当下的现实意义上的反思去不断地批判和审视文本的"出场境遇",文本才能获得存在的意义。

---

① 《马克思恩格斯全集》第47卷,中共中央马克思恩格斯列宁斯大林著作编译局编译,北京:人民出版社1972年版,第532页。

② 〔德〕伽达默尔:《真理与方法》,洪鼎汉译,北京:商务印书馆2007年版,第221页。

③ 王维平、韩璐:《〈资本论〉与狄更斯作品对资本主义社会批判的视域融合》,载《甘肃社会科学》,2018年第1期,第11页。

回望《资本论》被不断解读的历史过程，我们能够看到，在不断拓展的"视域融合"的过程中，文本与理解者是如何不断发生互动的。比如在苏联所处的世界两极格局的非常时期，苏联马克思主义者在《资本论》中读到的是对资本主义剥削制度的严厉批判的理论，对国际共产主义运动和社会主义革命的理论指导，以及对资本主义以前的人类历史的评述和立足于当时的革命实践所产生的对于苏联社会主义建设事业处境的反思。当历史的年轮向前迈进了近百年，当资本主义世界伴随着经济危机，又开始同时掀起对《资本论》阅读解读的热潮时，时代的问题和社会的诉求正恰如其分地反映在不同的理解者对《资本论》价值的解读中，人们特别关注马克思所阐述的资本二重性理论，以及劳资关系和劳资对立的理论、"资本逻辑"的世界化的进程和结构化特征、国家和市场的关系、对"虚拟资本"的新的探讨等。而在新的科技革命和经济时代的背景下，《资本论》中关于现代性的内涵，关于人的异化，关于社会发展的"有机结构体"之说，关于人的"全面发展"的解放理想等，又成为热点。由此，我们可以说，正如熊彼特的"几度隐没，复又重现"的描述那样，马克思与《资本论》的生命力在时代的发展和种种理解的交互中，生生不息地演化着。也正是在这个意义上，我们说，效果历史给文本研究开辟了一个新的开放性视角，真正在读者和文本之间构建了一个可以通过视域融合不断循环的理解空间。在效果历史观的影响下，读者发挥能动性，文本发挥自主性，由此读者或接受者相关的理论才会呈现出蔚为大观的样态，文本理解才能真正催生范式革命的创新之变。

立足于现实的人的生存境遇，历史铺展开的每一幕都是基于一种对"现在时态"的反思。带着时代的问题，解读者与文本发生对话，由此产生的理解也正是理解者基于自身的历史性存在的反思及自我意识的觉醒。当然，这种反思也是以尊重历史渊源和文本原貌为前提的，在马克思主义理论回应现实问题的过程中，一方面实现的是从纯思辨的书斋之中解放的意义，另一方面实现的是对现实问题有效的回应和关照。由此再来审视学界"回到"的价值，"回到"本身就是一个不断深化文本的意义解读和拓展文本研究的哲学空间的过程，这个过程中会不断激活文本中可能被忽略和遮蔽的思想，由此理论才能产生观照现实的能量。而让《资本论》走进当代，则是试图在现实问题汇聚的新的视域中，开辟出一条包含着对基本原理和基本方法进行重新把握和理解的新路径，重新建构起对马克思主义理论，特别是对《资本论》哲学革命性的解读方法，由此把握住马克思主义哲学重构与创新《资本论》当代价值的机遇。

文本有自己的意义域和问题视野，《资本论》是基于自身的境遇来言说原理的，而我们也具有自己的前见和视野，所尝试回答的是"我们从哪里来"这一问题。带着这种对现代性的反思，我们潜入文本，想要寻求的其实是一个贯通未来的问题，那就是历史终究要走向哪里去，潜隐在文本中的那些富有意义的内容是否还能为我们认清当下的历史存在，把握未来的可能性前景提供智慧和启迪。以效果历史观来反观《资本论》，我们实质上在探寻一个与马克思实践解释学相通的问题，即需要用一种具有独立意义的研究方式去理解马克思在《资本论》中所贯穿的研究方法，这种方法包含着具体的条件分析，对历史规律的客观的科学的把握，对价值偏好多方的考据和研究等，这也是今天我们试图串联起"过去"与"现在"两个时空，沟通起"历史"与"现实"，乃至"现实"与"未来"的时序，并在相互对立和统一的关系中去揭示在认识世界和改造世界的任务面前应当怎样和可能怎样。

## 四、效果历史观与《资本论》的文本价值再现

把理解视为一种"历史性"的事件，突出理解者的主体性地位，也会走向一个极端，即"片面强调了理解的历史性，抛弃了解释的客观性诉求"①，由此可能导致对文本的解读走向主观主义或是相对主义，进而产生历史虚无主义的嫌疑，但这个问题是伽达默尔在阐释效果历史观这一解释原理的时候尝试澄清的问题。

---

① Richard E. Palmer, *Hermeneutics: Interpretation Theory in Schleiermacher, Dilthey, Heidegger, and Gadamer*, Evanston: North-Western University Press, 1969, p.59.

我们都知道，伽达默尔对哲学解释学的改造与他所推崇的海德格尔哲学的本体论的转向紧密关联，虽然效果历史观的提出使得解释的指向转向了对文本原意进行释读的理解目标，并在此过程中最为强调的是"效果历史"这一映照在理解者身上所产生的理解的意义，但这并不意味着伽达默尔完全摒弃了理解的客观方面，因为正像他所说的那样，文本就客观地在那里，只不过文本不是理解的最终导向，而是理解事件中的一个阶段罢了。对此，他更具体地指出，"我的观点是，文本总是在返回自身时才真正地在那儿。但这却不过是说，它们是原始的和本来意义上的文本，在返回自身时才真正'在那儿'的这种话语，从自身出发实现文本的真正意义：它们说话"①。而当我们每一次返回文本时，我们会发现，"最初讲出的或宣告的东西，这些可以作为同样的意义而作用。这种'证物'应当被理解，这规定了一切文字书写物的人物。写下来的文本应该这样固定原始的宣告，以使其意义被人清楚地理解。"② 对此，洪汉鼎也有一个较为客观的评述，即伽达默尔的"诠释学主张意义的多元，但这不是什么都行的相对主义；诠释学主张意义相对性，但这不是否认客观真理的主观主义。相对性表明意义的开放性，多元性表明意义的创造性。"③ 从根本上来说，相对主义是一种诡辩论，因为它取消了事物之间的对与错的界限，使得相对性成为绝对，由此，一切都是一种主观的、任意的、相对的样态，大有黑白不分、混淆视听，为谬误辩护的嫌疑。但是哲学解释学并不是从根本的意义上去肯定不同的理解者所拥有的不同的"意义世界"，也就是说，从"本体论"上去否认文本存在本身的价值和意义，进而将其虚无化，哲学解释学肯定的是尽管文本不会发生变化，但是由于历史和传统投射在每一个理解者身上的效果不同，由此产生的理解是不同的，这是在"认识论"

---

① 〔德〕伽达默尔：《诠释学 I：真理与方法》，洪鼎汉译，北京：商务印书馆2007年版，第421页。

② 〔德〕伽达默尔：《诠释学 I：真理与方法》，洪鼎汉译，北京：商务印书馆2007年版，第416页。

③ 洪汉鼎：《诠释学：它的历史与当代发展》，北京：人民出版社2001年版，第7页。

上去肯定理解者视域中的文本所表现出的不同的意义，而非反对本体论上的唯一性。

当然，我们并非完全认可伽达默尔的这种"多元"意义共生的、无限可能性的意义解读方式，但是我们必须在用效果历史观的方法去理解文本时充分注意伽达默尔所提到的这种客观性原则，现有的对资本论种种解读和释读的观点所呈现出的不一致性，马克思在撰写著作时所呈现的自身语言的独特性表达，以及各种文本当代价值的解读和新意，都是我们要在效果历史观的理论视域中所追寻的意义问题，也正是哲学解释学所追求的真理追问的根本要求。当然，文本是唯一的，这是我们得以出发的起点，文本是客观的，它不是一个可以任人装扮的小姑娘，理解本身是不能脱离文本的，尊重和倾听文本的语言，并在此基础上，使得文本在不同的历史处境中去能动地呈现事情本身的内容和意义，由此去拓展文本自身的存在性，是对文本最好的保护和传承。而在这个过程中，理解者也能够在十分具体的理解活动中对文本的意义进行重新建构，并有机会把自己的审美选择赋予到文本的内容和审美价值之中，使得文本在"理解"这个不断流动着的经验的视野中不断延展，如此，文本才获得了真正的生命价值。由此，在辩证的、历史的意义上，我们"理解"《资本论》所应坚持的基本解释学观点如下。

### （一）过去、现在、未来时序的统一

过去、现在和未来，当然是三个完全不同的世界阶段，但是如何将三者统一起来，贯连起来呢？伽达默尔这样回答，"因为每一共时系统必然包括它的过去和它的未来。作为不可分割的结构因素，在时间中历史某一点的文本产生，其共时性横断面必然暗示着进一步的历时性以前或者以后的横断面。"① 也就是说，在历史这一最为宏观的视野中，它统体上就包含着过去、现在、未来的全部时间存在，而作为历史存在的文本，将历史感

---

① 〔德〕H. R. 姚斯、〔美〕R. C. 霍拉勃：《接受美学与接受理论》，周宁、金元浦译，沈阳：辽宁人民出版社 1987 年版，第 47 页。

赋予理解本身的时候，文本的研究也会处于无尽绵延的时间流中，呈现出特别的时序统一性。伽达默尔还对理解者提出了这样的要求，即"我们总是站在我们历史性来源的强烈回响之中，历史性来源是我们的当下，属于它的不仅是我们自己的历史，而且还有这个星球上人类的全部生活和创造。"① 这句话乍看起来全然充斥着马克思在历史唯物主义中所特别强调的，一切历史都是人的生活和创造，是过去更是当下的意味，但在文本研究中，我们可以更为具体的说明，对于像《资本论》这样经典文本的研究，理解者必须郑重地审视其所承载的历史意味，尊重其所具有的历史传统，关注文本出场和与之对应的作为历史存在的社会生活，更应当关注历史性的理解本身所包含的理解活动的富有"未来感"的意义。这样，《资本论》的文本研究才能被真正视为一个包含着过去、现在、未来的时间之流的一个过程，才会成为一种历史传统的结果和一种新的历史运动的开端。对照《资本论》发表150多年来的世界历史和中国特色社会主义的历史与实践，《资本论》为中国特色社会主义的创立提供了建设社会主义的科学根据，为今天的中国特色社会主义事业的建设提供了历史唯物主义的方法论原则和"自由人的联合体"的社会价值目标。可以说，中国特色社会主义既是中国国情和发展的内在规律，又是我们的价值选择；中国特色社会主义既坚持了《资本论》中所阐释的科学的理论方法，又遵循了新时代中国社会发展的时代特征。《资本论》对中国历史的重要影响是历史事实，也是历史选择，更是我们今天继续书写未来中国历史的依据。

### （二）历史的真实与理解的真实的统一

历史的真实与理解的真实，是效果历史观视域下审视历史的一种辩证法，它所强调的是既带着一种局限性的解释意味否定文本，又带着一种客观性的理解意味去否定读者，最终使得两者在效果历史的融合中发生真正的融合。从某种意义上也可以说，任何一种理解本身都是视域融合的结

---

① 〔德〕伽达默尔：《美学与诗学——诠释学的实施》，吴建广译，北京：北京大学出版社2013年版，第41页。

构,是新的视域和旧的视域在价值中不断融合,是文本的历史精神和当代的解释精神在理解中逐步趋向统一的过程。从效果历史观的视域出发,我们需要审视效果历史在我们身上发生的作用,并去思考,为什么《资本论》还能透过时空与我们身上的历史感和现代感发生互动和交流,对当下产生启示意义?从最为根本的意义上来说,《资本论》恰恰说明经典文本的生命精神是与当代相通的,无论隔了多长时间,在理解者主动地探寻中,在历史的检阅和实践的推动中,文本始终是一个生生不息的成长的意义域,以水波涟漪的方式不断与当代发生碰撞,产生共鸣。这其中,既有当代理解者的生命精神所迸发的解读的活力,也有实践精神所呈现的质疑和批判的价值,在某种意义上,这种解释学精神正是文本的生命精神得以不断延续的力量。《资本论》的立论基础是实践的唯物主义的社会发展的基本规律学说,虽然马克思将批判的矛头指向了19世纪的欧洲资本主义,但人类社会的进程表明,任何国家民族,在任何历史发展阶段的发展状况都无法摆脱经济基础与上层建筑之间的矛盾运动,特定国家或民族的社会形态的历史变化也只是这一基本矛盾运动规律的特殊表现形式。因此,《资本论》所蕴含的世界观和方法论对中国社会发展的分析也具有同样的普遍意义与借鉴价值。当然,时间发生了变化,在变化的条件下,如何认识和发展马克思主义是一个尚存困难的问题,我们也不能要求马克思能够为解决他去世之后的一百多年的历史所产生的问题给出现成的确定的答案,但是这种指导意义正存在于历史和现实接续的实践之中。可以说,《资本论》与中国特色社会主义的发展必统一于历史的逻辑之中,必须转化为我们认识自己民族发展问题的根源、出路和前途的方法论,必须在形式上、内容上、实践上与中国的社会发展进程相结合。

### (三) 历史语境与当下处境的统一

我们所说的文本的历史性存在,就是指文本必须要与自身所关涉的深厚积淀起来的各种历史因素联系起来,当我们对文本进行理解阅读的时候,就必然要把文本的历史语境视为是一个重要的时空维度,进而联系过去,联系当下,最核心的意义还在于理解者对自己所处的当下处境的反思和批判。当然，对《资本论》的理解和解读，是不能够完全摆脱历史的痕迹和民族传统的印记的，因为作为理解者也必须正视自己的解释学处境，把理解放在历史处境的反思之中。虽然《资本论》中所阐释的科学理论能够为我们正视资本主义发展所必然面对的历史趋势产生正确的科学的理解，但是面对资本主义和社会主义发展过程中所存在的新情况和新问题，我们也必须实事求是地认识当今社会主义和资本主义在人类发展过程中，不仅是前赴后继的关系，而且是相互交错的关系。对《资本论》的解读，是不能超越和摆脱历史遗迹和民族传统的制约的，我们应当常常处于一种对有待理解的历史处境的批判和反思之中。对当今初级阶段的社会主义和发达资本主义所处的位置进行正确地理解，既看到资本主义必须经过漫长的发展才会寿终正寝，进而走上社会主义，坚信"两个必然"；同时，也不忽视"两个绝不会"，这样才不会被一些局部的个别的事实蒙蔽视线。

### （四）历史张力与当代问题的统一

以效果历史的视域来看待历史问题，我们必须认识到，当下与历史之间所存在的时间间距处于一种张力之中，作为历史存在着的主体，我们在短暂的生命中不能全然的透视到历史的全过程，只能拥有片段和部分的生命体验，由此所获得的理解也只能是相对的。但是相对的理解对应于相对的历史阶段，其中便也呈现出对当下意义的绝对性的价值，这是辩证法的统一逻辑。因此，在对《资本论》的解读中，对历史的理解不可能完全正确，所有对文本的评价都是相对性与绝对性，肯定性与否定性的统一，学者们的意见，包括过去的文本研究者的观点，都应当是可对话、可质疑、可批判和可扬弃的，这才真正符合分析事物的辩证法。进入新时代，中国共产党人也遇到了许多新的问题，新时代所处的历史方位与马克思所处的时代有很大差异，因此我们对文本的理解要正视这百年相隔的时间间距，要更多地结合当下我们正在进行的社会主义建设实践。此外，对《资本论》文本的解读还需要一个整体的历史性视角，即将资本主义的发展放在一个宏观的人类历史视域中去探寻，站在历史演变的理论的制高点，对资本主义社会的发展予以动态的把握，更以历史的眼光去审视其结构和内容的意义嬗变。而审视当下，中国特色社会主义也在保持着"经常变化和改革的社会思想"的自我批判精神，进行着更为深刻的社会主义的全面深化改革。中国特色社会主义也依然以"自由人的联合体"为最高的价值目标，不断构筑着核心价值观中的"自由、平等、公正、法治"价值观，不断孕育着一个国家富强、人民幸福的伟大的中国梦。中国的崛起，中国特色社会主义道路的开辟，不仅雄辩地证明了一个不同于资本主义的新世界是完全可能的，更向世界证明了人类思想宝库需为中国传统留有一席之地；不仅让马克思主义在当今世界依然绽放真理的光芒，更创造性地发展了新时代中国马克思主义，回答了新时代中国的理论和现实问题。

  《资本论》被公认为马克思毕生研究的精华之作，也是政治经济学理论的科学宝库，虽然150多年的时间间距对我们进一步研究文本产生了和障碍，但也为我们提供了进一步展开研究的时空条件。而《资本论》及其手稿的不断整理挖掘和再出版，也为我们重新审视文本的结构和形态，参与文本的重构和解读，提供了新的机遇。效果历史是一种双向的，强调对话和历史性的理解精神。通过文本意义的不断循环理解和创造性解读，我们能够从文本中解读出更为深层的哲学价值，进而真正使得《资本论》成为富有现实价值和理论意义的精神财富。当然，以哲学解释学来解读文本，其本身也是需要被审视和批判的，因为"过度沉浸于既有成就带来的欢乐，会使我们丧失学术研究的警觉性和批判性，易于固守现成的学术研究范式而无力创造"①，把任何一种方法作为"框架"去限定研究的方向，这本身就是对学术研究理论旨趣的抽离和对创新力的窒息。由此，在甄别地运用西方哲学解释学进行理论研究的同时，应当加强对中国传统的解释学传统的研究和尊重，以中国化的本土文化特质去重建或是重构中国解释学，并在本真精神中坚持历史唯物主义的科学指导的原则，在不断从事的实践活动中，真正将马克思主义基本理

---

① 彭启福：《走出我国诠释学研究的"伽达默尔框架"》，载《山东大学学报（哲学社会科学版）》，2016年第4期，第131页。

论真谛的诉求与时代的应用诉求相结合，由此真正保持马克思主义研究自身创造性的实践路向。

习近平总书记指出，"当代中国的伟大社会变革，不是简单延续我国历史文化的母版，不是简单套用马克思主义经典作家设想的模板，不是其他国家社会主义实践的再版，也不是国外现代化发展的翻版。社会主义并没有定于一尊、一成不变的套路，只有把科学社会主义基本原则同本国具体实际、历史文化传统、时代要求紧密结合起来，在实践中不断探索总结，才能把蓝图变为美好现实"[①]。可以说，这段话正是我们总结对《资本论》文本研究的经验的最好的方法论诠释。历史性的解释学精神，在于我们的历史唯物主义历史观真正的意识的觉醒，历史延绵不绝，今天的一切是过去历史的接续发展，过去的一切也是今天尚未完成求解的时代之问，历史不会重复，每一代人都是新的历史创造者，历史也不会停滞，每一代人都会将其推进向前。在效果历史观的视域中去思考《资本论》的历史意义，我们才会更加清晰和全面地厘清社会主义作为人类文明进步的思潮、运动和制度，经历了一个孕育、产生、发展的过程，由此也才能促使我们反思，今天中国的社会发展逻辑是从何而来，又要向何处去。而对《资本论》当代价值的思考，需要我们始终保持对建设新时代中国特色社会主义事业的实践自觉、理论自觉、价值自觉，只有这样我们才能更加坚定信心，以宏伟的历史气魄和精神力量，树立"四个自信"，开拓出当代马克思主义中国化发展的新境界。

中国特色社会主义进入新时代，党的十九大报告科学阐明了中国特色社会主义的历史方位，人民群众对美好生活的需要和不平衡、不充分发展之间的矛盾成为我国社会的主要矛盾。因而，我们要聚焦这个矛盾，坚持问题导向，把人民对美好生活的向往作为我们共产党人的奋斗目标，这也是中国共产人的初心和使命。客观认识我国社会主义矛盾的转化，就要正确认识我国社会主要矛盾的"变与不变"，即虽然我国社会主要矛盾发生转变，但我国现处于并将长期处于社会主义初级阶段的基本国情没有变，

---

[①] 《习近平谈治国理政》第三卷，北京：外文出版社2020年版，第76页。

我国依然是世界上最大的发展中国家。正确认识我国社会主要矛盾的演进要坚持历史逻辑、理论逻辑和实践逻辑的统一。正确认识这些问题是制定路线、方针的基本依据，从思想上要认识清楚，行动上才能自觉。一方面要理解两个"一百年"奋斗目标的关系，另一方面还要准确理解世界中的中国和中国中的世界，如此才能回望走过的路，展望未来的路，奋进现在走的路，更好地坚定中国道路，凝聚中国共识，弘扬中国精神，为实现中国梦而不断努力奋斗。

# 第二章　马克思主义哲学视角的切入

针对国内外学术界责难马克思学说的四种论调,即经济学批判与哲学批判断裂论、青年马克思与老年马克思认识论的断裂论、马克思学说过时论、马克思人学空场论,本书以《资本论》为分析文本,做了如下工作:其一,从《资本论》贯穿的唯物史观思想的七个层次理解经济学批判与哲学批判的统一,从解释学循环的理解原理来分析马克思《资本论》文本的观点;其二,从唯物辩证法理解入手,详细分析了马克思《资本论》蕴含的辩证法原理;其三,从《资本论》蕴含的实践人学思想出发,客观再现了马克思人学思想的现实关怀、历史生成、实践关照和当代价值。以上三个视角回应了学术界种种责难马克思学说的论调,维护了马克思学说的整体性,消解了各种曲解马克思学说的论调,推进了马克思主义学说与时俱进的发展。

## 第一节　《资本论》贯穿的唯物史观思想的再理解

唯物史观是对历史及其规律的总体把握,《资本论》是对资本主义历史及其规律的具体把握。在研究对象上,它们是普遍与特殊的关系;在理论形态上,它们是抽象与具体的关系。历史及其规律都是"现实的人的活动"的产物,在这个意义上,本书从实践的角度考察社会有机体发展的维度,从七个逻辑层面对《资本论》的唯物史观思想进行了梳理与阐释。本书强调,理解《资本论》的唯物史观思想必须坚持总体性原则,按照解释学"视域融合"的方法,建立哲学批判与经济学批判、《资本论》与马克思著作群、文本视野与当代视野之间的"解释学循环",以此回应对《资本论》唯物史观思想的三重误解。

"正像达尔文发现有机界的发展规律一样,马克思发现了人类历史的发展规律"①,在此基础上发现了资本主义特殊的经济运动规律。《资本论》提供了解开"历史之谜"的钥匙,既能使我们对资本主义"社会关系的全部领域看得明白而清楚"②,也能使我们"透视一切已经覆灭的社会形式的结构和生产关系"③。另外,如果脱掉资本主义的外衣,市场经济的一般原理也适合于中国特色社会主义的探索。因而《资本论》就是唯物史观的"发达机体"。作为唯物史观的运用、贯彻和发展者,资本主义特殊规律即剩余价值规律的揭示者,《资本论》在今天仍然闪烁着真理的光辉,成为人类最伟大的精神遗产。

### 一、《资本论》的唯物史观思想的研究情况

学界对《资本论》的唯物史观思想的研究主要从《资本论》与唯物史观思想的关系这一论域展开,争论的焦点概括如下。

1.《资本论》是不是对唯物史观的证明

是否坚持马克思理论发展的整体视域,是回答这一问题的关键。国外

---

① 《马克思恩格斯选集》第3卷,中共中央马克思恩格斯列宁斯大林著作编译局编译,北京:人民出版社2012年版,第1002页。
② 《马克思恩格斯文集》第3卷,中共中央马克思恩格斯列宁斯大林著作编译局编译,北京:人民出版社2009年版,第79页。
③ 《马克思恩格斯选集》第2卷,中共中央马克思恩格斯列宁斯大林著作编译局编译,北京:人民出版社2012年版,第705页。

多数学者坚持所谓"双重断裂"①的理论视角,对此问题持否定态度。他们认为,马克思哲学思想的发展轨迹,经由青年的哲学人类学走向晚年的经验人类学,马克思青年和晚年的著作是其哲学思想的代表作,《资本论》不过是中年马克思的思想迷津和理论岔道。相反,卢卡奇②和费彻尔③则坚持从"一个马克思"的总体性视域出发肯定了这一问题。我国多数学者也对此问题持肯定态度,如刘炯忠④、张雷声⑤、丰子义⑥等。卜祥记⑦提出,把《资本论》的理论缘起回溯到作为唯物史观理论发源地的《1844年经济学哲学手稿》(以下简称《1844年手稿》),由此赋予《资本论》作为哲学巨著的合法性根据,同时弥合了哲学与经济学思想的所谓"断裂"。

2.《资本论》是对唯物史观的"运用"还是"建构"

我国多数学者赞同"《资本论》是对唯物史观的运用",如丰子义论述,《资本论》既是对唯物史观的运用,又是证明、深化和发展。另有学者,如孙正聿⑧认为《资本论》不是对马克思哲学的"运用",而是"建构",理解马克思哲学和阐明《资本论》的哲学思想,应当在二者的"互

---

① 所谓"双重断裂",一指《资本论》在哲学与经济学思想性质之间的断裂,二指"青年马克思"与"成熟马克思"的断裂。唯有唯物史观的总体视域才能消除这种误解。

② 〔匈〕卢卡奇:《历史与阶级意识》,王伟光、张峰译,北京:华夏出版社1989年版,第7—28页。

③ 〔德〕费彻尔:《马克思与马克思主义——从经济学批判到世界观》,赵玉兰译,北京:北京师范大学出版社2009年版,第31—52页。

④ 刘炯忠:《论〈资本论〉对唯物史观的证明》,载《马克思主义研究》,1985年第4期,第163—177页。

⑤ 张雷声:《再论〈资本论〉在马克思主义发展史上的地位》,载《甘肃社会科学》,2012年第5期,第1—6页。

⑥ 丰子义:《〈资本论〉唯物史观的呈现方式与独特作用》,载《中国高校社会科学》,2015年第6期,第4—16页。

⑦ 卜祥记:《〈资本论〉的理论空间与哲学性质》,载《中国社会科学》,2013年第10期,第4—21页。

⑧ 孙正聿:《〈资本论〉与马克思主义哲学》,载《学习与探索》,2014年第1期,第1—14页。

释"中进行。

3.《资本论》是不是唯物史观的"发达机体"

学界对此有三点争论。

(1)《手稿》"发达机体"论

这是包括"新马克思主义"在内的多数西方学者的观点。他们认为，马克思青年时期的《1844年经济学哲学手稿》是"人道主义历史观"，中年的《资本论》是"唯物主义历史观"，晚年的《人类学笔记》则又回到《1844年经济学哲学手稿》中的人本主义立场。《1844年经济学哲学手稿》在思想上与德国哲学的血缘关系最近。因此，马克思早期著作是其思想高峰和发达机体。

(2)《政治经济学批判序言》"发达机体"论

这是苏联一些学者的主要观点。在1859年的《〈政治经济学批判〉序言》（以下简称《序言》）中，马克思对自己研究政治经济学和发现唯物史观的过程作了交代，对唯物史观及其基本原理做了经典表述。据此，苏联一些学者认为《序言》是唯物史观完整的、不可逾越的发达机体。

(3)《资本论》"发达机体"论

王东[①]认为，马克思在《资本论》中同时完成了他的"两大发现"，使唯物史观由萌芽和假说变为系统科学，因而《资本论》才真正是唯物史观最主要的著作和发达机体。

通过考察学界对《资本论》与唯物史观关系的研究情况，笔者认为《资本论》不仅是对唯物史观的证明、运用和建构，而且从思想史的总体进程看，虽然在马克思《关于费尔巴哈的提纲》《德意志意识形态》《政治经济学批判》等诸多著作中，唯物史观的基本原理已经得到充分表述，标志着马克思唯物史观的成熟和确立，而《资本论》则是唯物史观进一步运用、证明和发展的"发达机体"，其中包含着丰富的唯物史观思想和体现着唯物史观的科学方法。以下研究及视角具有重要的借鉴意义："整体

---

① 王东：《〈资本论〉的哲学底蕴及其现代意义》，载《教学与研究》，1997年第8期，第33—37、63—64页。

性"研究(冯景源①);融经济学、哲学与社会理论于一体的研究(聂锦芳②);"现代史观"研究视角(孙承叔③);等等。总起看来,现有研究多侧重于对《资本论》哲学性质即《资本论》与唯物史观思想关系的研究,而对《资本论》唯物史观思想本身的深入挖掘和系统阐发较为鲜见。鉴于此,本书在已有研究成果的基础上,进一步强调从实践的角度考察社会有机体发展的维度,从七个逻辑层面对《资本论》中的唯物史观思想进行理论提炼与阐明。针对《资本论》唯物史观思想的三重误解即《资本论》的思想性质在哲学与经济学上的断裂、《资本论》作为马克思成熟期的著作与他早期著作在思想上的断裂、《资本论》过时论,本书强调以总体性原则实现对《资本论》唯物史观思想的科学理解。

## 二、经济学-哲学批判与唯物史观在《资本论》中的发展

马克思的巨著《资本论》及该书形成前的一系列重要手稿,充分体现了马克思的两大发现(剩余价值理论和唯物史观)及其观点深化的过程。马克思的唯物史观是他研究政治经济学的基本观点依据和方法论依据,是马克思政治经济学批判和哲学批判内在统一的理论基础,因此,马克思的经济哲学批判的深化与其唯物史观的深化有着深刻的关联。从政治经济学批判的视角看,《资本论》及其手稿与唯物史观的内在关联体现为深入结合。从哲学批判视角看,《资本论》及其手稿与唯物史观的内在关联体现为深化发展。唯有从"政治经济学-哲学"批判内在统一的理论视角,才能进一步深入阐明《资本论》及其手稿与唯物史观的

---

① 冯景源、林坚:《马克思对唯物史观"艺术整体"研究的意义及其启示——兼谈中国社会跨越发展的整性认识》,载《东方论坛:青岛大学学报》,2007年第4期,第15—20页。

② 聂锦芳:《〈资本论〉再研究:文献、思想与当代性》,载《中国高校社会科学》,2013年第3期,第47—64页。

③ 孙承叔:《中国道路与马克思主义哲学研究重心的第二次转向》,载《马克思主义与现实》,2014年第1期,第167—173页。

内在关联,并在理论上揭示、挖掘和把握唯物史观在《资本论》及其手稿中的新的存在方式和新的发展。深入阐明《资本论》及其手稿与唯物史观的内在关联,有助于推进对唯物史观的认识和发展。

《资本论》问世以来,国内外学者关于《资本论》与唯物史观关系问题的研究方兴未艾、观点不一。但需要注意的是,对《资本论》学科性质的界定(《资本论》是单纯的经济学著作还是既是经济学著作同时也是哲学著作)是回答《资本论》与唯物史观的关系问题的前问题。若像西方马克思主义者那般,把《资本论》视作单纯的经济学著作,则不仅会否定它与唯物史观的内在关联,而且还会得出所谓"双重断裂论"[①] 与 "过时论"[②] 的结论,从而否定《资本论》的时代价值。相反,肯定《资本论》学科性质的二重性,则是我国学界的主流观点,以此为基础,关于《资本论》与唯物史观的关系问题,学界有代表性的观点主要有"运用"说、"证明"说、"构建"说、"发达机体"说等。以上观点各有侧重,其学术价值值得肯定,但就这一关系问题的研究状况而言,仍然还有从其他方面深入研究的必要性。这里的分析论证思路在于,以马克思思想整体进程为理解基础,在坚持我国学界主流观点并反思借鉴以上观点的基础上,从《资本论》学科性质的二重性即从"经济学-哲学"批判内在统一的理论视角,进一步深入阐明《资本论》及其手稿与唯物史观演进发展的内在关联——从经济学批判视角揭示并阐明唯物史观在《资本论》及其手稿中的新的阐发,从哲学批判视角揭示并概括唯物史观在《资本论》及其手稿中的新的发展。

### (一) 从经济学批判视角看:经济学-哲学融汇结合,形成唯物史观在《资本论》及其手稿中的新阐发

从政治经济学批判的视角看,《资本论》及其手稿与唯物史观的内在

---

① 认为《资本论》在哲学与经济学思想性质之间、在"早期马克思"与"成熟马克思"之间是断裂的。

② 认为《资本论》不能科学解释当代资本主义经济运行机制,所以过时了。

关联体现为深入结合，经济学范畴及其运动构成唯物史观新的存在方式。

首先，唯物史观是马克思写作《资本论》及其手稿的理论指导，而《资本论》及其手稿则是唯物史观得以存在的现实基础。唯物史观在政治经济学批判中不断获得新的发展，而新发展了的唯物史观又反过来为政治经济学批判的深入提供方法论指导。《1844年经济学哲学手稿》在学界被普遍视作《资本论》研究的缘起，它是政治经济学与哲学相结合的初次尝试，开创了哲学指导下的政治经济学研究道路和经济学基础上的哲学发展道路。[①] 一方面，诚如恩格斯所言，马克思对资本主义社会的经济分析"本质上是建立在唯物主义历史观基础上的"[②]。对此，马克思曾在1859年《〈政治经济学批判〉序言》中也有提及，这里他把唯物史观称作他从巴黎到布鲁塞尔期间研究政治经济学"所得到的、并且一经得到就用于指导我的研究工作的总的结果"[③]。马克思正是在政治经济学批判中清算了他从前的哲学信仰，从而实现了哲学革命和指导他从事政治经济学研究的"总的结果"。另一方面，马克思把这个"总的结果"用于指导他对资本主义社会的经济分析，并在科学的劳动价值论的基础上，以资本主义社会细胞商品分析为现实的出发点，揭示了剩余价值的奥秘，科学揭示了资本主义社会特殊的经济运动规律。从而指出了人类解放和人的自由全面发展的历史趋势。马克思这些关于人类历史发展规律的观点深刻体现在《资本论》及其手稿等政治经济学批判的著作中。

其次，在《资本论》及其手稿中，政治经济学批判与唯物史观是一体两翼的关系，是以《资本论》及其手稿为文本载体的两个方面的辩证统一。诚如《资本论》的副标题（政治经济学批判）所示，它是政治经济学批判的著作，是对国民经济学的反思、批判与重构。马克思1843年在

---

[①] 参见卜祥记：《〈资本论〉的理论空间与哲学性质》，载《中国社会科学》，2013年第10期，第4—21页。

[②] 《马克思恩格斯选集》第2卷，中共中央马克思恩格斯列宁斯大林著作编译局编译，北京：人民出版社2012年版，第8页。

[③] 《马克思恩格斯选集》第2卷，中共中央马克思恩格斯列宁斯大林著作编译局编译，北京：人民出版社2012年版，第2页。

《〈黑格尔法哲学批判〉导言》中就指出："对市民社会（物质的生活关系的总和——引者注）的解剖应该到政治经济学中去寻求"①。他在《莱茵报》时期所遭遇的物质利益"难事"是促使他转向政治经济学研究的最初动因，也是他与黑格尔分道扬镳的逻辑起点。他的哲学的经济学转向是他实现哲学革命及其理论成果——唯物史观的重要前提，而他的经济学革命及其理论成果——《资本论》则是他哲学的经济学转向的必然逻辑。②《1844年经济学哲学手稿》第一次在政治经济学批判语境中对市民社会进行解剖，但还未摆脱费尔巴哈人本主义思想的牵绊，这个解剖还停留于对异化劳动的抽象批判。《资本论》及其手稿则通过深入研究"资本主义生产方式以及和它相适应的生产关系和交换关系"③，"揭示现代社会的经济运动规律"④，从而实现了对人类历史发展规律的深刻揭示。

再次，唯物史观在《资本论》及其手稿中是在政治经济学批判语境中以经济学范畴及其运动的方式而存在（出场和在场）的。唯物史观的最初阐述在《德意志意识形态》（以下简称《形态》）中，这部著作和《关于费尔巴哈的提纲》一起表述了新世界观的基本立场和要点，标志着马克思同旧唯物主义的决裂和对思辨唯心主义的批判达到了一个全新的高度。这部著作代表着马克思和恩格斯在哲学上完成了一个革命性的变革。正如恩格斯1888年所言："这种阐述只是表明当时我们在经济史方面的知识还多么不够"⑤。由于欠缺经济史方面的知识，《形态》中的这个最初阐述只能算作是唯物史观的初步形态。但马克思主义哲学的任务不仅是解释世界，

---

① 《马克思恩格斯文集》第2卷，中共中央马克思恩格斯列宁斯大林著作编译局编译，北京：人民出版社2009年版，第2页。

② 参见刘国胜：《马克思哲学的经济学转向与现代性批判》，载《马克思主义研究》，2018年第2期，第82—91页。

③ 〔德〕马克思：《资本论》第1卷，中共中央马克思恩格斯列宁斯大林著作编译局编译，北京：人民出版社2004年版，第8页。

④ 〔德〕马克思：《资本论》第1卷，中共中央马克思恩格斯列宁斯大林著作编译局编译，北京：人民出版社2004年版，第10页。

⑤ 《马克思恩格斯选集》第4卷，中共中央马克思恩格斯列宁斯大林著作编译局编译，北京：人民出版社2012年版，第218页。

更是要改造世界。要改造世界，就必须能够阐明现存世界的本质和运行发展的趋势，因此，马克思认识到，唯有借助政治经济学研究才能深入解剖资本主义社会。在1847年的《哲学的贫困》中，马克思以全新的历史唯物主义为理论武器，从经济学和哲学两个方面批判了蒲鲁东的唯心主义经济学，并进一步发展和阐发了唯物史观的原理。马克思在1859年曾指出，这本书对于一些"有决定意义的论点""第一次做了科学的、虽然只是论战性的概述"①。恩格斯后来在《反杜林论》第二版序言中也说："我们这一世界观，首先在马克思的《哲学的贫困》与《共产党宣言》中问世。"②恩格斯还指出，《哲学的贫困》的问世表明"马克思自己已经弄清了他的新的历史观和经济观的基本特点"③。

从1850年起，马克思投入大量精力于经济学研究，写出了《资本论》及其手稿等篇幅浩繁的政治经济学批判之作，这些著作比《形态》所阐发的唯物史观更加成熟和丰富。《资本论》及其手稿在科学的劳动价值论的基础上，揭示了剩余价值的生产、实现与分配问题，揭示了资本主义剥削的秘密和资本主义社会的主要矛盾及工人阶级的历史使命，从而揭示了资本主义的历史暂时性。这些涉及唯物史观的基本分析方法与许多重要观点在《资本论》及其手稿中，都是在政治经济学批判的语境中实现的。政治经济学批判语境是构建唯物史观新形态的现实基础，而劳动、商品、货币、资本等经济学范畴的提出和重大命题的出现，则不仅是唯物史观获得更高、更成熟的发展的标志，而且也是构建唯物史观新形态的基本范畴。④正是在此意义上，列宁指出："自从《资本论》问世以来，唯物主义历史

---

① 《马克思恩格斯选集》第2卷，中共中央马克思恩格斯列宁斯大林著作编译局编译，北京：人民出版社2012年版，第4页。
② 《马克思恩格斯全集》第13卷，中共中央马克思恩格斯列宁斯大林著作编译局编译，北京：人民出版社1962年版，第8页。
③ 《马克思恩格斯选集》第3卷，中共中央马克思恩格斯列宁斯大林著作编译局编译，北京：人民出版社1995年版，第347页。
④ 刘忠友：《〈资本论〉中的历史观研究》，北京：中国社会科学出版社2017年版，第159页。

观已经不是假设,而是科学地证明了的原理。"①

**(二) 从哲学批判视角看:经济学-哲学深化演进促成了唯物史观在《资本论》及其手稿中的新发展**

从哲学批判视角看,《资本论》及其手稿与唯物史观的内在关联体现为深化发展,唯物史观在《资本论》及其手稿中即在政治经济学批判语境中,以经济学范畴及其运动的存在方式获得了新的发展。

1. 经济范畴的人格化——破解人的存在秘密的钥匙

对人的关注和理解是贯穿马克思一生理论研究的一条红线。中学毕业时,年仅17岁的马克思就发出了"为人类幸福而工作"的伟大宣言。尽管当时只是出于人道主义的诉求,但在实现哲学革命之后,这一关注即人的价值的维度依然是唯物史观的内在品格。马克思的唯物史观"不仅建立了科学的社会历史解释框架,还确立了以人的发展为核心的价值取向"②,实现了真理维度与价值维度的双重革命。在唯物史观的视域里,人是唯物史观视域内的第一个社会存在物,"人,作为人类历史的经常前提,也是人类历史的经常的产物和结果"③。

在政治经济学批判中,由于受费尔巴哈的影响,马克思经历了从探讨人的类本质到考察人的社会本质的认识升华。由此,马克思对认识人及其本质的方法也在不断深化发展。具体分为以下几个阶段。

第一阶段,《1844年经济学哲学手稿》从人的类本质(自由自觉的活动)这一抽象本质来理解人,从异化劳动与私有财产的关系中得出私有制条件下人的本质的异化的观点,把异化劳动和私有财产的扬弃视作"向社

---

① 刘忠友:《〈资本论〉中的历史观研究》,北京:中国社会科学出版社2017年版,第10页。

② 陈新夏:《唯物史观与人的发展理论》,南京:江苏人民出版社2012年版,第1页。

③ 《马克思恩格斯全集》第26卷(第3册),中共中央马克思恩格斯列宁斯大林著作编译局编译,北京:人民出版社1974年版,第545页。

会的（即人的）人的复归"①。这一著作的理论主题是异化劳动批判，但这里指出了认识人的重要方法之一——"在他所创造的世界中直观自身"②，即通过人所创造的对象认识人。

第二阶段，1845 年，马克思的《关于费尔巴哈的提纲》进而从人的社会本质——"一切社会关系的总和"③ 这一现实性上来理解人，强调对社会存在物（包括人的存在）的理解，不能仅仅停留于"客体的或者直观的形式"，而要"把它们当作人的感性活动，当作实践"，"从主体方面去理解"④。到了《德意志意识形态》和《哲学的贫困》时，马克思指出了认识人的重要方法之二——通过人们"进行生产的物质条件"⑤ 即生产方式认识人。诚如马克思所言：人是什么样的，"既和他们生产什么一致，又和他们怎样生产一致"⑥，"手推磨产生的是封建主的社会，蒸汽磨产生的是工业资本家的社会。"⑦

第三阶段，《资本论》及其手稿深入人们的现实生活过程，把资本家、地主和工人等"现实的人"看作是"经济范畴的人格化"——"一定的阶级关系和利益的承担者"，强调"更不能要个人对这些关系负责"，因为

---

① 《马克思恩格斯全集》第 42 卷，中共中央马克思恩格斯列宁斯大林著作编译局编译，北京：人民出版社 1979 年版，第 97 页。
② 《马克思恩格斯全集》第 42 卷，中共中央马克思恩格斯列宁斯大林著作编译局编译，北京：人民出版社 1979 年版，第 97 页。
③ 《马克思恩格斯选集》第 1 卷，中共中央马克思恩格斯列宁斯大林著作编译局编译，北京：人民出版社 2012 年版，第 56 页。
④ 《马克思恩格斯选集》第 1 卷，中共中央马克思恩格斯列宁斯大林著作编译局编译，北京：人民出版社 2012 年版，第 137 页。
⑤ 《马克思恩格斯选集》第 1 卷，中共中央马克思恩格斯列宁斯大林著作编译局编译，北京：人民出版社 2012 年版，第 147 页。
⑥ 《马克思恩格斯选集》第 1 卷，中共中央马克思恩格斯列宁斯大林著作编译局编译，北京：人民出版社 2012 年版，第 147 页。
⑦ 《马克思恩格斯选集》第 1 卷，中共中央马克思恩格斯列宁斯大林著作编译局编译，北京：人民出版社 2012 年版，第 222 页。

"不管个人在主观上怎样超脱各种关系,他在社会意义上总是这些关系的产物。"①《资本论》及其手稿指出了认识人的重要方法之三——在一定的社会关系中认识人。

质言之,马克思对人的认识是在政治经济学批判中不断深化的。在经济学革命发生以前,由于还未深入到对人的现实生活过程的描述,他对人的分析还主要停留于政治-哲学的层面,更多地是从对人的理想的应然状态的理解出发而展开的对现实的批判。而只有在《资本论》及其手稿中,马克思对人的分析才算基本完成。因为这时马克思通过对商品、货币、资本等经济范畴及其内在运动的分析,深入到对人的实然状态即人的现实生活过程的描述,从而真正透过"物与物的关系"揭示了"人与人的关系",揭示了资本主义三大拜物教的秘密,在对人的现实生活过程的描述中即在经济学批判的语境中,破解了人的存在的秘密,并为人道主义找到了现实的土壤。

2. 科学的劳动观——解剖资本主义社会的理论基础

劳动发展史是马克思找到的"理解全部社会史的钥匙"②,对劳动的考察是贯穿马克思一生理论活动的一条基本线索。马克思的劳动观是对19世纪西方劳动思想的扬弃。在马克思的视野里,劳动范畴兼具"经济学-哲学"二重性质。

在《1844年经济学哲学手稿》中,马克思批判地继承了黑格尔的劳动思想,肯定黑格尔"把劳动看作人的本质",但同时批判"他只看到劳动的积极方面,没有看到它的消极方面"③。马克思批判地继承了古典劳动价值论关于价值源泉、价值决定、利润、地租等的论述,但由于它的资产阶

---

① 〔德〕马克思:《资本论》第1卷,中共中央马克思恩格斯列宁斯大林著作编译局编译,北京:人民出版社2004年版,第10页。

② 《马克思恩格斯选集》第4卷,中共中央马克思恩格斯列宁斯大林著作编译局编译,北京:人民出版社2012年版,第265页。

③ 《马克思恩格斯文集》第1卷,中共中央马克思恩格斯列宁斯大林著作编译局编译,北京:人民出版社2009年版,第205页。

级立场和历史观上的唯心主义，决定了它终究无法揭示资本主义的内在规律，最终以"李嘉图难题"①而宣告破产。总之，异化劳动批判构成马克思"巴黎时期"的理论主线，以此抓住了市民社会的本质即异化劳动与私有财产的对抗性矛盾，为唯物史观的诞生埋下了种子。从异化劳动对市民社会的批判中形成了异化史观：未异化（原初统一）——异化（分裂）——扬弃异化（更高阶段的统一）。

在《资本论》及其手稿中，马克思从异化劳动转向生产劳动。与古典经济学派从价值研究开始不同，马克思的研究是从商品开始的，并从商品的二因素引出劳动的二重性，揭示了价值的真正来源即无差别的人类一般劳动。马克思区分了劳动与劳动力概念，劳动力作为一种特殊的商品，"它的使用价值本身具有成为价值源泉的独特属性"②，从而进一步揭示了剩余价值的来源，说明资本主义生产过程是劳动过程和价值增殖过程的统一。

《资本论》及其手稿中的劳动概念具有三重内涵。一是从最抽象层面上来讲的"一般劳动"——"劳动首先是人和自然之间的过程，是人以自身的活动来引起、调整和控制人和自然之间的物质变换的过程"③，它为人类社会生活的所有历史形式所共有。但值得注意的是，《资本论》及其手稿中的一般劳动与马克思"巴黎时期"对劳动的理解所提出的一般劳动有着本质的区别：前者首先从抽象层面论述资本主义生产过程是一般劳动过程，接着从资本主义的特殊规定性论述资本主义生产过程的本质属性是价值增殖过程，即生产剩余价值；后者仅从一种纯粹个人的直接劳动来理解资本主义生产过程，从而无法揭示资本主义劳动过程的内在本质，异化劳动批判的支点只能是人本主义的价值悬设。二是资本主义条件下的"雇佣劳动"，它以劳动者和劳动资料的分离为前提，劳动力

---

① 无法科学解释平均利润来源的问题和价值向价格转化的问题。
② 《马克思恩格斯全集》第44卷，中共中央马克思恩格斯列宁斯大林著作编译局编译，北京：人民出版社1988年版，第195页。
③ 〔德〕马克思：《资本论》第1卷，中共中央马克思恩格斯列宁斯大林著作编译局编译，北京：人民出版社2004年版，第207—208页。

商品作为资本的可变部分（活劳动），是对雇佣劳动剥削本性的反映。三是以社会化大生产为特征的"社会劳动"，它是资本主义生产方式的典型代表，使劳动对资本的从属由形式推进到本质，劳动只有作为社会劳动才能起作用。马克思正是上升到"社会劳动"的层面，科学揭示了资本主义生产方式内在矛盾。

### 3. 经济的社会形态——走向历史深处的科学范畴

"经济的社会形态"范畴的形成标志着唯物史观走向了历史的深处。马克思1851年的《路易·波拿巴的雾月十八日》首次使用"新的社会形态"①范畴来指称资产阶级社会，即处于特定历史发展阶段的社会。随着政治经济学批判的深入，在唯物史观的经典之作——1859年《〈政治经济学批判〉序言》中，在"社会形态"范畴基础上，马克思首次提出了"经济的社会形态"范畴。"社会形态"是内含"经济的社会形态"的上位概念，含义更加宽。社会形态通常有两种划分方法：一种以生产关系的性质为标准划分社会形态，即经济的社会形态；一种是以生产力和技术发展水平及与之相适应的产业结构为标准划分，即技术的社会形态。而"经济的社会形态"主要是指有一定的上层建筑竖立其上并有一定的社会意识形式与之相适应的"现实基础"，即作为生产关系总和的社会经济结构。《资本论》考察了"社会人的生产器官"②的形成史（工具发展史），"把经济的社会形态的发展（社会历史过程——引者注）理解为一种自然史的过程"③，即理解为一种与"自然史"相似的"自然工艺史"④。

"经济的社会形态"范畴深化了唯物史观划分历史阶段的标准。《德意

---

① 《马克思恩格斯全集》第8卷，中共中央马克思恩格斯列宁斯大林著作编译局编译，北京：人民出版社1961年版，第122页。
② 〔德〕马克思：《资本论》第1卷，中共中央马克思恩格斯列宁斯大林著作编译局编译，北京：人民出版社2004年版，第409页。
③ 〔德〕马克思：《资本论》第1卷，中共中央马克思恩格斯列宁斯大林著作编译局编译，北京：人民出版社2004年版，第10页。
④ 〔德〕马克思：《资本论》第1卷，中共中央马克思恩格斯列宁斯大林著作编译局编译，北京：人民出版社2004年版，第409页。

志意识形态》以所有制为标准，把历史阶段划分为"部落所有制""古代公社所有制或国家所有制""封建的或等级的所有制""资本主义所有制"。《〈政治经济学批判〉序言》则用"经济的社会形态"取代所有制来划分历史，"大体说来，亚细亚的、古希腊罗马的、封建的和现代资产阶级的生产方式可以看作是经济的社会形态演进的几个时代。"①

"经济的社会形态"范畴深化了唯物史观考察社会结构的维度。第一维度即经济事实维度，"经济的社会形态"范畴的形成标志着马克思"深入到历史的本质性的维度（社会现实特别是经济事实——引者注）中去"②；第二维度即经济领域维度，"从社会生活的各个领域中划分出经济领域，从一切社会关系中分化出生产关系，即决定其余一切关系的基本的原始的关系"③；第三维度，即社会总体结构维度，"这些生产关系的总和构成社会的经济结构，即有法律的和政治的上层建筑竖立其上并有一定的社会意识形式与之相适应的现实基础。物质生活的生产方式制约着整个社会生活、政治生活和精神生活的过程。不是人们的意识决定人们的存在，相反，是人们的社会存在决定人们的意识。"④

"经济的社会形态"范畴深化了唯物史观关于社会矛盾的认识。"经济的社会形态"是指由不同生产方式构成的经济社会发展的不同阶段，即从历史发展角度来看的社会经济结构或经济基础。"经济的社会形态"范畴的形成意味着唯物史观找到了社会发展的决定性力量，即找到了社会矛盾的主要主导方面和资本主义社会基本矛盾的发展趋势："社会的物质生产力发展到一定阶段，便同它们一直在其中运动的现存生产关系或财产关系

---

① 《马克思恩格斯选集》第 2 卷，中共中央马克思恩格斯列宁斯大林著作编译局编译，北京：人民出版社 2012 年版，第 3 页。
② 〔德〕海德格尔：《海德格尔选集》上卷，孙周兴选编，北京：生活·读书·新知三联书店 1996 年版，第 383 页。
③ 《列宁选集》第 1 卷，中共中央马克思恩格斯列宁斯大林著作编译局编译，北京：人民出版社 1995 年版，第 6 页。
④ 《马克思恩格斯选集》第 2 卷，中共中央马克思恩格斯列宁斯大林著作编译局编译，北京：人民出版社 2012 年版，第 32 页。

发生矛盾。……随着经济基础的变更，全部庞大的上层建筑也或慢或快地发生变革。……资产阶级的生产关系是社会生产过程的最后一个对抗形式，……但是，在资产阶级社会的胎胞里发展的生产力，同时又创造着解决这种对抗的物质条件。"① 从而为人类昭示出一个未来自由王国的历史必然性图景。

4. 社会演进"三形态说"——科学划分人的存在方式的历史形态

马克思在《1857—1858 年经济学手稿》中从历史主体向度将人类历史进程划分为三个阶段："人的依赖关系（起初完全是自然发生的），是最初的社会形态，在这种形态下，人的生产能力只是在狭窄的范围内和孤立的地点上发展着。以物的依赖性为基础的人的独立性，是第二大形态，在这种形态下，才形成普遍的社会物质变换，全面的关系，多方面的需求以及全面的能力的体系。建立在个人全面发展和他们共同的社会生产能力成为他们的社会财富这一基础上的自由个性，是第三个阶段。"② 并指出第二个阶段为第三个阶段创造条件。马克思在这里指出了人类社会发展进步的基本过程的节点判断标准和人类社会发展进步的历史趋势和方向。

马克思主义关于人类社会历史发展阶段"三形态"的划分依据是人的发展即历史发展的主观逻辑。这里，生产力与生产关系体现为社会的人发展的两个方面。在对人类社会历史进程的说明上，"三形态"的第一阶段主要是指前资本主义社会，第二阶段对应资本主义社会，第三阶段对应未来的共产主义社会。从生产方式的特点看，"三形态"的第一阶段占优势的是产品生产即使用价值的生产，第二阶段占优势的是商品生产即交换价值的生产，第三阶段占优势的是在"社会化的人，联合起来的生产者"的"共同控制之下""合理地调节他们和自然之间的物质变换"③。

---

① 《马克思恩格斯选集》第 2 卷，中共中央马克思恩格斯列宁斯大林著作编译局编译，北京：人民出版社 2012 年版，第 32 页。

② 《马克思恩格斯全集》第 46 卷，中共中央马克思恩格斯列宁斯大林著作编译局编译，北京：人民出版社 1979 年版，第 104 页。

③ 〔德〕马克思：《资本论》第 3 卷，中共中央马克思恩格斯列宁斯大林著作编译局编译，北京：人民出版社 2004 年版，第 926 页。

马克思指出："历史不过是追求着自己目的的人的活动而已。"① 人是历史的剧作者同时也是剧中人，因而人是目的和手段的统一体，历史则是主观与客观的辩证统一。从人的发展把历史划分为三个阶段，在对人们的现实生活过程的描述中揭示人的存在方式，这是唯物史观关于现实的人及其历史发展的真实写照

5. 社会有机体——把握人类社会的总体性范畴

社会有机体是唯物史观的重要范畴，它的形成和发展反映着唯物史观的形成和发展。从马克思的思想进程看，1842年《评奥格斯堡〈总汇报〉第335号和第336号论普鲁士等级委员会的文章》中提出的"国家生活的有机体"概念是社会有机体思想的萌芽；1843年《黑格尔法哲学批判》把被黑格尔颠倒了的市民社会与国家的关系"再颠倒"了过来；通过《1844年经济学哲学手稿》对黑格尔劳动观的唯物主义改造和《神圣家族》对青年黑格尔派的批判，确立了物质生产在社会历史领域的基础地位；1845年《关于费尔巴哈的提纲》在实践基础上加深了对社会生活的起源、基础和内容的认识；1845年至1846年与恩格斯合作写的《德意志意识形态》提出"社会结构""社会形态"概念并深入市民社会的内部结构，使市民社会成为一个具有许多规定和关系的丰富总体。1847年的《哲学的贫困》首次正式提出社会有机体范畴："一切关系在其中同时存在而又相互依存的社会机体"②。1848年马克思与恩格斯合著的《共产党宣言》从生产力与生产关系的矛盾运动原理中揭示了资本主义社会有机体的历史命运。

至此，马克思对社会有机体的探索还未真正深入到经济学语境中。直到1850年马克思定居伦敦，他又重新开始了因欧洲大革命而中断的经济学研究，并通过对资本主义的经济剖析，使社会有机体思想获得了全面发

---

① 《马克思恩格斯文集》第1卷，中共中央马克思恩格斯列宁斯大林著作编译局编译，北京：人民出版社2009年版，第295页。

② 《马克思恩格斯选集》第1卷，中共中央马克思恩格斯列宁斯大林著作编译局编译，北京：人民出版社2012年版，第223页。

展。1857年《〈政治经济学批判〉导言》把生产关系看成是一个整体,科学揭示了生产、分配、交换、消费构成社会生产总体的各个环节,其中生产处于支配地位。在这篇著作里,马克思还提出要在社会有机体的总体联系中把握物质生产与艺术创作等精神生产的不平衡关系。《1857—1858年经济学手稿》对社会有机体的更新方式作了说明,指出社会有机体内部的更新是以不同速度的形式变换和物质交换而实现。1859年《〈政治经济学批判〉序言》对社会有机体各个要素、结构及其内部联系进行了集中表述:"人们在自己生活的社会生产中……社会的经济结构……发生矛盾……发生革命。"[1] 此文同时提出的"两个决不会"思想还对社会有机体新旧更替的客观条件作了说明。

马克思在《资本论》中指出:"现在的社会不是坚实的结晶体,而是一个能够变化并且经常处于变化过程中的机体"[2],并深刻阐明了社会有机体的自我调节和发展过程:"有机体制本身作为一个总体有自己的各种前提,而它向总体的发展过程就在于:使社会的一切要素从属于自己,或者把自己还缺乏的器官从社会中创造出来。有机体制在历史上就是这样向总体发展的。它变成这种总体是它的过程即它的发展的一个要素"[3]。诚如列宁所言,《资本论》"完全用生产关系来说明该社会形态的构成和发展,但又随时随地探究与这种生产关系相适应的上层建筑,使骨骼有血有肉"[4]。这样,马克思在政治经济学批判语境中实现了对资本主义社会有机体的科学剖析。

### 6. 资本——建构现代社会的总的原则

如果说科学的劳动范畴是构建《资本论》的理论基础,那么资本范畴

---

[1] 《马克思恩格斯选集》第2卷,中共中央马克思恩格斯列宁斯大林著作编译局编译,北京:人民出版社2012年版,第2—3页。

[2] 〔德〕马克思:《资本论》第1卷,中共中央马克思恩格斯列宁斯大林著作编译局编译,北京:人民出版社2004年版,第10—13页。

[3] 《马克思恩格斯全集》第46卷(上),中共中央马克思恩格斯列宁斯大林著作编译局编译,北京:人民出版社1979年版,第236页。

[4] 《列宁选集》第1卷,中共中央马克思恩格斯列宁斯大林著作编译局编译,北京:人民出版社1995年版,第9页。

则是《资本论》的核心论题。马克思的资本范畴是在批判与建构的二重运动中形成的,即在批判古典政治经济学基础上建构了资本范畴,而这一过程又是在唯物史观的指导下进行的。《资本论》所论的资本具有三重内涵:在形式上,资本是一个经济范畴,以物的形式存在;在本质上,资本是一种生产关系即雇佣劳动与资本的关系,即"物的关系"掩盖下的"人的关系";在本性上,资本是能够带来剩余价值的价值,可以使价值发生增值。资本作为经济范畴是生产关系的物化载体,资本作为生产关系则是经济范畴的人格化。《资本论》按照从抽象上升到具体的方法论证了资本的生产过程、流通过程和资本生产的总过程。

在唯物史观视域内,资本是人类社会历史发展到一定阶段的产物,是私有制发展导致的必然阶段。"资本不是物,而是一定的、社会的、属于一定历史社会形态的生产关系,它体现在一个物上,并赋予这个物以特有的社会性质。"① 资本关系是一种不平等的权力关系,即"死劳动"对"活劳动"、"物"对"人"的单向支配权。在资本主义社会,资本是支配一切的经济权力。马克思科学地阐明了,在资本主义社会,资本主义生产关系是"普照的光",是以"积累起来的劳动"这种物的形式展现出来的人的关系。资本既然是一种生产关系,那它就是一种历史性的存在。资本的本性是追求剩余价值即对剩余劳动的剥削,资本凭借对生产资料所有权的垄断而具有排他性,因而是一种对抗性的生产关系。

资本逻辑是人类社会商品经济发展到一定阶段和发达商品经济即市场经济运行的必然逻辑,资本逻辑的总体性构成资本批判的总体性,同时也是构建现代社会的总的原则。诚如马克思所言:"在土地所有制处于支配地位的一切社会形式中,自然联系还占优势。在资本处于支配地位的社会形式中,社会、历史所创造的因素占优势。"② 在资本主义机器大工业的社

---

① 〔德〕马克思:《资本论》第3卷,中共中央马克思恩格斯列宁斯大林著作编译局编译,北京:人民出版社2004年版,第920页。

② 《马克思恩格斯全集》第46卷(上),中共中央马克思恩格斯列宁斯大林著作编译局编译,北京:人民出版社1979年版,第45页。

会化生产中，雇佣劳动表现为"社会劳动"，劳动对资本的隶属由形式隶属转变到实际隶属，人作为生产过程的真正主体被资本这个虚假的主体所取代，即人的主体性被资本的主体性所僭越，这是资本拜物教产生的秘密所在。因而，资本主义制度绝不是人类社会的归属，它一定会被社会主义制度所代替。

### （三）深刻启迪：《资本论》及其手稿与唯物史观内在融合的时代价值

马克思指出："任何真正的哲学都是自己时代的精神上的精华。"① 问题在于"改变世界"，要达到这个目的，就必须"深入到历史的本质性的一度中去"。唯物史观不同于其他历史观的鲜明特点在于，它是在政治经济学批判中形成和发展起来的，政治经济学批判的深度决定着唯物史观的高度。因而唯有走向现实的深处才能走向历史的深处。

关于《资本论》及其手稿与唯物史观的内在关联，应该在一些基本层面形成共识。

首先，必须科学界定《资本论》的学科性质，既不能把它单纯看作经济学著作，也不能把它单纯看成哲学著作，应该把它理解为"政治经济学-哲学批判"的著作。这是考察《资本论》及其手稿与唯物史观关系问题的前问题。肯定《资本论》是政治经济学批判与哲学批判融合的著作，这是我们考察《资本论》及其手稿与唯物史观的内在关联的理论基础。

其次，考察《资本论》及其手稿的唯物史观性质，必须坚持"政治经济学-哲学"批判的总体性视野，在政治经济学批判语境中，说明《资本论》及其手稿作为政治经济学批判的著作是如何与唯物史观相结合的，以及唯物史观在《资本论》及其手稿中又是以何种方式存在的；说明《资本论》及其手稿作为哲学批判的著作是如何使唯物史观在其中获得新的发展的。

---

① 《马克思恩格斯全集》第 1 卷，中共中央马克思恩格斯列宁斯大林著作编译局编译，北京：人民出版社 1995 年版，第 220 页。

通过考察《资本论》及其手稿与唯物史观的内在关联,即在政治经济学批判语境中对唯物史观进行考察,我们得到以下深刻启示:唯物史观是现实的理论体系,在经济学的研究中不断深化;唯物史观是系统的理论体系,在整体性的视野中不断开拓;唯物史观是开放的理论体系,在新的实践语境中不断出场。

## 三、《资本论》唯物史观思想的七个逻辑层面

单纯的理论阐发无法完全呈现出唯物史观的全貌,它的丰富内涵深藏于对它的探索和论证过程。《资本论》经过对资本主义经济事实的实证研究,使唯物史观从抽象的理论假设变为具体的实证科学,其丰富内涵在实践语境中从七个逻辑层面得以全面展开。

### (一) 人类社会的辩证观:人类社会在普遍联系中运动发展

唯物史观辩证观是对形而上学历史观的扬弃。自然史观和唯心史观都不理解实践的真实意涵,在历史观上双双陷入形而上学的泥潭。实践原则是新唯物主义在哲学上超越旧唯物主义的"分水岭"。正是由实践的交互中介,描绘出人类社会否定之否定的螺旋式上升和进步的一种辩证发展图式。

首先,实践构成人类社会的存在样态,"是整个现存的感性世界的基础"[①]。实践之于唯物史观的意义,犹如劳动二重性之于政治经济学的意义。在实践基础上说明和反思历史及其规律,是唯物史观的根本特征。"全部社会生活在本质上是实践的"[②]。实践内含人与自然和人与人即生产力和生产关系两方面的内容。在历史的形成、内容和发展上,实践都具有

---

① 《马克思恩格斯选集》第 1 卷,中共中央马克思恩格斯列宁斯大林著作编译局编译,北京:人民出版社 2012 年版,第 157 页。

② 《马克思恩格斯选集》第 1 卷,中共中央马克思恩格斯列宁斯大林著作编译局编译,北京:人民出版社 2012 年版,第 10 页。

本体论意义,构成社会和人的实际存在样态。而马克思的《资本论》研究的材料来自实践,《资本论》研究的目的在于认识和改造世界。马克思不是躲在书斋里在虚无缥缈的思想太空里无目的地漫游,而是对资本主义社会的规律进行科学地揭示,对资本主义的弊端进行无情地批判。正如马克思所说:"政治经济学所研究的材料的特殊性质,把人们心中最激烈、最卑鄙、最恶劣的感情,把代表私人利益的复仇女神召唤到战场上来反对自由的科学研究。"①

其次,人类社会是实践交互中介的结果。在《资本论》中,马克思从现象到本质、具体到抽象、结果到原因、自然到社会,通过劳动二重性理论揭示了商品的本质是一种社会交换关系,简单商品经济的基本矛盾是私人劳动和社会劳动的矛盾,从而进一步解释了资本主义社会的基本矛盾和生产方式的本质是对剩余价值的追求。这一切分析的基础,就是商品经济乃至资本主义商品经济实践及其演进。作为对人类起基础性作用的物质资料生产和再生产的实践活动,生产力和生产关系构成实践的两个基本方面,二者的交互作用是历史辩证运动的根据。其中,生产力从根本上制约着生产关系的变革。但人的本质力量无法直接对象化于自然客体,必须借助生产工具,这样,主体、中介、客体之间就构成辩证关系,而作为生产主体的人不是孤立地从事生产活动,而是在社会生产关系中并在这个特定关系的制约中从事生产实践活动的。因此,生产必然从属于一定的社会形式。

最后,人类社会是一个在实践中否定之否定的扬弃过程。马克思在《资本论》第一卷中指出:"资本主义生产方式是一种特殊的、具有独特历史规定性的生产方式",它把"社会生产力及其发展形式的一个既定的阶段作为自己的历史条件,而这个条件又是一个先行过程的历史结果和产

---

① 〔德〕马克思:《资本论》第 1 卷,中共中央马克思恩格斯列宁斯大林著作编译局编译,北京:人民出版社 2004 年版,第 401 页。

物",同时也是一个"新的生产方式由以产生的既定基础"①。马克思在《资本论》第三卷中指出:"我们的方法表明必然包含着历史考察之点,也就是说,表明仅仅作为生产过程的历史形式的资产阶级经济,包含着超越自己的、对早先的历史生产方式加以说明之点。……这种正确的考察同样会得出预示着生产关系的现代形式被扬弃之点,从而预示着未来的先兆,变易的运动。"②

在马克思看来,资本主义通过否定封建主义确立自身,而又通过否定自身走向灭亡。"资本主义私有制,是对个人的、以自己劳动为基础的私有制的第一个否定。但资本主义生产由于自然过程的必然性,造成了对自身的否定。这是否定的否定。"③马克思认为,正是由于大工业直接带来了人的关系的非人化,但大工业和社会化大生产同时也为人的解放积累着强大的物质力量,即"历史中的资产阶级时期负有为新世界创造物质基础的使命"④,这一过程由对资本主义内在矛盾和资本主义社会阶级矛盾的双重否定完成,即社会化生产对生产资料资本家私人占有的否定和无产阶级对资产阶级的否定。资产阶级将在自己创造的对象里否定自身。正是在这个意义上,《资本论》揭示了资本主义产生、发展和灭亡这一否定之否定的辩证发展过程。

### (二) 人类社会的自然观:自然人化和人化自然的内在统一

在人与自然的关系问题上,旧哲学要么以直观的方式从客体本身出发,要么以思辨的方式从主体精神出发;要么缺乏能动性,要么抽象地发

---

① 《马克思恩格斯文集》第7卷,中共中央马克思恩格斯列宁斯大林著作编译局编译,北京:人民出版社2009年版,第994页。

② 《马克思恩格斯全集》第46卷(上册),中共中央马克思恩格斯列宁斯大林著作编译局编译,北京:人民出版社1979年版,第458页。

③ 〔德〕马克思:《资本论》第1卷,中共中央马克思恩格斯列宁斯大林著作编译局编译,北京:人民出版社2004年版,第874页。

④ 《马克思恩格斯选集》第1卷,中共中央马克思恩格斯列宁斯大林著作编译局编译,北京:人民出版社2012年版,第862—863页。

展能动性，从而非科学地解答人与自然的关系问题。自然观上的错误，是导致旧哲学在历史观上陷入唯心主义的重要原因。从实践出发的唯物史观在历史领域科学地解答了人与自然的关系问题。

首先，在自然人化的意义上，"历史是人的真正的自然史"①。马克思把黑格尔对自然的认识颠倒了过来，指出自在自然具有客观存在性和优先存在性。马克思在《资本论》中阐述劳动的外在条件时，提出了两个"自然富源"的概念，在人类发展初期，生活资料的自然富源对人类生存起着决定性的作用；在人类发展的较高阶段，生产资料的自然富源呈现出决定性作用，如为工业生产提供能源的煤炭、提供材料的金属矿产、提供交通便利的河道等，而"这些生产资料，它们是天然存在的。"② 自然人化理论克服了自然的盲目自发性，而成为以人的目的为尺度的自然历史过程。在实践论域中，自然人化不是自然本身使然，而是实践使然，是把人的本质力量加在自然的因果链条上，利用客观的自然规律使自然进入到人和社会之中，使自然存在转化为社会存在，成为人生存和发展的现实条件。自在自然在人化自然中延续了它的存在和客观实在性，把物质、能量和信息转化为人的内在本质，使自然性渗入人性，构成人的本质的自然基础。资本主义生产方式开启了自然人化的全新模式：我们"周围的感性世界决不是某种开天辟地以来就已存在的、始终如一的东西，而是工业和社会状况的产物"③。但由于资本主义雇佣劳动的异化特性，使自然不是向真正的人转化，而是转化为资本对人的生存和发展造成的限制。

其次，在人化自然的意义上，历史是实践之时间展开。自然对人而言，又存在"人化自然"，即人通过劳动实践使自在自然凝聚了人的对象

---

① 《马克思恩格斯全集》第42卷，中共中央马克思恩格斯列宁斯大林著作编译局编译，北京：人民出版社1979年版，第169页。

② 〔德〕马克思：《资本论》第1卷，中共中央马克思恩格斯列宁斯大林著作编译局编译，北京：人民出版社2004年版，第214页。

③ 《马克思恩格斯选集》第1卷，中共中央马克思恩格斯列宁斯大林著作编译局编译，北京：人民出版社2012年版，第155页。

化的本质力量。人化自然"是经过形式变化而适应人的需要的自然物质"①。人通过劳动实践使自在自然呈现出人化的独特存在方式，自然成为人的无机身体，进入了人类社会的领域，自然从"自在之物"转化为了"为我之物"。在实践论域中，人与自然是主客体关系，历史实则是实践之时间展开，即主体把自己的目的、意志等本质力量对象化于客体，给自然打上人的烙印，把自在自然转化为人化自然，即"真正的、人类学的自然界"②。人化自然是现实的人的生活世界，是人的实践力量的产物和对这种力量的确证，它使人能够在自己创造的对象性世界中直观自身。马克思在《资本论》中对大土地所有制和小土地所有制进行了比较，资本主义工业为大土地所有制提供了诸多手段，把土地变为资本增值的生产要素，使土地的自然力遭到滥用，"这些条件在社会的以及由生活的自然规律决定的物质变换的联系中造成了一个无法弥补的裂缝"③。人化自然力是社会存在和发展的根本动力。大机器和社会分工使资本主义人化自然力空前高涨，但资本主义雇佣劳动使人化自然不直接是现实的人的生活世界，而是一个全面异化了的非人的自然；不是人的本质力量的对象化和确证，而是非对象化和丧失。

最后，在实践论域中，历史是自然人化与人化自然的二位一体。马克思在《资本论》中指出："劳动首先是人和自然之间的过程，是人以自身的活动来中介、调整和控制人和自然之间的物质交换的过程"④。自然人化与人化自然是在同一实践中相互中介的两个方面。自然人化不是外在于社会的，而是在社会之中并借助一定的社会形式才能实现的；人化自然也不

---

① 〔德〕马克思：《资本论》第 1 卷，中共中央马克思恩格斯列宁斯大林著作编译局编译，北京：人民出版社 2004 年版，第 211 页。
② 《马克思恩格斯全集》第 42 卷，中共中央马克思恩格斯列宁斯大林著作编译局编译，北京：人民出版社 1979 年版，第 128 页。
③ 〔德〕马克思：《资本论》第 3 卷，中共中央马克思恩格斯列宁斯大林著作编译局编译，北京：人民出版社 2004 年版，第 919 页。
④ 〔德〕马克思：《资本论》第 1 卷，中共中央马克思恩格斯列宁斯大林著作编译局编译，北京：人民出版社 2004 年版，第 207 页。

是脱离自然,而是在自然之中并借助一定的自然力量才能实现的。在实践语境中,人与自然以主体与客体、目的与对象、应然与实然的关系相互作用、相互制约、相互渗透,自然成为"社会的自然""历史的自然",社会成为"自然的社会",历史成为"自然的历史",现存世界成为自然人化与人化自然双向运动、二位一体的世界。正是在科学的实践观基础上,唯物史观实现了自然观与历史观、社会主体与自然客体的辩证统一。从上面的论述可知,劳动性质是对人与自然关系性质的确证。因此,资本主义不直接是人化自然,而是异化自然,共产主义将通过扬弃异化劳动促使人与自然关系和解,即"社会化的人,联合起来的生产者,将合理地调节他们和自然之间的物质变换,把它置于他们的控制之下,而不让它作为盲目的力量来统治自己,靠消耗最小的力量,在最无愧于和最适合于他们的人类本性的条件下来进行这种物质变换。"①

### (三)人类社会动力观:社会基本矛盾是社会发展的动力

历史结果是历史合力的产物,但社会基本矛盾则是根本原因,构成历史运动的"中轴线",提供历史发展的基本动力。

首先,物质生产力是原动力。物质生产力是"有生命的个人"生产物质生活本身的原动力。从劳动二重性理论看,物质生产力是具体劳动运用劳动工具加工劳动对象,生产使用价值的生产力。劳动工具则是社会生产力的集中代表。随着新生产力的获得,从生产方式即人们的生活保障方式到一切社会关系都将随之改变。虽然资本整合了一切发展生产力的社会因素,使生产力发展空前高涨,但资本主义终将被生产力的更大发展所超越和取代。在《资本论》第四篇"相对剩余价值的生产"中,马克思正是通过对协作、分工和工场手工业、机器大工业的历史考察,分析了资本主义发生、发展和矛盾积累的事实。《资本论》以"自然科学的精确性"指明了社会的物质变革,从而把历史看作是"自然史"过程。在这个意义上,

---

① 〔德〕马克思:《资本论》第 3 卷,中共中央马克思恩格斯列宁斯大林著作编译局编译,北京:人民出版社 2004 年版,第 928—929 页。

《资本论》使唯物史观成为真正的实证科学和历史科学。

其次,生产力与生产关系的矛盾是一级动力。生产力与生产关系的矛盾运动总体决定了历史的进程和方向。生产力对历史具有归根结底的决定作用。随着生产力的发展,资本主义经历了简单协作→分工和工场手工业→大机器生产三个阶段。资本主义的生产实质是以提高生产力为手段达到资本增殖的目的。生产力既是资本增殖的手段,也是否定资本主义的物质力量。马克思之所以在工场手工业前加了"分工"的概念,是因为分工构成生产力与生产关系矛盾运动的中介——生产力⇌分工⇌生产关系。任何生产必须"在一定社会形式中并借这种社会形式"① 才能进行。因此生产关系一定要适合生产力状况,否则就成为生产力的桎梏。社会主义代替资本主义的客观必然性,正是资本主义生产方式的内在矛盾,这就是马克思的结论。

最后,经济基础与上层建筑的矛盾是二级动力。经济基础的变动必然引起整个上层建筑或快或慢的变动。马克思在论证经济关系与法权关系时指出:"这种法的关系或意志关系的内容是由这种经济关系本身决定的"②。在资本主义社会,资本是最高的社会存在物和支配一切的经济权,决定着其他一切关系的比重,改变着社会存在的形态,构成现代社会的建构原则。整个资本主义上层建筑都为资本增殖服务。上层建筑反作用于经济基础,例如,资本原始积累中的国家暴力和法律强制;为榨取剩余劳动,资本利用国家权力对工作日、工厂法做出法律"规定"。马克思在《资本论》序言中所说的社会的自然发展阶段不能跳过,"但它能缩短和减轻分娩的痛苦",就是在考察当时英国变革过程后说的。

### (四)人类社会的结构观:生产力借社会形式作用于思想空间

从宏观静态、内部运转和阶级构成三个视角看,社会有机体呈现出三

---

① 《马克思恩格斯全集》第 46 卷(上),中共中央马克思恩格斯列宁斯大林著作编译局编译,北京:人民出版社 1979 年版,第 24 页。

② 〔德〕马克思:《资本论》第 1 卷,中共中央马克思恩格斯列宁斯大林著作编译局编译,北京:人民出版社 2004 年版,第 103 页。

种结构。首先，从宏观静态角度看，社会大厦是由物质生产力、生产关系及其总和的经济基础、树立其上的上层建筑构成的"三层楼"结构。物质生产力是社会结构的物质基础，构成社会大厦的地基系统。社会关系的总和构成所谓的社会结构。生产关系的总和构成所谓的经济结构，是整个社会结构的经济基础，构成社会大厦的骨骼系统；树立于经济基础之上的政治的、法律的、意识形态的上层建筑，构成社会大厦的血肉系统。社会结构是经济基础和上层建筑的统一体。从宏观静态角度看，社会大厦的构成就体现为这样一种"三层楼"结构。《资本论》在直接生产的意义上，说明了资本主义"经济共同体的全部结构，从而这种共同体的独特的政治结构，都是建立在上述的经济形式上的"[①]。而在《资本论》中，马克思分别对"商品的拜物教及其秘密""西尼尔的最后一小时""节欲论"进行批判，正是对资产阶级意识形态鼓吹资本主义制度永恒，维护资本主义剥削制度的虚伪性进行揭露。这种分析框架体现了唯物史观的社会结构观的原理。

其次，从内部运转机制看，社会有机体是由生产领域和消费领域的内部运转构成的"联动"结构。人们首先必须能够生活，然后才能创造历史。历史的这一逻辑前提决定了物质生产是第一个也是最基本的历史活动。生产的方式和内容决定着消费的方式和内容，消费的需要规定着生产的目的。社会有机体的内部运转，通过生产、分配、交换和消费四个环节的辩证运动实现。资本的本质决定了资本主义生产不是为了消费也不能顺利转化为消费，而是以资本增殖为目的，这导致市场上"庞大的商品堆积"和有效需求不足之间矛盾剧烈。资本主义内部运转机制的这种结构性矛盾，导致资本主义社会结构具有不平衡性，这根源于资本主义生产方式的内在矛盾，也从另一个角度说明资本主义的社会结构并不像资产阶级经济学家所说的那样稳定。

最后，从阶级构成看，社会是由被剥削阶级和剥削阶级构成的"依

---

① 〔德〕马克思：《资本论》第3卷，中共中央马克思恩格斯列宁斯大林著作编译局编译，北京：人民出版社2004年版，第894页。

附"结构。马克思主义认为，人类社会的文明史是阶级斗争的历史。从阶级结构看，任何社会形态都是由被统治阶级与统治阶级构成的，"自由民和奴隶、贵族和平民、领主和农奴、行会师傅和帮工，一句话，压迫者和被压迫者，始终处与相互对立的地位"①。恩格斯1883年把被动的阶级一方置换到了前面。② 被压迫者和压迫者之间的矛盾斗争，是社会阶级结构运动和变迁的动因。资本主义时代的《资本论》阐明了资本主义社会阶级结构产生的原因和变迁的动力，论证了资本主义社会阶级结构变迁的科学性，说明了资本的私有性和剥削性只是历史在资本主义生产方式中的特殊性。马克思的《资本论》第三卷上升到对资本主义阶级关系的分析，就是要从总体上把握"建立在资本主义生产方式基础上的现代社会的三大阶级"③。

### （五）人类社会的演化观：社会是从低级向高级的进步过程

马克思在《资本论》第一版序言中指出："我的观点是：社会经济形态的发展是一种自然历史过程"④。这是他从人类史与自然史的共性即物质性上对社会演进的说明，强调人类社会的"似自然性"。但全部社会生活的实践本质决定了，考察和理解人类史的立脚点不是物质性，而是实践性。《资本论》通过论证资本主义的历史命运和内在机制，阐明了人类社会演进的一般规律。

首先，人类社会演进的总趋势可从历时与共时两个维度说明。人类社会演进以社会基本矛盾为中轴描绘出前进性与曲折性辩证统一的图式：

---

① 〔德〕马克思：《资本论》第3卷，中共中央马克思恩格斯列宁斯大林著作编译局编译，北京：人民出版社2004年版，第894页。

② 《马克思恩格斯选集》第1卷，中共中央马克思恩格斯列宁斯大林著作编译局编译，北京：人民出版社2012年版，第380页。

③ 〔德〕马克思：《资本论》第3卷，中共中央马克思恩格斯列宁斯大林著作编译局编译，北京：人民出版社2004年版，第1001页。

④ 〔德〕马克思：《资本论》第1卷，中共中央马克思恩格斯列宁斯大林著作编译局编译，北京：人民出版社2004年版，第10页。

生产力决定生产关系，生产关系要适合生产力的状况；经济基础决定上层建筑，上层建筑要适合经济基础的状况。这两大规律决定着历史运动的总趋势。从纵的即历时性的维度看，社会演化是一个从低级到高级、从简单到复杂的过程，在理论上呈现为"五形态说"和"三形态说"，前者是从所有制和生产方式的角度对历史总体进程的划分，后者则是从历史主体即人的发展的角度所作的划分。从横的即共时性的维度看，社会演化是一个从地方到世界、从民族到全球的过程。正如马克思在《资本论》中所说："世界贸易和世界市场揭开了资本的现代生活史。"①"一般说来，世界市场是资本主义生产方式的基础和生活条件。"② 大工业和资本逻辑所开创的"世界市场"加速了经济全球化和一体化的进程，使历史转变为"世界历史"。

其次，人类社会演进的内在机制是合规律与合目的即决定与选择的辩证统一。由实践引出社会演进的二重机制——客观机制与主观机制的辩证运动。社会演进的客观机制规定，历史运动具有因果必然性和客观规律性，人要尊重实践对象的内在规律，从而以历史决定的方式规定着社会演进的总趋势。"不管个人在主观上怎样超脱各种关系，他在社会意义上总是这些生产关系的产物"③。社会演进的主观机制规定，历史运动不是无主体的盲目自发过程，而是把人的本质力量作用于自然的因果链条，从而以历史选择的方式把握着社会演进的总趋势。历史选择受制于历史条件，生产力决定着历史选择的可能性空间。在条件成熟时，历史选择可能实现历史"跨越"，但"跨越"不是对现实生产力而言，而是对社会形态而言的。

最后，人类社会演进的资本主义历史阶段是迈向未来社会的过渡阶段。马克思在《资本论》第一版序言中写道："问题本身并不在于资本主

---

① 〔德〕马克思：《资本论》第 1 卷，中共中央马克思恩格斯列宁斯大林著作编译局编译，北京：人民出版社 2004 年版，第 171 页。

② 〔德〕马克思：《资本论》第 3 卷，中共中央马克思恩格斯列宁斯大林著作编译局编译，北京：人民出版社 2004 年版，第 126 页。

③ 〔德〕马克思：《资本论》第 1 卷，中共中央马克思恩格斯列宁斯大林著作编译局编译，北京：人民出版社 2004 年版，第 10 页。

义生产的自然规律所引起的社会对抗的发展程度的高低。问题在于这些规律本身,在于这些以铁的必然性发生作用并且正在实现的趋势。工业较发达的国家向工业较不发达的国家所显示的,只是后者未来的景象"①。从社会演进的"五形态"看,资本主义是生产方式的资本主义阶段;从"三形态"看,资本主义是以物的依赖性为基础的人的独立性阶段。马克思曾在《1857—1858年经济学手稿》中,按"前资本主义——资本主义——共产主义"图式划分社会演进的总趋势。不论基于哪种划分,资本主义都没有终结历史,它是一个特殊的历史阶段和迈向未来社会的过渡阶段。资本主义的内在矛盾是资本主义超越自身的客观逻辑,而成长壮大于大工业生产中的无产阶级队伍及其国际联合则是资本主义超越自身的主观逻辑。

### (六)人类社会的主体观:人民群众是社会历史的主体和创造者

旧唯物主义和唯心主义都不理解实践之于人类社会历史的本体论意涵,要么把历史运动归结为无主体的机械决定过程,要么把历史运动归结为少数英雄人物或神的旨意,从而都没有找到创造历史的真正主体。由于对历史主体地位的颠倒,包括资本主义在内的从前的一切历史都不是"真正的人"的历史。唯物史观认为,人民群众是社会历史的主体和创造者。《资本论》的内容充分体现了这些观点。

首先,人民群众是创造历史的实践主体。唯物史观认为,历史是现实的人的实践之展开。现实的人作为实践主体也就是历史的主体即历史的创造者。但对现实的人的理解,即对历史创造者问题的探讨,必须立足于社会历史发展的整体视野来进行。因为历史不是个体历史的简单堆砌,而是阶级、民族乃至人类集体认识活动和实践活动的产物及演进过程。在社会历史的整体视域中,历史主体即创造历史的现实的人是一个集体概念,它最贴切的内涵就是人民群众,即从事物质生产实践的社会成员中的绝大多数。人民群众作为物质生产的主体,作为最活跃的生产力因素,是物质生

---

① 〔德〕马克思:《资本论》第1卷,中共中央马克思恩格斯列宁斯大林著作编译局编译,北京:人民出版社2004年版,第8页。

产方式的载体。人民群众的历史主体性正是从这个意义上来界定的。马克思的《资本论》是写给工人阶级的"圣经",是马克思基于唯物史观,站在劳动人民的立场上,无情地揭露资本关系,批判资本制度的伟大檄文。在《资本论》中,马克思用了大量篇幅和第一手资料,用铁的事实,揭示了工人阶级所遭受的种种压迫和剥削。《资本论》第一卷第三篇《绝对剩余价值的生产》中的"争取正常工作日的斗争。14世纪中叶至17世纪""1833年—1864年英国的工厂立法";第七篇《资本的积累过程》中的"资本主义积累一般规律的例证"等都引用了大量当时的数据和案例资料。从而无情地揭露了资本主义制度对工人阶级主体地位的贬损。

其次,人民群众是推动历史的动力、主体。唯物史观认为,物质生产力的发展是历史运动的终极原因。恩格斯在《资本论》书评中指出:"资本和劳动的关系,是我们全部现代社会体系所围绕旋转的轴心"[①]。在马克思看来,在资本主义剥削关系下,劳动屈从于资本,劳动成果被资本占有,从事物质资料生产的劳动人民的地位被贬低。随着劳动的解放,劳动群众的利益得到关照,人民群众对历史的创造才会拉开崭新的一幕。人民群众作为最活跃的生产力因素,在现实生产中,不仅能尊重客观规律并按规律办事,还能自觉地认识、掌握和利用客观规律并使之服务于自身发展;不仅能学习和掌握科学技术以提高自身素质并将其转化为现实的生产力,还能通过分工与协作等方式有效地组织生产过程以提高生产效率;不仅能创造出物质财富和精神财富以增加生产力,还能变革旧的生产关系、旧的社会制度和旧的思想观念以促进生产力发展。人民群众的社会实践和总体意愿,化为一种物质力量,最终决定着历史的结局和方向,是推动历史车轮前进的根本力量。

最后,人民群众是评判历史的价值主体。人民群众是价值创造的主体。根据马克思的劳动价值论,一切社会价值都是人民群众的劳动实践创造的,人民群众的实践过程就是社会价值的创造过程。人民群众是价值评

---

[①] 《马克思恩格斯选集》第2卷,中共中央马克思恩格斯列宁斯大林著作编译局编译,北京:人民出版社2012年版,第70页。

判的主体。人民群众作为直接生产者对生产过程最具发言权，人民群众对生产资料即对生产力的实际掌握和占有情况，则是评判一个社会主体性程度的根据。人民群众是价值享受的主体。人民群众是社会价值的创造者，但历史事实表明社会价值的创造者不一定就是社会价值的享受者，二者在逻辑上具有对等性，但在现实中并非如此，甚至完全颠倒。由于有文字记载的历史是阶级斗争史，因而这种价值颠倒是人类历史的常态。正如马克思在《资本论》中所说："社会上的一部分人享有生产资料垄断权的地方，劳动者，无论是自由的还是不自由的，都必须在维持自身生活所必需的劳动时间以外，追加超额的劳动时间来为生产资料的所有者生产生活资料"①。也就是说，劳动者只有能对资本价值增值有作用的时候才能获得就业机会，才能获得生存条件。

### （七）人类社会的价值观：人类文明不断在更高层次上复归

马克思在《资本论》第一版序言中指出：欧洲大陆将发展起来的资本主义"将采取较残酷的还是较人道的形式，那要看工人阶级自身的发展程度而定。"② 在马克思看来，劳动的解放是生产力得以持续发展的条件，而对劳动的野蛮剥削的剥削关系终将成为生产力进一步发展的桎梏。这就揭示了一个真理，人类社会的价值观必须遵循一个基本原则：文明创造主体与文明享受主体相吻合。进入文明史，私有制和阶级社会引发了文明的悖论——文明创造主体与文明享受主体相颠倒。唯物史观从历史主体的实践生存境遇的高度，把人类文明科学地划分为奴役制文明和"真正的普遍的文明"③ 两大历史阶段，指明了人类文明进步的方向。

首先，人类文明与劳动性质同根，人类社会价值观要求从外在劳动转

---

① 《马克思恩格斯选集》第 2 卷，中共中央马克思恩格斯列宁斯大林著作编译局编译，北京：人民出版社 2012 年版，第 74 页。

② 〔德〕马克思：《资本论》第 1 卷，中共中央马克思恩格斯列宁斯大林著作编译局编译，北京：人民出版社 2004 年版，第 9 页。

③ 《马克思恩格斯全集》第 12 卷，中共中央马克思恩格斯列宁斯大林著作编译局编译，北京：人民出版社 1998 年版，第 725 页。

向内在劳动。劳动是人类文明的逻辑起点,对文明进程具有基础性作用。从劳动性质看,劳动可区分为外在劳动和内在劳动。外在劳动下的人类文明就是奴役制文明。资本文明具有鲜明的历史进步性,引起"社会生产力的一切增长"[①]。但资本主义生产过程的起点和基础是"劳动产品和劳动者本身的分离,客观劳动条件和主观劳动力的分离"[②],当"资本主义生产一旦站稳脚跟,它就以不断扩大的规模再生产这种分离"[③]。生产劳动的外在性使对抗性成为"文明直到今天所遵循的规律"[④]。

其次,人类文明与解放进程同步,人类社会价值观要求从片面发展转向自由发展。人类解放与人类文明具有同步性,人类解放的任务在于实现人的自由全面发展,人的自由全面发展是人类文明进步最真实的意涵和最确证的方向。资本开辟的"世界市场"使历史不断转向世界历史,但资本文明的扩张与人的单向度化同步累进。资本文明并没有成为人的发展的条件,而成为限制。资本主义自由是浮于流通领域的假象,一旦进入生产领域,工人就"只有一个前途"[⑤]——让资本家来鞣。按照马克思主义关于合真理性与合价值性、合规律性与合目的性相统一的原理,除要考察劳动生产力之外,还要考察历史主体在社会关系中的解放程度,马克思社会演进"三形态"说就是由此入手对社会文明进程的考察。

最后,人类文明与价值旨趣同源,人类社会价值观要求从统治剥削

---

[①] 《马克思恩格斯全集》第30卷,中共中央马克思恩格斯列宁斯大林著作编译局编译,北京:人民出版社1995年版,第267页。

[②] 〔德〕马克思:《资本论》第1卷,中共中央马克思恩格斯列宁斯大林著作编译局编译,北京:人民出版社2004年版,第658页。

[③] 〔德〕马克思:《资本论》第1卷,中共中央马克思恩格斯列宁斯大林著作编译局编译,北京:人民出版社2004年版,第821—822页。

[④] 《马克思恩格斯全集》第4卷,中共中央马克思恩格斯列宁斯大林著作编译局编译,北京:人民出版社1958年版,第104页。

[⑤] 〔德〕马克思:《资本论》第1卷,中共中央马克思恩格斯列宁斯大林著作编译局编译,北京:人民出版社2004年版,第205页。

转向为民服务。"文明时代的基础是一个阶级对另一个阶级的剥削"①，实质是一些人对另一些人的统治。资本文明的价值旨趣在于支配无酬劳动、攫取剩余价值和实现资本增殖。马克思承认"资本的文明面之一是，它榨取剩余劳动的方式和条件，同以前的奴隶制、农奴制等形式相比，都更有利于生产力的发展，有利于社会关系的发展，有利于更高级的新形态的各种要素的创造"②。但资本逻辑把人的关系降为物的关系，使资本主义社会全面异化，只不过资本文明的特征在于剥削方式的隐蔽化。资本从资本家私有转向社会共同占有，它的价值旨趣也就由统治剥削转向为人民服务。

## 四、理解《资本论》唯物史观思想的总体性原则

《资本论》已经诞生 150 多年了，作为一代伟人在那个时代对资本主义乃至人类命运思考的巨著，随着时间的推移，其科学蕴含在时间间距中不断显示出来。根据解释学原理，间距是文本原初的意义与解释者生成的意义之间的中介，是文本不断产生新的意义的生长域；也就是说，正是间距的作用，才使得解释者对文本新的意义的再造和组合成为可能。基于时间间距的理论考察，像马克思主义其他基本原理一样，马克思《资本论》中包含的唯物史观的思想内容和理论价值是随着时代发展不断被重新认识的。这就是解释学所说的时间间距对文本及其观点理解的作用。许多思想是随着时间和实践的推移逐渐不断地显示出内在深刻的含义和启迪的。

诚如马克思所言："不论我的著作有什么缺点，它们却有一个长处：即它们是一个艺术的整体"③。《资本论》的总体性：一是方法的总体

---

① 《马克思恩格斯选集》第 4 卷，中共中央马克思恩格斯列宁斯大林著作编译局编译，北京：人民出版社 2012 年版，第 194 页。

② 〔德〕马克思：《资本论》第 1 卷，中共中央马克思恩格斯列宁斯大林著作编译局编译，北京：人民出版社 2004 年版，第 927—928 页。

③ 《马克思恩格斯全集》第 31 卷，中共中央马克思恩格斯列宁斯大林著作编译局编译，北京：人民出版社 1972 年版，第 135 页。

性——研究方法从具体总体到抽象总体，叙述方法再从抽象总体上升到具体总体；二是结构的总体性——从第一卷到第三卷是一个以生产为圆心逐次加入流通和分配这两个同心圆的总体性进程；三是逻辑的总体性——资本逻辑是现代社会商品和市场经济运行的必然逻辑，资本逻辑的总体性构成资本批判的总体性。从《资本论》及其唯物史观思想的七个逻辑层面的总体性，引出理解《资本论》唯物史观思想的总体性原则。

习近平同志指出："我看过一些西方研究马克思主义的书，其结论未必正确，但在研究和考据马克思主义文本上，功课做得还是可以的。相比之下，我们一些研究在这方面的努力就远远不够了。"① 吸收和借鉴西方马克思主义的解释学方法，有利于我们对马克思主义研究找到新的突破口。

"循环解释"是解释学的基本方法，体现为整体与部分之间本体性的循环解释，在当代语境同传统文本的循环解释中，同间距效果相互作用，不断补充间距对前见过滤的空缺，持续赋予文本新的意义。列宁认为："在'资本论'中，逻辑、辩证法和唯物主义的认识论不必要三个词：它们是同一个东西都应用于同一门科学。"② 而"解释学循环"因认识论意义、辩证法精神和时间性特征，成为理解《资本论》时保持"解释学意识"的最佳途径。在对《资本论》唯物史观总体性原则的分析中，按照解释学"视域融合"的方法，建立哲学批判与经济学批判、《资本论》与马克思著作群、文本视域与当代视域之间的"解释学循环"，其目的就是要科学理解马克思《资本论》的深层内涵，挖掘其深层价值，展现其思想的时代意义，以此有力回应对《资本论》唯物史观思想的所谓哲学与经济学的断裂、青年马克思与成熟马克思的断裂、《资本论》过时论这三重误解或曲解。

---

① 习近平：《在哲学社会科学工作座谈会上的讲话》，载《人民日报》，2016年5月19日，第2版。

② 《列宁全集》第38卷，中共中央马克思恩格斯列宁斯大林著作编译局编译，北京：人民出版社1959年版，第357页。

首先，建立哲学批判与经济学批判之间的"解释学循环"，回应所谓哲学与经济学的断裂论。马克思在他的唯物史观的基础上，在《资本论》中完成了他的"两大发现"之一——剩余价值理论，并使唯物史观及其思想得以充分运用和扩展。剩余价值理论揭示了资本主义的经济规律、剥削本质和历史命运，具体深化了唯物史观关于人类社会发展规律的基本原理。在这个意义上，《资本论》就是唯物史观的实证科学。资本批判以商品为起点、以资本为核心，是对传统形而上学的超越，在哲学上实现了本体论的革命转向，把批判的矛头从天国转向尘世，转向对资本主义生产方式本身的批判，从而揭示了资本主义生产的秘密及其经济运动规律，为无产阶级和人类的解放指明了一条扬弃异化和消灭资本主义私有制的现实道路，使社会主义由空想变为科学。换言之，只有在无产阶级和人类解放的背景下，才能真正理解资本批判。因此，理解《资本论》的唯物史观思想，必须在哲学与经济学双重批判的互动与互释中进行。经济学批判在哲学批判的指导下进行，哲学批判在经济学批判的进行中丰富与发展。

其次，建立《资本论》与马克思著作群之间的"解释学循环"，回应所谓"青年马克思"与"成熟马克思"的断裂论。唯物史观不是凭空产生的理论"悬设"，而是有它出场的必然逻辑的，它作为开放的理论体系，在回应实践问题中不断出场。从唯物史观的形成史看，《资本论》是唯物史观的"发达机体"，但不是"唯一机体"。马克思的唯物史观从《莱茵报》时期就有了思想萌芽，在克罗茨纳赫时期有了思想积累，在《德法年鉴》或巴黎时期有了思想突破，在布鲁塞尔时期走向成熟，在《资本论》里得以验证并发展。可见，马克思的唯物史观思想是一个历史形成的过程，不存在所谓断裂问题。贯穿唯物史观思想和方法的《资本论》通过对资本主义社会形态的实证研究，使唯物史观成为实证科学。从而将认识世界和改造世界的两大任务结合在一起。正如列宁所说："马克思的经济学说就是马克思理论最深刻、最全面、最详细的证明和运用。"[1] 因此必须坚

---

[1] 《列宁选集》第 2 卷，中共中央马克思恩格斯列宁斯大林著作编译局编译，北京：人民出版社 1965 年版，第 549 页。

持"一个马克思"的总体性原则,建立《资本论》与马克思著作群之间的"解释学循环",从唯物史观形成史和发展史的总体视域中理解《资本论》的唯物史观思想。

最后,建立文本视域与当代视域之间的"解释学循环",回应所谓《资本论》过时论。任何思想都有它出场的历史语境,其解释力受制于特定历史场域。《资本论》是马克思以资本主义生产方式的典型地点英国作为例证,对处于上升时期社会矛盾激化的资本主义社会现实的批判成果。时易世变,我们没理由要求一部150多年前写作的文本,为现代社会所有问题提供现成答案,更没理由从体现当代视域的所谓时代"问题"出发去肢解甚至否定文本,但可在文本与当代两个视域的遭遇、交流和沟通的"视域融合"中重新"放置我们自己",使文本由于新意的产生和解释力的提升而成为当下"复活"的文本。在这个意义上,马克思思想闪烁着颠扑不破的真理光芒,《资本论》的唯物史观思想穿越时空。

## 第二节 《资本论》中体现的辩证法的再理解

马克思有一个夙愿,那就是写一部关于辩证法的专题性著作。马克思早在写作《1857—1858年经济学手稿》期间就已经表达了他的这个愿望,他于1858年1月14日写给恩格斯的信中说道:"我又把黑格尔的《逻辑学》浏览了一遍,这在材料加工的方法上帮了我很大的忙。如果以后再有功夫做这类工作的话,我很愿意用两三个印张把黑格尔所发现、但同时又加以神秘化的方法中所存在的合理的东西阐述一番,使一般人都能够理解。"① 而在10年后,马克思更加明确地强调了他的这个愿望,他于1868年5月9日写给约瑟夫·狄慈根的信中说道:"一旦我卸下经济负担,我

---

① 《马克思恩格斯全集》第29卷,中共中央马克思恩格斯列宁斯大林著作编译局编译,北京:人民出版社1972年版,第250页。

就要写《辩证法》。辩证法的真正规律在黑格尔那里已经有了，当然具有神秘的形式。当然必须祛除这种形式……"① 但让马克思感到身不由己的是，他生前绝大多数的时间和精力几乎全部投身于经济学的研究，身心交瘁的马克思再也抽不出足够的时间和精力去偿还他的这个夙愿。然而，令后人们感到欣慰的是，在他呕心沥血 40 余年浇筑的伟大著作《资本论》中，到处都闪现着辩证法的思想光芒。这就是说，马克思生前虽然没有余力开辟关于辩证法的专题性研究，但是他为人们留下了《资本论》的伟大逻辑，其中蕴含着丰富的唯物辩证法思想。

马克思之所以有写作辩证法的专题性著作的这么一个迫切的愿望，很可能是与马克思不满于他所处的那个时代人们对待政治经济学的两种错误的方法有关。

一种是资产阶级经济学家所传承的那种形而上学的方法，这种方法在总体上就是辩证法的对立面。与唯物辩证法的矛盾分析法相反，形而上学方法的根本之点在于不把对立面的统一看作矛盾的统一，而把"对立的统一变成了这些对立的直接等同"②。因而，资产阶级经济学家的这种形而上学的方法否认了资本主义生产方式的内在矛盾（要么是他们有意选择回避，因为受制于他们的资产阶级立场），他们把资本主义生产方式看成人类社会生产的永恒的和终极的自然形式，而不把资本主义生产方式看成人类社会历史过程中的暂时的、历史的和特殊的社会生产方式。资产阶级经济学家（包括古典派和庸俗派）把资本主义社会看作是终结历史的千年王国，把资本主义社会的经济规律看作是人类社会历史发展的普遍规律，主要是由于他们被阶级立场的局限性和研究方法的形而上学性所束缚，因而资产阶级政治经济学也只能"在表面的联系内兜圈子"，至于资本主义社

---

① 《马克思恩格斯文集》第 10 卷，中共中央马克思恩格斯列宁斯大林著作编译局编译，北京：人民出版社 2009 年版，第 288 页。

② 《马克思恩格斯全集》第 26 卷（第 3 册），中共中央马克思恩格斯列宁斯大林著作编译局编译，北京：人民出版社 1974 年版，第 91 页。

会的真正的内在规律，他们是无法深入探明的。资产阶级经济学家所传承的这种形而上学的方法，在庸俗派（如庞巴维克、古斯塔夫·施穆勒等人）那里表现得最为彻底，以至于他们不惜充当腐朽的资产阶级反动派的辩护士。关于他们的学说的科学性，马克思在《资本论》第二版的跋中已有评论，他指出："只要政治经济学是资产阶级的政治经济学，就是说，只要它把资本主义制度不是看作历史上过渡的发展阶段，而是看作社会生产的绝对的最后的形式，那就只有在阶级斗争处于潜伏状态或只是在个别的现象上表现出来的时候，它还能够是科学。"①

另一种对待政治经济学的错误方法则是黑格尔的唯心主义的辩证法。较之形而上学方法，黑格尔的方法的优越性在于它具有很强的历史感，他把历史看作是绝对精神按照自身内在的必然性而不断向外展开的发展过程。这为辩证地剖析资本主义生产方式奠定了逻辑起点。但是，黑格尔的辩证法是建立在唯心主义世界观基础上的，这与马克思所坚持的唯物主义的世界观是根本对立的，因而必须对其进行唯物主义的改造。马克思对黑格尔唯心主义辩证法的批判性改造从他1843年所写的《黑格尔法哲学批判》中就已经开始了，这一批判性的改造活动经过《1844年经济学哲学手稿》《神圣家族》《哲学的贫困》，再经过《〈政治经济学批判〉导言》，而最后在《资本论》中得以完成。因而，马克思的《资本论》的出版也可以看作是他对黑格尔唯心主义辩证法所进行的最彻底的批判性改造的最终完成。

马克思的《资本论》是他"把辩证方法应用于政治经济学的第一次尝试"②。马克思正是在对资本主义生产方式即对资本主义经济事实进行分析的基础上，实现对资产阶级政治经济学家的形而上学方法和黑格尔的唯心主义辩证法的彻底批判和革命改造的，解决了采用什么方法对待政治经

---

① 〔德〕马克思：《资本论》第1卷，中共中央马克思恩格斯列宁斯大林著作编译局编译，北京：人民出版社2004年版，第16页。

② 《马克思恩格斯全集》（第31卷），中共中央马克思恩格斯列宁斯大林著作编译局编译，北京：人民出版社1972年版，第385页。

学这一在马克思之前尚未得到解决的问题。而对于这个问题的解决，正如恩格斯所言："马克思过去和现在都是唯一能够担当起这样一件工作的人，这就是从黑格尔逻辑学中把包含着黑格尔在这方面的真正发现的内核剥出来，使辩证法摆脱它的唯心主义外壳并把辩证方法在使它成为唯一正确的思想发展方式的简单形式上建立起来。马克思对于政治经济学的批判就是以这个方法做基础的，这个方法的制定，在我们看来是一个其意义不亚于唯物主义基本观点的成果。"① 因而，对《资本论》中体现的唯物辩证法的三大规律和辩证法范畴进行阐述，有助于深入理解唯物辩证法在政治经济学批判语境中的科学运用。

## 一、《资本论》中体现的对立统一规律

马克思在《资本论》第一版《序言》中指出："现在的社会不是坚实的结晶体，而是一个能够变化并且经常处于变化过程中的有机体。"② "现在的社会"作为一个有机的整体，是一个处于唯物辩证法所揭示的普遍联系和永恒发展之中的活的有机体。马克思不仅分析了资本主义生产方式的全部要素，而且说明在资本主义产生、发展和灭亡的运动过程中，资本主义社会经济形态这个活的有机体自身也处于变化和发展过程之中。马克思进一步揭示了资本主义变化发展的动力源于自身的内在矛盾。

《资本论》中辩证法的基本方法是矛盾分析法，而矛盾分析法的核心则是对立统一规律，对立统一规律就是辩证法的基本规律。对立和统一是同一事物内部矛盾的两个方面，对立是矛盾双方的相互冲突，是事物运动和发展的动力；统一则是矛盾双方的相互依存，是事物保持自身的根据。对任何事物的分析，都必须在对立中把握统一，在统一中把握对立。矛盾

---

① 《马克思恩格斯选集》第 2 卷，中共中央马克思恩格斯列宁斯大林著作编译局编译，北京：人民出版社 2012 年版，第 13 页。

② 〔德〕马克思：《资本论》第 1 卷，中共中央马克思恩格斯列宁斯大林著作编译局编译，北京：人民出版社 2004 年版，第 10—11 页。

的对立面的冲突和解决构成矛盾的运动过程。诚如马克思所言："两个相互矛盾方面的共存、斗争以及融合成一个新范畴，就是辩证运动。"① 马克思就是从资本主义本身来把握资本主义的内在矛盾的，并且，他通过对资本主义内在矛盾的冲突和解决的考察和分析，系统提炼和归纳出了关于资本主义矛盾运动的理论体系。

马克思对资本主义社会的矛盾分析是从资本主义社会的经济细胞——商品开始的。马克思在《资本论》的开篇写道："资本主义生产方式占统治地位的社会的财富，表现为'庞大的商品堆积'，单个的商品表现为这种财富的元素形式。因此，我们的研究就从分析商品开始。"② 商品作为用于交换的人类有用劳动的产品，其中同时存在着两种既对立又统一的因素，即使用价值和价值，二者相互依赖、不可分割。使用价值是价值的物质载体，而价值则寓于使用价值之中，它是使用价值即商品体的内在灵魂。商品的使用价值反映了人和自然之间永恒的自然必然性，因而是商品的自然属性；而商品的价值则反映了商品世界中人和人之间所特有的社会经济关系，因而是商品的社会属性。任何商品，一方面它是社会的使用价值的代表，另一方面它还代表了一定量的社会必要劳动时间的耗费。商品的内在矛盾在于，它是使用价值和价值的统一体，二者是同时存在于商品体内的两种不可分割的因素，但是对于任何人来说，他不可能同时占有商品的这两种因素，因而商品的二因素对人具有不可同时兼得的性质。商品生产者想要获得商品的价值，他（作为卖着）就必须要在市场上通过交换把他所占有的商品的使用价值让渡给买者，但在这个交换的环节中他将同时失去他所占有的商品的使用价值。商品的价值是由劳动生产者在生产过程中所创造（对象化）的，但是商品价值的实现又必须在流通领域通过交换才能完成，因而交换是解决商品内在矛盾的必然途径。

---

① 《马克思恩格斯文集》第1卷，中共中央马克思恩格斯列宁斯大林著作编译局编译，北京：人民出版社2009年版，第605页。

② 〔德〕马克思：《资本论》第1卷，中共中央马克思恩格斯列宁斯大林著作编译局编译，北京：人民出版社2004年版，第47页。

马克思在分析商品的二因素的同时进一步指出，商品的内在矛盾源于商品中包含的劳动的二重性——具体劳动和抽象劳动、私人劳动和社会劳动的矛盾。劳动的二重性理论是马克思政治经济学批判的理论基础，是马克思对政治经济学的独创性贡献。虽然在马克思之前，古典政治经济学家如亚当·斯密和大卫·李嘉图已经研究了价值决定的问题，他们的劳动价值论认为商品的价值是由生产商品的劳动所创造的，但是他们并没有进一步明确价值的真正源泉。实际上，对于古典经济学家来说，劳动仍然只是一个抽象的名词，是需要进一步去研究的范畴，而不是可以直接用来建立理论的基础。马克思主义认为，任何科学的范畴都是内在地包含着矛盾的对立和统一的，而对于古典政治经济学家来说，劳动还仅仅是一个抽象的直观，是一个没有矛盾的范畴。古典政治经济学由于对劳动的研究的不彻底性，他们的理论也就不可能达到科学的水平，最终还是以"李嘉图难题"（无法科学解释平均利润的来源问题和价值向价格转化的问题）而宣告破产。在古典经济学家停止不前的地方，马克思迈出了关键的一步，从而把政治经济学建立在了科学的劳动价值论的基础之上。这关键的一步就是马克思对古典政治经济学家的劳动范畴的批判性分析，他把劳动范畴进一步区分为具体劳动和抽象劳动，从而真正说明了价值的源泉问题。马克思认为，具体劳动是"由自己产品的使用价值或者由自己产品是使用价值来表示自己的有用性的劳动"[①]。从商品的二因素的角度来看，具体劳动就是用来生产商品的使用价值的劳动。马克思在《资本论》中写道："劳动作为使用价值的创造者，作为有用劳动，是不以一切社会形式为转移的人类生存条件，是人和自然之间的物质变换即人类生活得以实现的永恒的自然必然性。"[②] 市场上所堆积着的种种商品体即各种各样的使用价值，实际上代表着同样多的具体的有

---

[①]〔德〕马克思：《资本论》第1卷，中共中央马克思恩格斯列宁斯大林著作编译局编译，北京：人民出版社2004年版，第55页。

[②]〔德〕马克思：《资本论》第1卷，中共中央马克思恩格斯列宁斯大林著作编译局编译，北京：人民出版社2004年版，第56页。

用劳动,而具体劳动的基本状况也反映了社会分工的发展程度。而抽象劳动则是生产商品的价值的劳动,是商品价值的真正源泉。生产劳动是价值的唯一源泉,但不是使用价值即物质财富的唯一源泉。由各种具体劳动所创造出来的各种使用价值即各类商品体,它们之间是存在着质的差异性的;而由抽象劳动所创造出来的商品的价值则没有质的差异,而只有量的差别即价值量大小的差别。任何作为价值的商品体之间,虽然它们反映了各种不同质的劳动,因为它们在具体的劳动形式和劳动目的上是有很大差别的,但是作为价值,"如果把生产活动的特定性撇开,从而把劳动的有用性撇开,劳动就只剩下一点:它是人类劳动力的耗费",而生产商品的使用价值的各种劳动只是耗费人类劳动力的各种不同的形式而已,它们"是同种劳动的客观表现",因为在这些不同类型的商品体之中存在着相同的实体———一般人类劳动力的耗费。① 这是各类商品体之间(如上衣和麻布)可以进行交换的价值基础。虽然市场上"庞大的商品堆积"代表着雄厚的物质财富,但是由于劳动的二重性,与物质财富的量的增长相伴随的很可能同时也是它的价值量的下降。这种对立的运动在人类社会历史过程中往往是通过生产力的发展来呈现的,当生产力提高时,人们在单位时间内所生产的使用价值的量增大从而物质财富的量会大大增加,但与此同时,生产力的提高也使耗费在单个商品中的社会必要劳动时间减少从而使它的价值量大大减小。生产力的变化只是对同一个劳动在相同时间内所生产的使用价值的量有所影响,而对同样条件下商品的价值量的变化则可能并没有什么影响。

马克思提醒我们注意的是,具体劳动和抽象劳动并不是两种相互独立的劳动,它们只不过是在同一个劳动过程中所表现出来的劳动的两个不同的方面而已。马克思在《资本论》中指出:"就使用价值说,有意义的只是商品中包含的劳动的质,就价值量说,有意义的只是商品中包含的劳动的量,不过这种劳动已经化为没有进一步的质的人类劳动。在前一种情况

---

① 〔德〕马克思:《资本论》第 1 卷,中共中央马克思恩格斯列宁斯大林著作编译局编译,北京:人民出版社 2004 年版,第 57 页。

下，是怎样劳动，什么劳动的问题；在后一种情况下，是劳动多少，劳动时间多长的问题。"① 对于商品的使用价值来说，它的各种不同的有用性是由于在社会分工的前提下形成了各种生产商品的具体的有用劳动，正是这些不同质的有用劳动生产出了商品世界丰富多彩的基本样貌。对于商品的价值来说，它则是在抽象掉了生产活动的特定性质和劳动的有用性质之后，由仅仅表现为无差别的人类一般劳动所创造的，人类一般劳动的耗费就成为商品价值的实体所在。恩格斯1885年5月5日（马克思诞辰67周年纪念日）在《资本论》第2卷《序言》中也曾评论道："马克思研究了劳动形成价值的特性，第一次确定了什么样的劳动形成价值，为什么形成价值以及怎样形成价值，并确定了价值不外就是这种劳动的凝固"②。马克思的劳动二重性理论不仅是对古典政治经济学劳动价值论的科学批判，而且他的科学的劳动价值论为分析资本主义内在矛盾奠定了坚实的理论基础。诚如马克思所言："一切劳动，一方面是人类劳动力在生理学意义上的耗费；就相同的或抽象的人类劳动这个属性来说，它形成商品价值。一切劳动，另一方面是人类劳动力在特殊的有一定目的的形式上的耗费；就具体的有用的劳动这个属性来说，它生产使用价值。"③

前面已经提到，商品的内在矛盾只有在交换中才能得到解决，这是因为在交换中即在流通领域，商品的内在矛盾获得了外在的表现形式，商品的内在矛盾外在地转化为了价值形式的矛盾。一个商品在与另一个不同质的商品进行交换的过程中，它的价值对象性就获得了现实的表达，后一个商品的使用价值形式表现了前一个商品的价值形式。在历史上，价值形式的发展经历了从简单的、个别的或偶然的价值形式到总和的或扩大的价值形式再到一般的价值形式的发展过程。这个过程就反映了商品中所包含着

---

① 〔德〕马克思：《资本论》第1卷，中共中央马克思恩格斯列宁斯大林著作编译局编译，北京：人民出版社2004年版，第59页。
② 〔德〕马克思：《资本论》第2卷，中共中央马克思恩格斯列宁斯大林著作编译局编译，北京：人民出版社2004年版，第21页。
③ 〔德〕马克思：《资本论》第2卷，中共中央马克思恩格斯列宁斯大林著作编译局编译，北京：人民出版社2004年版，第60页。

的资本主义矛盾的胚芽形式的展开过程。在价值形式中,也体现了唯物辩证法的对立统一规律,这一点马克思在《资本论》中也进行了较为详细的说明,他指出:在价值形式中,"相对价值形式和等价形式是同一价值表现的互相依赖、互为条件、不可分离的两个要素,同时又是同一价值表现的互相排斥、互相对立的两端即两极;这两种形式总是分配在通过价值表现互相发生关系的不同的商品上。"① 一个商品的价值只能通过另一个与它相对立的商品相对地表现出来,而"另一个充当等价物的商品不能同时处于相对价值形式。它不表现自己的价值。它只是为另一个商品的价值表现提供材料"②。这就说明"同一个商品在同一个价值表现中,不能同时具有两种形式。不仅如此,这两种形式是作为两极相互排斥的。"③

马克思在《资本论》第一版《序言》中指出:"我要在本书研究的,是资本主义生产方式以及和它相适应的生产关系和交换关系。"④ 而马克思从商品内在矛盾的二重性深入到包含在商品中的劳动的二重性的分析,则为进一步深入分析资本主义生产方式的基本矛盾——生产力与生产关系即资本主义社会化大生产与生产资料资本主义私有制之间的矛盾奠定了科学的逻辑起点。资本主义生产方式内在的经济矛盾进一步外在地表现为资本主义的阶级矛盾,即无产阶级与资产阶级之间的矛盾。马克思正是通过对资本主义社会生产方式的矛盾分析,为资本主义社会历史的发展敲响了警钟。

---

① 〔德〕马克思:《资本论》第1卷,中共中央马克思恩格斯列宁斯大林著作编译局编译,北京:人民出版社2004年版,第62—63页。
② 〔德〕马克思:《资本论》第1卷,中共中央马克思恩格斯列宁斯大林著作编译局编译,北京:人民出版社2004年版,第63页。
③ 〔德〕马克思:《资本论》第1卷,中共中央马克思恩格斯列宁斯大林著作编译局编译,北京:人民出版社2004年版,第63页。
④ 〔德〕马克思:《资本论》第2卷,中共中央马克思恩格斯列宁斯大林著作编译局编译,北京:人民出版社2004年版,第8页。

## 二、《资本论》中体现的质量互变规律

老子《道德经》有云:"合抱之木,生于毫末;九层之台,起于累土"。荀子《劝学》言明:"故不积跬步,无以至千里;不积小流,无以成江海"。关于质量互变规律或量变质变规律,中国古代智者早有论述。在唯物辩证法看来,质和量是用来考察事物内部变化发展过程的一对哲学范畴。一切事物的发展变化过程,在其内部矛盾的推动下,将经历量变和质变两种状态。事物量变的过程是一种在其本身范围内的连续的不显著的变化;而事物质变的过程则是超出其本身范围的质的变化,是一种质态向另一种质态的飞跃,即渐进过程的中断。在事物内部矛盾的作用下,事物的发展表现为一个由量变引起质变,再由这种质变引起新的量变的无限发展过程。事物的量变总是保持在质的规定性范围(度)以内,而质变则是超越这个度而产生新质,即从旧事物转变为新事物。量变引起质变,质变是量变的结果,二者相互依赖、相互渗透。唯物辩证法的质量互变规律体现了事物在发展过程中的渐进性和飞跃性的辩证统一。

马克思在《资本论》中运用质和量的分析方法对使用价值和交换价值进行了分析,并在此基础上对资本主义劳动过程和价值增殖过程、不变资本和可变资本进行了科学的区分,从而揭示了资本主义社会商品生产过程的特殊性本质——价值增殖的过程。马克思在《资本论》中首先运用矛盾分析法,揭示了包含着资本主义社会一切矛盾的胚芽形式的商品的内在矛盾——使用价值和价值的矛盾,并进一步揭示了商品的二因素源于商品中包含着的劳动的二重性——具体劳动和抽象劳动,从而创造了科学的劳动价值论,揭示了商品价值的真正源泉是耗费(对象化)在商品中的无差别的一般人类劳动。马克思在这个基础上运用质和量辩证统一的分析方法,揭示了剩余价值的来源,揭示了资本主义社会商品生产的真正目的在于生产剩余价值,即资本主义社会生产过程的实质是价值增殖过程。

马克思在《资本论》中指出:"每一种有用物,如铁、纸等等,都可

以从质和量两个角度来考察。"① 物以自身的自然属性来满足人们的需要，这种物对人的有用性使它成为使用价值。同一种物，它的使用价值可能有多种不同的表现，而"发现这些不同的方面，从而发现物的多种使用方式，是历史的事情。"② 马克思对商品的使用价值的考察，是以它们的量的规定性为前提的，如 20 码麻布、1 件上衣等。对于任何一种使用价值来说，更多的量就代表了更多的物质财富，如 2 件上衣可供 2 个人穿，1 件上衣只能供 1 个人穿。但是，各种使用价值即商品体，它们是存在质的差别的，这种质的差别首先在于它们具有各自独特的自然属性，它们各自有着不同的材质和不同的用途，每一种使用价值都相应地是由与之相关的一种特殊的具体劳动所生产的，例如"麻布"和"上衣"这两种不同的使用价值就分别是由"织"和"缝"这两种不同的具体劳动所生产的。麻布和上衣这两种不同质的使用价值，决定于生产它们的不同质的劳动。商品生产的目的首先在于满足人们普遍的社会需要，生产对社会具有普遍需求的有用物品，"每个商品的使用价值都包含着一定的有目的的生产活动，或有用劳动"③。即使不考虑生产各种使用价值的具体劳动的差异性，各种使用价值"总还剩有一种不借人力而天然存在的物质基础"，人在生产中"只能改变物质的形式"。④

马克思进一步指出："作为使用价值，商品首先有质的差别；作为交换价值，商品只能有量的差别，因而不包含任何一个使用价值的原子。"⑤ 这是因为"如果把商品体的使用价值撇开，商品体就只剩下一个属性，即

---

① 〔德〕马克思：《资本论》第 2 卷，中共中央马克思恩格斯列宁斯大林著作编译局编译，北京：人民出版社 2004 年版，第 48 页。
② 〔德〕马克思：《资本论》第 2 卷，中共中央马克思恩格斯列宁斯大林著作编译局编译，北京：人民出版社 2004 年版，第 48 页。
③ 〔德〕马克思：《资本论》第 2 卷，中共中央马克思恩格斯列宁斯大林著作编译局编译，北京：人民出版社 2004 年版，第 55 页。
④ 〔德〕马克思：《资本论》第 2 卷，中共中央马克思恩格斯列宁斯大林著作编译局编译，北京：人民出版社 2004 年版，第 56 页。
⑤ 〔德〕马克思：《资本论》第 2 卷，中共中央马克思恩格斯列宁斯大林著作编译局编译，北京：人民出版社 2004 年版，第 50 页。

劳动产品这个属性"①。而随着劳动产品的"一切可以感觉到的属性都消失了……随着劳动产品的有用性质的消失，体现在劳动产品中的各种劳动的有用性质也消失了，因而这些劳动的各种具体形式也消失了。各种劳动不再有什么差别，全都化为相同的人类劳动，抽象人类劳动"②。现在，劳动产品所剩下来的东西只是无差别的人类劳动的单纯凝结——对象化在商品中的价值。

对于市场上的任何两种商品来说，例如麻布和上衣，二者之所以可以作为商品彼此对立，首先是因为它们是不同的有用物，这两种不同质的使用价值决定于织和缝这两种不同质的劳动。麻布不能和它自己发生关系，麻布只有和它不同质的上衣发生关系才是有意义的。但是，两种不同质的使用价值能够彼此发生关系，例如20码麻布＝1件上衣，这个等式说明在麻布和上衣之中有一种共同的可通约的东西。20码麻布和1件上衣，无论在数量上还是在材质上，它们都有着明显的差别，二者只有转化为一种共同的东西才能发生关系，这个共同的东西就是在生产过程中对象化在麻布和上衣中的无差别的人类抽象劳动，它的量的大小取决于生产商品所耗费的社会必要劳动时间的量的多少。经过这一转化，麻布和上衣这两个具有不同质的使用价值的物就表现为在质上具有等同性的物，因为它们只不过是承担着无差别的人类抽象劳动即价值的物质载体而已。因而对于商品的价值而言，不同的商品只有量的大小，而没有质的差别。

马克思在对商品进行质量分析的基础上，进一步运用质量分析法对简单商品流通过程和资本流通过程进行了比较，从而揭示了资本总公式的矛盾，揭示了剩余价值的来源，揭示了资本主义生产的实质。在简单商品流通中，W—G—W，为买而卖，同一块货币两次变换位置，货币充当着中介，其目的在于使用价值。而在资本流通中，G—W—G′，为卖而买，两

---

① 〔德〕马克思：《资本论》第2卷，中共中央马克思恩格斯列宁斯大林著作编译局编译，北京：人民出版社2004年版，第50—51页。

② 〔德〕马克思：《资本论》第2卷，中共中央马克思恩格斯列宁斯大林著作编译局编译，北京：人民出版社2004年版，第51页。

次变换位置的是同一件商品，商品充当着中介，其目的在于交换价值。在表现形式上，商品流通和资本流通的区别仅仅在于次序上的颠倒，商品流通是先卖后买，资本流通则是先买后卖。但是，在这个次序的颠倒下却隐藏着商品流通和资本流通的质的差别。前者的目的是使用价值，即通过消费而满足自己的需要，后者的目的则是交换价值。在商品流通中，进行交换的商品可以转化为包含相同价值量的等价物，因而价值本身并没有发生变化。而在资本流通中，则是以商品为中介而获得更多的交换价值，即让价值增殖。马克思继而指出了资本总公式的矛盾，剩余价值即资本增殖"不能从流通中产生，又不能不从流通中产生。它必须既在流通中又不在流通中产生"①。从资本总公式 G—W—G′（G′=G+△G）来看，价值增殖△G 是在流通领域实现的，但是在流通领域，商品是按照价值规律实行等价交换的，即商品是作为等价物而彼此发生关系的，20 码麻布 = 1 件上衣只是说明 20 码麻布和 1 件上衣具有相等的价值量，因而在流通领域（购买和售卖）不可能使价值增殖（即使在贱买贵卖的情况下，市场上商品价值的总额也不会发生变化）。那么，价值增殖即剩余价值的生产只能发生在生产领域，这是因为资本家在市场上购买到了一种特殊的商品——劳动力商品，"它的使用价值本身具有成为价值源泉的独特属性，因此，它的实际消费本身就是劳动的对象化，从而是价值的创造。"② 由于劳动的二重性，它在生产过程中也具有二重作用："新价值的加进，是由于劳动的单纯的量的追加；生产资料的旧价值在产品中的保存，是由于所追加的劳动的质。……在同一不可分割的过程中，劳动保存价值的属性和创造价值的属性在本质上是不同的。"③ 因此，劳动过程实际上可以分成两个阶段，前一阶段用来加工生产资料，把生产资料的旧价值保存在新产品中，这个过

---

① 〔德〕马克思：《资本论》第 2 卷，中共中央马克思恩格斯列宁斯大林著作编译局编译，北京：人民出版社 2004 年版，第 193 页。

② 〔德〕马克思：《资本论》第 2 卷，中共中央马克思恩格斯列宁斯大林著作编译局编译，北京：人民出版社 2004 年版，第 195 页。

③ 〔德〕马克思：《资本论》第 2 卷，中共中央马克思恩格斯列宁斯大林著作编译局编译，北京：人民出版社 2004 年版，第 234 页。

程是价值的形成过程；而后一阶段则是价值的增殖过程，这一过程"不外是超过一定点而延长了的价值形成过程。"① 因而马克思指出："作为劳动过程和价值形成过程的统一，生产过程是商品生产过程；作为劳动过程和价值增殖过程的统一，生产过程是资本主义生产过程，是商品生产的资本主义形式"②。同一个人类劳动，当它持续工作的时间在这个"一定点"以内时，它的变化都可以被看作是转移生产资料旧价值的一定量的劳动；而当它持续工作的时间超过这个"一定点"时，它的变化就已经转变为一种创造新价值的劳动。尽管可以剥离掉劳动的任何有用形式而将其转化为同一的无差别的一般人类劳动，但是这个"一定点"又区分出了两种具有不同社会性质的劳动，即一般的生产劳动和资本主义社会的剥削劳动（奴役劳动）。马克思在运用质量分析方法的过程中，还根据资本的不同组成部分在资本本身的价值增殖过程中所执行的不同职能，把资本区分为不变资本和可变资本两个部分。不变资本是指在生产过程中并不改变自己的价值量的资本，这部分资本主要以生产资料即原料、辅助资料、劳动资料的形式存在；而可变资本则是指在生产过程中改变自己的价值并创造剩余价值的资本，这部分资本以劳动力资本的形式存在。

### 三、《资本论》中体现的否定之否定规律

否定之否定规律是唯物辩证法用来反映事物矛盾运动发展过程全貌及其基本趋势的基本规律。从整体上看，事物发展的总过程将经历"肯定—否定—否定之否定"这一过程的各个环节，"否定之否定"既是矛盾发展的结果，同时也是矛盾的解决。马克思主义哲学认为，任何事物内部都同时包含着两种既对立又统一的因素，即肯定因素和否定因素。当事物内部

---

① 〔德〕马克思：《资本论》第 2 卷，中共中央马克思恩格斯列宁斯大林著作编译局编译，北京：人民出版社 2004 年版，第 227 页。

② 〔德〕马克思：《资本论》第 2 卷，中共中央马克思恩格斯列宁斯大林著作编译局编译，北京：人民出版社 2004 年版，第 230 页。

的肯定因素占主导地位时，事物则维持在它现有的存在状态，而当否定因素占主导地位时，事物则转化为自己的对立面，实现对自身的否定（从旧事物转变为新事物）。事物自身的发展过程就是通过其内部的肯定因素和否定因素的矛盾运动展开的，而且是以"肯定—否定—否定之否定"为周期而展开的，因而否定之否定规律不仅表达了事物由简单到复杂、由低级到高级的自我扬弃和自我完善的过程，它还说明事物的发展是一个前进性和曲折性辩证统一的过程，总体趋势体现为波浪式前进和螺旋式上升的过程。因而否定之否定规律是体现了事物矛盾的绝对性和发展的无限性的规律。

马克思分析资本主义经济运动的过程，充分体现了唯物辩证法的否定之否定规律。马克思认为，从商品到货币的发展，是在商品内在矛盾的推动下而展开的自我否定的过程。商品的内在矛盾在流通领域即在交换中得以解决："简单的、个别的或偶然的价值形式—总和的或扩大的价值形式——一般价值形式"。总和的或扩大的价值形式是对简单的、个别的或偶然的价值形式的否定，这是第一个否定。而价值形式的进一步发展将造成对自身的再次否定，即一般价值形式对总和的或扩大的价值形式的否定，这是否定的否定。而价值形式的发展最终以金在历史上充当一般等价物而使一般价值形式转化为货币形式而完成，这整个过程都是商品内在矛盾发展的外在表现形式。

从资本主义的产生和发展的总趋势看，资本主义社会作为人类社会历史发展过程中的特殊阶段，在它的内在矛盾的推动下，它的发展本身就体现为一个不断通过自我否定而达到自我扬弃的过程。诚如马克思在《资本论》中所言："资本主义私有制，是对个人的、以自己劳动为基础的私有制的第一个否定。但资本主义生产由于自然过程的必然性，造成了对自身的否定。这是否定的否定。这种否定不是重新建立私有制，而是在资本主义时代的基础上，也就是说，在协作和对土地及靠劳动本身生产的生产资料的共同占有的基础上,重新建立个人所有制。"① 从所有制和社会财富的占有情况看来,资本主义社会及以前的社会形态,总是少数人剥夺多数人的历史形态,这种情况的改变,即多数人(人民群众)对少数人(资本家)的剥夺,将随着资本主义社会的发展而不断创造条件,并将随着资本主义生产方式的矛盾运动而得以逐步实现。资本主义社会建立于封建社会的废墟上,同样,在资本主义社会的废墟上将建立起更加高级的社会的文明形态。因而马克思指出:"资本主义社会的经济结构是从封建社会的经济结构中产生的。后者的解体使前者的要素得到解放。"② 当然,资本主义也同样要不断从对它自身的否定甚至从它的解体中,才能不断获得它的自我发展和自我更新的现实条件。资本主义生产过程的实质是劳动过程和价值增殖过程的统一,而生产力的提高则是达到资本价值增殖这个目的的手段。因而生产力的发展既是资本增殖的手段,也是资本主义自我埋葬的物质力量。诚如马克思在《资本论》中所言:"资本主义生产的真正限制是资本本身"③。

从"资本的原始积累—资本的垄断—资本主义外壳的炸毁"也体现了一个辩证的否定的发展过程。马克思在《资本论》中揭示了"用血与火的文字载入人类编年史的"④ 资本的"原始"积累,作为资本主义生产方式的起点,它是资本主义生产方式对封建主义生产方式的否定,是工业资本家对行会师傅和封建主的否定,是"自由"工人对封建农奴和帮工学徒的否定,是资本主义的"自由"对封建特权的否定,是资本主义剥削制度对封建主义剥削制度的否定。这是第一个否定。这个否定,从生产力的发展

---

① 〔德〕马克思:《资本论》第 2 卷,中共中央马克思恩格斯列宁斯大林著作编译局编译,北京:人民出版社 2004 年版,第 874 页。
② 〔德〕马克思:《资本论》第 1 卷,中共中央马克思恩格斯列宁斯大林著作编译局编译,北京:人民出版社 2004 年版,第 822 页。
③ 〔德〕马克思:《资本论》第 3 卷,中共中央马克思恩格斯列宁斯大林著作编译局编译,北京:人民出版社 2004 年版,第 278 页。
④ 〔德〕马克思:《资本论》第 1 卷,中共中央马克思恩格斯列宁斯大林著作编译局编译,北京:人民出版社 2004 年版,第 822 页。

情况看来，它有着相当明显的优越性，因而是对生产力的大大解放，以至于马克思和恩格斯在《共产党宣言》中也承认"资产阶级争得自己的阶级统治地位还不到一百年，它所造成的生产力却比过去世世代代总共造成的生产力还要大，还要多。"① 但让人痛心疾首的是，这个否定并没有从根本上撼动私有制的根基，因而只不过是一种剥削制度对另一种剥削制度的替代，即资本主义剥削制度替代了封建主义剥削制度，只不过资本主义的剥削方式更加"文明"、更加隐蔽，因而更加有利于生产力的解放。诚如马克思在《资本论》中所言："资本的文明面之一是，它榨取剩余劳动的方式和条件，同以前的奴隶制、农奴制等形式相比，都更有利于生产力的发展，有利于社会关系的发展，有利于更高级的新形态的各种要素的创造"②。可见，这第一个否定仍然还停留在私有制的监牢里打转转，仍然还没有摆脱它对劳动者进行奴役的本性。因而这第一个否定是不彻底的，它还有待继续进行自我否定。当然，这将是它在自我发展的过程中所要经历的第二次否定，即否定的否定。随着生产力从手工工场到大机器的发展，资本主义的发展也经历了从简单协作到工场手工业再到大机器生产的推进。而在这个过程中，随着生产集中和资本集中，资本主义的发展也经历了从自由资本主义到垄断资本主义的过渡。而与此相伴而行的是协作形式的日益发展、科学在技术上的自觉应用、土地有计划地被利用、劳动和生产资料的结合程度日益提高，因而生产社会化水平日益提高。随着资本垄断组织形式的加深，"在一极是财富的积累，同时在另一极，即在把自己的产品作为资本来生产的阶级方面，是贫困、劳动折磨、受奴役、无知、粗野和道德堕落的积累"③；一边是资本巨头和金融寡头的形成而导致的剥削、奴役、压迫的程度的不断加深，一边是训练有素的日益联合起来的工

---

① 《马克思恩格斯全集》第4卷，中共中央马克思恩格斯列宁斯大林著作编译局编译，北京：人民出版社1958年版，第471页。

② 〔德〕马克思：《资本论》第3卷，中共中央马克思恩格斯列宁斯大林著作编译局编译，北京：人民出版社2004年版，第927—928页。

③ 〔德〕马克思：《资本论》第2卷，中共中央马克思恩格斯列宁斯大林著作编译局编译，北京：人民出版社2004年版，第743—744页。

人阶级队伍的发展壮大。诚如马克思在《资本论》中所指明的:"资本的垄断成了与这种垄断一起并在这种垄断之下繁盛起来的生产方式的桎梏。生产资料的集中和劳动的社会化,达到了同它们的资本主义外壳不能相容的地步。这个外壳就要炸毁了。资本主义私有制的丧钟就要响了。剥夺者就要被剥夺了。"①

## 第三节 《资本论》中蕴含的实践人学思想

对于人的关注是马克思毕生理论研究和实践活动的主题。马克思在对19世纪之前人学思想的批判和扬弃的基础上,搭建了以唯物史观为依据,以实践为基础,以现实的人为出发点,以人的发展为旨归的马克思实践人学大厦,解开了关于人的"斯芬克斯之谜",实现了人学的"哥白尼式革命"。可以说,倾注马克思一生最高学术成就的《资本论》,使马克思实践人学构筑在了"坚实的事实与理论基础"之上,真正成为"关于现实的人及其历史发展的科学",为新时代中国特色社会主义道路自信、理论自信、制度自信和文化自信提供了强大的人学基础和思想支撑。

### 一、《资本论》的实践人学的生成逻辑

荒芜的土地大多造就贫瘠的思想,而繁盛肥沃的园地才有可能孕育生成深邃而丰富的思想精华。马克思实践人学就是在充分吸纳一切人学理论资源的基础上孕育、成形及结实,进而发展为时代精神与人类先进思想的杰出范本的。

---

① 〔德〕马克思:《资本论》第2卷,中共中央马克思恩格斯列宁斯大林著作编译局编译,北京:人民出版社2004年版,第874页。

## (一) 东西方人学理论是《资本论》的实践人学的思想文化渊源

人类对于自我关注的脚步从来没有停止过,携带远古文明印记的神话——创世说奠定了东西方人学的孕育期,而古希腊罗马对人的思考开启了理性人学的进程,中世纪进入"上帝本体论"的基督教神性人学,而文艺复兴和启蒙运动将人从"天国"拉回了"人间",重塑了人的内涵,工业革命后的德国古典哲学家康德的"自由理性"人学观、黑格尔的"自我意识"人学观、费尔巴哈的"机械直观"人学观,以及英法空想社会主义大师富于"理想化与浪漫主义情怀"的人学观,为马克思实践人学准备了丰富的思想渊源和理论基础。在东方,人学思想主要体现在儒家思想中,仁义礼智信对我国古代封建伦理规范产生了巨大作用,以仁为核心的儒家思想成为统治思想以后,吸收了佛家、道家、法家思想,形成了内儒外法,剂之以道的儒学。到了宋代,出现了陆王心学。从新文化运动全面批判儒家思想到当今批判地继承儒家思想,由这个过程不断推动其创新性发展和创造性转化。不变的是儒家的民本思想及体现出来的人学思想。东方儒家思想承载的人学思想是马克思人学思想的文化渊源的沃土。

## (二)《资本论》的实践人学的受精孕育及成形结实

1835 年,马克思在《青年在选择职业时的考虑》中建议青年人在选择职业时应当遵循的主要指针"是人类的幸福和我们自身的完美"①,这是马克思实践人学发生期的最早表达。1843 年,马克思退出《莱茵报》回到书房,开始关注经济问题在人的发展中的重要作用,这就是《1844 年经济学哲学手稿》中以"自由理性"为起点的马克思实践人学的阐释。1844 年 8 月,马克思与恩格斯在法国巴黎的历史性会面奠定了两位思想家长达 40 年的伟大友谊,接着,马克思、恩格斯在《神圣家族》中立足于现实探索人学问题,在《德意志意识形态》中由唯物史观原理引申的系统人学探讨,

---

① 《马克思恩格斯全集》第 40 卷,中共中央马克思恩格斯列宁斯大林著作编译局编译,北京:人民出版社 1982 年版,第 7 页。

使《神圣家族》成为《1844年经济学哲学手稿》和《德意志意识形态》的联系环节，从这部著作中马克思意识到人的本质的科学理解应该在解剖社会关系中实现历史与逻辑的统一，以真正挖掘到人的科学本质。之后，《哲学的贫困》表征马克思实践人学的理性批判和发展出场。之后的《共产党宣言》标志着马克思实践人学的确立和成熟，而《资本论》则是马克思实践人学的最终定型。

**（三）《资本论》的实践人学的理论架构**

《资本论》的实践人学立足于马克思批判资本主义社会人的异化，着力促进人的自由全面发展为旨归的人的解放学说，其精神实质和科学内涵可以归结为本体论、认识论、历史观和价值观"四位一体"的内在规定性。

1. 马克思实践人学的本体论聚焦于实践活动的人为主体

物本只是为人本而存在的，离开了人的物本根本谈不上存在。马克思基于唯物史观的实践人学的出发点聚焦于"从事现实实践活动的人"[①]，而人的感性世界是"世世代代活动的结果。"[②] 在马克思看来，实践作为人的感性活动，是关于现实的人及其历史发展的活动，是思维和存在的桥梁与中介。

2. 马克思实践人学的认识论指向实践活动的人为认识的载体

马克思指出，"人的思维是否具有客观的真理性，这不是一个理论的问题，而是一个实践的问题"，"环境的改变和人的活动的一致，只能被看做是并合理地理解为变革的实践。""社会生活在本质上是实践的"[③]。所有

---

① 《马克思恩格斯文集》第1卷，中共中央马克思恩格斯列宁斯大林著作编译局编译，北京：人民出版社2009年版，第525页。

② 《马克思恩格斯文集》第1卷，中共中央马克思恩格斯列宁斯大林著作编译局编译，北京：人民出版社2009年版，第528页。

③ 《马克思恩格斯文集》第1卷，中共中央马克思恩格斯列宁斯大林著作编译局编译，北京：人民出版社2009年版，第503—505页。

这些论述都表明，人的认识从实践中来，实践是人的认识的载体。这也是我们理解马克思人学思想的基本出发点。可见，人的认识只能来源于实践，并且随着实践的发展而不断深化。

3. 马克思实践人学的历史观以从事实践活动的人作为历史的创造者

按照马克思唯物史观的思想，历史是客体向度和主体向度的统一。基于实践视野的"合目的性"与"合规律性"的作用推动着人类社会的生成、演变与发展。所以，正是现实的人在创造这一切，并不是历史把人当作手段来达到自己的目的。马克思从实践基础上的人和人的实践出发，不断探索和追寻，最终发现了从事实践活动的人民在创造着历史。

4. 马克思实践人学的价值观定位于成为真正的人这个最终目的与价值依归

人是世界的主角，人类社会都要以人为存在目的和价值标准，着力于满足人的需要，实现人的价值。毕竟，只有现实的、活生生的、特殊的个人是社会关系的主体。当然，人的主体性存在是有目的的存在物，改造自然是为了满足主体自身的需要。因此，马克思实践人学从现实的人和人的现实活动出发，来分析人的本质问题，把人看作是价值主体和价值客体的有机统一体，目的与手段的有机统一体，借以拨开不可知论遮蔽在人的价值问题上的种种迷雾与神秘面纱，为人类认识世界、解释世界和改造世界奠定了坚实的人学基础。

## 二、《资本论》的实践人学表达与人文关照

19世纪60年代后，工业革命深入推进，生产力水平越来越提高，社会财富快速增加，然而人的幸福感由于人的"异化"更为降低。为此，马克思深入分析工人阶级的生存境遇和发展状况，深刻揭露资本主义剥削工人的秘密，科学展示了工人阶级反抗压迫、追求自身解放的历史命运与人

类责任。可以说,《资本论》作为"工人阶级的圣经"①,不仅是解释马克思实践人学的理论宝库和最重要的文本依据,更是其纲领性文献和思想高峰,高度凝结了马克思实践人学的全部精华,是指导工人阶级从"自发"走向"自觉",从"必然王国"走向"自由王国",实现共产主义新社会的理论指南。

### (一)《资本论》的劳动价值论对人的本质的省察

在马克思之前,英国古典经济学家早已提出了劳动价值论,斯密已经注意到"商品二因素",李嘉图发现了商品价值量由社会必要劳动量决定。只是由于阶级与时代的局限性,古典经济学家没有能够进一步区分出"劳动二重性"的内在逻辑,以至于在价值形式、价值本质和价值源泉等若干维度进入误区。而《资本论》作为马克思实践人学的"总和、总计和结论"的伟大贡献,恰恰在于发现了"劳动二重性"基础上的劳动价值论,科学阐释了人的存在及其本质问题,并体现于旨在彻底批判乃至于颠覆"平等地剥削劳动力,是资本的首要人权"② 的所谓永恒铁律。马克思深刻体会到,工人阶级的命运之所以出现严重"异化"就是资本主义的社会关系使然,这也是《资本论》中实践人学的最高主题和集中展示。人作为"一种自然力和自然物质相对立。为了在对自身生活有用的形式上占有自然物质,人就使他身上的自然力——臂和腿,头和手运动起来。当他通过这种运动作用于他自身外的自然并改变自然时,也就同时改变他自身的自然,他使自身的自然中蕴藏着的潜力发挥出来,并且使这种力的活动受他自己控制。"③ 这样就实现了人不仅对认识世界,更通过劳动实践对世界和人自身进行的能动改造。人作为劳动力在资本主义成为商品,其实质是所

---

① 《马克思恩格斯文集》第 5 卷,中共中央马克思恩格斯列宁斯大林著作编译局编译,北京:人民出版社 2009 年版,第 34 页。

② 〔德〕马克思:《资本论》第 1 卷,中共中央马克思恩格斯列宁斯大林著作编译局编译,北京:人民出版社 2004 年版,第 338 页。

③ 《马克思恩格斯文集》第 5 卷,中共中央马克思恩格斯列宁斯大林著作编译局编译,北京:人民出版社 2009 年版,第 208 页。

有权交换,"只有独立的互不依赖的私人劳动的产品,才作为商品互相对立。"① 其中最富有神秘感的当然是人的劳动的特殊性了。在资本主义生产关系下,价值都要通过货币来计量,从而使物的社会性独立于人而存在,对"活劳动能力的支配权的等价物,必须维持工人作为工人的生活。"② 作为工人劳动的使用价值的等价物,是单纯用生产这种活劳动的使用价值的劳动时间量计算的,活的劳动时间作为工人的劳动能力支配权的等价物,必须做到能够补偿工人活劳动能力的产生费用。当然,工人作为活劳动的价值不单纯聚焦在新价值,而且兼顾着重视原来投入的基础上追加的新价值,这样才实现了资本运转的最终目的。③ 资本主义生产关系得以持续性发展,就是因为劳动采取价值的形式,劳动的社会性质具有"物的外观"④,这是异化劳动的奥秘所在。

1. 劳动创造价值的秘密

资本主义生产关系下劳动力的价值体现为工资的形式。理论的方案需要通过实际经验的大量积累才能臻于完善。⑤ 马克思通过深入揭示劳动力价值的本质从而使劳动价值理论建构在更科学牢固的基础上。在资本主义范围内,把工资看作是资本家在生产过程中对工人进行统治和剥削的手段,进一步丰富了劳动价值理论。实际上,工资在表面体现为劳动的价格,不过是劳动价值的一个"虚幻的用语"⑥,工资实质是劳动力的价值或

---

① 〔德〕马克思:《资本论》第 1 卷,中共中央马克思恩格斯列宁斯大林著作编译局编译,北京:人民出版社 2004 年版,第 55 页。

② 《马克思恩格斯文集》第 8 卷,中共中央马克思恩格斯列宁斯大林著作编译局编译,北京:人民出版社 2009 年版,第 78 页。

③ 《马克思恩格斯文集》第 8 卷,中共中央马克思恩格斯列宁斯大林著作编译局编译,北京:人民出版社 2009 年版,第 78 页。

④ 〔德〕马克思:《资本论》第 3 卷,中共中央马克思恩格斯列宁斯大林著作编译局编译,北京:人民出版社 2004 年版,第 90 页。

⑤ 《马克思恩格斯文集》第 5 卷,中共中央马克思恩格斯列宁斯大林著作编译局编译,北京:人民出版社 2009 年版,第 436 页。

⑥ 《马克思恩格斯文集》第 5 卷,中共中央马克思恩格斯列宁斯大林著作编译局编译,北京:人民出版社 2009 年版,第 78 页。

者价格的转化形式,工资关系颠倒反映了工人与资本家之间的关系。毕竟,"资本家的灵魂就是资本的灵魂"①。但是,资本主义生产关系下,劳动力的价值或价格必然表现为工资。资本家用成本最优核算,一般会采用计时工资和计件工资的形式,以增加劳动创造的价值量。当就业不足时,资本家会迫使工人过度劳动而不支付相应的补偿,甚至于压低工资,以强化资本主义剥削。为了更清晰地阐明劳动创造价值的过程,马克思把资本主义生产从理论上划分为简单再生产和扩大再生产。资本主义简单再生产会再生产出劳动力和劳动条件之间的分离:"工人本身不断地把客观财富当做资本,当做同他相异己的、统治他和剥削他的权力来生产,而资本家同样不断地把劳动力当做主观的、同它本身对象化在其中和借以实现的资料相分离的、抽象的、只存在于工人身体中的财富源泉来生产,一句话,就是把工人当做雇佣工人来生产。工人的这种不断再生产或永久化是资本主义生产的必不可少的条件。"② 马克思通过透彻解析简单再生产为研究更加复杂的扩大再生产提供了基础。因为,简单再生产对于资本主义没有任何意义,资本家也不会只满足于简单再生产。相反,资本家会想方设法地追加劳动力,充分发挥资本积累功能,目的在于带来更多的价值增值,这才是资本主义生产的终极目的。

当然,服务于资本主义积累的劳动貌似是个简单范畴,"它在这种一般性上——作为劳动一般……的表象也是古老的。但是,在经济学上从这种简单性上来把握的'劳动',和生产这个简单抽象的那些关系一样,是现代的范畴"③,是人和自然之间的互动过程,是"人以自身的活动来中

---

① 〔德〕马克思:《资本论》第3卷,中共中央马克思恩格斯列宁斯大林著作编译局编译,北京:人民出版社2004年版,第269页。
② 《马克思恩格斯文集》第5卷,中共中央马克思恩格斯列宁斯大林著作编译局编译,北京:人民出版社2009年版,第659页。
③ 《马克思恩格斯文集》第8卷,中共中央马克思恩格斯列宁斯大林著作编译局编译,北京:人民出版社2009年版,第27页。

介、调整和控制人和自然之间的物质变换的过程"①。所谓"'劳动'、'劳动一般'、直接了当的劳动这个范畴的抽象,……才在这种抽象中表现为实际上的东西。"② 不管劳动的复杂程度有多大差异,劳动的实质都可以归结为"人的脑、神经、肌肉、感官等等的耗费"③。可见,人的本质是在劳动实践中形成的,人的富于创造性的劳动实践活动是人类社会属性的生动展现和现实表达。而相比之下,"蜘蛛的活动与织工的活动相似。但是,最蹩脚的建筑师从一开始就比最灵巧的蜜蜂高明的地方,是他在用蜂蜡建筑蜂房以前,已经在自己的头脑中把它建成了。"④ 实际上,在马克思看来,"人的目的是客观世界所产生的,是以它为前提的,——认定它是现存的、实有的。但是人却以为他的目的是从世界以外拿来的,是不以世界为转移的"⑤。如果人的劳动实践是疏离于人的活动,那么这种实践就会失去人性,很显然,社会性的劳动实践是人区别于动物的根本标志和特有属性。而其中的"人"一定是特指"现实的个人"⑥,他是人类社会的"现实前提",他建构了人类社会的逻辑起点,他也刷新了人的自我认识的历史记录,他廓清了"人之天问"的思想史前提,他构成了唯物史观与一切旧哲学的理论分野。当然,马克思重点关注的"现实的个人"并不是费尔巴哈的"单个的人""抽象的人",而是具体的现实的人,体现为一切社会关系的总和。于是,马克思在"劳动发展史中找到了理解全部社会史的锁

---

① 《马克思恩格斯文集》第 5 卷,中共中央马克思恩格斯列宁斯大林著作编译局编译,北京:人民出版社 2009 年版,第 207—208 页。
② 《马克思恩格斯文集》第 8 卷,中共中央马克思恩格斯列宁斯大林著作编译局编译,北京:人民出版社 2009 年版,第 29 页。
③ 《马克思恩格斯文集》第 5 卷,中共中央马克思恩格斯列宁斯大林著作编译局编译,北京:人民出版社 2009 年版,第 88 页。
④ 《马克思恩格斯文集》第 5 卷,中共中央马克思恩格斯列宁斯大林著作编译局编译,北京:人民出版社 2009 年版,第 208 页。
⑤ 《马克思恩格斯全集》第 23 卷,中共中央马克思恩格斯列宁斯大林著作编译局编译,北京:人民出版社 1972 年版,第 202 页。
⑥ 王虎学:《人的社会与社会的人——马克思哲学的革命变革与现代视域》,济南:山东人民出版社 2012 年版,第 58—59 页。

钥",也是理解人的本质及其历史发展的一把总开关和重要着力点。

2. 劳动价值论揭示的资本主义社会关系

马克思在《资本论》中将人的本质的科学揭示风趣地解析为决不能用玫瑰色描绘资本家和地主的面貌。资本家作为经济范畴的人格化,映射为马克思视野里的人的身份图像,表征为"一定的阶级关系和利益的承担者"①。在这里马克思形成了对于"人"的明确阐释,成为马克思理解关于人的社会属性的一个重要依据。在马克思的研究视野里,资本是一种社会有机力量,"原来的货币占有者作为资本家,昂首前行",他们"笑容满面,雄心勃勃",而出卖了自己劳动力的工人们尾随于后,他们"战战兢兢,畏缩不前"②。可见,资本家的人性是基于一定社会关系,尤其是一定生产关系基础上生成的。所以,马克思强调不能用玫瑰色美化资本家,绝不能掩盖其罪恶,这是辩证唯物主义和历史唯物主义的科学态度。关于资本的丰富内涵,马克思在《资本论》中尤其以细腻的手笔描写道:"资本害怕没有利润或利润太少,就像自然害怕真空一样。一旦有适当的利润,资本就大胆起来。如果有10%的利润,它就保证到处被使用;如果有20%的利润,它就活跃起来;如果有50%的利润,它就铤而走险;为了100%的利润,它就敢践踏一切人间法律;有300%的利润,它就敢犯任何罪行,甚至冒绞首的危险。"③也正是资本的本性决定了资本家的人性特质。

马克思在《资本论》中对于劳动力成为商品范畴进行了细致入微的透析和阐释,人的社会属性的内在规定性跃然纸上,即人的本质属性归结为"一定社会关系所决定的必然产物"。

马克思认为:"在资本主义生产方式的历史初期,——而每个资本主义的暴发户都个别地经过这个历史阶段——致富欲和贪欲作为绝对的欲望

---

① 〔德〕马克思:《资本论》第1卷,中共中央马克思恩格斯列宁斯大林著作编译局编译,北京:人民出版社2004年版,第10页。

② 〔德〕马克思:《资本论》第1卷,中共中央马克思恩格斯列宁斯大林著作编译局编译,北京:人民出版社2004年版,第204—205页。

③ 《马克思恩格斯文集》第5卷,中共中央马克思恩格斯列宁斯大林著作编译局编译,北京:人民出版社2009年版,第871页。

占统治地位。但资本主义生产的进步不仅创造了一个享乐世界，随着投机和信用事业的发展，它还开辟了千百个突然致富的源泉。在一定的发展阶段上习以为常地挥霍，作为炫耀富有从而取得信贷的手段，甚至成了'不幸的'资本家营业上的一种必要。奢侈被列入资本的交际费用。……虽然资本家的挥霍从来不像放荡的封建主那样是直截了当的，相反地，在它的背后总是隐藏着最肮脏的贪心和最小心的盘算，但是资本家的挥霍仍然和积累一同增加，一方决不会妨害另一方。因此，在资本家个人崇高的心胸中同时展开了积累欲和享受欲之间的浮士德式的冲突。"①

这入木三分地揭示了劳动力成为商品的资本主义人性的复杂性和多变性，也刻画出了对于人性概念不能以"性善"或"性恶"作一简单化处理，而只能归纳为："人的本质不是单个人所固有的抽象物，在其现实性上，它是一切社会关系的总和"。与此同时，马克思在《资本论》中还进一步概括出了人类已经或者即将经历的"直接的社会关系、人们之间的物的关系和物之间的社会关系以及自由人联合体"等三大人类社会发展阶段形态理论②，并且乐观地预测性地提出了消除异化，实现人的彻底解放，回归人的真正本质的逻辑理路和实践坐标，这就是"他们用公共的生产资料进行劳动，并且自觉地把他们许多个劳动力当做一个社会劳动力来使用。"③ 在这种新型的社会生产关系中，"人"才有可能实现"全面发展"和"自由个性"，这就为人类真正找到了通向自由的人的解放道路。

### (二)《资本论》的拜物教批判理论对人的本质的物化表达

马克思在《资本论》中分析，人的自然属性是在劳动实践过程中发生变化的，这就意味着人在运用自身潜在的各种自然力作用于他身外的自然

---

① 《马克思恩格斯文集》第 5 卷，中共中央马克思恩格斯列宁斯大林著作编译局编译，北京：人民出版社 2009 年版，第 685 页。

② 《马克思恩格斯文集》第 5 卷，中共中央马克思恩格斯列宁斯大林著作编译局编译，北京：人民出版社 2009 年版，第 94—97 页。

③ 《马克思恩格斯文集》第 5 卷，中共中央马克思恩格斯列宁斯大林著作编译局编译，北京：人民出版社 2009 年版，第 96 页。

并改变自然时,也就同时变化了"他自身的自然"①。马克思基于唯物史观,审视和统摄人的行为、人与人关系和人类历史的运动时,他指出,要评价人的历史作用,就必须要研究"人的一般本性,然后要研究在每个时代历史地发生了变化的人的本性"②。通过对人在一切时代所具有的共同特征的"共性抽象",形成特定历史时期的人所具有的整体的本质的抽象。这就是马克思所说的"社会不是由个人构成,而是表示这些个人彼此发生的那些联系和关系的总和。"③ 在此意义上,马克思反对费尔巴哈撇开人类社会的历史进程,将人的本质确立为单个人所固有的抽象物的错误观点。既然"现实的人"的本质是"一切社会关系的总和"是马克思创立其历史唯物主义学说的立足点,也是揭示现代社会的"经济运动规律"的逻辑起点,那么特定历史时期下的社会关系就是由特定社会关系的整体性所规定的。马克思在《资本论》中对拜物教笼罩下的人的社会关系本质的物化形式做了详细分解和阐释。

1. 拜物教出场及其内在逻辑

《资本论》通过剖析资本的"普照的光",破除"永恒规律的幻象",探寻"颠倒世界的秘密"④,深刻揭示了人的"独立性"奠基于"物的依赖性"的资本主义拜物教的事实,以及人在资本主义社会中异化的命运和被奴役的生存状况,是探讨资本主义条件下人的存在和全面发展现实道路的理论巨著。马克思认为,拜物教作为宗教的最原始形式,在一定程度上,"远不能使人超脱感性欲望,相反,它倒是'感性欲望的宗教'。欲望引起的幻想诱惑了偶像崇拜者,使他指向'无生命力的东西'为了满足偶

---

① 《马克思恩格斯文集》第5卷,中共中央马克思恩格斯列宁斯大林著作编译局编译,北京:人民出版社2009年版,第281页。
② 《马克思恩格斯文集》第5卷,中共中央马克思恩格斯列宁斯大林著作编译局编译,北京:人民出版社2009年版,第704页。
③ 《马克思恩格斯全集》第46卷(上册),中共中央马克思恩格斯列宁斯大林著作编译局编译,北京:人民出版社2003年版,第220页。
④ 邵然:《〈资本论〉与人类解放的现实道路》,北京:社会科学文献出版社2018年版,第29—45页。

像崇拜者的贪欲可以改变自己的自然特性。因此当偶像不再是偶像崇拜者的最忠顺的奴仆时，偶像崇拜者的粗野欲望就会砸碎偶像。"① 在"宗教世界的幻境中……人脑的产物表现为赋有生命的、彼此发生关系并同人发生关系的独立存在的东西。在商品世界里，人手的产物也是这样。我把这叫做拜物教。"② 在《1857—1858年经济学手稿》中，马克思认为拜物教把社会关系作为物的内在规定归之于物，从而使物神秘化。后来，马克思在1859年的《政治经济学批判》中一度用拜物教来描述和嘲笑德国思想家们把物质和半打杂物凑在一起说成是价值的元素的做法。这样马克思的拜物教批判就以商品拜物教、货币拜物教和资本拜物教三个维度的层层递进的逻辑推导逐步展开。

2. 作为社会关系的商品和商品拜物教

商品在资本主义社会可谓随处都是，因为资本主义社会本身就展现为庞大的商品堆积。然而，在资本主义社会里，商品显得既复杂而又神秘，其神秘性在于，商品拜物教是由劳动产品的商品形态引起的，"商品形式在人们面前把人们本身劳动的社会性质反映成劳动产品本身的物的性质，反映成这些物的天然的社会属性，从而把生产者同总劳动的社会关系反映成存在于生产者之外的物与物的社会关系……成了可感觉而又超感觉的物或社会的物"③。所以，马克思在《资本论》中从分析商品开始作为研究的切入点，就是因为最初一看，"商品好像是一种很简单化很平常的东西。对商品的分析表明，它却是一种很古怪的东西，充满形而上学的微妙和神学的怪诞。"④ 当然，"如果把商品体的使用价值撇开，商品体就只剩下一

---

① 《马克思恩格斯全集》第1卷，中共中央马克思恩格斯列宁斯大林著作编译局编译，北京：人民出版社1995年版，第212页。
② 《马克思恩格斯文集》第1卷，中共中央马克思恩格斯列宁斯大林著作编译局编译，北京：人民出版社2009年版，第90页。
③ 《马克思恩格斯全集》第44卷，中共中央马克思恩格斯列宁斯大林著作编译局编译，北京：人民出版社2001年版，第89页。
④ 《马克思恩格斯文集》第5卷，中共中央马克思恩格斯列宁斯大林著作编译局编译，北京：人民出版社2009年版，第88页。

个属性,即劳动产品这个属性。……如果我们把劳动产品的使用价值抽去……它们的一切可以感觉到的属性都消失了。随着劳动产品的有用性质的消失,体现在劳动产品中的各种劳动的有用性质也消失了,因而这些劳动的各种具体形式也消失了。"① 这样,商品"剩下的只是同一的幽灵般的对象性,也就是无差别的人类劳动的单纯凝结"②。换句话说,商品形式和它借以得到表现的"劳动产品的价值关系,是同劳动产品的物理性质以及由此产生的物的关系完全无关的。这只是人们自己的一定的社会关系,但它在人们面前采取了物与物的关系的虚幻形式。"③ 可见,商品拜物教并非虚构的产物,实质是对商品关系的反映,只是以颠倒的方式表征了商品生产的特性。④ 其秘密在于,商品的使用价值负载着社会关系力量的价值实体,并在商品交换中以价值量化方式显现出来,从而构成支配他人商品的力量。商品起初是以简单而平凡的劳动产品出现的,可是在资本主义社会却充满着形而上学的微妙和神学的怪诞。⑤ 这种神秘不是来源于商品的使用价值,而是源于价值的内在奥秘,即来源于生产商品的劳动所特有的社会属性,是"用物的形式掩盖了私人劳动者的社会关系以及私人劳动的社会规定,而不是把他们揭示出来。"⑥《资本论》透过对"商品拜物教"的分析,揭示出在资本主义社会中被商品和资本掩盖下的异化的社会关系。《资本论》的起点是商品,商品是使用价值和交换价值内在矛盾的对立统

---

① 《马克思恩格斯文集》第 5 卷,中共中央马克思恩格斯列宁斯大林著作编译局编译,北京:人民出版社 2009 年版,第 50 页。

② 《马克思恩格斯文集》第 5 卷,中共中央马克思恩格斯列宁斯大林著作编译局编译,北京:人民出版社 2009 年版,第 51 页。

③ 《马克思恩格斯文集》第 5 卷,中共中央马克思恩格斯列宁斯大林著作编译局编译,北京:人民出版社 2009 年版,第 89—90 页。

④ 聂锦芳、彭宏伟:《马克思〈资本论〉研究读本》,北京:中央编译出版社 2013 年版,第 133 页。

⑤ 聂锦芳、彭宏伟:《马克思〈资本论〉研究读本》,北京:中央编译出版社 2013 年版,第 220—221 页。

⑥ 〔德〕马克思:《资本论》第 1 卷,中共中央马克思恩格斯列宁斯大林著作编译局编译,北京:人民出版社 2004 年版,第 93 页。

一体。其中，使用价值是构成社会的重要元素，是观测资本主义的窗口，使用价值由现代生产关系塑形，并且用来改变这些关系。① 在资本主义社会，商品不只是当作商品来交换，而是当作资本的产品来交换。② 劳动价值论是《资本论》中实践人学大厦的基础，是揭示资本主义商品生产的本质和一般规律的核心内容。马克思创造性地从商品的使用价值、交换价值和价值三者的辩证统一关系出发，抽取出劳动"二重性"和商品"二因素"的互动逻辑，揭示出了资本家和工人之间的内在关系，为商品拜物教的出场奠定了理论基础。

同时，马克思在《资本论》中指出，商品的交换价值"不包含任何一个使用价值的原子"③。为此，马克思将商品的使用价值抽去，使得商品只剩下了"无差别的人类劳动的单纯凝结，即不管以哪种形式进行的人类劳动耗费的单纯凝结"④。商品价值上的本质规定表征了人与人之间的社会关系，而这种社会关系要通过"商品同商品的社会关系"⑤ 体现出来。于是，作为人的本质的社会关系就物化为由"无差别的人类劳动的单纯凝结"所形成的商品的价值关系形式，人与人之间的社会联系由此表现为商品与商品之间的物化的价值关系。正如马克思所言，商品不能自己交换自己，必须通过所有者来主持交易，交换的双方必须彼此承认对方是用来交换的产品的所有者，这种具有"契约形式的法的关系，是一种反映着经济关系的意志关系"⑥，人在其中扮演着的角色体现为商品价值社会关系的人格化。

---

① D. Harvery, *The Limits to Capital*, Oxford: Blackwell, 1982, p.7.
② 《马克思恩格斯文集》第 7 卷，中共中央马克思恩格斯列宁斯大林著作编译局编译，北京：人民出版社 2009 年版，第 196 页。
③ 《马克思恩格斯文集》第 1 卷，中共中央马克思恩格斯列宁斯大林著作编译局编译，北京：人民出版社 2009 年版，第 50 页。
④ 《马克思恩格斯文集》第 1 卷，中共中央马克思恩格斯列宁斯大林著作编译局编译，北京：人民出版社 2009 年版，第 51 页。
⑤ 《马克思恩格斯文集》第 1 卷，中共中央马克思恩格斯列宁斯大林著作编译局编译，北京：人民出版社 2009 年版，第 62 页。
⑥ 《马克思恩格斯文集》第 1 卷，中共中央马克思恩格斯列宁斯大林著作编译局编译，北京：人民出版社 2009 年版，第 103 页。

这种作为社会关系的人的本质的物化指向，也就是商品形式本身，马克思认为，是在宗教世界的虚幻中，"人脑的产物表现为赋有生命的，彼此发生关系并同人发生关系的独立存在的东西"①。商品作为人们劳动的产物，在人们的生活中表现为具有天然的社会属性的独立的东西，于是，商品就像宗教中的神支配人一样，劳动产品的商品形式也支配着人们的行为，进而演变成为商品所有者的权力，"在商品市场上……他们彼此行使的权力只是他们商品的权力"②。所以，马克思用诙谐而幽默的语言指出："我的产品对你来说是作为你的愿望和你的意志的对象而存在的"，然而，你的需要，甚至于你的愿望对于我来说是软弱无力的，因此，这些商品就成为一种赋予我支配你的权力的手段。这种商品拜物教对于一定的社会商品生产形式而言，是具有社会效力的。然而"一旦我们逃到其他的生产形式中去，商品世界的全部神秘性，在商品生产的基础上笼罩着其他劳动产品的一切魔法妖术，就立刻消亡了"③，这样，"劳动产品一旦作为商品来生产，就带上拜物教性质"④，它使得人们处于"宗教世界的幻境"⑤而看不到身处其中的社会关系的真实状况及这种社会关系的历史发展。

3. 作为社会关系的货币和货币拜物教

货币的历史几乎与人类文明一样悠久。尤其在资本主义社会，货币发挥了异乎寻常的重要作用。所以，马克思在《资本论》中指出，以货币形式为完成形态的价值指向本来是极其简单的，然而"两千年多年来人类智

---

① 《马克思恩格斯文集》第 1 卷，中共中央马克思恩格斯列宁斯大林著作编译局编译，北京：人民出版社 2009 年版，第 90 页。

② 《马克思恩格斯文集》第 1 卷，中共中央马克思恩格斯列宁斯大林著作编译局编译，北京：人民出版社 2009 年版，第 187 页。

③ 《马克思恩格斯文集》第 1 卷，中共中央马克思恩格斯列宁斯大林著作编译局编译，北京：人民出版社 2009 年版，第 93 页。

④ 《马克思恩格斯全集》第 44 卷（上册），中共中央马克思恩格斯列宁斯大林著作编译局编译，北京：人民出版社 2001 年版，第 90 页。

⑤ 彭宏伟：《资本社会的结构与逻辑——〈资本论〉议题再审视》，北京：中国人民大学出版社 2018 年版，第 94 页。

慧对这种形式进行探讨的努力,并未得到什么结果"①,就是因为"只有在人类平等概念已经成为国民的牢固的成见的时候",一切劳动才被看做是"等同于的类劳动"②,而它最终只有通过货币获得独立形式。马克思在《资本论》中将其称之为是货币拜物教。货币充当的价值尺度职能,使得"金这个独特的等价商品才成为货币"③,可实际上这些物,"金和银,一从地底下出来,就是一切人类劳动的直接化身"④,天然地具有了货币的相关属性,从而具有了神奇的力量。货币拜物教认为货币是万能,因而让人们对货币崇拜有加,仿佛人的劳动物化为货币一般。凡是人做不到的事情,凭借货币都能做到:"货币把这些本质力量的每一种都变成它本来不是的那个东西,即变成它的对立物。"⑤ 这样一来,在资本主义社会,货币便天然地具有了上承商品,下启资本的重要角色。马克思指出,人类"三次社会大分工"之后伴随着自然经济向商品经济的过渡和转型,货币也从简单的、个别的或者偶然的价值形式、总和的或扩大的价值形式、一般的价值形式等"中介运动"⑥走向了固定充当一般等价物的货币价值形式。最终,金银获得了充当一般等价物形式的"货币的魔术"⑦。这样一来,货币拜物教的谜就成为商品拜物教的谜,只不过相比于商品形式变得明显了,也更加耀眼了。

---

① 〔德〕马克思:《资本论》第 1 卷,中共中央马克思恩格斯列宁斯大林著作编译局编译,北京:人民出版社 2004 年版,第 8 页。

② 〔德〕马克思:《资本论》第 1 卷,中共中央马克思恩格斯列宁斯大林著作编译局编译,北京:人民出版社 2004 年版,第 75 页。

③ 〔德〕马克思:《资本论》第 1 卷,中共中央马克思恩格斯列宁斯大林著作编译局编译,北京:人民出版社 2004 年版,第 114 页。

④ 〔德〕马克思:《资本论》第 1 卷,中共中央马克思恩格斯列宁斯大林著作编译局编译,北京:人民出版社 2004 年版,第 112 页。

⑤ 《马克思恩格斯文集》第 1 卷,中共中央马克思恩格斯列宁斯大林著作编译局编译,北京:人民出版社 2009 年版,第 246 页。

⑥ 刘召峰:《拜物教批判理论与整体马克思》,杭州:浙江大学出版社 2004 年版,第 41 页。

⑦ 〔德〕马克思:《资本论》第 1 卷,中共中央马克思恩格斯列宁斯大林著作编译局编译,北京:人民出版社 2004 年版,第 113 页。

4. 作为社会关系的资本和资本拜物教

资本是能够带来价值增值的货币,"在资本主义生产方式下和在构成其占统治地位的范畴,构成其起决定作用的生产关系的资本那里,这种着了魔的颠倒的世界就会更厉害得多地发展起来。"① 而当资本家"把活的劳动力同这些死的对象性合并在一起时,他就把价值,把过去的、对象化的、死的劳动转化为资本,转化为自行增殖的价值,转化为一个有灵性的怪物"②。马克思在《资本论》中通过研究资本主义经济运行全过程后强调指出,"资本"是资本主义社会"起决定作用的生产关系"是"占统治地位的范畴"③,这就为资本拜物教的出场奠定了学理基础。

自古以来,劳动者是生产力三要素中极为重要的因素,要形成现实的生产力必须将生产资料与劳动者结合。但是到了资本主义社会,情况发生了完全改变。处于对价值增值的本能考量,资本主义通过劳动者与生产资料相分离的方式,通过一系列的经济运作,尤其是劳动力成为商品的方式,实现了生产资料与劳动者在资本主义生产关系下的结合。资本通过货币资本、生产资本和商品资本这三种形式在空间上的并存和时间上的继起,实现了价值增值。马克思明确认为,在资本流通总公式"G—W—G′"中,"货币是它的一种存在方式,商品是它的特殊的也可以说只是化了妆的存在方式"④。货币在"G—W—G′"中已经转化为资本了,"在运动中通过这后一种流通的货币转化为资本,而且按照它的使命来说,已经是资本了"⑤。在此基础上,马克思揭示了剩余价值的秘密,那就是"生产上预

---

① 〔德〕马克思:《资本论》第 3 卷,中共中央马克思恩格斯列宁斯大林著作编译局编译,北京:人民出版社 2004 年版,第 936 页。
② 〔德〕马克思:《资本论》第 1 卷,中共中央马克思恩格斯列宁斯大林著作编译局编译,北京:人民出版社 2004 年版,第 227 页。
③ 〔德〕马克思:《资本论》第 3 卷,中共中央马克思恩格斯列宁斯大林著作编译局编译,北京:人民出版社 2004 年版,第 936 页。
④ 〔德〕马克思:《资本论》第 1 卷,中共中央马克思恩格斯列宁斯大林著作编译局编译,北京:人民出版社 2004 年版,第 179 页。
⑤ 〔德〕马克思:《资本论》第 1 卷,中共中央马克思恩格斯列宁斯大林著作编译局编译,北京:人民出版社 2004 年版,第 172 页。

付的价值的收回,特别是商品中包含的剩余价值,似乎不是单纯的流通中实现,而是从流通中产生出来的"①。也就是说,"创造资本关系的过程,只能是劳动者和他的劳动条件的所有权分离的过程,这个过程一方面使社会的生活资料和生产资料转化为资本,另一方面使直接生产者转化为雇佣工人。"② 可见,生产资料与劳动者的异常化分离使得现实的生产力又需要二者的结合,资本拜物教的秘密就在这里面。这个过程表现为'原始的',因为它形成资本及与之相适应的生产方式的前史。"③ 使生产者转化为雇佣工人的历史过程,就具有了解放与奴役的双重意义。资本拜物教作为人的本质的社会关系的物化形式,资本对人们活动的支配又导致了异化现象的产生,于是人们之间的社会关系便演绎为"人们之间的物的关系和物之间的社会关系"④。马克思在《资本论》中用了大篇幅阐释拜物教理论,通过实践批判而实现人的本质的真正还原,从人的历史形态出发宣告马克思实践人学的根本使命旨在"把人从'物'的普遍统治中解放出来","从'资本'的普遍统治中解放出来"⑤,以实现人对人的本质的完全占有。

### 5.《资本论》中剩余价值论的人文情怀

马克思从 1835 年的中学毕业论文开始探索,到 1867 年《资本论》第一卷出版,时间跨度达 30 多年之久,最终提炼出了人的本质属性的科学阐释。诚如马克思在《资本论》第一卷中指出的:"假如我们想知道什么东西对狗有用,我们就必须探究狗的本性。这种本性本身是不能从'效用原则'中虚构出来的。如果我们想把这一原则适用到人身上来,想根据效用

---

① 〔德〕马克思:《资本论》第 3 卷,中共中央马克思恩格斯列宁斯大林著作编译局编译,北京:人民出版社 2004 年版,第 937 页。

② 《马克思恩格斯文集》第 5 卷,中共中央马克思恩格斯列宁斯大林著作编译局编译,北京:人民出版社 2009 年版,第 822 页。

③ 〔德〕马克思:《资本论》第 1 卷,中共中央马克思恩格斯列宁斯大林著作编译局编译,北京:人民出版社 2004 年版,第 821—822 页。

④ 〔德〕马克思:《资本论》第 1 卷,中共中央马克思恩格斯列宁斯大林著作编译局编译,北京:人民出版社 2004 年版,第 90 页。

⑤ 孙正聿:《选择与标准:我们时代的哲学理念》,载《黑龙江社会科学》,2015 年第 6 期,第 3 页。

原则来评价人的一切行为、运动和关系等等，就首先要研究人的一般本性，然后要研究在每个时代历史地发生了变化的人的本性。"① 马克思认为，什么东西对人具有更大效用，不取决于事物本身的特性，而是取决于人的需要，这才是人的本性，一句话，人的需要就是人的本性。接着，马克思谈到了有用劳动问题。有用劳动是真正具备独特物质属性的劳作活动，旨在产生使用价值。抽象劳动被看作是具有无差别特征的劳作活动，旨在产生价值。在这对劳动范畴中，有用劳动实际上是具体劳动。② 当然，作为黑格尔的学生，马克思深受黑格尔思想的影响，他承认《资本论》是吸取黑格尔的《逻辑学》及《小逻辑》的精华，学习其方法而写就的著作。所以，1868年马克思在给狄慈根的信中谈道，"当我卸下经济负担，我就要写辩证法。辩证法的真正规律在黑格尔那里已经有了，当然是具有神秘的形式。必须去除这种形式……"③ 总而言之，马克思能动的总体性辩证法与黑格尔永远自我更新的绝对总体性辩证法的区别在于，前者是社会的和受其他的总体性限制的，而黑格尔的总体性是形而上学和不受限制的，马克思的辩证法在历史领域被赫尔岑称之为"革命的代数学"④，它内涵总体性的活动原则和发展逻辑。因此，美国著名实用主义哲学家悉尼·胡克（Sidney Hook）认为，马克思实践人学的出发点旨在强调和突出人的需要、进化和活动。⑤ 实际上，《资本论》从商品内在矛盾的现实道路出发，从资本运动的逻辑到人的自由全面发展的逻辑展现了马克思实践人学的现实道路主线。

---

① 《马克思恩格斯全集》第23卷，中共中央马克思恩格斯列宁斯大林著作编译局编译，北京：人民出版社1972年版，第669页。

② 〔美〕D.史密斯：《〈资本论〉修炼宝典》，饶青欣译，桂林：广西师范大学出版社2017年版，第46页。

③ 《马克思恩格斯文集》第10卷，中共中央马克思恩格斯列宁斯大林著作编译局编译，北京：人民出版社2009年版，第288页。

④ 〔美〕悉尼·胡克：《对卡尔·马克思的理解》，徐崇温译，重庆：重庆出版社1989年版，第332页。

⑤ 〔美〕悉尼·胡克：《对卡尔·马克思的理解》，徐崇温译，重庆：重庆出版社1989年版，第26页。

当然，资本主义生产的实质是剩余价值的生产，就是剩余劳动的吸吮①，它靠的是在一定期限内延长工人的生产时间。② 马克思在《资本论》中为了说明资本与工人之间关系的性质，将剩余价值生产划分为绝对剩余价值生产和相对剩余价值生产。不管哪一种，都体现了资本对劳动的强制关系，促使工人超出自身生活需要的界限从事更多劳动，而"资本在精力、贪婪和效率方面，远远超过了以往一切以直接强制劳动为基础的生产制度。"③ 在资本主义社会，生产资料掌握在资本家手中，工人的劳动主观能动性受到了极大抑制。"不是工人把生产资料当做自己生产活动的物质要素来消费，而是生产资料把工人当做自己的生活过程的酵母来消费，并且资本的生活过程只是资本作为自行增殖的价值的运动。"④ 资本家把生产资料对工人的支配看作是自然现象，好像生产资料能天然带来剩余价值。实际上，只有货币通过购买劳动力而成为资本，从而形成雇佣劳动关系，生产资料才能成为榨取剩余价值的手段。马克思研究资本主义生产关系下人的存在，其切入点从资本的原始积累开始，将其作为理解资本主义社会中人的一把钥匙。在马克思看来，资本主义不仅是经济发展史，更是人自身的人学发展史，在资本主义工厂中，人只是客体，"自动机本身是主体，而工人只是作为有意识的器官与自动机的无意识的器官并列，而且和后者一同受中心动力的支配"⑤。

可见，资本主义原始积累是"使生产者转化为雇佣工人的历史运动，一方面表现为生产者从农奴地位和行会束缚下解放出来；对于我们的资产

---

① 〔德〕马克思：《资本论》第 1 卷，中共中央马克思恩格斯列宁斯大林著作编译局编译，北京：人民出版社 2004 年版，第 307 页。

② 《马克思恩格斯文集》第 5 卷，中共中央马克思恩格斯列宁斯大林著作编译局编译，北京：人民出版社 2009 年版，第 207 页。

③ 《马克思恩格斯文集》第 5 卷，中共中央马克思恩格斯列宁斯大林著作编译局编译，北京：人民出版社 2009 年版，第 359 页。

④ 《马克思恩格斯文集》第 5 卷，中共中央马克思恩格斯列宁斯大林著作编译局编译，北京：人民出版社 2009 年版，第 359—360 页。

⑤ 《马克思恩格斯全集》第 23 卷，中共中央马克思恩格斯列宁斯大林著作编译局编译，北京：人民出版社 1972 年版，第 460 页。

阶级历史学家来说，只有这一方面是存在的。但是另一方面，新被解放的人只有在他们被剥夺了一切生产资料和旧封建制度给予他们的一切生存保障之后，才能成为他们自身的出卖者。而对他们的这种剥夺的历史是用血和火的文字载入人类编年史的。"① 资本主义工业革命之后，资产阶级统治已经牢固确立起来，所以"现在的资产阶级，撇开其较高尚的动机不说，他们的切身利益也迫使他们除掉一切可以由法律控制的、妨害工人阶级发展的障碍。"② 所以，马克思在《资本论》中科学地预言："资本的垄断成了与这种垄断一起并在这种垄断之下繁盛起来的生产方式的桎梏。生产资料的集中和劳动的社会化，达到了同他们的资本主义物质外壳不能相容的地步。这个外壳就要被炸毁了。资本主义私有制的丧钟就要响了。剥夺者就要被剥夺了。"③ 正因为这样，马克思在《1857—1858年经济学手稿》中批判资本主义为生产而生产的目的时强烈指出："先前的历史发展使这种全面的发展，即不以旧有的尺度来衡量的人类全部力量的全面发展成为目的本身。在这里，人不是在某种规定性上再生产自己，而是生产出他的全面性；不是力求停留在某种已经变成的东西上，而是处在变易的决定运动之中。"④ 由此可见，马克思揭示了资本主义社会非人的本质，愤怒地谴责资本来到世间从头到脚每个毛孔都滴着血和肮脏的东西。由此，《资本论》中实践人学的具体演绎为工人阶级提供了系统思维的逻辑结构，为揭示资本家剥削工人的秘密，用科学社会主义理论武装工人阶级提供了人学基础。

---

① 《马克思恩格斯文集》第8卷，中共中央马克思恩格斯列宁斯大林著作编译局编译，北京：人民出版社2009年版，第822页。
② 《马克思恩格斯文集》第8卷，中共中央马克思恩格斯列宁斯大林著作编译局编译，北京：人民出版社2009年版，第9页。
③ 《马克思恩格斯文集》第5卷，中共中央马克思恩格斯列宁斯大林著作编译局编译，北京：人民出版社2009年版，第864页。
④ 《马克思恩格斯文集》第8卷，中共中央马克思恩格斯列宁斯大林著作编译局编译，北京：人民出版社2009年版，第137页。

## 三、《资本论》的实践人学价值意蕴

自由全面发展是马克思实践人学的价值归宿。生产力的发展有助于改变劳动者的处境和命运。马克思认为,人类要从自然的压迫下解放出来、根本途径在于发展科学技术,大力提高社会生产力。与此同时,人的价值的提升也在于发展生产力。事实上,生产力的提升,还依靠劳动者的创造性劳动。一般而言,要实现劳动解放的路径,一是劳动强度的降低,另一个是劳动时间的缩短。但是在资本主义条件下,由于资本寻求价值增值的本能使然,尽管生产力有了极大提升,劳动时间和劳动强度也不容易降下来。正如马克思指出的:"在资本主义条件下,通过发展劳动生产力来节约劳动,它的目的只是为了缩短生产一定量商品所必要的劳动时间。"① 所以,唯有在社会主义发展生产力才有助于实现劳动解放。

### 1. 从"必然王国"到"自由王国"是人的自由而全面发展的实现路径

人的全面发展是人在发展过程中所追求的理想状态,中国特色社会主义的最终目的就是努力促进人的自由全面发展。世界上的一切事物都在运动发展和变化,人当然也不例外。人是在历史上逐渐生成并不断发展的。毫无疑问,要全面再现人的发展需要做科学的梳理。"必然王国"是对社会历史的必然性尚未认识,"自由王国"是对物质生产活动的"此岸"的超越。未来"自由人联合体"的实现意味着人类实现了从"必然王国"向"自由王国"的飞跃和质变。

### 2. 追寻幸福是新时代人的自由全面发展的现实表征和时代价值

人民群众对美好生活的向往和追寻就是最高的人权,也是新时代共产党人的价值取向、奋斗目标和工作着力点。人们在自己的生命历程中,对

---

① 《马克思恩格斯文集》第 5 卷,中共中央马克思恩格斯列宁斯大林著作编译局编译,北京:人民出版社 2009 年版,第 372 页。

于幸福都有着一份执着的热望与渴盼。幸福是永恒的伦理主题，追寻幸福是人类特有的社会与文化现象，人类的生活不是简单的动物式存在，而是有意识的生命与情感活动，更为重要的是人对自身的生活有需求规划，不仅要满足自身的生存需要，也要满足自身丰富的精神享受与未来发展的需要。所以，习近平总书记指出，"让和平的薪火代代相传，让发展的动力源源不断，让文明的光芒熠熠生辉，是世界各国人民的期待，也是我们这一代政治家应有的担当。"①

---

① 《习近平主席在联合国日内瓦总部的演讲（全文）》，http://www.xinhuanet.com/world/2017-01/19/c_1120340081.htm(浏览时间：2020年2月15日)。

# 第三章
# 马克思主义政治经济学视角的切入

市场经济是全人类的智慧结晶，其弊端和优势为全人类所共有。运用解释学基本原理分析市场经济规律，其具体表现为：其一，间距是市场经济从确立到完善、成熟、深化的基本条件，间距与从后思索方法互动融合认识市场经济形成了双向解释学的新视域；其二，从后思索法是分析市场经济规律的方法论。总结、回顾和挖掘市场经济理论，科学认识和理解马克思对资本主义市场经济运行的基本规律，运用剩余价值理论分析资本主义的剥削形式、剥削本质、剩余价值的终极源泉、资本家是资本范畴人格化的特征、资本主义制度的历史宿命，从而更好地坚定中国特色社会主义制度，更好地坚持和完善我国社会主义基本经济制度，为逐步走向共同富裕坚定信心。从解释学阐释《资本论》虚拟资本理论有助于更好地理解该理论的本质、运行机制和基本规律。立足我国经济发展现实，处理好我国虚拟资本和实体资本、虚拟经济和实体经济之间的比例和发展关系是保持我国经济可持续发展的必然要求，也是防止系统性金融风险的实践举措。

# 第一节　时间间距与《资本论》对市场经济理论的贡献

劳动、技术、资本、土地、管理等生产要素和商品等社会经济资源是有限的，而人类对资源的需求是无限的，资源配置就是要解决这一对矛盾。迄今为止，资源有市场和计划两种配置方式，其中，市场配置资源起着决定性作用，它是较为有效、较为合理、较为经济的配置方式，而计划配置资源只能是补充。市场配置资源就是按照市场的供求关系引起的价格变动自发地配置资源。市场关系是由无数商品生产者合乎理性的利益追求形成的，没有任何一种办法能了解千千万万商品生产者和消费者的支付函数和需求动态，只能靠他们符合规则的市场选择行为去实现，这就是市场配置的必然性所在。市场经济的本质就是以市场作为配置资源的基本方式的经济，它从小商品经济走来，历经几千年的历史最终成熟。

## 一、市场经济是人类文明的共同成果

马克思的时代，资本主义生产方式在欧洲的几个国家刚刚取得统治地位，随着资本主义的发展，资本主义导致的剥削压迫和整个社会两极分化的趋势被马克思深刻地批判。马克思、恩格斯这两个当年血气方刚的年轻人，站在人类文化历史巨人的肩膀上，以对劳动人民同情和对社会命运负责的精神，大胆地向资本主义制度发出质疑，以大无畏的反思批判精神和缜密的科学分析，做出了现存社会制度必然灭亡和未来替代方案必然实现的惊人构想。马克思、恩格斯对19世纪资本主义野蛮时代的制度弊端的无情揭露，对资本主义社会基本矛盾的深刻揭示，对资本主义超越封建专制制度的革命性变革的历史贡献的客观评价，对资本主义的改革出路和社会主义的天才构想，使历史巨著《共产党宣言》和

《资本论》等马克思主义经典文献，成为当时和今天关于人类社会改革理想的震撼人心的精神产品。

苏联、东欧和中国的探索使得社会主义在地球上开始了伟大的实践。但多年来以来，碍于私有制和商品经济的弊端与社会主义消灭商品货币弊端的使命，我们曾试图不顾历史发展的特定进程，想一劳永逸地解决所有问题，立即取消商品货币经济，结果导致了商品短缺和计划僵化的长期不利局面。改革开放作为一次伟大的思想解放运动，让我们实事求是地总结经验教训，重新思考适合社会主义初级阶段的发展路径。在1992年南方谈话中，邓小平明确指出了，资本主义有计划，社会主义有市场，使我们认识到市场经济反映的是一种交换形式或方式，和某种社会经济制度没有必然的和结合关系，和资本主义经济制度结合在一起，就成为资本主义市场经济，和社会主义经济制度结合在一起，就成为社会主义市场经济。这是中国共产党人对社会主义经济发展规律认识的飞跃。

历史表明，奴隶社会和封建社会的局限性就在于商品经济不发展，一些落后国家之所以经济停滞不前，就在于排斥市场经济或市场经济体制不完善。实践表明，市场经济是当代世界的一种"效率型"经济，整个资本主义的发展和经济发达国家的发展，落后国家的崛起，都得益于市场经济的发展。市场经济是现代社会人类文明发展的共同成果。

西方资本主义市场经济先驱国家发展的历史，是一部艰难的探索史、开拓史和奋斗史。它们经历过经济震荡的打击，而且还在经历；它们经历过两极分化的恶果，而且也没有完全消除这种恶果；市场经济最新的风险都是从他们那里开始的。在这个过程中形成的经济思想是全人类市场经济的宝贵精神财富，为后发市场经济国家提供了极为重要的经验启迪和教训。我们要虚心学习、合理批判，借鉴这些思想和做法，把中国社会主义市场经济不断推向前进。

## 二、解释学"时间间距"的视角与马克思"从后思考"的方法

在解释学中,时间间距亦称为间距,是由于时空运动尤其是时间推移和历史演变形成的时间距离,事物在时空运动中存在和发展,这种时间上的一维性运动,使得任何精神产品的凝结,即文本,都在经历时间的验证或淘汰,有的被扬弃了,有的被遗忘了,有的被重新唤醒了,有的被传承并发展了,有的被原封不动地承继下来了。时间作用造成了文本与其他因素之间的三种结果,即远化、异化和间距化。其中,远化是指某些文本随时间推移被人们逐渐忘记或忽略;异化是指某些文本随时间推移使其原本价值或含义被人们做出了相反的解释或误读;间距化是指文本随着时间推移与现时现刻的人们之间形成隔阂、时空差距或历史变迁感。这种间距化的发生主要有四种情形,或称为四大间距:其一是文本与其所原本表达的事件之间出现的间距,其发生往往会使得文本意义摆脱、疏离原始的特定事件,特定文本都是特定事件的记述或评价,由于时间间距所形成的特定事件的远化或者淡化,人们就可以摆脱原始特定事件的纠缠,取其精神特质而对文本意义作出新的阐释,从而使后人对文本意义的重新解释成为可能;其二是文本原初语境与现实语境之间形成的间距,这种间距能使文本脱离当时的特定历史环境的制约,而呈现为一种可以由解释者来进行解释的自主语境;其三是由于时间推移使得文本与作者之间发生的间距,这种间距可以被当下的、具有主观能动性的解读者在解读中离断文本与原作者之间的联系,给文本解读者提供了一个相对自由的思想运动空间,以便解释者跳出对文本作者的依赖,对文本意义做出的独立的解释或阐发;其四是解释者与其自身之间的间距,亦即解释者挣脱自我理解的藩篱而积极思考、创造发挥,这种间距能使解释者由"原始的自我",通过对文本的独特理解而成为"放大了的自我",解释者借此可以获得对文本的新意义的把握或超越。在这里,时间间距就成了文本原初的意义与解释者解读时生成的意义之间的一个中介,这个中介成为特定文本不断产生新意义的理解

或解释的精神生长域。可见，正是由于时间间距的作用，才提供了当下的解释者对历史文本新的意义的再造和对历史文本观点进行时代组合、重构或重置的可能性。①

在对马克思主义文本的解读中，我们要克服远化，纠正异化，充分阐释间距化，以使马克思主义基本原理呈现无可替代的当代价值。

马克思也有类似的时间间距的思想。马克思指出"人体解剖对于猴体解剖是一把钥匙。低等动物身上表露的高等动物的征兆，反而只有在高等动物本身已经被认识之后才能理解。"② 这就是马克思的从后思考方法。马克思的这个理论启迪我们：我们对所有事物的认识，都是随着时间和实践的推进而不断加深的，不可能一蹴而就；认识过程也是一个反思过程，只有不断总结不断思考不断回顾，我们才能越来越成熟。我们走过的许多路，我们经过的许多事，当时可能我们并不理解或理解不深，回过头来才能领悟。人类文明从野蛮中走来，但我们不能认为过去幼稚愚昧就否定过去的我们，正是过去的历史成就了今天的岁月，正是过去的猴体成就了如今的人体。马克思的这个思想就类似于后来解释学中的时间间距概念，只不过在马克思那里是历史眼光，而在解释学那里是文本视角。当我们把两种思路结合起来时，就既利于研究历史发展也利于研究文本观点。

## 三、中国对市场经济几十年的艰难探索回顾

我们把时间间距和马克思的从后思考方法结合起来分析，可以看出，我们对市场经济及社会主义市场经济的认识经历了一个长期的实践探索过程。从改革开放前认为市场经济就是资本主义经济到改革开放之时市场起调节作用，到社会主义市场经济建立后，从市场起基础作用起到决定作

---

① 朱宝信：《马克思哲学文本："回到"抑或"重读"？——从现代哲学解释学的观点看》，载《贵州师范大学学报（社会科学版）》，2002年第1期，第15页。
② 《马克思恩格斯选集》第2卷，中共中央马克思恩格斯列宁斯大林著作编译局编译，北京：人民出版社2012年版，第705页。

用，从政府宏观调控起决定性作用到市场起决定性作用及政府更好地发挥政府的作用。这些变化反映出我国对社会主义市场经济艰难探索的轨迹，突破了市场经济与社会主义之间的界限，实现了完美融合，建立了社会主义市场经济体制，并且成功应用，取得了经济快速发展的世界经济奇迹，创造了巨大的物质财富和精神财富。总结和回顾这段历史，对于坚持和发展社会主义市场经济，完善社会主义市场经济体制具有重要意义。图 3-1 反映了我国探索市场经济的发展历程，认真回顾和总结这个艰辛的制度探索能够更好地做到坚定中国特色社会主义制度自信，为实现中华民族伟大复兴提供自信源泉。

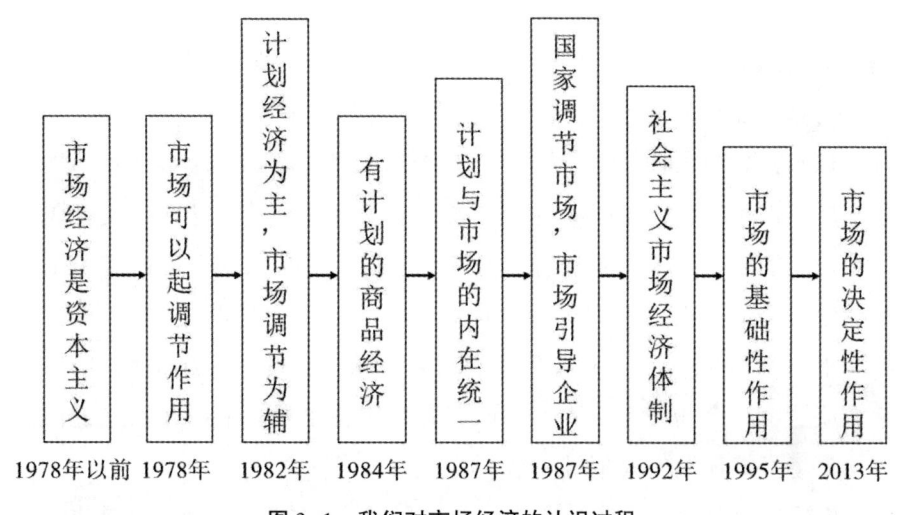

图 3-1　我们对市场经济的认识过程

在中华人民共和国成立以前，我们拘泥于传统的马克思主义理论对市场经济的理解，拘泥于苏联、东欧的社会主义实践，总是认为只要搞了社会主义，只要有了公有制，私有制的所有弊端都可以克服，而以私有制为基础的商品交换关系及货币关系也就退出了历史舞台。但是，我们搞社会主义的条件并不是马克思预想的那种条件，我们是在中国发展的特殊历史情境下选择社会主义道路和制度的。在中华人民共和国成立初期，由于种种原因，我们缩短了向社会主义经济制度的过渡时期，对商品经济总体上开始采取限制措施，把公有制和计划经济体制当作社主义的最主要特征。在思想上把商品市场经济视为资本主义的东西去排斥它。我们接受了斯大林的观点，只承认价值规律对社会主义流通有调节作用，否定价值规律对社会主义生产的作用。结果，虽有了中华人民共和国初期国民经济的高速增长，但之后很长一段时间内，经济活动陷入僵化局面，政府对经济活动一放就乱，一管就死。到改革开放前，由于阶级斗争为纲的干扰，除了个别领域外，我国经济总体上发展缓慢，人民生活改善比较缓慢。1978年底，党的十一届三中全会提出解放思想，以经济建设为中心，开始承认市场对整个经济活动的调节作用，我国国民经济活力开始迸发。随着时间的推移，又过了四年，1982年，中央发布了关于社会主义经济体制改革的决定，明确了计划经济为主，市场调节为辅的改革思路；1984年，面临社会主义经济发展的障碍，提出了有计划的商品经济的概念，终于落脚于商品经济。到了1987年，进一步认识到计划与市场并不矛盾，两者是有机统一体，并对市场和计划的各自功能作了区分，即国家调节市场，市场引导企业，这就把政府职能和企业职能划分开了。但政府如何调节市场，能否保证政府的市场调节是符合规律的，权力对市场的干扰如何解决，这个问题还是未能解决。时间推移到1992年，面对经济发展乏力，极左思潮回升的局面，邓小平南方谈话，为市场经济扫清了认识障碍，随后在党的十四大确立了社会主义市场经济体制的改革目标。

中国的社会主义事业前无古人，中国的社会主义市场经济更是前无古人。从将市场经济斥责为资本主义，到最终选择市场经济体制，这个过程在中华人民共和国成立后经历了四十多年的艰难探索和大胆实践。我们最终确立社会主义市场经济体制的改革方向时，与马克思主义经典作家的观点有100多年的时间间距，与苏联的实践初始有50余年的时间间距，与中华人民共和国成立初期有30多年的时间间距。正是由于我们解放思想，恢复实事求是的思想路线，才有了正确的选择。

## 四、从时间间距看《资本论》对市场经济理论的贡献

### (一)《资本论》揭示了商品经济的文明基因

马克思在《资本论》第一版序言中指出"万事开头难,每门科学都是如此。……以货币形式为完成形态的价值形式,是极无内容和极其简单的。然而,两千多年来人类智慧对这种形式进行探讨的努力,并未取得什么结果。"[①] 在这里,马克思指的是亚里士多德最早对价值形式的分析的局限性,即亚里士多德虽然在商品的价值表现中发现了等同关系,"只是他所处的社会的历史局限,使他不能发现这种等同关系实际上是什么。"[②] 这是因为在亚里士多德的时代,人们彼此作为商品占有者的关系还未成为占统治地位的关系。而马克思是通过对人体的解剖回过头来解剖猴体,所以能得出科学的答案。

马克思在他的《资本论》中,引领我们来到原始社会的末期氏族部落尽头的简单的、偶然的、个别的价值交换关系中,第一次提出并详尽地分析了"20码麻布＝一件上衣"这一被我们今天称之为模型的公式。虽然这里揭示的是价值形式的起源和本质问题,但其科学价值是揭示了人类社会商品经济的文明基因。

从质的分析中,马克思科学地揭示了,在"20码麻布＝一件上衣"或"一只绵羊＝两把石斧"的关系中,交换活动中相联系又相对峙的人们,在等价形式一方,实际上是用自己的劳动产品的使用价值表现另一个人的劳动产品的价值;从而实际上是用自己的具体劳动表现出另一劳动产品包含的抽象劳动;从而实际上是用自己的私人劳动表现出他人劳动产品的社

---

① 〔德〕马克思:《资本论》第 1 卷,中共中央马克思恩格斯列宁斯大林著作编译局编译,人民出版社 2004 年版,第 7—8 页。

② 〔德〕马克思:《资本论》第 1 卷,中共中央马克思恩格斯列宁斯大林著作编译局编译,人民出版社 2004 年版,第 75 页。

会劳动。商品内部的使用价值和价值的矛盾在社会交换关系中不断地外在化，不断地表现为两大商品之间的矛盾。

从量的分析中，马克思分析了"20码麻布＝一件上衣"的价值关系随着劳动生产率的变化而变化的几种情况，让我们看到了，人们追求物质生活条件的改善，追求自己或团体利益的努力是如何通过社会关系得以均衡的。

马克思指出："一切价值形式的奥秘都隐藏在这个简单的价值形式中"①。实际上这里不仅隐藏着价值形式的奥秘，而且隐藏着商品经济的最基本原则和要求的奥秘。

在马克思之前，市场经济理论的奠基者亚当·斯密，在其巨著《国民财富的性质和原因的研究》里分析了商品交换关系的起源和货币的起源。在"论货币的起源和作用"一章中，他分析了历史上货币的演化。但是，由于马克思劳动二重性学说和历史与逻辑统一的科学方法才使得对这一问题的分析有了新的价值。

"20码麻布＝一件上衣"或"一只绵羊＝两把石斧"可以被认为是商品经济的文明基因，它是在原始社会的末期，氏族部落的尽头，简单的、偶然的、个别的价值交换关系中形成的，它是伴随着社会分工和私有制在小商品经济时代出现的，其遗传密码是"等价交换、互惠互利、公平竞争、自愿选择"，其基因缺陷是私人劳动和社会劳动的矛盾，同时还有物质追求和精神追求的矛盾。

可以这样说，这个基因开创了划分5000年文明史和几百万年野蛮史的分水岭。在奴隶制和封建制条件下，这个文明基因被暴力和权力压抑着，商品经济艰难地生存和扩展；资本主义社会把这个基因发扬光大，因而创造了高度发达的社会生产力。但与此同时，这个基因中的缺陷也日益发展、扩张，出现了资本主义时代私有制和社会化大生产的矛盾，出现了当今市场经济国家都必须面对的微观经济和宏观经济之间的矛盾，出现了人

---

① 〔德〕马克思：《资本论》第1卷，中共中央马克思恩格斯列宁斯大林著作编译局编译，人民出版社2004年版，第62页。

类物质生活和精神生活的矛盾。

从商品经济到市场经济表明了这个文明基因的遗传密码渗透到经济生活的各个环节。商品经济文明基因中的遗传密码"等价交换、互惠互利、公平竞争、自愿选择"是被5000年的文明史证明了的,它是任何一个时代的人民群众在处理他们之间的政治、经济、社会关系的矛盾时唯一愿意接受的办法。它是任何一个时代的统治者或管理者在处理那个时代的政治、经济、社会矛盾时不得不拿起的一把金钥匙。

### (二)《资本论》阐明了市场经济的基本经济规律

商品经济关系是超越自然经济的新型关系。商品经济既解放了自然资源又解放了人。商品经济具有不同于自然经济的优秀运行法则。价值规律是商品经济的基本经济规律。小商品生产的规律是价值实现规律,追求的是价值回归,以商品的使用价值获得为目标。发达商品经济的规律是价值增值规律,追求的是价值扩张,以商品价值的占有为目标。产品的本质是使用价值,商品的本质是价值。资产阶级第一次抓住了商品的主要矛盾,即价值和使用价值的矛盾,让此问题迎刃而解。价值增值规律是资产阶级率先贯彻的发达商品经济或市场经济的基本经济规律。这就是被马克思发现的资本主义生产方式运行的特殊规律,这是资本主义社会的基本经济规律,它决定了资本主义社会的本质、特征,决定了资本主义社会的运行与发展,决定了资本主义社会被更高级的社会制度所必然取代的历史命运。

剩余价值学说第一次揭示了高级阶段的市场经济下经济活动运行发展的内在规律。它启迪我们:①资本主义建立在对几千年文明史、商品经济文明基因发扬光大的基础上,是商品经济文明的逻辑衍生;②资本主义战胜封建社会的实质是法权关系、契约关系战胜特权关系和人身依附关系;③资本主义摆脱了几千年小商品经济仅追求价值回归的局限,开创了追求价值增值和扩张的新阶段;④在市场经济条件下,能获得剩余价值就能生存和扩张,否则就被市场竞争所淘汰。

沿着马克思的分析思路,我们可以对价值规律的作用形式的历史嬗变做出如下梳理和分析,如表3-1所示:

表 3-1　价值规律作用形式和要求的历史嬗变

| 竞争序列 | 规律嬗变 | 规律要求 |
| --- | --- | --- |
| 小商品生产者之间 | 价值实现规律 | 等量劳动要求等量回报 |
| 部门内部资本家之间 | 价值增值规律 | 市场等价交换，企业价值增值 |
| 不同部门资本家之间 | 生产价格即平均利润率规律 | 等量资本要求等量利润 |
| 垄断资本家之间 | 垄断价格规律 | 优势资本要求优势利润 |
| 金融巨头与社会之间 | 虚拟价格规律 | 投机能力要求机遇利润 |

马克思的《资本论》对市场经济理论的贡献还有很多。比如他揭示的市场竞争的三对关系及其特征、资本流通与周转的规律、不同资本主体的利益均衡机制、社会资本再生产实现的条件、从简单协作到机器大工业的发展历程等都是对市场经济规律的贡献。

诚然，马克思看到了资本主义商品经济的众多弊端，认为这些问题从根本上是由于私有制及私有制基础上的商品货币经济导致的，决心通过消灭私有制和商品货币经济来实现对社会的改造。但是，我们今天明白了，私有制和商品货币经济都不是须臾能够消灭的，只能被积极扬弃和改造。马克思完成了一个历史使命，那就是对资本主义的批判，这种批判对后来资本主义的改革实际上起到了推动作用，并使得社会主义制度的伟大实践得以展开。

**(三)《资本论》揭示了资本的循环机制**

马克思的资本运行机制的时空蕴含理论，不仅揭示了资本主义经济运行的特殊规律，即追求尽可能多的资本增值，而且揭示了社会化大生产与现代市场经济的一般规律，撇开资本的剥削本质，扬弃资本的贪婪特征。马克思的资本循环机制理论中体现的时空关系理论对今天我们社会主义市场经济的运行同样有着深刻的理论启迪。这个理论告诉我们以下几点。

1. 资本的运动本质和增值本质是结合在一起的

资本的目的是增值，但必须在运动中增值。唯物辩证法揭示事物在普遍联系中运动和发展，资本的空间越是拓展，资本的时间就越是节省；资本的时间越是节省，资本的空间延伸就越是广阔。马克思明确指出：资本不是静止物，而是一种运动，它在运动中扩张，在运动中增值，在运动中不断返回自身，从而形成一个一个循环和周转的过程与周期。每一个循环和周期，都是下一个循环和周期的前提条件，这是一个没有尽止的资本循环运动，是一个否定之否定的经济发展过程，是一个经济活动螺旋式上升的时空运动过程，是企业生产和竞争活力长期持存的根源，也是人类市场经济包括社会主义市场经济发展的真实写照。

2. 资本循环机制揭示了微观主体经济运行的内在客观联系

市场机制中的经济决策是由各个市场主体自主做出的，由于他们必须承担自己的决策后果，这些理性的决策者就有可能保证自己市场决策的有效性。经济运行机制作为促成或制约经济运行的内在耦合关系体系，对其的理解和运用，既是对经济活动规律的认识，又是对经济活动规律的掌控。马克思在《资本论》中揭示了：资本的本质是增值性和运动性的统一；资本主义个别企业的高度有组织性和整个社会的生产无政府状态是资本主义基本矛盾的表现之一；资本主义微观经济运行中的时间的继起性和空间的并存性的统一构成的资本循环机制是资本主义个别企业高度有组织性的内在奥秘。

3. 资本循环机制还揭示了资本宏观运行的规律

在马克思的分析视野里，资本运行的目的是剩余价值，是价值扩张和增值。流通领域是整个资本主义生产领域的衍生，资本增值的发生既在流通中，又不在流通中。马克思正是循着从单个资本到社会资本的分析思路前进，从而深刻把握了资本主义生产的总过程的。从社会总资本运行来看，一是要取决于每个单个资本的正常运行，二是要取决于社会总资本各部分的平衡。从时间角度看，各单个资本运行的交错配合，支撑了社会总资本的运行规模和速度；社会总资本的实现又为各单个资本的进一步运行提供了条件。这就是个别和总体的辩证关系。从空间角度看，社会总产品在使用价值上的合理布局，决定着社会总资本在价值上的有效实现。这是一个使用价值和价值在资本运行空间中的对立统一的关系。产品空间和价值空间必须相互对接，资本主义社会总资本的再生产才得以顺利进行，正是由于马克思时代资本主义宏观运行中的生产无政府状态，才导致经济危机频频发生，显现出资本主义制度的弊端。

4. 时间和空间的一致性是资本运行的基本条件

物质在时间和空间中运行，从时空辩证关系看，绝对不存在没有时间的空间和没有空间的时间。市场经济条件下的资本运行也必须在时空统一的环境中展开。资本贯彻的是价值增值规律，这是节约劳动时间规律在资本主义时代的必然表现。但是资本拓展其空间才能有所扩张，随着劳动生产力的提高和科学技术的进步，资本利用时间缩减的优势开始了向更大空间范围延伸，从这个意义上说，资本的生产率随着资本的国际化而发展，资本的国际化又随着资本的生产力的提高而拓展，这一切已经被资本主义和市场经济后来的发展所证实，它揭示了市场经济发展的历史进程和一般规律。

5. 在时空统一中考察资本运行的规律及其特点

在我们分析资本运动的阶段、特征时，必须和对资本运行的时空条件加以考察，才能揭示出资本运动的真实相貌。从宏观经济角度考察，资本主义经济危机实际上是资本时空条件被割裂、被破坏的危机，马克思在自己的时代看到了资本关系的空间狭隘性对时间发展的致命影响和资本的时间断裂对制约资本空间生存条件的历史结局。马克思在社会资本再生产理论中科学地分析了资本主义经济在社会资本再生产过程中所面临的时空障碍。从微观经济角度考察，马克思《资本论》客观公正地分析了资本主义微观经济运行的有组织性，看到了私有制条件下，单个企业的资本家为了追求剩余价值，对资本运行过程及生产过程的各环节的精心组织和安排这样一个客观事实。马克思揭示的时间继起和空间并存统一性这样一个资本循环机制，是社会化大生产和市场经济条件下的微观主体生存和发展的条件，也同样是对所有类型企业的要求。

### (四)《资本论》阐明了市场经济的周期性规律

经济的周期性震荡是市场经济的必然规律。按辩证法的观点,所有事物在运动发展中都呈现周期性的特征,无论自然界的运行和人类社会的发展都是如此。小商品经济是为了满足使用价值的,规模小,贪婪欲望尚未被激发,商品经济基本矛盾运动空间小。后来货币的支付职能开始使经济链条断裂,为以后的经济危机留下了隐患。工业化初期的市场经济,经济危机是商品相对过剩的危机,其本质是经济结构的强制性修复重组。发达市场经济,经济活动集中于货币资本,危机表现为金融危机,其本质是社会财富的强制性均衡。

马克思科学地揭示了,经济危机的本质是生产相对过剩的危机,是资本主义生产方式的必然结果。大规模固定资本更新是经济危机周期性的物质基础。在马克思去世50年后,马克思当年所预测的资本主义的危机凶猛发生。1929年—1933年西方主要资本主义国家发生了一场历时4年之久的经济大危机。这是一场强烈震撼西方世界的生产过剩的经济危机。在危机中,整个资本主义世界经济全面倒退,倒退到20世纪初期甚至19世纪的水平。大量企业破产倒闭,大量工人失业。美国工业生产下降了55.6%,倒退了320年;美国农业产值由1929年的111亿美元降低到1932年的50亿美元,1932年破产银行1456家,净出口从1928年的10亿美元缩减到1936年的3300万美元。正是这场危机催生了罗斯福新政和凯恩斯主义。资本主义国家从私人垄断进入到国家垄断资本主义大发展的时期。①

## 五、从时间间距看中国社会主义市场经济

### (一)计划经济体制在中国造成的问题

长期以来,在中国社会主义基本经济制度下,公有制企业为主体,特

---

① 韩毅:《美国30年代经济危机的历史反思》,载《史学理论研究》,2009年第1期,第8—9页。

别是国有大中型企业为主导，但由于传统计划经济模式下建立的公有制企业活力较差，现代企业制度对其的改造流于形式，部分国企人身依附关系严重，与政府又有着依附关系，加上挤出效应，使资源配置效率低下。

在计划经济体制下，真正掌握和配置资源的是行政权力。其他各类经济主体对资源配置的影响作用较小，市场机制发挥的作用很有限。

具体来说，计划经济体制造成了以下问题：一是政府与市场边界不清晰，特别是各类壁垒林立；二是市场监管方式混乱，行政干预过多；三是权力资本化倾向可能会出现，会造成寻租；四是地方政府过度竞争，破坏市场竞争的效率；五是大型国有企业行为如果失范，会危害市场的公平竞争；六是改革开放初期有关法规还未及时修订，旧标准难以严格执行；七是经济政策稳定性较差，干扰了市场主体预期；八是要素市场管制过多，弱化了市场配置资源的作用。

### （二）中国探索市场取向改革的重要历史事件

从中华人民共和国成立到改革开放之前，将市场经济斥之为资本主义。从 1978 年 12 月党的十一届三中全会到十二大，开始承认市场的调节作用。从 1982 年党的十二大到十二届三中全会前，提出了"计划经济为主，市场调节为辅"的方针。1984 年 10 月，党的十二届三中全会提出了"有计划的商品经济"的新概念。1987 年 10 月，党的十三大提出了"计划与市场内在统一"的要求，和"国家调节市场，市场引导企业"的经济运行模式。1992 年春，邓小平南方谈话中提出了，计划经济不是社会主义的本质特征，资本主义有计划；市场经济不是资本主义的本质特征，社会主义有市场，计划和市场都是手段。1992 年 10 月党的十四大正式提出建立社会主义市场经济体制的目标。1995 年 9 月党的十四届五中全会提出了社会主义市场经济体制的基本框架。2003 年 10 月，党的十六届三中全会做出了《关于完善社会主义市场经济体制若干问题的决定》。2013 年 11 月 12 日党的十八届三中全会通过了《中共中央关于全面深化改革若干重大问题的决定》，提出了从市场在资源配置中的基础作用到决定作用的转变。

### (三)中国市场取向改革的深化

2013年,党的十八届三中全会总结了改革开放以来,市场取向改革的成就和问题,提出了从市场在资源配置中的基础作用到决定作用的转变的要求。

市场对资源配置起着决定性作用在理论上表现为对市场经济机制和规律给予充分的承认和最充足的空间,相信市场机制的力量,配置资源的是公平竞争、地位平等的经济主体。这是中国向人类市场经济文明的进一步回归。实践中,是让政府退到后台,让各种生产要素和资源的活力充分发挥,让各种要素资源充分涌流。政府则完成了服务型政府的转型,为市场经济的各主体提供政策、法律、计划和应急调控的服务,让权力干涉让位于规律贯彻,让闲不住的手变为帮一把的手。在坚持以公有制为主体,多种所有制经济共同发展的基本经济制度的前提下,承认公有制私有制都是市场经济的重要组成部分。减少政府对资源配置的直接影响和干预,进一步解放生产力,使建设社会主义的各种资源得以充分涌流,从而实现社会效益最大和市场效率最优。

### (四)透过时间间距,我们对市场经济产生了新认识

市场经济在共产主义运动史特别是社会主义建设史上前无古人,是传统科学社会主义理论和实践的与时俱进,是中国共产党人对社会主义事业的贡献。中国共产党人坚持实事求是,用实践检验真理,善于总结经验教训,勇于借鉴人类文明,敢于突破理论禁区,开创了市场取向改革的历史进程。从社会主义可以搞商品经济到市场经济取向的经济体制改革;从资源配置以市场为基础到资源配置由市场来决定,充分反映了我们对发展中国特色社会主义制度的自信,对人类文明成果的开放和包容的博大胸襟。当然,市场在资源配置中起决定性作用并非意味着全面市场化,不是一切都交给市场而放任不管,而是顺应市场经济的发展要求,充分发挥市场机制的作用,把资源配置交给市场,促使一切创造财富的源泉充分涌流,推进经济发展,造福中国人民。

市场在资源配置中的决定性作用，是对市场经济规律的尊重和认可，把握市场发展规律，顺从市场变化要求，就是尊重市场主体的选择，归根结底就是相信人民。把社会主义事业的发展建立在经济规律的客观运行上，并用社会主义制度的力量努力消除市场弊端。

### （五）坚定中国社会主义市场经济的信念

社会主义是人类历史上自觉改造世界的制度创新和伟大试验。作为一种试验，就要敢于承担风险和代价，就要有百折不挠的开拓精神。社会主义制度不是在真空中运行的，它是一个开放的系统，它必须勇于和善于吸收人类历史和当代世界的一切优秀的文明成果，并学会排斥一切有害的糟粕。要看到社会主义仍在探索中，制度上存有缺陷。正如恩格斯所说："历史同认识一样，永远不会把人类的某种完美的理想状态看成尽善尽美的"①。按照马克思"普照光"的视域分析，我们要坚持的是社会主义的基本制度，要改革的是社会主义的实现形式。

社会主义是近代中国历史的必然选择，我们已经走进这个房间，就要不断完善它。马克思在《资本论》第一卷德文版序言中说："政治经济学所研究的材料的特殊性，把人们心中最激烈、最卑鄙、最恶劣的感情，把代表私人利益的复仇女神召唤到战场上来反对自由的科学研究。"② 我们不是躲在实验室或书斋里研究一些和现实毫不相关的问题，而是站在实践的前沿回答一些重大的现实问题。早在延安整风时期，毛泽东同志在《改造我们的学习》中就批评了不触及现实的教条主义学风。

马克思、恩格斯在《德意志意识形态》中指出："精神很倒霉，一开始就受到物质的纠缠"③。由于前进道路总在开拓中，我们面临的实践问题

---

① 《马克思恩格斯选集》第4卷，中共中央马克思恩格斯列宁斯大林著作编译局编译，北京：人民出版社1995年版，第212页。

② 〔德〕马克思：《资本论》第1卷，中共中央马克思恩格斯列宁斯大林著作编译局编译，北京：人民出版社2004年版，第10页。

③ 《马克思恩格斯选集》第3卷，中共中央马克思恩格斯列宁斯大林著作编译局编译，北京：人民出版社1995年版，第634页。

要比理论复杂得多。因此不能把《资本论》当作神圣的教条，而是要根据一百多年的时间间距，依据我们多年积累的世界经验，置身于历史文献之中，做出新解释，实现我们与历史文本的视域、融合。

### （六）认真总结社会主义市场经济的历史经验

在马克思看来，人类的历史是一个不断走向自由王国的历史，是一个不断把人的世界和人的关系还给人自己的历史。马克思在《资本论》中科学预测与论述了人类从必然王国向自由王国飞跃的条件。[①] 只要还有奴役、压迫和不公正，人类解放的任务就没有完成，而共产主义是一个标志性的构想，是人类最文明大厦的轮廓，是人类精神追求的坐标，是人类解放程度的参照，是人类进入真正属于人的历史的里程碑，是人类解放的转折点，是人类向更伟大的文明社会跨越的基石。

通过从后思索，利用时间间距，我们可以看出，中国几十年社会主义市场取向的改革取得的和需要继续坚持的最基本的经验至少有以下几条：①坚持经济规律，使建设发展遵循科学轨道；②坚持实事求是，从国情出发谋划发展思路；③坚持人民利益，坚决贯彻人民主体地位的原则；④坚持基本经济制度，以公有制为主体，多种所有制经济共同发展；⑤坚持公平正义，各市场主体共有发展机会；⑥坚持共同富裕的目标，调整好分配和再分配关系；⑦坚持法制建设，努力遏制市场经济的弊端；⑧坚持对外开放，吸收全人类市场经济的成果；⑨坚持改革创新，闯出一条市场经济的新范式。

## 六、市场经济的优势和弊端属于全人类

像世界上很多事物一样，市场经济也是一把"双刃剑"，历史发展的无数事实表明，没有它，人类会停留在野蛮时代；取消它，人类会陷入普

---

[①] 《马克思恩格斯选集》第 1 卷，中共中央马克思恩格斯列宁斯大林著作编译局编译，北京：人民出版社 1995 年版，第 72 页。

遍贫穷的状态。市场经济建立在私有制和社会分工之上，从简单商品交换到世界市场形成，反映了人类经济文明的历史进程。市场经济贯彻了商品经济的文明基因，其优秀的遗传密码是等价交换、互惠互利，公平竞争、自愿选择，其基因缺陷是私人劳动与社会劳动的矛盾。小商品经济即不发达市场经济追求价值回归，发达商品经济及市场经济追求价值增值。

回溯世界文明史，私有制产生以后，在带来财产人格化，财富大幅增长的同时，商品交换就已经带来了贫富两极分化，唯利是图，贪婪占有，财富至上，阶级分化，剥削加剧等"异化"现象。在奴隶社会，暴力遏制了商品经济；在封建社会，特权遏制了商品经济；在资本主义社会，商品经济获得了解放，市场经济真正得以发展。市场经济发展之时，也是市场经济弊端泛滥之时，在资本逻辑驱使下，人们急于追求财富扩张，还来不及考虑调整人与人的社会关系。

马克思和恩格斯在《共产党宣言》中对资产阶级的历史功绩给予高度肯定的同时，尖锐地指出了资本主义时代市场经济的弊端：唯利是图、铤而走险、两极分化、人格出卖、金钱关系、盲目扩张、经济震荡、道德堕落、贫困积累、商业危机……随着资本主义社会法治的健全、政治民主化的推进，劳动法和反垄断法的完善，资本社会化、劳动社会化、保障社会化机制的发展，市场经济的弊端逐步得以一定程度上的遏制。但这个过程在市场经济先驱国家经历了几百年，并且固有问题挥之不去，新问题还在涌现。

中国的改革开放四十多年，社会主义市场经济体制的运行才不到30年，加上传统观念的制约，如小农经济传统、均贫富、无商不奸、劳心者治人，劳力者治于人等，使得市场经济在中国的命运十分艰辛。虽然中国选择的是社会主义市场经济，从一开始就试图通过社会主义制度来遏制市场经济的弊端，但是，其一，公有制和宏观调控这两个社会主义市场经济的鲜明特征都有待完善；其二，处在世界市场冲击中的开放条件，使得市场经济弊端的某些影响在中国开始顽强地呈现。我们只能应对挑战，深化改革创新，在不断开拓中奋力前行。

市场经济与社会化大生产，经济开放与世界市场环境都是属于全人类的，是人类社会的必经之路，这其中的磨难是人类的共同遭遇，要避免或躲开这一切是不可能的。中国的市场取向的改革开放仅有四十余年，虽然我们的社会主义中国已经取得了巨大的成就，虽然我们坚信社会主义必将最终取代资本主义，但是，属于全人类工业化和市场经济进程中的所有弊端和磨难同样会缠绕着我们。

深化市取向的改革，就是强调市场在资源配置中的决定性作用。这就要求我们为市场运行开辟广阔空间，要求权力对市场的过度干预得到控制，要求保护不同所有制经济的产权，要求地方政府对"唯 GDP"说不，转而服务于市场完善和企业发展。发挥市场在资源配置中的决定作用，就要减少政府对一些企业的特殊政策保护，让它们参与市场竞争。同时，政府要大量减少审批环节，深化放管服改革，取缔寻租机会，这样市场活力才能迸发。这就是中国在市场化改革实践中需要逐步解决的问题，虽然任重道远，但绝不走回头路。

### 七、透过时间间距看《资本论》的思想启迪

透过时间间距，我们可以看到，不管人类历史有多复杂，透过历史尘埃，我们依稀可以看到，原始社会的宿命好像是灾难威慑的轮回，奴隶社会的宿命好像是暴力遏制的轮回，封建社会的宿命好像是政权更替的轮回，资本主义社会的宿命好像是经济危机的轮回，未来社会的宿命可能是科技更新的轮回。这正好印证了历史发展的趋势和规律，即螺旋式上升的否定之否定的历史辩证法。理解了这个历史辩证法，就理解了历史哲学，就理解了唯物主义历史观。

站在历史长河的高度，借助于时间间距窥探历史，我们就会理解历史上所有的制度都有它崛起和发展的必然性，也有它衰退和最终退出历史舞台的必然性。历史上宣告当时制度必然解体的那些当时的思想家实际上是最早看到制度宿命并发起历史告诫的人，社会批判实际上是社会改良和稳定的推进力量。马克思就是这样一个伟人，马克思主义就是这样一个推进人类文明的伟大学说。

必须指出，少数资本主义国家之所以在现代化道路上走得比较快，不是资本主义制度本身的功劳，而是市场经济的功劳，这是人类文明的法宝。在地球上，拥有这块法宝的国家发展就快一些，反之就慢。世界上的资本主义也不是铁板一块，也不是没有差别的。资本主义国家也分为少数发达国家、多数发展中国家和一批落后国家。有不少资本主义国家属于封建资本主义，还有一些资本主义国家属于落后的资本主义国家。不应对资本主义的制度盲目崇拜。

截至目前，人类文明发展的每一个历程都伴随着进步和弊端两个方面。发展也是一把双刃剑。资本主义社会的许多弊端是资本和市场经济的弊端，资本的本质是价值增值，赚钱就是它的"天职"。资本不赚钱就像人类不呼吸那样荒谬。市场经济的本质是经济和竞争自由，它排斥道德，只承认能力，只认可机遇，不可能顾及人的良知。正如马克思在《资本论》第一版序言中所指出的那样，资本家是资本主义生产关系的人格化。①社会主义市场经济前无古人，怎样摆脱资本逻辑对社会的全面影响是一个历史性的任务。所以，社会主义市场经济面临的挑战是史无前例的。我们要有长期的思想准备。我们要让资本为社会主义的发展服务，坚持资本为人民群众服务，克服资本逻辑的剥削性质。

在新时代，要提升我国经济发展质量需要在以下几点下功夫。一要深化国有企业改革。要坚持以管资本为体制机制的制度和框架设计，对国有资本进行监察，防止出现权力腐败问题而影响国有企业的健康持续发展。二是要厘清政府与市场之间的界限与边界。着力构建宏观调控有度、微观主体有效、市场主体有活力的市场经济体制机制，加快完善社会主义市场经济体制，不断释放改革活力，缩小收入差距，逐步实现共同富裕。三是推动我国经济高质量发展。积极实施创新驱动发展战略，深化城乡一体化机制，推进公共资源均等化，缩小城乡、区域发展差距。着力提升我国外贸企业的抗风险能力，提升自主创新能力，突破卡脖子的技术，延长产业

---

① 〔德〕马克思：《资本论》第 1 卷，中共中央马克思恩格斯列宁斯大林著作编译局编译，北京：人民出版社 2004 年版，第 10 页。

链，增加产品附加值，提升产品技术含量，坚持以质取胜。四是提升我国对外开放水平。深入实施"一带一路"倡议，打造新的经济增长极，加强人文、科技、教育、医疗卫生、国际安全、应对气候变化、保护生物多样性等领域的合作，提升区域经济协同联动发展能力。举办好中国国际进口博览会，打造好中国进出口这张特色名片，加快科技成果转化为经济效益，加强人工智能等高端产业的发展步伐，推动区块链的应用，提升服务经济社会的能力。充分利用和发挥丝路基金、亚投行等国际金融机构，服务我国及周边国家的实体经济。加快我国自贸区的建设，积极探索自贸区建设模式，推动贸易投资便利化，优化营商环境，加快法治化建设，在税收、政策、基础设施等方面给予优惠，简化行政审批，积极探索"证照分离"、一站式办理、异地办理，取消注册资本的限制，简化进出口手续。充分激发外贸企业活力，不断增强企业创新力、竞争力，以赢得发展机遇。

我们相信，几千年来的社会改革理想最终在人类文明选择中的胜利是人类可以预期的。资本主义传统制度的逐步消亡和社会主义理想在全世界的逐渐蔓延同样是不可避免的。这就是马克思巨著《资本论》给予我们最伟大的思想启迪，透过时间间距，我们越来越清晰地看到了这一点。

## 第二节　对《资本论》剩余价值学说思想贡献的再认识

马克思生活在 150 多年前的资本主义时代，在他的科学劳动价值论的基础上，创立了剩余价值学说。通过 150 多年的时间间距，对马克思的剩余价值学说从其产生和发展过程中的观点的演变和聚合上进行再思考、再认识，澄清多年以来对剩余价值学说的一些误解和刻意歪曲，包括关于资本主义的剥削本质、剥削形式、资本家作为人格化资本的特征、资本主义制度的历史宿命、剩余价值规律的双重展现、价值创造的终极源泉等命题，利于我们重新理解和确证马克思剩余价值学说的伟大思想贡献，从而坚持马克思主义最基本的原理，把中国特色社会主义事业推向前进。

马克思在《资本论》等著作中详尽阐述和严谨论证的剩余价值学说，以其科学的论证，无情地揭示了以平等、自由、博爱著称的资产阶级社会仍然是几千年剥削社会史的延伸，是剥削形式的文明化和隐蔽化，最终消灭剥削的任务任重而道远。剩余价值学说还第一次揭示了从价值回归规律到价值扩张规律的历史转变是资产阶级完成的，并成为由资产阶级社会引发的左右着现代市场经济的新的看不见的手。剩余价值学说还证明了活劳动或抽象劳动是创造价值和新价值的终极源泉，这些原理都是对人类社会的伟大贡献。恩格斯高度评价了马克思的剩余价值学说，他认为，马克思的剩余价值学说，使得在社会主义领域里徘徊的人们，得到了明亮的阳光的照耀，科学社会主义就是以此为中心发展起来的。①

多年以来，由于阶级的偏见，由于理解的误区，由于研究的方法论上的偏差，由于资本主义社会发生的变化，人们对马克思的剩余价值学说的认识产生了许多歧义，以至于对马克思剩余价值学说的思想贡献认识不清或有意回避。

在中国特色社会主义事业的伟大实践中，不忘初心，坚持真理，站在劳动人民的立场上，以唯物史观为指导，把马克思关于剩余价值学说的思想成果，从发展的、联系的、全面的视角进行再解读、再理解、再认识，以澄清误解，回归本意，对于坚持和发展马克思主义，对于科学理解马克思主义基本原理具有重要意义。

## 一、关于剩余价值学说的唯物史观基础

马克思并不是用一般方法研究经济规律，他对资本主义社会剩余价值规律的揭示深植于他的唯物史观立场和方法。

马克思主义不仅是科学，也是意识形态，是工人阶级和广大劳动人民的世界观。恩格斯指出："自从世界上有资本家和工人以来，没有一本书

---

① 《马克思恩格斯选集》第3卷，中共中央马克思恩格斯列宁斯大林著作编译局编译，北京：人民出版社2012年版，第584页。

像我们面前这本书那样，对于工人具有如此重要的意义。资本和劳动的关系，是我们全部现代社会体系所围绕旋转的轴心，这种关系在这里第一次得到了科学的说明，而这种说明之透彻和精辟，只有一个德国人才能做得到。欧文、圣西门、傅立叶的著作现在和将来都是有价值的，可是只有一个德国人才能攀登最高点，把现代社会关系的全部领域看得明白而清楚，就像一个观察者站在高山之巅俯视下面的山景一样"。①

正如恩格斯所说，马克思的剩余价值学说把资本主义社会关系一览无余地揭示出来了。马克思揭示了资本的三种形式和剩余价值的三种形式。揭示了在以资为本的社会里，资本家阶级的资本在各个领域的分布，各种不同形式的资本围绕剩余价值的目的展开的博弈，剩余价值的本质和来源被资本主义表层现象掩盖，劳动人民的主体地位被资本关系压制和裹挟，无产阶级被迫成为资本增值的工具，资本逻辑对整个社会关系的控制。马克思的《资本论》为我们揭示出了资本关系的结构图和资本利益博弈的运行图。从而使我们明白无误地看出了资本主义社会的本质特征和剩余价值规律对整个资本主义制度的掌控的格局。

恩格斯在《反杜林论》中指出："以往的社会主义固然批判了现存的资本主义生产方式及其后果，但是，它不能说明这个生产方式，因而也就不能对付这个生产方式；它只能简单地把它当作坏东西抛弃掉。但是，问题在于：一方面应当说明资本主义生产方式的历史联系和它在一定历史时期存在的必然性，从而说明它灭亡的必然性；另一方面应当揭露这种生产方式的一直还隐藏着的内在性质，因为以往的批判主要是针对有害的后果，而不是针对事物的进程本身。这已经由于剩余价值的发现而完成了。"②

根据恩格斯的这个观点，我们可以看到，剩余价值学说与唯物史观是紧密相关的，唯物史观启迪我们，对人类历史的分析必须深究其历史条

---

① 《马克思恩格斯选集》第2卷，中共中央马克思恩格斯列宁斯大林著作编译局编译，北京：人民出版社2012年版，第70页。

② 《马克思恩格斯选集》第3卷，中共中央马克思恩格斯列宁斯大林著作编译局编译，北京：人民出版社2012年版，第740页。

件，特别是挖掘其深刻的经济根源；对人类历史的认识必须从偶然性和无序性深入到必然性和规律性的探索；对人类历史的解释必须从固定和僵化的思路转变为联系和发展的思路；对人类历史的研究必须依据客观历史资料而不能依赖主观的推测；人类历史的演进必须着眼于人民群众的创造而不是统治阶级和天才人物的活动。正是由于唯物史观的发现，使我们对人类社会的解释、对资本主义社会的解释有了全新的方法论视角，使我们能够从历史发展的过程来看待资本主义社会。

根据恩格斯的这个观点，我们还可以看到，恩格斯之所以对剩余价值学说给予高度评价，是由于在他看来，正是剩余价值学说揭示了资本主义生产方式一直隐藏着的内在性质，即它第一次揭示了高级阶段的市场经济下经济活动运行发展的内在规律。资本主义建立在对几千年文明史上的商品经济文明基因发扬光大的基础上，是商品经济文明的逻辑衍生；资本主义战胜封建社会的实质是法权关系、契约关系战胜特权关系和人身依附关系。资本主义摆脱了小商品经济仅追求价值回归的局限，开创了追求价值增值和扩张的新阶段；在市场经济条件下，能获得剩余价值就能生存和扩张，否则就被市场竞争所淘汰；剩余价值学说说明，资本主义不是剥削的终止，而是人类剥削形式的隐蔽化和被迫的文明化。

## 二、关于资本主义社会的剥削本质

马克思并不是对剥削独有偏见，最关键的是他揭示了资产阶级社会仍然有剥削这样一个客观事实。

人类社会经历了几千年的文明史。几千年的文明史既是人类社会的发展史、进步史，同时又是人类社会的分化史，社会财富的积累被少数人的占有史，财富占有从野蛮到文明、从公开到隐蔽、从无耻到虚伪的历史。到了资本主义社会，还有没有剥削？马克思对剩余价值学说的研究建立在这样几个关键性的理论概念之上：具体劳动与抽象劳动、劳动力与劳动、活劳动与死劳动、形式上的等价交换的商品生产所有权规律与实际上的资本主义对剩余劳动的无偿占有规律、资本主义工资形式等。

马克思用它的研究无情地证明了，运行了几千年的商品生产所有权规律和这个被认为天经地义、田园诗般的规则下的社会，到了资本主义时代，已经被资本主义占有规律所替代，那就是，谁有资本，谁就有对剩余劳动的占有权，资本越多，占有的剩余劳动就越多，就越能更多地积累资本，这不也是天经地义的吗？资本付出的仅仅是劳动力价值，而使用的却是劳动本身。资本用活劳动、现在的劳动去推动死劳动、过去的劳动，在具体劳动转移旧价值的同时，利用工人的抽象劳动创造新价值，从而获得剩余价值。资本主义工资形式使得资本主义社会的必要劳动和剩余劳动都变得好像是有报酬的劳动。资本主义社会是人类历史上最隐蔽的剥削制度。

由于资产阶级打破了封建枷锁、极大地解放和发展了生产力的历史功绩被人们所认可，资产者头上的光环是如此辉煌。那个时代的新兴的资产阶级认为，是他们养活了雇佣工人，是他们给予工人阶级以生活出路，工人阶级的低贱地位和悲惨处境是理所当然的。号称为自由、平等、博爱的资产阶级在打破了曾压制过他们的封建等级制度的枷锁以后，实际上又以一个新的、简单化了的、由于市场上的等价交换关系而变得更文明的、由于金钱关系而变得更隐蔽的剥削制度代替了旧的。

在 20 世纪 30 年代初，美国经济学家 P.道格拉斯与 C.柯布根据 1899—1922 年美国资本和劳动这两种生产要素对产量的影响的工业统计资料，得出美国这一时期的"柯布-道格拉斯生产函数"：[①]

$$Q = F(L, K)$$
$$Q = AL^{\alpha}K^{1-\alpha}$$

在这一生产函数中，当劳动量与资本量增加 $\lambda$ 倍时，产量也增加 $\lambda$ 倍，则为：

$$A(\lambda L)^{\alpha} \cdot (\lambda K)^{1-\alpha} = \lambda AL^{\alpha}K^{1-\alpha} = \lambda Q$$

在 $Q = AL^{\alpha}K^{1-\alpha}$ 这个生产函数中，$A$ 与 $\alpha$ 为常数，其中：$1 > \alpha > 0$。

柯布与道格拉斯计算出 $A$ 为 1.01，$\alpha$ 为 0.75，所以，柯布-道格拉斯

---

[①] 胡希宁：《当代西方经济学概论（第三版）》，北京：中共中央党校出版社 2004 年版，第 46—47 页。

生产函数可以具体化为：$Q = 1.01L^{0.75}K^{0.25}$

以上分析说明，1899—1922年期间，美国每增加一个百分点的劳动所引起的产量的增长，三倍于每增加一个百分点的资本所引起的产量的增长，即在19世纪后半期和20世纪初，劳动所做出的贡献为全部产量的3/4，资本所做出的贡献为全部产量的1/4。

诚然，由于阶级立场不同，资产阶级学者和马克思得出的结论是不同的。但根据马克思生活的那个年代的生产条件和资本的剥削状况来分析，这个生产函数反证了在资本主义的那个时代，工人阶级的劳动远远没有得到应有的认可，马克思的劳动价值论和剩余价值学说对资本主义的批判和对资本家残酷剥削的揭露是必然出现的理论成果。

## 三、关于资本主义社会的剥削形式

马克思没有夸大资产阶级社会的剥削，而是揭示了剥削形式的隐蔽化、文明化是社会发展的必然趋势。

从历史上地租的演化形式来说，从劳役地租到实物地租，再从实物地租到货币地租；从剩余价值的生产方法来说，从绝对剩余价值到相对剩余价值生产，这整个历史过程呈现出两个显著特点：一是人对人的关系这个本质逐步被物对人的关系这个现象所取代，二是人对人奴役的形式被迫逐渐从野蛮走向文明。这就是为什么对资本主义社会剥削制度本质的揭示对人类社会的贡献如此之大。

马克思向我们证明了，人类阶级社会的历史是一部被统治阶级和统治阶级、被剥削阶级和剥削阶级之间阶级斗争的历史，这个历史到了资产阶级时代并没有终结，只不过是新的阶级、新的剥削形式代替了旧的。资产阶级把人从人身依附关系下解放了出来，这是它对人类文明的重大贡献；资产阶级用形式上的等价交换和契约关系彻底否定了历史上的暴力关系和特权关系，这也是它对人类文明的重大贡献。反映出随着生产力发展和人类文明进步，剥削现象的逐步隐蔽化、文明化是人类社会发展的必然趋势。

马克思在《资本论》中指出了榨取剩余劳动的资本主义生产方式本身具有的文明性质，即它对人类进步的作用。"资本的文明面之一是，它榨取这种剩余劳动的方式和条件，同以前的奴隶制、农奴制等形式相比，都更有利于生产力的发展，有利于社会关系的发展，有利于更高级的新形态的各种要素的创造。"①

固然，马克思当年对资本主义的无情批判，基于资本主义野蛮剥削的历史事实。因此，我们要揭露资本主义表面上的自由平等博爱的实质，要拨开笼罩在资本主义文明之上的晕环，要否定资本主义永恒的错误认识。但从马克思的整体文献来分析，在马克思对资本主义无情批判和鞭笞的同时，资本主义剥削形式的隐蔽化和文明化这样一个必然的历史趋势已经被马克思揭示出来了。

这里我们所理解的文明化，就是指随着资本主义大工业本身的发展、工人阶级力量的强大及资本主义国家工厂法的建立和完善，资本的残酷剥削受到了限制。关于资本主义剥削与封建剥削的区别，马克思和恩格斯在《共产党宣言》中做了分析，认为资本主义的剥削是赤裸裸的，封建的剥削是隐蔽着的。②关于大机器对劳动者的影响，马克思在《资本论》中论述工厂制度对家庭手工业的反作用时指出："现代工场手工业中对廉价劳动力和未成熟劳动力的剥削，比在真正的工厂中还要无耻，因为工厂所拥有的技术基础，即代替肌肉力的机器和轻便的劳动，在现代工场手工业中大多是不存在的；……而这种剥削在所谓的家庭劳动中，又比在工场手工业中更无耻……"③关于工人阶级的抗争，马克思在《1861—1863年经济学手稿》中，在指出随着生产力的发展，劳动也不知不觉变得强度更大和更加紧张的同时，说："这种情况迫使甚至以资本主义生产为基础的社会，

---

① 〔德〕马克思：《资本论》第3卷，中共中央马克思恩格斯列宁斯大林著作编译局编译，北京：人民出版社2004年版，第927—928页。
② 《马克思恩格斯文集》第2卷，中共中央马克思恩格斯列宁斯大林著作编译局编译，北京：人民出版社2009年版，第34页。
③ 〔德〕马克思：《资本论》第1卷，中共中央马克思恩格斯列宁斯大林著作编译局编译，北京：人民出版社1975年版，第506页。

也不得不为正常工作日的长度强制规定硬性的界限,(其中主要推动因素,自然是工人阶级本身的反抗)。这种情况初次发生在资本主义生产已经经历了它本身的粗野时期、躁动时期并建立起自身物质基础的时期。"① 关于工厂法的建立和完善对野蛮剥削形式的遏制,马克思在《资本论》中指出:"工厂法从一个只在机器生产的最初产物即纺纱业和织布业中实行的法律,发展成为一切社会中普遍实行的法律,这种必然性,正如我们已经看到的,是从大工业的历史发展进程中产生的。"② 马克思举例指出,在1867年英国立法产生后,统治阶级的议会不得不被迫在原则上采取非常的和广泛的措施,来防止资本主义剥削的过火现象。③ 固然,马克思在1875年的《哥达纲领批判》中指出:"雇佣劳动制度是奴隶制度,而且社会劳动生产力越发展,这种奴隶制度就越残酷,不管工人得到的报酬较好或较坏。"④ 在这里,我们可以看到两点:一是马克思晚年对自己的观点的坚守,即他对资本主义生产方式批判的毫不妥协;二是马克思对德国与英国资本主义和工人运动发展状况的不同判断。

这里的隐蔽化,就是指随着资本主义的发展,剥削形式和剥削手段从公开到隐蔽。绝对剩余价值生产过程的剥削形式是公开的,资本家要把工人的劳动时间扩展到他们的生理界限以外。到了相对剩余价值生产时期,随着整个社会技术进步和劳动生产力的提高,人们看到的巨大变化是"只是在大工业中,人才学会让自己过去的、已经物化的劳动产品大规模地、像自然力那样无偿地发生作用。"⑤ 这就使得资本主义生产过程对劳动者的

---

① 《马克思恩格斯文集》第8卷,中共中央马克思恩格斯列宁斯大林著作编译局编译,北京:人民出版社2009年版,第321页。
② 〔德〕马克思:《资本论》第1卷,中共中央马克思恩格斯列宁斯大林著作编译局编译,北京:人民出版社1975年版,第536页。
③ 〔德〕马克思:《资本论》第1卷,中共中央马克思恩格斯列宁斯大林著作编译局编译,北京:人民出版社1975年版,第5页。
④ 《马克思恩格斯选集》第3卷,中共中央马克思恩格斯列宁斯大林著作编译局编译,北京:人民出版社2012年版,第370页。
⑤ 〔德〕马克思:《资本论》第1卷,中共中央马克思恩格斯列宁斯大林著作编译局编译,北京:人民出版社1975年版,第425页。

剥削现象变得更加隐蔽了。这种隐蔽化可以从两个方面来分析。

其一，诚然，必须严格区分一般劳动过程、价值形成过程与价值创造和价值增殖过程的界限。在马克思看来，生产资料是劳动过程的物质要素，也是价值形成的物质要素。劳动对象是劳动的吸收器，劳动手段是劳动的传导体，没有劳动的吸收器和劳动的传导体，劳动是不会成为价值的。但是，生产资料本身不是新价值的源泉，当然也就不会是剩余价值的源泉，只有活劳动才是新价值的源泉。资本的所有者宁肯利用机器生产的神奇效果贬低活劳动的作用，从而掩饰自己的剥削。"只是在采用机器以后，工人才开始反对劳动资料本身，即反对资本的物质存在形式。"①

其二，机器大工业的发展给工人阶级的命运造成的直接影响。随着相对剩余价值的生产，劳动生产力的提高，市场竞争的加剧，使得过剩的劳动人口急剧增加，反过来又导致在业工人的状况恶化。正如马克思所说："工厂制度的巨大的跳跃式的扩展能力和它对世界市场的依赖，必然造成热病似的生产，并随之造成市场商品充斥，而当市场收缩时，就出现瘫痪状态。"② 在这种情况下，工人会把自己的命运不济看作是市场竞争的结果，从而使资本主义剥削隐蔽化。

马克思对资本主义社会改革的进步是给予了肯定的。如马克思在《资本论》1867年第一版序言中就指出："在英国，社会改革的步伐明显加快，当它达到一定程度后，一定会波及整个欧洲大陆。"③ 站在唯物主义历史观的立场上，这里呈现了一个人类阶级社会发展过程中的剥削现象的隐蔽化、文明化的倾向或趋势。在实践中，残酷野蛮的剥削逐渐被社会进步所否定，被法治社会的进步所制约；在理论上，资本主义社会的剥削本质越来越被遮蔽，被做出合理化理解，被披上文明的外衣，被从对资本主义分

---

① 〔德〕马克思：《资本论》第1卷，中共中央马克思恩格斯列宁斯大林著作编译局编译，北京：人民出版社1975年版，第468页。

② 〔德〕马克思：《资本论》第1卷，中共中央马克思恩格斯列宁斯大林著作编译局编译，北京：人民出版社1975年版，第479页。

③ 〔德〕马克思：《资本论》第1卷，中共中央马克思恩格斯列宁斯大林著作编译局编译，北京：人民出版社1975年版，第11页。

析的语境中排除出去，资本主义文明的虚伪性越来越看不清。这就是我们从马克思剩余价值学说的产生和发展中读出的深层次的东西。

## 四、关于资本家人格化资本的特征

马克思并不是对资本家阶级有偏见，他批判的是当时被称为新千年王国的资本主义制度本身。

马克思痛恨的是把人作为手段和工具、把资本增值作为目的的社会制度，他认为资本主义社会背离了"人是目的"这个原则。这是一个物统治人的社会。人类社会发展到这个处境是令人担忧的。

马克思指出：

> 古代的观点和现代世界相比，就显得崇高得多，根据古代的观点，人，不管是处在怎样狭隘的民族的、宗教的、政治的规定上，总是表现为生产的目的，在现代世界，生产表现为人的目的，而财富则表现为生产的目的。事实上，如果抛掉狭隘的资产阶级形式，那么，财富不就是在普遍交换中产生的个人的需要、才能、享用、生产力等等的普遍性吗？财富不就是人对自然力——既是通常所谓的'自然'力，又是人本身的自然力——的统治的充分发展吗？财富不就是人的创造天赋的绝对发挥吗？这种发挥，除了先前的历史发展之外没有任何其他前提，而先前的历史发展使这种全面的发展，即不以旧有的尺度来衡量的人类全部力量的全面发展成为目的本身。在这里，人不是在某一种规定性上再生产自己，而是生产出他的全面性；不是力求停留在某种已经变成的东西上，而是处在变易的绝对运动之中。①

---

① 《马克思恩格斯全集》第 30 卷，中共中央马克思恩格斯列宁斯大林著作编译局编译，北京：人民出版社 1995 年版，第 479 页。

马克思绝不是和哪个具体的资本家个人过不去，也没有从个人素质、个人伦理道德上批判资本家这些自然人，它批判和否定的是以资为本的社会制度，而资本家本人只不过是这个制度的人格化。

必须指出，马克思在《资本论》中对资本主义的批判，已经不再局限于道义批判，而是制度批判。当马克思完成历史观的伟大变革之后，就超越了以往的人道主义价值尺度的方法，在哲学史上第一次把价值尺度放到了其应有的位置上，并使其同人类社会历史发展最一般的规律有机统一起来，说明了只有符合人类社会形态演进规律的，才是符合人道主义价值尺度的。如马克思在 1876 年《资本论》第一版序言中指出："我决不用玫瑰色描绘资本家和地主的面貌。不过这里涉及的人，只是经济范畴的人格化，是一定的阶级关系和利益的承担者。我的观点是把经济的社会形态的发展理解为一种自然史的过程。不管个人在主观上怎样超脱各种关系，他在社会意义上总是这些关系的产物。同其他任何观点比起来，我的观点是更不能要个人对这些关系负责的。"[①]

## 五、关于资本主义制度的历史宿命

马克思并不是认为资本主义制度不该存在，而是认为资本主义制度不可能持久和永恒。

在《共产党宣言》中，青年马克思和恩格斯给资本主义下了病危通知书，根据当时资本主义的矛盾特征得出了资本主义的丧钟就要敲响了的结论。但从马克思、恩格斯的一系列文本来看，随着实践的发展和认识的深化，马克思和恩格斯对资本主义生命力的认识也在深化。1848 年欧洲大革命以前，他们曾预言法国资产阶级革命一定会是无产阶级革命的直接序幕。到 1850 年秋，马克思和恩格斯宣布在新的世界经济危机未到来以前重大革命不会发生。1856 年，马克思、恩格斯曾预见资本主义世界将面临一

---

[①]《马克思恩格斯选集》第 2 卷，中共中央马克思恩格斯列宁斯大林著作编译局编译，北京：人民出版社 2012 年版，第 84 页。

场新的危机,认为这将是欧洲资本主义的末日,然而,后来的情况证明他们的预言是不正确的。故恩格斯在晚年坦诚地承认:"历史表明我们也曾经错了,暴露出我们当时的看法只是一个幻想"①。1848 年在《共产党宣言》中,马克思、恩格斯宣告了资产阶级的灭亡和无产阶级的胜利同样是不可避免的。到了1859 年,马克思在《〈政治经济学批判〉序言》中又明确指出了"两个决不会"②,并且指出这个社会阵痛的过程既不能跳过,又不能用法律取消。③ 恩格斯晚年对他和马克思青年时代合著的《共产党宣言》的各种新文本所做的修改和补充说明达 20 多处。

实际上,马克思对资本主义制度批得最狠,同时对资本主义制度的历史功绩赞美得也最多。在他和恩格斯合著的《共产党宣言》中,实事求是地评价了资产阶级来到世间的历史贡献,包括:它破坏了封建宗法关系和道德观念,第一次展示了人的创造能力,把变革作为生存条件,开创了经济全球化的过程,推进了城市化的进程,造成了政治的集中和统一,创造了巨大的社会生产力。

在马克思看来,资本主义制度肩负着为新社会制度奠定物质基础和造就有深刻感受力的人的使命。马克思、恩格斯在《共产党宣言》中批判资产阶级的社会主义时指出:"在资产阶级看来,它所统治的世界自然是最美好的世界。资产阶级的社会主义把这种安慰人心的观念制成半套或整套的体系。它要去无产阶级实现它的体系,走进新的耶路撒冷,其实它不过是要求无产阶级停留在现今的社会里,但是要抛弃他们关于这个社会的可恶的观念。"④而马克思认为,资产阶级社会不是永恒的,它自身的运动过

---

① 《马克思恩格斯选集》第 4 卷,中共中央马克思恩格斯列宁斯大林著作编译局编译,北京:人民出版社 2012 年版,第 382 页。
② 《马克思恩格斯选集》第 2 卷,中共中央马克思恩格斯列宁斯大林著作编译局编译,北京:人民出版社 2012 年版,第 3 页。
③ 〔德〕马克思:《资本论》第 1 卷,中共中央马克思恩格斯列宁斯大林著作编译局编译,北京:人民出版社 2004 年版,第 10 页。
④ 《马克思恩格斯选集》第 1 卷,中共中央马克思恩格斯列宁斯大林著作编译局编译,北京:人民出版社 2012 年版,第 429—430 页。

程本身就创造着自我否定的条件，当这个制度的各种弊端发展到了让人无法忍受的程度的时候，新的阶级力量就会历史地成为这个旧制度的掘墓人。资产阶级社会必然为更美好的社会制度所代替，这是历史发展的必然趋势。当然，不同时代，不同地域，新制度代替旧制度所采取的手段和方法不同，道路选择和途径不同，经历的挫折和磨难不同，但最终的代替是必然的。

如果我们追寻马克思思想的变化，就会发现，马克思由于一度没有认识到人和人的本质对生产关系的依赖性，反而用人的本质作为判定经济关系是否合理的标准，因而把人道主义价值尺度提高到历史尺度的高度，认为一部人类社会的历史就是人的类本质（自由自觉的活动，一种带有抽象思辨色彩的理想化劳动）的自我异化及这种异化扬弃的历史过程，并以此来判定资本主义由于其非人道而必然被共产主义所取代。当马克思完成历史观的伟大变革之后，就超越了以往的人道主义价值尺度的方法，在哲学史上第一次把价值尺度放到了其应有的位置上，并使之同人类社会历史发展最一般的规律有机统一起来，说明了只有符合人类社会形态演进规律的，才是符合人道主义价值尺度的。

在《德意志意识形态》中，马克思、恩格斯认为共产主义的必然性绝不是因为它是向人的本质的复归和对人的自我异化的扬弃，而是资本主义生产力和生产关系的矛盾运动。离开了资本主义生产力的高度发展，就不可能实现共产主义，而只能是贫穷的普遍化，一切腐朽的东西都会死灰复燃。[①]

马克思还指出了资本主义制度为它以后的新制度奠基的历史使命："历史中的资产阶级时期负有为新世界创造物质基础的使命：一方面要造成以全人类互相依赖为基础的世界交往，以及进行这种交往的工具，另一方面要发展人的生产力，把物质生产变成在科学的帮助下对自然界的统治。资产阶级的工业和商业正为新世界创造这些物质条件，正像地质变革

---

[①] 《马克思恩格斯选集》第 1 卷，中共中央马克思恩格斯列宁斯大林著作编译局编译，北京：人民出版社 2012 年版，第 166 页。

为地球创造了表层一样,只有在伟大的社会革命支配了资产阶级时代的成果,支配了世界市场和现代生产力,并且使这一切都服从于最先进的民族的共同监督的时候,人类的进步才会不再像可怕的异教神像那样,只有用人头做酒杯才能喝下甜美的酒浆。"①

在《资本论》第三卷,马克思通过对资本主义发展变化的观察和深刻思考,更是用辩证法思想分析了资本主义社会的历史命运及它矛盾运动的必然历史归宿。马克思指出:"我们的方法表明必然包含着历史考察之点,也就是说,表明仅仅作为生产过程的历史形式的资产阶级经济,包含着超越自己的、对早先的历史生产方式加以说明之点。……这种正确的考察同样会得出预示着生产关系的现代形式被扬弃之点,从而预示着未来的先兆,变易的运动。一方面,如果说资产阶级前的阶段表现为仅仅是历史的,即已经被扬弃的前提,那么,现代的生产条件就表现为正在扬弃自身,从而正在为新社会制度创造历史前提的生产条件。"②

## 六、关于剩余价值规律的双重展现

马克思并不是对资本扩张有排斥,正是他科学揭示了价值增值规律是发达商品经济运行的基本经济规律。

剩余价值学说揭示了资本家剥削的秘密,揭示了剩余价值规律是资本主义生产方式的绝对规律。但是马克思揭示的这个科学事实,既不是从事实的道义或非道义出发,也不是从对资本家的个人好恶出发的;既不是从社会表层来观察,也不是从一般现象来观察的。"这个问题必须解决,而且要排除任何欺骗,排除任何暴力的任何干涉,用纯粹经济的方法来解

---

① 《马克思恩格斯全集》第9卷,中共中央马克思恩格斯列宁斯大林著作编译局编译,北京:人民出版社1995年版,第252页。

② 《马克思恩格斯全集》第46卷(上册),中共中央马克思恩格斯列宁斯大林著作编译局编译,北京:人民出版社1979年版,第458页。

决。"① 从根本上说，马克思是从人类社会发展规律的角度来分析的，是将资本主义社会作为人类历史上一个特定的文明阶段来分析的，是从资本主义制度角度来分析的，是从当时人类社会发展的趋势推测和从人类命运的终极关怀出发来分析的。

以往，我们对马克思剩余价值学说的理解，局限于马克思对资本主义剥削秘密的揭露，这实际上只看到了马克思对资本主义社会的道义批判层面。而剩余价值学说则在规律层面科学地揭示了不同于历史上小商品生产的价值实现规律的新规律，即价值扩张、价值增殖、价值追逐原则的客观必然性，即"生产剩余价值或赚钱，是这个生产方式的绝对规律。"② 马克思也科学地指出了剩余劳动不是资本家所独有的追求，"剩余劳动一般作为超过一定需要量的劳动，应当始终存在。"③ 问题在于，只有到了资本主义时代，人们才有意识地、自觉地以产品价值追求，从而以剩余价值追求为唯一目的。"把价值看作只是劳动时间的凝结，只是对象化的劳动，这对于认识价值本身具有决定性的意义，同样，把剩余价值看作只是剩余劳动时间的凝结，只是对象化的剩余劳动，这对于认识剩余价值也具有决定性的意义。"④ 资本的本质就是赚钱，就是在运动中增殖。到了资本主义时代，当所有生产要素都转化为资本，资本关系占了统治地位的时候，价值扩张不仅是愿望，而且有了条件，资本关系的超越需要资本关系的发展才能实现。正如马克思所说："资本是生产的，也就是说，是发展社会生产力的重要关系。只有当资本本身成了这种生产力本身发展的限制时，资本

---

① 《马克思恩格斯选集》第3卷，中共中央马克思恩格斯列宁斯大林著作编译局编译，北京：人民出版社2012年版，第584页。

② 〔德〕马克思：《资本论》第1卷，中共中央马克思恩格斯列宁斯大林著作编译局编译，北京：人民出版社2004年版，第714页。

③ 〔德〕马克思：《资本论》第3卷，中共中央马克思恩格斯列宁斯大林著作编译局编译，北京：人民出版社2004年版，第927页。

④ 〔德〕马克思：《资本论》第1卷，中共中央马克思恩格斯列宁斯大林著作编译局编译，北京：人民出版社2004年版，第251页。

才不再是这样的关系。"①

因此,马克思敏锐地发现了,资产阶级以前的小商品生产者追求的是价值实现,其最终目的是商品的使用价值,即 W—G—W,其实质是为买而卖;资产阶级社会追求的是价值增值,其最终目的是价值,即 G—W—G′,其实质是为卖而买。从唯物主义历史观的角度分析资产阶级社会的历史进步性和资产阶级社会推动生产力发展的原因,就会发现,是资产阶级第一次抓住了商品价值这个本质性的东西,抓住了商品内在的使用价值和价值这对矛盾,从而使使用价值的问题迎刃而解。

价值规律是商品经济的基本经济规律,但其作用的方式和内涵是随着人类社会的演进,随着不同社会经济制度的发展而变化的。在交换领域,价值规律在商品经济和发达商品经济(市场经济)时代始终表现为等价交换的规律;在生产领域,价值规律在简单商品经济时代表现为小生产者追求价值回归的必然性,在资本主义商品经济时代表现为追求价值增值的必然性,这就是被马克思发现的剩余价值规律,也就是西方学者所称的利润最大化原则;在资本和劳动的关系中,价值规律表现为剩余价值规律,在资本家阶级之间的抗衡关系中,它分别表现为生产价格规律(其深层规律是等量资本等量利润规律或平均利润率规律)和垄断利润规律(或优势资本优势利润规律)。价值规律内容和形式在变化,但其本质不变,价值规律的嬗变是和商品经济或市场经济的发展相一致的。

马克思的剩余价值学说启迪我们,市场经济运行的逻辑主体是资本,而运动的目的与动力是价值增值。撇开社会制度的区别,撇开道德评价,追求最大限度的价值增值,是市场经济主体行为的直接目的和决定性动机,这是市场经济的内在要求。② 马克思据此指出,资本家是资本的人格化和人格化的资本。西方经济学家所称的利润最大化原则,就是马克思早已发现的价值增值规律。价值增值是市场经济运行的轴心,它决定着市场

---

① 《马克思恩格斯文集》第 8 卷,中共中央马克思恩格斯列宁斯大林著作编译局编译,北京:人民出版社 2009 年版,第 70 页。

② 戴文标等:《现代政治经济学》,杭州:浙江大学出版社 2006 年版,第 119 页。

经济运行的一切主要方面和主要过程，决定着市场经济主体的命运，决定着市场经济的发生、发展和终结的全过程。

代表人类发展必然趋势的社会主义生产方式和中国社会主义初级阶段的市场经济体制，必须认识和遵从这个规律，利用这个规律，并在此基础上积极地扬弃这个规律。

### 七、关于价值创造的终极源泉

马克思并不是见物不见人的，正是他指出了活劳动或抽象劳动是创造剩余价值的终极源泉。

马克思的劳动价值论为剩余价值学说提供了"劳动二重性理论"的支撑。马克思的劳动价值理论揭示了活劳动在转移旧价值的同时创造新价值的整个劳动过程中的支配和主导作用。一个桌子比生产这个桌子的木材贵，这是因为这个桌子中包含了人的价值创造。是什么使得一堆木材变成桌子的呢？人的劳动。按马克思的话来说，就是人的体力、脑力和精神力的总和。劳动创造价值的过程也就是通过劳动者的体力和精神力赋予原材料以新用途、新生命的过程，正因为活劳动对价值的创造得到了认可，我们才有了今天的文明。我们可以试着用归谬法进行逆推：如果桌子不如木材贵，木材就不如原木贵，原木就不如大树贵，大树就不如小树贵，小树就不如树苗贵，树苗就不如小苗贵，小苗就不如沙漠贵，最后，我们的世界就将只剩下沙漠，那是多么可怕的景象！有形商品是这样，无形的知识商品和劳务商品也是这样，纯粹的体力劳动离不开精神创造，精神生产离不开体力付出，因而都体现着人类劳动的创造。

只不过在商品经济和今天的市场经济条件下，价值的社会关系本质越来越明显，社会必要劳动时间的决定作用越来越明显。正如马克思在《资本论》中所阐明的："就使用价值来说，劳动具有下面这样的属性：它保存现有使用价值，则由于它提高现有使用价值，而它提高现有使用价值，是由于它把现有使用价值变成一种由最终目的所决定的新的劳动的对象"。① 马克思精确地证明了，一般的商品生产过程，是劳动过程与价值实现过程的统一；资本主义商品生产过程，是劳动过程与价值增值过程的统一。对资本家来说，用来购买劳动力的可变资本的大小具有决定性意义。活劳动、现在劳动这个生产中的主体因素，是在转移旧价值的同时创造新价值和剩余价值的终极力量源泉。无论科学技术如何发展，无论劳动形式如何变换，无论劳动者的身份如何不同，"总体工人"② 的作用，活劳动的终极作用都是代替不了的。

当然，劳动创造和财富生产是有区别的。劳动是价值创造的唯一源泉。但从财富生产来看，不能缺乏劳动的物质条件；从价值实现来说，价值的本质是社会交换关系，它必须要得到社会的认可。所以马克思在《哥达纲领批判》中强调劳动是使用价值或财富的源泉，而且劳动只有和各种非劳动生产要素结合在一起的时候才是使用价值或财富的源泉。③ 这里，我们必须注意到马克思晚年观点的发展。可以看出，马克思强调了三点：一是孤立地把劳动者和劳动的作用看得至高无上是不对的；二是劳动必须和各种要素结合起来，否则劳动就有可能成为不劳动的人的财富的源泉；三是劳动直接创造的是使用价值，是产品，是财富形式。从这个角度，我们也可以把马克思的劳动价值论从另一个角度理解为劳动财富论，进而理解为以劳动为主导、其他要素为条件的劳动财富论。实际上，马克思的劳动价值论和剩余价值论是价值和剩余价值创造论而不是价值和剩余价值实现论；是价值和剩余价值的终极源泉论，而不是一般决定论；是价值和剩余价值的必要条件论，不是价值和剩余价值的充分条件论。

马克思的剩余价值学说，并不是要论证资本的贡献这个被资产阶级认

---

① 《马克思恩格斯全集》第30卷，中共中央马克思恩格斯列宁斯大林著作编译局编译，北京：人民出版社1995年版，第330页。

② 〔德〕马克思：《资本论》第1卷，中共中央马克思恩格斯列宁斯大林著作编译局编译，北京：人民出版社1975年版，第556页。

③ 《马克思恩格斯选集》第3卷，中共中央马克思恩格斯列宁斯大林著作编译局编译，北京：人民出版社2012年版，第357页。

为天经地义的事实，而是要阐明劳动的贡献，即这个被资产阶级的阶级偏见所掩盖的事实。劳动力有特殊使用价值，因而活劳动是价值和剩余价值的终极源泉是马克思揭示的真理。马克思发现，世间一切商品中，只有劳动力商品的使用价值是价值或剩余价值的源泉，资产阶级正是通过雇佣劳动制度挖掘了劳动力的使用价值，才有了资本的增值和积累，剩余价值是资本积累的唯一源泉。正是马克思用他的科学劳动价值论进而用剩余价值学说向全人类阐明了，应该还工人阶级以尊严，应该强调占人口绝大多数的劳动人民对社会发展的贡献，应该公正地指出，是千百万劳动群众创造了人类财富，一切归劳动者所有，不能容得寄生虫。

习近平在纪念马克思诞辰200周年的重要讲话中指出，"马克思给我们留下的最有价值、最具影响力的精神财富，就是以他名字命名的科学理论——马克思主义。这一理论犹如壮丽的日出，照亮了人类探索历史规律和寻求自身解放的道路。"① 在轰动西方世界的著作《马克思的幽灵》中，德里达大声疾呼："不能没有马克思，没有马克思，没有对马克思的记忆，没有马克思的遗产，也就没有将来；无论如何得有某个马克思，得有他的才华，至少得有他的某种精神。"② 瑞安在《马克思主义与解构》中说："历史是不确定性的另一个名称，永远向发展新理论体系的可能性敞开着。如果马克思主义是一门科学，那么，它便是一门历史科学。从它公理确立的那一刻起便开放自身，从而在历史运动中发展自身；它的公理总是即时的，因为历史是一个变化、修正和发展的领域，它的目的是开放。"③ 意大利政治家贝林格在谈到马克思主义的生命力时指出："一百年以来，全世界的文化（不仅是进步文化）都曾受到、并且仍在受到马克思的影响，留下它的痕迹，或是受到它的触动。它就像一把犁头，耕耘整个文化，以至

---

① 习近平：《在纪念马克思诞辰200周年大会上的讲话》，http://www.xinhuanet.com/politics/2018-05/04/c_1122783997.htm（浏览时间：2019年12月31日）。

② 〔法〕德里达：《马克思的幽灵》，何一译，北京：中国人民大学出版社1999年版，第21页。

③ Michael Ryan, *Marxism and Deconstruction*, Baltimore and London, 1982, p.21.

于即使在当代，人们也不得不重视它。"①马克思主义理论对人类社会的影响是深远的，深刻改变了人类社会的历史进程和发展趋势，以其深邃的理论解释力、历史穿透力、科学实践力改变人类的社会形态。认真学习和研究马克思的剩余价值学说，对于更好地坚定中国特色社会主义的道路自信具有重要的启示意义。

今天，在我们发展中国特色社会主义伟大事业的历史进程中，挖掘和重温马克思主义的最基本的原理，特别是深入理解马克思主义创始人对人类社会的唯物主义解释与趋势预测，深入挖掘和理解马克思的剩余价值学说蕴含的科学原理，有利于我们坚定信念，坚持真理，推动马克思主义中国化的科学进程，推动中国社会主义改革开放的实践进程。

建设中国特色社会主义，实现中华民族伟大复兴关键在党，关键在于广大人民群众，在于千千万万从事各类工作的劳动者。劳动是社会财富创造的源泉，是成就梦想的催化剂。在建设中国特色社会主义伟大事业的进程中要大力弘扬劳动精神、劳模精神，让热爱劳动蔚然成风。十九届四中全会指出，要提升一线劳动者的劳动要素参与分配的比重，捍卫劳动者尊严，坚持劳动者的主体地位。当前人工智能社会逐渐到来，劳动方式发现了显著的变化，人的活劳动被机器挤出的效应增强，人机一体化趋势加速，劳动者的技术劳动要素作用凸显，劳动组织方式更加集约化，劳动手段智能化，极大提高了生产力，为人的自由而全面发展提供了可能性，使自由时间增加。但是，从本质上来讲，人的活劳动是机器和程序无法代替的，这一点雄辩地证明了马克思劳动价值的现实解释力依然有效。

纵观资本主义社会的发展趋势，资本追逐剩余价值的本性并未改变，追逐超额利润、垄断利润仍旧是资本主义永恒的价值扩展规律，周期性的经济危机依然存在，因而，资本主义的发展变化并没有超出马克思所分析的范围。但是，必须注意到资本主义世界的新变化，近年来，资本主义世

---

① 〔意〕恩里科·贝林格：《二十世纪末的马克思》，见严理编：《外国共产党纪念马克思逝世100周年文集》，北京：人民出版社1985年版，第65页。

界开始反全球化和逆全球化，贸易保护主义抬头，这给世界经济可持续发展带来巨大阻力。

深刻理解马克思的剩余价值学说，深刻阐明广大劳动人民是社会财富创造的主体，他们创造了人类社会的物质财富和精神财富，他们的活劳动是创造价值的唯一源泉。新时代要坚持工人阶级的领导地位，坚持靠人民执政，为人民执政，密切联系人民群众，始终坚持以人民为中心的发展思想，不断提升广大人民群众的获得感、幸福感、尊严感。工人阶级创造了社会财富，书写了人类历史，是推动历史发展的决定性力量，因而拥有分享社会财富的基本权利，具有审判历史的权利。要坚持和完善人民当家做主的制度体系，完善中国共产党领导的多党合作和政治协商制度、民族区域自治制度和基层民主自治制度，广泛聚民意、集民智，坚持问计于民、问政于民的执政理念。要破除权力垄断、权力寻租，废除特权思想，坚持全面从严治党，营造风清气正的政治生态，克服资本逻辑的价值导向，坚持以人为本，始终把人民对美好生活的向往作为奋斗的方向。

## 第三节 《资本论》虚拟资本理论的经济哲学解释

《资本论》是蕴含马克思思想精华的巨著，其第三卷占用较大篇幅对虚拟资本理论进行论述，充分体现了该部分内容在马克思主义理论体系中的重要性。当前，立足周期性金融危机存在的全球背景，从解释学视角探析虚拟资本理论尤其凸显了必要性和创新性。解释学的一般方法为虚拟资本理论从不同视角探讨提供的新思路主要体现在：时代发展的"问答逻辑"揭开了虚拟资本理论的解释学出场的序幕，虚拟资本理论的真理性存在准备了解释的在场性条件，"前见"的历史性存在建构了理解虚拟资本理论的历史境遇，"时间间距"奠定了虚拟资本理论理解有效性的重要基础，"循环解释"启发了虚拟资本理论当代理解的价值旨趣。从解释学视角探析虚拟资本理论为文本理论的理解提供了新视角,为推进中国特色社会主义政治经济学及马克思经济哲学研究,进而为中国特色社会主义的实践发展提供重要启示。

## 一、《资本论》第三卷的虚拟资本理论

《资本论》虚拟资本理论的文本主要为第三卷第五篇,该篇论述了虚拟资本的内在意蕴、运行发生机制及规律、在资本主义社会中的作用及历史存在意义。该理论虽然已问世一个多世纪,但仍具有强烈的理论在场性价值,尤其世界性金融危机的周期性爆发更加凸显了对虚拟资本理论研究的重要性和必要性。运用解释学方法展开对虚拟资本理论的探析,实则是在对文本研究视角的拓展,况且马克思理论文本的当代意义研究本身具有解释学特性。在经典作家那里虽没有系统性的解释学理论,但从恩格斯对待马克思文本的态度上可见其解释学精神。

众所周知,《资本论》第三卷的出版奠基于恩格斯对马克思生前文稿的整理,其中虚拟资本理论篇章的整理工作最为困难。"这一篇不但没有现成的草稿,甚至没有一个可以按照其轮廓来加以充实的纲要……不少地方只是一堆未经整理的笔记、评述和摘录的资料。"[①] 恩格斯最初想用之前部分的整理方式,"把空白补足,对只有提示的片段进行加工,使这一篇至少可以接近于作者原来打算写成的那个样子。"但因为需要"涉猎这方面的全部浩瀚的文献,而最后搞成的东西,就不会是马克思的著作了。"[②] 故而恩格斯没有其他办法,只能"尽可能限于整理现有的材料,只作一些必不可少的补充。"[③] 由此可见,恩格斯在整理马克思生前的文稿时,尽可

---

① 〔德〕马克思:《资本论》第3卷,中共中央马克思恩格斯列宁斯大林著作编译局编译,北京:人民出版社2004年版,第8—9页。

② 〔德〕马克思:《资本论》第3卷,中共中央马克思恩格斯列宁斯大林著作编译局编译,北京:人民出版社2004年版,第9页。

③ 〔德〕马克思:《资本论》第3卷,中共中央马克思恩格斯列宁斯大林著作编译局编译,北京:人民出版社2004年版,第9页。

能还原文本，即使对于马克思初稿提及、之后阐述而未果的手稿，恩格斯依旧强调："我让这些地方保持原样，因为它们可以表明作者打算将来进行加工的意图。"① 恩格斯非常注重作者（马克思）文本原初的内涵，尽可能原样恢复原始手稿的内容，这在很大程度上是对历史的尊重，是对作者在特定历史条件下思想发展历程的尊重。这为后人理解马克思文本的思想奠定了基础。同时，恩格斯还强调文本解读的非主观性。他指出："一个人如果想研究科学问题，首先要学会按照作者写作的原样去阅读自己要加以利用的著作，并且首先不要读出原著中没有的东西。"②

《资本论》作为一部伟大的著作，其完成浇铸着马克思的毕生心血，揭示了资本主义社会存在、发展及历史走向的演变规律，是经典作家留给世人最宝贵的精神财富。它的最伟大之处在于，即使问世距今已达一个半世纪之久，其体现的思想、揭示的规律仍然坚强有力地指导着现实发展。虚拟资本理论在《资本论》第三卷中占据近三分之一的篇幅，是经典作家针对资本形态的发展演变及历史趋向所做的科学论述。在当前全球发展深陷虚拟资本过度发展导致的危机的背景中，从解释学视角重新探究文本思想，于当前的危机缓和及经济发展具有重要启示意义。由此，我们可以初步判定，《资本论》文本思想及理论，无论就整体宏观分析还是具体思想理论研究，都可以透过解释学视角，运用解释学中的一般性分析方法展开理解。那么，何为解释学？如何借助解释学视角同虚拟资本理论相结合？这种研究视角又有怎样的意义？这些问题需要我们一一进行解答。

---

① 〔德〕马克思：《资本论》第3卷，中共中央马克思恩格斯列宁斯大林著作编译局编译，北京：人民出版社2004年版，第7—8页。

② 〔德〕马克思：《资本论》第3卷，中共中央马克思恩格斯列宁斯大林著作编译局编译，北京：人民出版社2004年版，第26页。

## 二、解释学视角分析《资本论》的理论意义

运用解释学的相关理论方法对马克思虚拟资本理论进行探析，能够使不同理论分析方法相互交融，共同推进理论研究的发展进程，同时也为实践的顺利展开提供理论指导。

### （一）解释学分析维度为《资本论》文本理论阐释提供新的分析视角

作为马克思毕生创作的伟大巨著，《资本论》凝结了经典作家的毕生心血，它的理论价值在当代越发凸显。不同社会形态下诸多领域内都不约而同对《资本论》的理论展开研究以找寻其当代发展价值。解释学的发展经历了不同阶段，各阶段中阐述的理论观点不尽相同，发展难以形成较为统一的观点，甚至还存在相互抵触的现象，最为重要的是解释学存在现实（实践）维度的解释限度。即使如此，解释学诸多流派思想相互交汇形成的一般方法却作为历史经验得以积累。将解释学的一般方法运用于对《资本论》文本思想的研究分析中，必将为《资本论》具体理论观点的现代理解提供新的视角。当现代社会发展碰上了金融危机，解释学视角将带我们追寻经典作家虚拟资本理论阐述的历史文本，在解释学的视域融合中，我们将更加清晰地认知并理解虚拟资本理论在指导当代金融危机及社会持续发展中的重要地位。那么，当社会不断向前发展，新问题重又阻挡了人类社会前进的步伐时，透过解释学视角去探究《资本论》中的相关理论，以在更好地理解文本的基础上给社会发展以启示和意义，是否依旧可行？答案是肯定的，根源在于马克思主义基本理论、方法及观点的科学性。因此，从解释学视角去探讨《资本论》的具体理论观点依旧具有重要价值，这一视角是经典文本研究的一个新突破口、新的研究范式，为《资本论》文本研究提供了全新的探讨方式。

### （二）《资本论》文本思想的解释学视角研究为解释学开拓新思路

众所周知，不同学科及专业的发展都具有各自的规律，相应地，不同

学科之间的跨越也存在一定难度和风险。然而，研究方法的内在精髓却可以在不同学科领域相互借鉴。《资本论》文本思想的研究方法丰富多样，历史分析法、唯物辩证法、辩证唯物主义、抽象法及主体能动分析法等，这些研究方法同解释学领域中的一些方法或理念，诸如解释学中的间距、视域融合、效果历史、循环解释及解释者能动性等，存在很大程度上的相似性。这种方法蕴含上的内在相似性为彼此研究中的结合提供条件，对经典文本蕴含着的解释学方法进行挖掘能够丰富解释学内涵，促进解释学发展。而这种相互借鉴、思维交汇的实现，同它们彼此对人类历史思想精粹的吸收借鉴是分不开的。《资本论》文本思想展开中辩证法的内在蕴含和伽达默尔解释学中思辨方法的应用，都含有对黑格尔思辨思维这一思想源头的继承和发展；而《资本论》文本研究中唯物主义实践观的哲学基点，对于解释学限度难题的破解具有很大借鉴。因此，思维方式的交汇碰撞将会产生类似于解释学"视域融合"的效应，创造出新的思维形式和研究方法，并在此基础上为解释学思维的开拓奠定方法论基础。

**（三）解释学视角下对《资本论》文本的探究提供了现实发展的启示**

哲学解释学重在对理解可能性条件的反思，当前金融危机的全球化引起了世界对资本主义存在及发展前途的重新关注，《资本论》虚拟资本理论的科学真理以解释学的视角重新同现实视域相遇，使我们能更加合理地认识资本主义的发展状态。同时，置于全球化中两种社会形态共存的世界大背景下，在虚拟资本过度发展引起的全球危机的形势中，我国社会主义事业的发展注定要携机遇与挑战同行。我们应充分利用资本在市场经济条件下的积极作用以推动经济发展，同时也要时刻摆正实体经济的基础发展位置，合理有效地加大实体经济的发展规模，并适度加强对虚拟资本（经济）运作的监管。这是马克思历史流传物同当代语境融合的必然结果，将进一步启示我们要加强加深马克思主义基本原理同中国具体实践的结合。当然，效果历史意识及视域融合等解释学方法对《资本论》文本思想的具体分析，也同样为我国现实的推进及策略的采用提供了有益启示。总之，通过解释学相关方法对《资本论》虚拟资本理论的分析探究，我们能够更加直观地认知并理解社会发展现实及相关政策的贯彻实施，进而为我国经济社会发展目标的顺利实现贡献智慧。

### 三、解释学视角分析《资本论》的虚拟资本理论

有学者将解释学视角同《资本论》文本分析研究的结合划分为两个维度：其一是运用解释学方法分析经典文本及思想观点，其二是对经典文本中蕴含的解释学方法进行挖掘。马克思虚拟资本理论的解释学理解，是通过解释学的一般研究方法来实现文本理论考察的一种视角创新研究，偏向于第一个维度。此种研究的源起及最终指向在"此在"意义上得以展现，既含有对文本理论历史存在价值的肯定，更体现文本思想对当下存在的理论观照。依照哲学解释学的理解，对马克思虚拟资本理论（文本）的考察是为了更好地实现伽达默尔所称的"效果历史"，并在"效果历史意识"的支配或指导下，基于"时间间距"的无形历史平台，遵循哲学解释学发生的"问答逻辑"，将文本内涵同当下（解释者）存在有机结合，最终实现历史同当代、文本视域同当下视域的融合统一。对《资本论》虚拟资本理论的当代解释学条件的具体分析，不仅在于从新视角对文本理论的分析，也在于解释学视域下运用具体方法达到现实同历史的合理融合，使解释学的理论方法在现实发展进程中得到充分验证，从而在理论与实践层面进一步回应马克思主义理论"过时论"等的无端叫嚣。最终，文本思想从历史走来，在同现实发展视域的结合中"获得一个视域"，在这个生成的新视域中，"我们学会了超出近在咫尺的东西去观看，但这不是为了避而不见这种东西，而是为了在一个更大的整体中按照一个更正确的尺度去更好地观看这种东西。"① 让历史流传物穿透时间间距，分析历史文本的当代解释学发生的具体条件，最终使流传物向未来敞开，在双重视域的有机融

---

① 〔德〕伽达默尔：《诠释学 I：真理与方法》，洪汉鼎译，北京：商务印书馆2010年版，第432页。

合中，生成新视域，理解新意义。这也是哲学解释学存在的价值，"哲学诠释学理解自身为反思。它将反思理解可能性的条件……"① 立足当代复杂形势，透过解释学反思虚拟资本理论的当代价值，本身就是对当代社会发展形态的进一步理解和反思。

### （一）虚拟资本理论的解释学发生：全球金融危机的周期性

全球金融危机的周期性发生使世界很长一段时间以来的发展呈现动荡和低迷状态，为尽快消除全球发展的不安定因素，扭转世界经济发展的衰败颓势，国际社会遍寻破解之法。亚当·斯密的古典自由主义推动资本主义社会进入 20 世纪，但两次世界大战宣告了资本主义"守夜人"的失能；随着"罗斯福新政"为资本主义社会注入一剂强心针，拉开了以政府干预为特色的凯恩斯主义登台的序幕；20 世纪 70—80 年代，资本主义危机频频发生，凯恩斯主义也无法持续保证资本主义的稳步发展，自由主义以全新形式重新亮相——新自由主义；直到 2008 年世界性金融危机的全面爆发，新自由主义也失去其指导社会发展的功效。危机持续弥漫全球，在对资本主义社会运行规律的反思追问中，完成于 150 多年前的巨著《资本论》在欧洲市场上常被销售一空。这种现象背后的声音或许莫衷一是，但经典文本畅销的事实本身足以说明问题：这是科学理论生命力的历史透视。

危机的持续笼罩迫切需要赋予马克思虚拟资本理论以现代生命力及意义，需要通过对文本理论的时代解释去挖掘其启示发展的重要价值。这呈现的是解释学发生的问题动因，而仔细审视解释学诸般理论，其相异的指向本身就在向人们昭示关于解释学的一条关键原则："诠释通过问题——它乃是诠释者借以进入其主题的门径——才得以形成。"② 这也

---

① 〔加〕让·格朗丹：《诠释学真理？——论伽达默尔的真理概念》，洪汉鼎译，北京：商务印书馆 2015 年版，第 82 页。

② 〔美〕理查德·E.帕尔默：《诠释学》，潘德荣译，北京：商务印书馆 2012 年版，第 93 页。

是解释学历史文本的当代语境理解及当代语境理解的历史文本参照的循环解释的体现。现实发展对经典文本提出问题，经典文本是对过去社会发展所提问题的回答，但在新历史条件及视域基础上，现实发展面临的复杂形势又迫使问题重建，这一重建，就文本意义的理解层面，已经为理解者留置了视域空间。在"问答的逻辑"过程中，"提问和理解之间所表现的密切关系给予诠释学经验以其真正的度向"①。2008年全球金融危机以降，重新开启的对马克思主义经典文本的时代追问，不同于传统解释学"心理移情"式的撇开诠释者当前视域对文本原来意义的纯粹性考察。因为"当历史文本被作为'纯粹历史的东西'来阅读时，现在已被教条化并被置于问题之外了。"② 应以马克思虚拟资本理论的文本思想为基础，立足新的历史条件，直面新的时代课题，去发现或重建经典文本向我们敞开的意义。当然，"过去的'作品'之'意义'是根据现在向它提出的问题来界定的。"③ 时代课题的不同，视域的差异决定了马克思虚拟资本理论对时代追问的意义的不同。就追求视域融合的层面而言，对文本时代意义的追问既非文本原初对其自身时代问题的意义所在，也不是单纯对文本意义的重新定义或创造，而是在新历史视域及新问题基础上结合文本基本思想产生出新的意义。

伴随时代发展，当下虚拟资本快速发展，其衍生品呈现多样化发展态势，金融资本发展形势险象环生。然而，就特定的历史发展形态而言，"万变不离其宗"，只要资本社会形态尚存在，危机就始终存在，而危机的资本（虚拟资本）根源就不会改变，虚拟资本理论所揭示的经济运行规律就始终发挥作用。2008年爆发的影响世界的金融危机，至今在国际社会经济发展中仍存余悸，其消极影响依旧没能完全消弭，很多国家依旧没能从

---

① 〔德〕伽达默尔：《诠释学 I：真理与方法》，洪汉鼎译，北京：商务印书馆2010年版，第529页。

② 〔美〕理查德·E.帕尔默：《诠释学》，潘德荣译，北京：商务印书馆2012年版，第252页。

③ 〔美〕理查德·E.帕尔默：《诠释学》，潘德荣译，北京：商务印书馆2012年版，第237页。

其对经济社会的摧残阴影中摆脱出来。危机的发生不仅给全球经济发展造成了影响，致使全球经济停滞不前甚至严重滞后，就历史发展视角而言，更重要的是给各国经济发展再一次敲响理性发展的警钟。马克思对资本主义社会生产方式及经济运行规律进行了揭示，预判资本主义社会发展中资本逻辑主导下资本最终走向消亡的历史结局，而助推其最终消亡的具体路径在周期性经济危机中得以呈现。当然，马克思对资本存在的考察具有深刻的辩证性，是在对资本肯定理解中揭露其走向自我否定的历史命运的。同时，资本的历史性内涵也是马克思辩证历史观的应有之意。伴随资本主义社会不断向前推进，资本积累的具体形式也在发生更替，现代信用的出场成为资本本性释放的重要工具，更成为资本在新形势下积累的关键助手。虚拟资本的出场是资本历史性特征的生动阐释，是资本在新形势下的新样态的展现。然而，虚拟资本的存在就资本存在及运作的本质而言是"形变神不变"的，其增殖本性及自消性特征并没有改变，除了在资本表现形态或资本积累方式层面显现出虚拟资本与以往资本的不同之外，在危机的表现形式上同样有别于之前的危机样态，具体而言，虚拟资本形态下的危机形式以金融危机为主。世界范围内发生的几次大规模的金融危机，其发生缘由都不同程度指向虚拟资本在资本逻辑中的任性扩张，以致经济发展严重失衡。因此，应由时代发问、解释学发声，对虚拟资本理论的时代在场进行理论确证，以期从不同的视角明晰金融危机的内在运作机制，探析我国虚拟资本及虚拟经济发展进程中的现实启示。这就首先要求对虚拟资本理论的内在运作机制展开必要的理解。

**（二）解释学发生的文本在场：虚拟资本理论的真理性**

解释学发生的必要前提不是在时代提出问题的客观历史现实外的，其对历史流传物尚提出一定的时代诉求，即它的根本指向是文本理论的现实意义。马克思对虚拟资本理论的论述，揭示了资本发展演变的进程，同时对资本的进一步发展演变做出合理预判，即对包括资本新形态在内的资本演进现象及规律展开合理剖析及揭示。

1. 从马克思虚拟资本理论对资本虚拟化趋向的分析层面考察虚拟资本出现的必然性

虚拟资本，顾名思义，首先是资本的一种表现形态，既然如此，在经济社会发展中追求利润，依旧是虚拟资本存在的核心目的。既然是资本的不同的表现形态，就必然具有其区别于其他资本形态的特殊性。虚拟资本的特殊性从其表述上便可窥测一二，"虚拟"成为辨识该资本形态的显眼标志，也是其区别于一般资本形态的特殊性所在。一般而言，"虚拟"同"实体""实在""真实"等概念相对应，是一种就某种价值意义上而言的虚幻性存在，也就是说，"虚拟资本"本身不存在价值。马克思在《资本论》第三卷中赞同将"收入资本化"用作对虚拟资本基本内涵的界定，正如马克思所说："人们把每一个有规则的会反复取得的收入按平均利息率来计算，把它算作是按这个利息率贷出的一个资本会提供的收益"①，将这具有一定周期性、规则性的收入进行资本化而虚拟出来的收益，就称为虚拟资本，即"收入的资本化"。在《资本论》文本中，马克思对虚拟资本展开论述之前，首先对生息资本（借贷资本）展开论述，指出在资本主义生产条件下体现为以货币形式或者实物商品形式具体展开的资本价值，表现为一个"自行增殖、自行增加的价值"，这在货币自身原本存在的使用价值之外，又将另一重使用价值置于货币，即资本在经济活动中具体发挥作用的使用价值，这一资本使用价值在生息资本的运作过程中，体现为资本商品的"贷出"利息。生息资本是从产业资本中分离出的经营货币借贷的货币资本，其存在及运行轨迹不同于产业资本或商业资本，该资本形式的独特性在于："把货币放出即贷出一定时期，然后把它连同利息（剩余价值）一起收回，是生息资本本身所具有的运动的全部形式。"② 在生息资本的形式上，资本具体运作公式表达为"G—G′"，也就是说，资本作为单

---

① 〔德〕马克思：《资本论》第1卷，中共中央马克思恩格斯列宁斯大林著作编译局编译，北京：人民出版社2004年版，第528—529页。
② 〔德〕马克思：《资本论》第3卷，中共中央马克思恩格斯列宁斯大林著作编译局编译，北京：人民出版社2004年版，第390页。

纯或纯粹的资本发挥作用,至于贷出的货币资本如何在生产中运作、运作过程中有哪些具体环节及各环节牵涉哪些部门等中介过程,完全在生息资本本身的考虑范围之外,"中间发生的一切都消失了"①,利润或利息产生的劳动源泉被理所应当地掩盖,"货币或商品具有独立于再生产之外的增殖本身价值的能力"②,"资本表现为利息的即资本自身增殖的神秘的和富有自我创造力的源泉"③。资本再生产中的劳动等社会关系最终体现为物(货币资本或商品资本)同自身的关联。因此,"在生息资本上,资本关系取得了它的最表面和最富有拜物教性质的形式。"④ 毋庸置疑,生息资本,无论是以货币形式存在还是以商品形式存在,其根本上依旧以实体资本为依托,最终的体现物同样不能脱离实体资本。但是生息资本的存在及运行形式最终在经济生活中体现为一个推动或催生虚拟资本的结果,就像马克思所言:"每一个确定的和有规则的货币收入都表现为一个资本的利息,而不论这种收入是不是由一个资本生出。货币收入首先转化为利息,有了利息,然后得出产生这个货币收入的资本。"⑤ 如前所述,这一"收入资本化"的"资本"虚幻地在人们的观念中表现为虚拟资本。比如,假设经济生产中某一定时期的平均利息率为5%,现在有1000英镑的金额,其全部转化为生息资本,在该时期内就会产生出数量为50英镑的金额。由此类推,每一笔定期的、固定时间段50英镑的时间段收入,都可以当作1000英镑资本所生出的利息。这1000英镑的资本量就是经济活动中虚拟出来的资本,是经过对固定收入50英镑金额的资本化而幻想出来的。因此,可以

---

① 〔德〕马克思:《资本论》第3卷,中共中央马克思恩格斯列宁斯大林著作编译局编译,北京:人民出版社2004年版,第391页。
② 〔德〕马克思:《资本论》第3卷,中共中央马克思恩格斯列宁斯大林著作编译局编译,北京:人民出版社2004年版,第442页。
③ 〔德〕马克思:《资本论》第3卷,中共中央马克思恩格斯列宁斯大林著作编译局编译,北京:人民出版社2004年版,第441页。
④ 〔德〕马克思:《资本论》第3卷,中共中央马克思恩格斯列宁斯大林著作编译局编译,北京:人民出版社2004年版,第440页。
⑤ 〔德〕马克思:《资本论》第3卷,中共中央马克思恩格斯列宁斯大林著作编译局编译,北京:人民出版社2004年版,第526页。

说，虚拟资本的生成过程，少不了生息资本在其中的参与及作用。

在资本虚拟化的历史必然走向中，前置货币及中介信用因素扮演着关键作用。众所周知，货币在经济中的存在及作用也是历史过程的体现，得益于商品价值形态的历史发展演变的客观结果，是固定在贵金属商品上的一般等价物。货币在商品流通过程中具有支付职能，商品交换在此基础上推进了商品二因素（价值和使用价值）在时间和空间上的双分离，并因货币在流通领域的大幅减少，大规模推动了商品流通。当商品价值的实现要依靠商品最终的再出售时，商品的再次出卖就不再是买的结果，而成了买的手段。一般而言，买卖双方凭借票据（商业票据）在商品流通中的便利性来维持经济活动，票据到期日，付清本金的同时，额外支付一定利息，当票据经过债权人背书以充当流通价值，在市场上自由流通时，信用货币便在商品流通中生成。当经济活动参与者（债权人）凭借票据在一定时期内能够取得一定量资本时，虚拟资本的最初运作形态便历史地呈现。流通票据本身没有价值，但依据它却可以取得一定收益。诸如汇票、期票及银行信用制度下银行券、汇票、证券、国债等都属于虚拟资本的体现形式，它们都是现实资本的"纸质复本"，其存在都是幻想的。与此同时，在货币支付职能基础上发展演变的虚拟资本，离不开信用（信用制度）的建立。马克思指出："信用，在它的最简单的表现上，是一种适当的或不适当的信任，它使一个人把一定的资本额，以货币形式或以估计为一定货币价值的商品形式，委托给另一个人，这个资本额到期后一定要偿还。"[①] 而且无论是货币形式的贷放，还是商品形式的贷放，到期支付都会增加额外的"报酬"，即使用资本的报酬或利息。正是产业资本家或商人之间的以商品为依托的商业信用的产生与发展，成为虚拟资本产生发展的条件。而生息资本可以看作产业资本家对资本商品贷出或交换的商业信用的一种表现形式。因此，就这层意义上讲，商业信用为虚拟资本的历史生成准备了前提条件。

---

① 〔德〕马克思：《资本论》第 3 卷，中共中央马克思恩格斯列宁斯大林著作编译局编译，北京：人民出版社 2004 年版，第 452 页。

总之，虚拟资本的存在演变具有一定的历史发展逻辑，它是资本发展演变的一种必然形态。它的产生节约了流通中的货币，加快了流通速度，在促进利润率的平均化进程中为资本主义不断发展准备了条件。同时，虚拟资本的存在，增进了社会资本的吸收能力，加速了资本积累，大幅度提升了资金的现实融通能力，促进了生产发展和效益提升，并增进了财富积累，而且在整合社会资本的过程中还呈现出资本的社会化转向，这一趋势向我们展现着资本主义生产方式在特定制度范围内的扬弃，为未来社会转型提供了必要准备。

2. 从马克思的虚拟资本理论在对虚拟资本发展走向的论述的层面审视资本主义危机产生的历史必然性

虚拟资本以实体资本为依托，本身没有价值，只是一种虚幻的存在。故而，虚幻性成为其首要特征。它为资本积累及经济运行提供动力，能够推进经济社会加速发展，很大程度上成就了资本主义社会生产力的大发展，但辩证来看，虚拟资本具有发展的局限性，具体在其运作机制中能够窥测，过度推进虚拟资本的发展会威胁到经济进步及社会稳定，甚至会酿成经济危机。虚拟资本建基于生息资本，其在经济中的运作轨迹逐渐呈现对产业生成过程的偏离，表现为脱离社会生产过程的似乎单纯自我增值、自我运动的形态。加上虚拟资本本身同主观观念存在联系，预期收益的不断资本化正是成就虚拟资本的重要机制之一，而两者的作用又存在互动，资本预期收益又同虚拟资本价格的波动相联系。因此，虚拟资本存在较大的不确定性及风险性。而且，投资者对预期收益的盲目乐观又加大了虚拟资本运行的投机性，不确定性及投机性等招致风险因素进一步加剧，表现在社会经济中就是虚拟资本膨胀导致经济泡沫的形成。随着信用制度的确立，虚拟资本在信用中介的作用下，"以较少的保证金垫付实现很大倍数交易数额的杠杆效应"[①]，增加了虚拟资本在交易中的利润提成及运行风

---

① 朱炳元：《马克思主义虚拟资本理论与金融危机》，北京：中央编译出版社2014年版，第72页。

险，这同时对投机活动及经济危机的发生增加了砝码。不仅如此，当虚拟资本借助信用过度扩展以致"入侵"实体经济（资本），挤占实体经济发展的投资资本，并逐渐突破实体经济合理发展界限时，也是实体经济发展呈现下滑趋势的开始，更为实体经济逐渐出现"空心化"的经济现象埋下了隐患。这种现象将导致经济发展下滑、贫富差距加大、社会失业严重，影响社会稳定及持续性发展。

透过虚拟资本过度发展产生的消极影响分析可知，压垮社会机体"最后一根稻草"的直接体现是资金信用链的断裂。毋庸置疑，信用制度在资本主义条件下的确立为资本主义的发展进步提供了条件，更是虚拟资本产生发展演变的重要环节。资本主义大规模的资本积累及商品交换或生产力的不断发展为信用及信用制度的产生、存在留置了"充分"的空间，在资本主义条件下，产业资本的"再生产过程的不同阶段都以信用为中介"①。但信用是以一种关系的客观存在为展现形态的，也就是说，信用存在及作用是相互的，一定时期一方的支付能力同另一方密切相关，只有在生产过程顺畅开展，资金支付链条循环通畅，资金回流存在保障的理想状态下，信用关系才能持续存在。但是，这只是资本主义生产方式下的一种理想状态，现实中是难以实现的。其根本原因在于制度本身存在的矛盾：资本主义生产的无限增长同社会支付能力不足之间的矛盾。这一根本性矛盾成为制约信用制度合理健康作用的威胁，马克思指出："信用的最大限度，等于产业资本的最充分的运用，也就是等于产业资本的再生产能力不顾消费界限而达到极度紧张。"② 信用的存在是为扩大资本再生产，而不断扩大的再生产是建立在对社会消费力（劳动者）的不断压缩基础上的，这本身就是生产中信用作用的二律背反。在社会矛盾的刺激下，建立在信用基础上的包含再生产过程中一切联系的生产制度必然受到冲击，信用逐渐失灵，

---

① 〔德〕马克思：《资本论》第3卷，中共中央马克思恩格斯列宁斯大林著作编译局编译，北京：人民出版社2004年版，第545页。

② 〔德〕马克思：《资本论》第3卷，中共中央马克思恩格斯列宁斯大林著作编译局编译，北京：人民出版社2004年版，第546页。

对现金货币的追逐成为理所当然的挽救危机的灵丹妙药。"所以乍看起来，好像整个危机只表现为信用危机和货币危机"①，似乎只要借助资本主义政府干预，扩大"救市"规模，就能够恢复信用，进而规避危机，这实则是无法理解或根本否认表面"存在的存在"的存在，不能从问题的本质入手剖析生成问题所在。就像马克思说的："一切现实的危机的最后原因，总是群众的贫穷和他们的消费受到限制，而与此相对比的是，资本主义生产竭力发展生产力，好像只有社会的绝对的消费能力才是生产力发展的界限。"② 立足客观存在的现实，运用科学分析的手段，解剖经济现象背后潜藏着的问题实质，进而探讨根本的解决问题的方式方法，才是资本主义条件下应对危机的根本之策。

伴随时代发展，资本积累方式的升级，先进技术逐渐运用于金融工具的创新过程，最初虚拟资本的再虚拟化在多样化金融衍生工具的展现中越发凸显，成为当前虚拟资本存在的主要形式。借助虚拟资本的多样化展现形态，资本主义社会的消费结构及消费方式也逐渐改变，"超前消费"成为资本主义社会中一种较为普遍的消费方式，社会底层借助多样化的金融方式加大了消费规模，似乎底层的生活方式在虚拟资本的帮助下逐渐向好。殊不知，这正是资本为逐利或扩张借助虚拟资本表象或消费文化表象对社会群体观念进行诱导或迷惑的新伎俩，其背后隐藏的依旧是资本主义固有的内在矛盾，"换汤不换药"是资本主义本质在虚拟资本再虚拟化态势中存在状态的最好解释。"花明天钱圆今天梦"式的"超前消费"，不仅不是资本主义政府对社会底层生活状况的一种政策支持，相反，其首要目的在于为资本增殖打开新的突破口。事实上，这一凭借虚拟资本手段促进资本增殖的"丑剧"，仅仅是资本主义社会生产不断扩大同社会有效消费能力不足之间矛盾的暂时性视线转移，不是维持社会持续发展的长久之

---

① 〔德〕马克思：《资本论》第3卷，中共中央马克思恩格斯列宁斯大林著作编译局编译，北京：人民出版社2004年版，第555页。
② 〔德〕马克思：《资本论》第3卷，中共中央马克思恩格斯列宁斯大林著作编译局编译，北京：人民出版社2004年版，第548页。

计。相反，这种以不良信用为基础的借贷（次贷），已经为信用链条的断裂埋下了隐患。大规模的金融危机在资金无法定期回流以致出现信用及货币危机时，必然会一触即发。

3. 从马克思的虚拟资本理论对资本的历史运动及最终定位的论述层面审视虚拟资本最终消亡的必然性

虚拟资本是收入的资本化表现，其公式表达是"G—G′"，"是生产更多货币的货币，是没有在两极间起中介作用的过程而自行增殖的价值。"① 在虚拟资本发展运作的具体展开形态层面，"资本关系取得了它的最表面和最富有拜物教性质的形式"。② 在虚拟资本主导资本主义生产的进程中，"利润的源泉再也看不出来了，资本主义生产过程的结果也离开过程本身而取得了独立的存在。"③ 因此，马克思指出，在资本主义"经院"哲学家的观念中，资本自行增殖是"天生的属性""隐藏的质"，资本是"一种永远保持、永远增长的价值"④。这种谬论将资本增殖的劳动实质尽皆掩盖。面对对虚拟资本疯狂追逐的狂热，马克思揭露说，普莱斯1772年发表了《关于国债问题告公众书》的生发的幻想竟远远赶超炼金术士的幻想，因为普莱斯竟荒谬地认为，一个国家借助（虚拟）资本的"复利"，只要以最小的积蓄就能在一定期限内清偿最大债务，因此，普莱斯博士得出结论，依靠这种方式，国家从来不会陷入绝境。⑤ 由此可见，虚拟资本的膨胀及由此而来的对其过度追逐已达近乎疯狂的程度，这同经济泡沫及之后

---

① 〔德〕马克思：《资本论》第3卷，中共中央马克思恩格斯列宁斯大林著作编译局编译，北京：人民出版社2004年版，第440页。
② 〔德〕马克思：《资本论》第3卷，中共中央马克思恩格斯列宁斯大林著作编译局编译，北京：人民出版社2004年版，第440页。
③ 〔德〕马克思：《资本论》第3卷，中共中央马克思恩格斯列宁斯大林著作编译局编译，北京：人民出版社2004年版，第442页。
④ 〔德〕马克思：《资本论》第3卷，中共中央马克思恩格斯列宁斯大林著作编译局编译，北京：人民出版社2004年版，第444页。
⑤ 〔德〕马克思：《资本论》第3卷，中共中央马克思恩格斯列宁斯大林著作编译局编译，北京：人民出版社2004年版，第444页。

经济危机的产生是正相关的。

同时，虚拟资本借助信用工具在经济社会中大肆施展其淫威。众所周知，信用处于虚拟资本存在进程中的基础性位置，特别是在信用发展至银行信用的阶段，资本集中及资本之间兼并的规模及效率的大大提升，其中都有信用杠杆的存在及作用的身影。但在信用对经济发展积极作用的同时，也进一步加速了资本主义社会生产及深度发展运作的持续盲目扩大，从而更加激化了资本主义社会固有的根本矛盾，助长了经济活动中的金融投机，为市场持续性的虚假繁荣准备了条件，最终促使经济泡沫逐渐膨胀，继而深度激发生产同消费间的矛盾，为危机发生敲响前奏。在信用的作用下，资本呈现集中化的发展趋向，单个资本逐渐转向社会化，"这是资本主义生产方式在资本主义生产方式本身范围内的扬弃，因而是一个自行扬弃的矛盾，这个矛盾明显地表现为通向一种新的生产形式的单纯过渡点"①，关键在于，该种"单纯过渡"，在现实中呈现为较为漫长的过程。在资本持续社会化的进程中，信用为单个资本家提供了享有绝对支配社会资本、财富及劳动的权利。"进行投机的批发商人是拿社会的财产，而不是拿自己的财产来进行冒险的。资本起源于节约的说法，也变成荒唐的了，因为那种人正是要求别人为他而节约。"② 这是资本关系中大资本对小资本、资本对劳动在信用盲目扩张条件下的压迫和剥削，"这种剥夺在资本主义制度内，以对立的形态表现出来，即社会财产为少数人所占有；而信用使这少数人越来越具有纯粹冒险家的性质。"③ 概述之，资本拜物教的观念在虚拟资本发展阶段上得到进一步呈现，劳动的本质地位在虚拟资本过度扩张中被极端忽视，必然导致劳资关系紧张、阶级冲突增多、社会危机周期性发生。而危机的周期性发生为社会制度的更新积蓄着反作用力。

---

① 〔德〕马克思：《资本论》第3卷，中共中央马克思恩格斯列宁斯大林著作编译局编译，北京：人民出版社2004年版，第497页。

② 〔德〕马克思：《资本论》第3卷，中共中央马克思恩格斯列宁斯大林著作编译局编译，北京：人民出版社2004年版，第498页。

③ 〔德〕马克思：《资本论》第3卷，中共中央马克思恩格斯列宁斯大林著作编译局编译，北京：人民出版社2004年版，第498页。

另外，信用伴随虚拟资本的发展而发展，其在资本逻辑支配下对经济社会的剥夺，就历史发展的视域而言，对社会制度的根本变更具有重要意义，在很大程度上可以说，信用制度及其作用为社会根本制度的更替创造了必要条件。通过社会资本的集中功能，建立于信用基础上的股份制度逐渐出现并持续趋向完善，该制度中"已经存在着社会生产资料借以表现为个人财产的旧形式的对立面"①，只是同"合作工厂"模式中劳资对立关系已经被扬弃的实质不同，其仍旧局限于资本制度的界限内，无法克服社会财产同个人财富之间的对立。马克思就合作工厂展现出来的特征指出，"在物质生产力和与之相适应的社会生产形式的一定发展阶段上，一种新的生产方式怎样会自然而然地从一种生产方式中发展并形成起来。"② 这是虚拟资本借助信用对历史发展趋势产生的积极效应，其同虚拟资本逻辑的经济支配地位的形成和其对以往资本逻辑的超越是同一进程。

因此，马克思在辩证法意义上指出，信用具有双重性质，"一方面，把资本主义生产的动力——用剥削他人劳动的办法来发财致富——发展成为最纯粹最巨大的赌博欺诈制度，并且使剥削社会财富的少数人的人数越来越减少；另一方面，造成转到一种新的生产方式的过渡形式。"③ 这在借助信用等工具的基础上对虚拟资本从积极和消极两方面进行了概述和总结，并预判了虚拟资本的历史发展趋向。总之，无论资本形态伴随社会发展进程呈现出何种样态，就资本发展的本性及历程而言，其存在本身就预设了灭亡的结局，正如马克思很早就对资本发展命运所揭示的："资本不可遏制地追求的普遍性，在资本本身的性质上遇到了限制，这些限制在资本发展到一定阶段时，会使人们认识到资本本身就是这种趋势的最大限

---

① 《马克思恩格斯全集》第 25 卷，中共中央马克思恩格斯列宁斯大林著作编译局编译，北京：人民出版社 1974 年版，第 497 页。
② 〔德〕马克思：《资本论》第 3 卷，中共中央马克思恩格斯列宁斯大林著作编译局编译，北京：人民出版社 2004 年版，第 499 页。
③ 〔德〕马克思：《资本论》第 3 卷，中共中央马克思恩格斯列宁斯大林著作编译局编译，北京：人民出版社 2004 年版，第 500 页。

制,因而驱使人们利用资本本身来消灭资本。"① 需要注意的是,这一对资本发展历程及结局的科学揭示,是立足马克思唯物辩证法分析方法之上的,可以说,虚拟资本借助信用等工具对资本主义整体发展的效应,就发展视域而言,是一体双面的,并在历史进程中实现了统一。

### (三)虚拟资本理论文本阐释的解释学境域:经验的内在历史性

哲学解释学对经验进行历史考究,认为经验具有历史维度,那种追求严格的方法论约定而无视经验内在历史性的观点是欠合理的。在文本理解中,经验构成理解者的前判断,是理解者展开理解的必要前提和解释学境域。"前判断"(vorurteil),亦称为"前见",即文本(或历史事件等)的理解者在理解过程中,进行判断之前,在内在认知结构中先在地存在着的判断,其本身不具有感情色彩,同对理解物的偏见存在一定分别,但客观效果却成为评判前判断真假的标准。"前判断"是历史经验的构造物,"不是我们必须、或者能够摆脱的某种东西;它们是我们的存在能够完全理解历史的基础。"② 因此,前判断结构会影响理解者对理解物的理解效果,而且理解过程需要通过前判断对事物的意义进行考察,并对理解物的未来趋向进行预判。虽然"前判断"在理解及认知结构中具有重要作用,但这并不是将"前判断"作为理解活动充分条件的依据,正如帕尔默所指出的:"没有一种诠释与现在无关,而且它从来不是永恒的和稳固不变的。"③ 也就是说,在理解活动中,"前判断"并不是单独起作用的,其需要同时代的境遇及不断增加的历史经验相结合,即理解还要求传统(前判断)认知结构同现实境遇的联结。理论是现实经验发展及积累的不同形式的展现,资本历史存在及发展演变的文本形态在马克思《资本论》中充分展现。虚

---

① 《马克思恩格斯全集》第 30 卷,中共中央马克思恩格斯列宁斯大林著作编译局编译,北京:人民出版社 1995 年版,第 397 页。

② 〔美〕理查德·E.帕尔默:《诠释学》,潘德荣译,北京:商务印书馆 2012 年版,第 38 页。

③ 〔美〕理查德·E.帕尔默:《诠释学》,潘德荣译,北京:商务印书馆 2012 年版,第 240 页。

拟资本理论作为《资本论》第三卷的重要内容，是资本在特定历史条件下形态演进的具体体现，它是对资本历史性及其伴随时代发展的运作规律的文本表征，揭示出资本主义向信用经济发展进程中的资本存在及运作轨迹。对虚拟资本理论的该种认知囊括于理解者对文本理解的前判断结构中，虚拟资本理论对资本形态演进规律的一般揭示及其对现实发展的科学指导意义，成就了科学性或正确性前见，并在此基础上实现了其文本对实践发展的根本指导，充分展现了其伴随时代发展的文本价值。尤其在应对时代发展难题的背景下更是如此。帕尔默说："由于伟大的作品展开着存在的真理，我们就可以假设，作品的本质之真理与最初使它成为存在的真理是相符合的，而无须肯定一种自在的真理或永远正确的诠释观念。"① 当然，帕尔默的这种"本质之真理"，其具体的验证过程尚需要历史实践的参与，也就是说，文本经验的时代价值探寻需要为历史的不断发展留足验证的余地。虚拟资本理论中内含的真理性，同样需要历史实践的参与及验证，在历史长河中缓缓展开的画卷，每一笔墨都是历史经验的积淀，都将为时代及历史发展提供反思或遵循的独特素材。基于历史发展的经验，时代发展及理论反思持续推进对流传物（文本）的理解及阐释进程，历史经验构筑的解释学境域又将在历史发展中重启对前判断评述的循环过程。

　　理解的前判断是一种历史经验积累，解释学经验又是一种具有否定性、有限性的属于人类历史本性的构造物，这决定了经验不断在对有限自身的否定中面向未来开放发展，前判断也在历史发展中完善自身。经验亲历的历史必然性决定了其存在本身的客观性，除了经验本身，没有人可以将主体本身从经验中解救出来，这是就经验整体意义的层面言说的。正如伽达默尔所说的："这种意义上的经验其实包含了各种各样期望的落空（mannigfache Enttäuschung von Erwartungen），并且只是由于这种期望落空，经验才被获得。说经验主要是痛苦的和不愉快的经验，这并不表示一种特

---

① 〔美〕理查德·E.帕尔默：《诠释学》，潘德荣译，北京：商务印书馆2012年版，第240页。

别的悲观（Schwarzfärberei），而是可由经验的本质直接看出来。"① 经验的历史性本质决定了内在有限性及在历史进程中对自身的不断否定性。经验将历史发展及认识提升作为展开的内置前提和条件。历史主体能够在对历史经验的借鉴中减少历史重蹈覆辙的机率，但历史的发展及历史主体的内在历史性限制，使历史主体的经验存在成为历史进程中的一道必然风景。经验是主体历史性存在的痕迹，本身具有对未来实在的客观观照，之所以"与我们的期望背道而驰"，在于其视角的不同，其将此视角定位于对人类总体历史发展的考究。历史呈现螺旋式上升的过程或状态，经验的历史性存在是对过去历史的某种总结，经验在映照现实或未来的同时，新境域又在对经验质疑的挑战中丰富并补充其内容。

对虚拟资本理论文本的理解，也难以摆脱历史经验的解释学境遇。我们知道，马克思主义是在实践中不断证明的科学理论体系，它揭示了资本主义及人类社会的发展规律。在当前以金融危机为危机主要表现形态的时代背景中，资本主义甚至人类社会都面临严峻挑战，现实背景同历史经验联结构筑了虚拟资本理论的当代解释学境遇。不过，对虚拟资本理论认知的历史经验固然能够在一定程度上缓和危机，但虚拟资本形态会随实践发展而不断改变，并促成新经验的形成，诸如虚拟资本当代多样性形态的存在及运作。具体而言，对文本进行解释活动存在多方面的制约因素，其中尤为明显的是社会形态的制约，不同社会形态对文本解释的内涵往往存在较大差异，这就回归到伽达默尔所言的"视域融合"概念及内涵上。虽然如此，对真理的认知终究不会因为解释视域不同而扭曲，殊途同归应该是不同解释视域中对真理性认识的最终表达。前述可知，马克思在《资本论》中对盲目崇拜及疯狂追逐虚拟资本的现象进行了批判，其中提到"普莱斯博士"对虚拟资本的崇拜，其已达至近乎疯狂的地步，思想观念已被虚拟资本表面所展现出来的"魔法"迷惑，以至于身上每个毛孔、每根神经都在为虚拟资本的"魔力"呐喊，普莱斯博士式的虚幻家身心已陷入虚

---

① 〔德〕伽达默尔：《诠释学 I：真理与方法》，北京：商务印书馆 2010 年版，第 503 页。

拟资本的迷蒙中难以自拔。历史发展至当前，现代资本主义的发展依旧没能完全摆脱"普莱斯博士式"的幻想，比如，在欧美发达资本主义国家，经济虚假繁荣及经济泡沫的大规模存在，都是源于虚拟资本逻辑中对利润的盲目追逐，以致整个资本主义社会形成一种非理性的消费文化，服务于人本身的消费逐渐"异化"，价格追逐压倒使用价值的需求，消费商品中"华而不实"现象的大规模存在某种程度上也仅仅反映出"异化消费"的冰山一角。很大程度上，消费扭曲及所谓的"超前消费"的最终代价都将由社会底层大众承受，最典型的例子就是房地产领域的消费抵押贷款，整个社会在信用工具的作用中被囊括于信用或金融系统中，系统正常运作的获利者永远是垄断资本家及其利益代表，而在信用链条断裂，系统难以有效运转的情形下，受剥削最深的永远是社会底层大众。对虚拟资本的盲目崇拜所导致的恶果，如欧洲国家深陷债务危机难以摆脱等，其背后的根源皆与对虚拟资本的过度依赖挂钩。但马克思在《资本论》中就有警示，虚拟资本虽然有自身独立的发展趋向，但其最终难以完全摆脱或离开实体资本而有效发展，这是虚拟经济条件下发展的客观规律。"普莱斯博士式"的发展幻想本身有悖客观经济规律，对其迷幻的延循，结果可想而知。马克思对虚拟资本理论的真理性揭示及论述，在资本世界乃至全球持续性的经济危机及发展问题中逐渐得以认同，善其虚拟资本理论在文本理解进程中的前见认知结构不断得到补充完善，这是经典文本的真正魅力，更是时代发展对经典重释的核心意义所在。同时，中国作为社会主义事业发展的代表，其市场经济发展进程在持续深化改革的历史潮流中不断向前推进，资本在社会主义市场经济条件下的地位及作用不断明晰，逐渐摸索出在社会主义市场经济发展中资本本身的动力的完全释放与始终坚守社会主义根本制度的基本立场之间的适当道路。总之，历史证明，马克思虚拟资本理论在中国特色社会主义市场经济及其进程中的理解及践行，无疑是正确的。同时，理解者的前认知结构也在历史维度中逐渐完善，对虚拟资本的认知度在不断提升，如对金融危机的深层次认知就内含理解者前认知结构在新历史经验基础上的更新。

　　历史向前发展，理论面向未来。伴随时代的发展，文本解释境遇的前见认知结构也在逐渐丰富完善。马克思、恩格斯始终强调理论本身的开放性及发展性。恩格斯在提到马克思的理论时，就突出强调理论的开放性，认为"马克思的整个世界观不是教义，而是方法。它提供的不是现成的教条，而是进一步研究的出发点和供这种研究使用的方法。"① 习近平同志在2018年5月纪念马克思诞辰200周年大会上也同样强调："马克思主义是不断发展开放的理论，始终站在时代前列。"② 理论因科学而开放，因开放而更加为世人所理解，理解基础上的科学理论将为现实发展提供有力指导。同样，虚拟资本理论也对历史开放，并在历史发展中不断充实完善。虚拟资本理论揭示了资本运行的规律，面向未来，虚拟资本发展演变的具体形态也在持续丰富理论内涵，多样化的金融衍生工具及其在现代经济生活中的作用等从具体内容上不断充实理论，理解者的前认知结构也在历史维度中逐渐完善，对虚拟资本内在运行机制的认知度在不断提升，这将促成新前见和新历史经验的形成。对金融危机的深层次认知必将促使对虚拟资本理论的理解在前见境遇层面得以更新。因此，理解虚拟资本理论不能脱离对其认知的经验境遇，理解又为历史经验的内在生成提供了条件。

总之，前见的历史经验始终向历史开放，这是解释展开的必要条件。解释学视域融合的一般性方法本身也蕴含对历史发展视域及文本视域的有机结合。历史经验成为文本解释及时代发展的参照，现实发展经历又将成为未来发展参照的对象。这是一种立足伽达默尔所言的"效果历史"的解释循环，此循环内含对理解前判断结构的合理筛选，更是理解进程中促进有效理解的内涵因素。因此，经验的内在历史性存在置于理解的前判断结构中，成为理解难以跨越的一环，这同时又规定了解释循环的存在，而这一切理解活动必须在历史中有序展开。

---

① 《马克思恩格斯全集》第39卷，中共中央马克思恩格斯列宁斯大林著作编译局编译，北京：人民出版社1974年版，第406页。

② 习近平：《在纪念马克思诞辰200周年大会上的讲话》，载《人民日报》，2018年5月5日，第2版。

**(四) 虚拟资本理论理解推进的有效前提:"时间距离"**

哲学解释学中,将"间距"作为流传物(内含作品、历史事件、文物等)理解过程中的重要因素,在传统同时代相融合的进程中起关键连接作用,充当流传物理解中的必要中介。作为哲学解释学中的重要术语和理论,"间距"是一种距离抽象,它是代表过去的流传物的"陌生性"同借助语言等工具进入现代语境的"熟悉性"之间的"中间地带",而"诠释学的真正位置就存在于这个中间地带内。"① 也就是说,间距是文本等流传物作为客观对象性的存在同借助语言等工具进入传统并与现代语境相联系的对象存在之间的领域。同时,间距是对理解过程中历史经验或前见经验的必要筛选,为理解活动的正确性提供必要的"确定的尺度",进而为理解进程剔除使人产生误解或曲解等有碍理解正确性的前判断(假的前判断),从而"去伪存真",为理解活动留存正确的前判断。正如伽达默尔指出的:"时间距离常常能使诠释学的真正批判性问题得以解决,也就是说,才能把我们得以进行理解的真前见(die wahre Vorurteile)和我们由之而产生误解的假前见(die falsche Vorurteile)区分开来。"② 正是间距的存在,使对流传物的理解摆脱了影响其正确或客观理解的其自身依赖的存在场景,进而使流传物获得一种超越特定环境局限,赋予其自身在客观理解层面上的普遍性意义。更为重要的是,间距的存在为文本等流传物自身价值的拓展创造了条件,通俗来讲,就是间距使流传物自身内含的价值超越了作者或历史赋予流传物的价值。要达至这一理解境地,需要借助海德格尔在解释学上推进的"本体论变革",将理解上升到哲学本体论的高度,促使文本的理解超越作者并获得意义的再生及创造。

立足解释学的间距理论分析马克思的虚拟资本理论,同样能够收获理

---

① 〔德〕伽达默尔:《诠释学 I:真理与方法》,洪汉鼎译,北京:商务印书馆 2010 年版,第 418 页。
② 〔德〕伽达默尔:《诠释学 I:真理与方法》,洪汉鼎译,北京:商务印书馆 2010 年版,第 422—423 页。

论意义的再生或创造。伴随时代的发展，生成于一个多世纪前的涵盖虚拟资本理论在内的马克思主义理论将越发显现其对时代发展的强有力的解释及有效的改造。习近平总书记明确指出："时代在变化，社会在发展，但马克思主义基本原理已然是科学真理。尽管我们所处时代同马克思所处时代相比发生了巨大而深刻的变化，但从世界社会主义 500 年的大视野来看，我们依然处在马克思主义所指明的历史时代。这是我们对马克思主义保持坚定信心、对社会主义保持必胜信念的科学根据。"[1] 王伟光说，对社会历史发展规律的考察，历时越久越长，跨度越大越宽，也就越能看得清楚明白，对其的判断也就越能经得起社会实践的检验。这同样是时间或间距在文本理论的理解及阐释中所发挥的重要作用。马克思虚拟资本理论的重要价值也经过历史经验的反复验证，在时代的不断推进中得以凸显。在马克思所处的时代，虚拟资本形态尚处于初级阶段，其在资本主义社会经济发展中尚不占据主要地位，他的理论在指导经济社会发展进程中的重要作用及意义尚不能完全彰显。历史发展至当前，虚拟资本无论从形态上、对经济发展的影响上及其产生危机的规模上等方方面面都已经不同于马克思所处时代。比如，在虚拟资本的表现形态上，当前多样性的金融衍生工具及资产证券化趋势的普遍性等，都是虚拟资本在当前的体现，很多学者称金融期货、指数期货、期权等为高级虚拟资本，这是基于马克思的初级形态的虚拟资本而言的，相比后者，当前虚拟资本的显著特点就是其彻底同实体资本相脱离，而且相比初级形态的虚拟资本，投资人并不持有任何实际证券或其代表物，也就是说，当前虚拟资本的虚拟性更强了。再如，马克思时代虚拟资本带来的消极影响的规模、范围、强度等皆难以匹敌当代虚拟资本过度扩张产生的影响。最明显的莫过于虚拟资本的当代危机的表现，即全球性金融危机，其规模大、范围广、强度高、影响持续时间长。总之，这些金融衍生品已然彻底同实体资本相分离，可以说是一种完全"无中生有"的虚拟资本，其在经济生活中影响越发深远，对经济社会乃

---

[1] 习近平：《深刻认识马克思主义时代意义和现实意义 继续推进马克思主义中国化时代化大众化》，载《人民日报》，2017 年 9 月 30 日，第 1 版。

至全球发展都会产生重大影响。而对其的科学分析,依然离不开马克思虚拟资本理论,正是时间的历史展开为社会矛盾的全面呈现提供了舞台,也为科学理论对现实问题强有力指导性的显现准备了条件。

　　矛盾的展开需要时间,危机的爆发也需要时间,同样,对科学理论的认知及评价也需要借助时间的论证而展开。众所周知,20 世纪 80—90 年代世界社会主义发展事业遭遇寒冬,一时间唱衰社会主义的声音不绝于耳,并且这也成为"历史终结论"妄论得出的"有力证据",更一度产生了对马克思主义科学理论质疑的"过时论"。且不说这些对历史发展及马克思主义理论存在价值妄下定论的"依据"是否可靠,即使从间距理论对历史发展视角的关注的层面去考察,这一结论也太过草率和武断。马克思主义理论是对资本主义社会发展规律的揭示,也是对人类社会发展规律的揭示,仅就其科学意义上而言也谈不上"过时",而马克思的虚拟资本理论是在资本发展形态的背景下,对资本主义社会经济发展规律的一种揭示,在虚拟经济占据社会发展重要地位及金融危机时刻威胁全球发展的当前,其理论更谈不上"过时",反而就时代发展形势而言是"正当其时"。金融危机后,马克思的巨著《资本论》在欧洲市场上的畅销不是偶然的,在马克思主义理论指导下的中国特色社会主义发展的蒸蒸日上也不是偶然的,这些鲜活的事例足以让鼓吹科学理论"过时论"者闭口。习近平同志在哲学社会科学工作座谈会上提到:"有人说,马克思主义政治经济学过时了,《资本论》过时了。这个说法是武断的。远的不说,就从国际金融危机看,许多西方国家经济持续低迷、两极分化加剧、社会矛盾加深,说明资本主义固有的生产社会化和生产资料私人占有之间的矛盾依然存在,但表现形式、存在特点有所不同。"① 也就是说,将资本主义定位为"永恒"形态,将其不断改变及政策调整视为该形态下社会的不断完善而非"不得已为之"之举,是对现实发展熟视无睹,更是根本观点上的历史唯心论。而且,正如伊格尔顿所指出的,"极具讽刺意味的是,那些挫败马

---

① 习近平:《在哲学社会科学工作座谈会上的讲话》,载《人民日报》,2016 年 5 月 19 日,第 2 版。

克思主义的东西同时又证明了马克思主义的正确性。因为马克思主义对抗的资本主义社会秩序不仅丝毫没有变得温驯和仁慈，反而比过去更加无情和极端。"① 在当前世界发展背景下，较多国家依旧没有从十年前那场震惊世界的金融危机中走出来，同马克思虚拟资本理论不断得以凸显相对应的就是资本主义社会的固有矛盾在时间跌宕中的清晰展现。12 年前的那次金融危机，是借助金融衍生工具为不具有还款能力的社会底层提供贷款，大力鼓励社会超前消费为起因的。当债务无法按时清偿，资金链断裂，信用崩溃，再生产难以进行，危机逐渐发生。从还款能力所限的角度看，这场危机也可称为债务危机，马克思当年的预判终究变为了现实。马克思说，"雇佣奴隶和真正的奴隶一样，由于所处的地位，不能成为债务奴隶，至少作为生产者不能成为债务奴隶；他至多只是作为消费者才能成为债务奴隶。"② 在这场金融危机中，社会底层被动超前消费，最终沦为债务奴隶，实则是为资本的极度贪婪买单。"存在的存在"依旧指向资本主义生产的无限增长同社会支付能力不足的矛盾。虚拟资本（金融衍生工具）的中介作用只是改变了矛盾的表现形式，超前消费的现实映照依旧是消费能力受限，是相对于不断扩大的生产而言的需求的严重缩水，实质依旧是生产的相对过剩。现代全球发展充斥着虚拟资本及其衍生金融形态，在其持续排挤实体经济存在空间，滋生正常经济发展细菌（经济泡沫），以致最终细菌扩散、泡沫破裂、危机产生。一度甚嚣尘上的非议马克思（含马克思主义）的言论"被迫"进行理论转向，纷纷投入重新对马克思的研究中，曾经预判"历史终结论"的弗朗西斯·福山反思金融危机，也无不慨叹"客观事实证明，西方自由民主可能并非人类历史进化的终点。随着中国崛起，所谓'历史终结论'有待进一步推敲和完善"。

总之，涵盖虚拟资本的马克思主义科学理论在间距中介的作用下凸显

---

① 〔英〕特里·伊格尔顿：《马克思为什么是对的》，李杨、任文科、郑义译，重庆：重庆出版社 2017 年版，第 8 页。

② 〔德〕马克思：《资本论》第 3 卷，中共中央马克思恩格斯列宁斯大林著作编译局编译，北京：人民出版社 2004 年版，第 674 页。

了其理论光芒。历史发展对理论的验证过程，也是逐渐消解或整合人对文本理论理解的"前判断"的过程，进而使理解者能够更加中肯地对文本流传物客体做出合理评判。理解活动的前判断认知结构在历史发展实践的推动中逐渐滤清，并不断伴随新前见的存在及完善，助推理解活动的有效开展。这种间距介入及循环解释，促使历史评判过程尽可能消除主观偏见的影响和束缚，进而推进文本视域同当代视域的有机融合，助推文本时代价值的更好显现。150多年在茫茫人类历史长河中沧海一粟，但一个半世纪却见证了过去历史不曾经历过的文明大发展，见证了人类历史两大社会形态的成长发展，更见证着人类社会"两个必然"发展趋势中的复杂形势。尤其在社会迅速发展、虚拟资本及其衍生物霸占经济社会发展领域的当代，世界性金融危机始终威胁全球经济及社会的有序发展，历史产生了又淘汰了各种"盛极一时"的经济发展思想及观点，最终在历史实践的持续反复筛选中留下了经得起时空检验的真理性思想。因此，透过解释学的间距理论及分析方法，同样可以说，马克思的虚拟资本理论是经得起时间考验的科学理论，同当代社会发展视域的结合是经典所以为经典的根源所在，时间间距作为视域融合的必要滤镜，结合其视角下的现实实践，成为检验科学理论的关键法宝。

### （五）虚拟资本理论解释学视角的新视域旨归：在循环解释中追寻时代价值

解释学循环内涵的核心指向在于整体与部分之间的相互关系，依据解释学循环的发展历程而言，其历经三重解释循环。其中，时代语境同流传物文本的解释循环，也称为大循环，是理解进程中推进解释合理性实现的关键环节。此循环内涵为：理解当代现实语境要借助文本历史展开理解，文本历史的理解要通过对当代现实语境进行理解，进而推进历史的发展达至伽达默尔所指的"效果历史"，并在此意义上去把握文本置于现代发展的价值。"效果历史"是对构成历史的各种要素的相互作用进行的概念总结。伽达默尔认为，"真正的历史对象根本就不是对象，而是自己和他人的统一体，或一种关系，在这种关系中同时存在着历史的实在以及历史理解的实在……理解按其本性乃是一种效果历史事件。"① 对效果历史产生的意识，就是效果历史意识，其最终指向是视域融合。由此可知，对解释循环有效应用的关键在于视域融合，即将文本视域同时代视域有机结合。视域，即理解者与传统的遭际空间，也就是理解的解释学境域，其规定了理解者能够视见的区域。而视域融合是过去视域同当前视域的有机结合，它为理解准备条件，它是"理解的真理处所，好像是它的标准：凡在过去事物没有与我们现在的观点相融合的地方，理解就不能进行。"② 将视域融合作为理解的必然通道是理解本体论的产物，将视域融合产生的新视域作为理解的最终目的，进而在实践发展中探讨解释的当代意义，是视域融合的价值旨归。

由前述可知，文本理解活动最初产生于或成型于时间间距的客观存在，正是时间间距的历史存在为流传物的解释活动提供了前提条件，从而使流传物同现实的"对话"成为可能。相应地，解释活动的有效运行更得益于间距的客观存在，透过间距对前判断进行必要的筛选，从而为理解活动的合理性准备基础。不过，时间间距并不是对真假前见辨识的充分条件，我们知道，理解活动的开放性是其重要特征，也确保了流传物在时代发展中不断创造出或再生出新的价值，而流传物意义的时代追寻就是在不断循环解释中通过视域融合达成的。因此，对文本等流传物展开理解是一个持续发展、不断推进的过程，"这不仅是指新的错误源泉不断被消除，以致真正的意义从一切混杂的东西被过滤出来，而且也指新的理解源泉不断产生，使得意想不到的意义关系展现出来。"③ 也就是说，间距的存在固然能够很大程度厘清假的前判断，但历史是不断向前发展的，这意味着新的涵盖假的历史经验的前见也在不断增加，这在为理解埋下难以有效运行

---

① 〔德〕伽达默尔：《诠释学Ⅰ：真理与方法》，洪汉鼎译，北京：商务印书馆2010年版，第424页。

② 〔加〕让·格朗丹：《诠释学真理？——论伽达默尔的真理概念》，洪汉鼎译，北京：商务印书馆2015年版，第231页。

③ 〔德〕伽达默尔：《诠释学Ⅰ：真理与方法》，洪汉鼎译，北京：商务印书馆2010年版，第422页。

的伏笔的同时,也为解释循环的本体论存在留置了反思余地。不同于传统的整体与部分之间的"恶性循环","这种循环,……把理解活动描述为传承物的运动和解释者的运动的一种内在相互作用。"① 将循环解释运用于对马克思虚拟资本理论的分析,具体而言,主要对应相互作用的两方面:认识虚拟经济时代背景下当前经济发展的现状,尤其是要正确理清当前威胁经济有序发展的金融危机的运作机制,就需要借助对马克思虚拟资本理论的流传物文本,进一步彰显文本在时代发展中的价值;同时,为了更好地理解马克思虚拟资本理论的文本内涵,还需要结合现实中虚拟资本的发展状况,以期更加深刻地理解流传物文本,更加丰富完善马克思主义虚拟资本理论的内涵。

虚拟资本理论是马克思对资本主义早期资本形态存在及运行过程的论述,彼时虚拟资本在资本主义经济发展中尚处于发展阶段,其呈现的还是基础性形态,对经济发展的规模影响也没有得以展现。但这并不影响马克思通过对资本发展规律的深刻揭示,进而对虚拟资本的发展演变及走向展开科学预判。马克思认为,资本关系中生产与消费的根本性矛盾是资本主义社会中内生性的存在,只要资本主义制度存在,其内在固有矛盾就难以化解。无论资本形态是向虚拟资本演变还是转向金融资本,其支配性规律总在发挥作用。这是从根本性上对时代问题的回应,但在具体经济发展状态下,还要结合引起危机的具体因素,从而不断丰富马克思虚拟资本理论的内涵。因此,剖析困扰时代发展的难题并对其深度解释需要对文本理论进行理解。

回归文本对马克思虚拟资本理论展开理解,以深化对其内涵的理解,并推进其对当代发展的意义的挖掘进程,也对当代现实视域的理解提出了要求。当代虚拟资本形态的发展呈现多样化趋势,各种金融工具在为经济发展带来动力的同时,也造成了社会的虚假繁荣,虚拟资本(虚拟经济)的过度膨胀,催生经济泡沫,以致离危机渐趋渐近。总之,从根本上讲,

---

① 〔德〕伽达默尔:《诠释学Ⅰ:真理与方法》,洪汉鼎译,北京:商务印书馆2010年版,第415页。

现实发展并没有摆脱文本揭示的范围，当代虚拟资本的运行轨迹本质上依旧是文本理论的现实延续。时代与文本的"对话"内含问题根源的追溯，虚拟资本理论的文本同当代经济社会发展的结合，能够进一步揭示周期性金融危机产生、发展及演变的机制及规律，同时，伴随时代发展，解释循环在视域的不断融合中逐渐促使危机应对机制产生，为世界经济稳定发展提供重要意义。

以解释学视角去探析马克思的虚拟资本理论，既需要客观认知文本及理解者各自的视域，又要在此基础上去把握流传物对现实发展的意义。虚拟资本理论的解释学境域及循环解释的条件内含当代经济形势的发展状况，要求在基本理论的指导下，立足具体现实，不断推进经济发展。随着社会的发展，我们不仅要看到虚拟资本理论在经济发展中的根本指导地位，坚定理论对当前危机产生机制、危机运作规律及存在本质的正确揭示，又要分析虚拟资本当代多样性的演变形态，避免被表面现象所迷惑而陷入资本崇拜的深渊难以自拔。正确看待虚拟资本的历史地位，认清虚拟资本的本质，透过金融危机看到虚拟资本过度扩张危机的实质，进而从虚拟资本理论论述中找寻解困良策。在全球化愈发普遍的世界大背景中，转而向马克思的学说借鉴发展秘诀已非个案，将虚拟资本理论同中国具体经济发展实践相结合愈显重要性，这本身也同解释学循环解释的核心精神存在吻合之处，都要求不同视域的有机融合统一。恩格斯强调，马克思学说"是一种历史的产物，它在不同的时代具有完全不同的形式，同时具有完全不同的内容"[1]，科学理论的开放性为其同实践的结合提供了方法论意义。习近平同志指出，要"深入总结中国特色社会主义实践，更好实现马克思主义基本原理同当代中国具体实际相结合，同时也要放宽视野，吸收人类文明一切有益成果，不断创新和发展马克思主义。"[2] 当前，中

---

[1]《马克思恩格斯选集》第 4 卷，中共中央马克思恩格斯列宁斯大林著作编译局编译，北京：人民出版社 2012 年版，第 284 页。

[2] 习近平：《深刻认识马克思主义时代意义和现实意义 继续推进马克思主义中国化时代化大众化》，载《人民日报》，2017 年 9 月 30 日，第 1 版。

国特色社会主义进入新时代，全面深化改革进程中将会加大对资本的引进和运用。虚拟资本多样性的衍生形态也将在新时代为中国特色社会主义市场经济的发展贡献力量，但在发展虚拟资本的同时，要始终将实体经济摆在基础地位，这是时代发展的需求，也同马克思虚拟理论的流传物文本所揭示的一般原则相一致。党的十九大提出，"建设现代化经济体系，必须把发展经济的着力点放在实体经济上……"① 要将实体经济发展的重点置于制造业上，深入贯彻新发展理念，加大推进更为精准的产业政策的贯彻实施，进一步促进产业政策同诸如财税、金融等领域对产业发展的支持及良性互动，使实体经济的持续健康发展成为虚拟经济发挥动力作用的界限，在始终坚守马克思虚拟资本理论的根本指引下，不断推进新时代社会主义虚拟资本及虚拟经济的发展进步。

## 四、解释学视角分析《资本论》虚拟资本理论的时代启迪

透过解释学方法分析虚拟资本理论，为《资本论》经典文本理论研究提供了新的探究维度和研究视角，加深了我们对虚拟资本理论在指导当代金融危机及经济发展中的重要地位的认知和理解，并进一步提升了我们对虚拟资本理论前瞻性与科学性的认同。同时，这种不同视角的探讨将推动我们在实践中更加自觉地将虚拟资本理论同中国发展的现实相结合，进而为我国经济发展提供重要启示。

### （一）正确处理虚拟经济同实体经济的关系，坚持实体经济的根本地位

虚拟经济是经济发展演进中的一种客观存在的样态，其根源于虚拟资本在经济生活中的运行及扩展，是一种较为独立的经济运作形态，主要特

---

① 习近平：《决胜全面建成小康社会 夺取新时代中国特色社会主义伟大胜利——在中国共产党第十九次全国代表大会上的报告》，北京：人民出版社2017年版，第30页。

征是依托于虚拟资本占主导的金融系统，故而，亦称"虚拟资本的运行形态及其规律"①。因此，可以说，虚拟资本为虚拟经济的历史存在及持续发展准备了前提条件，虚拟经济的发展不能没有虚拟资本的存在及作用。同时，虚拟资本理论警示我们，发展虚拟资本要服从实体资本的存在及发展状态，也就是说，虚拟资本同实体资本要保持一定比例，虚拟资本的扩张不能越出实体资本所划定的经济发展的合理区间。这为虚拟经济的发展提出警示，因为虚拟经济同实体经济的关系在很大程度上可以展现为虚拟资本同实体资本的关系。故此，虚拟经济的发展定位及虚拟产品经营理念的最终指向是实体经济。如果在经济运行中没有实体经济在背后作支撑，虚拟经济的生成及发展就是妄谈，其在表象上呈现的不断膨胀的虚假性繁荣，终将在经济泡沫破裂中付出代价，届时危机的发生也就不远了，从金融危机的发生中可见一斑。

无独有偶，资本主义国家出现的消费借贷化、产业空心化、国家债务化等趋势也同对虚拟资本的肆意扩张及放任自流、缺失有效监管等新自由主义观念的影响密不可分。实体经济（农、工、商、交通运输、建筑及服务业等实体产业）是社会赖以存在并持续发展的基础，加强对实体经济的投资是国家长远发展的重要战略举措，也是一国在全球化进程中始终处于有利地位的关键。当前，在全面深化改革进程中，更要处理好虚拟经济同实体经济的关系，始终将实体经济及制造业的发展置于整体经济及社会发展的关键地位。习近平在党的十九大报告中提出，要"加快建设制造强国，加快发展先进制造业，加快互联网、大数据、人工智能和实体经济深度融合……"②将实体经济发展的重点置于制造业上，深入贯彻创新等新发展理念，大力实施"中国制造2025"，在发展中不断巩固实体经济的根本地位。

---

① 杨继国：《虚拟经济：马克思经济危机理论新释》，厦门：厦门大学出版社2016年版，第68页。

② 习近平：《决胜全面建成小康社会 夺取新时代中国特色社会主义伟大胜利——在中国共产党第十九次全国代表大会上的报告》，北京：人民出版社2017年版，第30页。

## （二）正确处理发展总体性同阶段性的关系，坚持虚拟经济的适度发展

虚拟经济发展的适度性问题是决定一国经济发展形势的关键因素，对此问题的有效应对是一个动态性的过程，而处理好虚拟经济发展的总体性同阶段性的关系是对虚拟经济发展程度合理把握的同义表述。坚持发展的总体性是虚拟经济发展的最高限度，其关键参考标准是虚拟经济同实体经济的良性互动；坚持发展的阶段性是虚拟经济发展的最低限度，其核心参考指标是虚拟经济对总体经济发展的拉动作用。我国社会主义市场经济发展对虚拟经济的管控范围置于以上所述的两个限度之间，既留置了虚拟经济对总体经济发展发挥拉动作用的充足空间，又确保了虚拟经济在实体经济合理存在及运行所允许的范围内发展。当代世界虚拟经济的发展依旧呈现非均衡性，各国发展虚拟经济的水平及程度存在诸多差异，相比金融业高度发达的资本主义国家，我国虚拟经济发展滞后，而且在具体发展进程中显露出较多问题，比如金融体系不够健全，经营方式粗放，市场监管不到位等，我国虚拟经济的发展滞后现象，意味着金融工具的助推作用在我国经济发展中尚有较大发力空间。因此，虚拟经济的发展要在确保同实体经济发展相互促进的总体性原则的基础上，"深化金融体制改革，增强金融服务实体经济能力，提高直接融资比重，促进多层次资本市场健康发展"①，提升金融经营管理水平，扭转金融发展方式，持续加强和发挥虚拟经济在总体经济发展中的作用。

## （三）正确处理虚拟经济发展和监管的关系，坚持对虚拟经济发展的宏观管理

毋庸置疑，资本（虚拟资本）为我国市场经济的深度发展提供了动力，而且，更为重要的是，在社会主义发展的特定阶段，对资本的有序运

---

① 习近平：《决胜全面建成小康社会 夺取新时代中国特色社会主义伟大胜利——在中国共产党第十九次全国代表大会上的报告》，北京：人民出版社2017年版，第4页。

用是市场经济发展的必然要求。因此,发展的具体国情决定了资本存在的必要,但社会主义根本制度又注定难容资本的扩张本质。我国以公有制为主体,多种所有制经济共同发展的社会主义基本经济制度有效缓解了这一冲突。社会主义制度既保证了社会主义建设的根本方向,又充分利用了资本对经济发展的拉动作用。正如皮凯蒂认识到的:"中国可能在 21 世纪初的现在最终找到了公共资本和私人资本之间的良好妥协与平衡,实现真正的公私混合所有制经济,免于整个 20 世纪期间其他国家所经历的种种波折、朝令夕改和从众效应。"① 这主要着眼于社会制度在虚拟经济发展中的优势,中国特色社会主义制度保证了虚拟经济的发展,同时又内含对其发展范围及规模的监管和引导。政府有效的宏观调控得益于制度优势,更离不开中国共产党的领导,因此,在发展中国特色社会主义金融事业的进程中,我们依旧要坚定党对金融事业发展的坚强领导。众所周知,"共产党领导的中国政府有比资本主义政府更有效率和更强大的宏观调控能力,即使受到经济危机影响,也能较快地扭转局势。"② 众所周知,我们在 1998 年成功击退了席卷亚洲的金融危机的狂势进攻,而面对 2008 年席卷全球的金融风暴,我国也在党的有力领导下,遵循经济发展的客观规律,快速对其进行遏制和管控,这样应对危机的鲜活案例都在昭示社会主义制度的优越性及共产党领导的必要性。在金融全球化进程中,金融危机的潜在威胁依旧存在,要确保我国经济健康发展,加强金融监管、加强党的总体领导是中国特色社会主义经济发展的必然选择。

虚拟经济是一把双刃剑,它既因实体经济的需要而产生,又能对实体经济产生消极影响。发展虚拟经济,要勇于解放思想,不能因为虚拟经济对经济泡沫及风险的助长效应就否认其对经济发展的正面作用,要从经济发展规律的高度审视虚拟经济发展的积极性及投机性。发展虚拟经济,要

---

① 〔法〕托马斯·皮凯蒂:《21 世纪资本论》,巴曙松、陈剑、余江等译,北京:中信出版社 2014 年版,第 17 页。
② 杨继国:《虚拟经济—马克思经济危机理论新释》,厦门:厦门大学出版社 2016 年版,第 217 页。

同产业结构的调整相适应，依托高新技术，力求产业升级，坚持虚拟经济对实体经济发展的本质和宗旨，坚决规避前者在发展中凌驾于后者正常发展之上的现象出现。发展虚拟经济，还要积极推进我国金融体制机制的创新，提高金融体系的运转效率，扩展交易及服务中的种类，多方面多角度为企业有效防范及合理应对风险准备金融工具。发展虚拟经济，更要积极培育民间资本，完善对虚拟资本市场的中介组织的管理。民间资本同样是拉动经济发展的潜在力量，要加强对民间资本的培育，充分激发其对社会主义市场经济发展的动力。总之，发展虚拟经济，要加强政府监管，要在政府宏观政策的监督引导下，确保金融市场的稳定有序发展，同时要加强金融信息审计及披露力度，减少信息不对称因素诱导下金融市场风险的自发性及盲目性，"健全金融监管体系，守住不发生系统性金融风险的底线"①，将经济活动中危机存在的潜在隐患消除在萌芽状态。

　　虚拟资本的投机性和扩展性的本性的张扬是资本增殖逻辑作用的必然结果，这一特点要求中国共产党对虚拟资本的发展要进行严格的监管，防止由此引发的系统性金融风险。具体而言，一是政府要对资本市场进行监管、预警、监测。随着我国经济体量的扩大，虚拟资本市场迅速发展壮大，金融衍生品种类名目繁多，一方面满足了经济发展的需要，另一方面也对实体经济具有较大冲击力，表现为虚拟经济的投机性和扩张性。这要求政府要加强对资本市场的有效监管，形成以管资本为核心的监督机制，防止虚拟资本对实体经济产生过大的冲击力，确保我国金融安全。应健全我国股票市场的监督机制，着力推行上市公司信息披露制度，加强对股市信息的公开，为投资者提供有效的决策信息。二是要坚持虚拟资本为实体经济服务的基本定位。实体经济是我国经济发展的坚实基础，坚持虚拟经济为实体经济服务的基本定位是新时代我国虚拟经济与实体经济关系的科学定位。虚拟资本要为实体资本服务，同时虚拟经济的发展依赖于实体经

---

① 习近平：《决胜全面建成小康社会 夺取新时代中国特色社会主义伟大胜利——在中国共产党第十九次全国代表大会上的报告》，北京：人民出版社2017年版，第34页。

济的发展，二者相互依存、共存共生。一定要防止虚拟经济的发展脱离实体经济的发展，做好对虚拟经济的监测，不断提升虚拟经济服务实体经济的能力。三是要加强政府对虚拟经济的宏观调控。宏观调控是我国社会主义市场经济的基本特征，从宏观经济来看，加强对虚拟经济的宏观调控是确保我国金融安全和经济可持续发展的现实要求，也是优化我国经济布局的必然路径。综合运用法律、经济、行政手段对我国虚拟经济进行调控，使虚拟资本与实体资本、虚拟经济与实体经济协调发展。四是健全虚拟资本市场的金融监管法律。我国虚拟资本市场从无到有、从小到大、从弱到强，是我国经济发展的缩影。虚拟资本市场由资本逻辑增殖决定其行为，因而具有投机性和扩张性的特点，为了防止虚拟资本引发系统性金融风险，需要健全我国虚拟资本市场的法律，对恶性竞争、信息披露不实、欺诈投资者等商业行为进行法律惩罚，规范虚拟资本市场的商业行为，不断提高虚拟资本市场的法治化管理水平，降低治理风险。

# 第四章 马克思主义伦理学角度的切入

马克思主义伦理学是马克思主义哲学的重要内容，以马克思主义伦理学切入《资本论》的研究，能够展现《资本论》这部巨著中蕴含的伦理学的现实关怀维度，以展现《资本论》中的伦理批判问题域。其一，阐释《资本论》的劳动伦理。真实再现马克思对劳动伦理的历史唯物主义的审视，追问劳动正义、劳动公平，设计合乎人的全面发展的劳动制度，实现劳动和谐。其二，再现《资本论》的分配伦理的思想世界。从伦理批判的视角和解释学视角分析《资本论》分配伦理的表征，深刻批判资本主义分配制度的正义失范、抽象公平、剥削性本质、对价值创造与价值分配关系的扭曲，从而建构理想社会运行的分配制度，重新肯定劳动者参与价值创造与分配的历史地位，解答历史之谜。其三，挖掘马克思《资本论》生态伦理的科学内涵和当代价值。剖析生态伦理失范、生态危机的根源，探究人与自然之间的关系，从而建构和实现人与自然和谐相处的生态伦理路径。其四，探寻《资本论》中的科技伦理思想。总结和归纳其内蕴的科技伦理思想，主要包括科技效应论、科技价值论、科技发展论、科技趋势论等内容。审视科技的双重效应，以科技伦理规约科技异化，建构人机和谐的关系，促进人的全面发展。

# 第一节 《资本论》中劳动的伦理阐释与当代价值

资本从诞生开始,在运行过程中,从资本循环到资本运转过程中伴随着对劳动者的压榨,造成了深层的劳动异化问题,也就是说,劳动的异化状况在资本逻辑下展开,这种劳动的异化状态是资本主义私有制条件下资本逻辑运行的必然结果,对其的道德批判也是《资本论》的重要内容之一。《资本论》以制度批判和规律揭示为主线,但也蕴含了许多珍贵的劳动伦理思想,主要体现在马克思的资本主义制度违反人类道德的无情批判之中。在早期资本主义社会,劳动异化现象被遮蔽在资本快速增值和人类社会经济文明发展的快车道上,因此,资本逻辑的正面效用在此时发挥了积极的作用,而到了资本主义社会发展起来之后,随着资本主义社会内部矛盾的不可调和性,资本的负面效用及劳动异化的白热化程度加深,劳动伦理才被重视起来。

## 一、从解释学视角看劳动的伦理追问与资本逻辑的运行

解释学中向来存在着"理解"与"说明"的二元对立,例如狄尔泰等人就认为,"说明"是自然科学的方法,"理解"是人文科学的方法,它们是不同甚至互相反对的。但是在解释学发展的后期,这种对立的倾向已经在一定程度上被克服了。例如利科就认为,"解释"是"理解"和"说明"的统一。"说明"是局部行为,旨在阐明个别命题的意义;"理解"则是综合行为,旨在把握由局部意义构成的整体性意义。"理解"和"说明"相辅相成地统一于"解释"的整个过程中。马克思《资本论》中对资本主义发展规律和趋势的分析可以被看作"说明",而马克思《资本论》中蕴含的劳动伦理思想可以看作"理解"。可以说,《资本论》是真理与价值统一的研究视角的典范。对资本主义规律的揭示与对人类解放的前景的

诉求统一于马克思《资本论》的研究过程和研究结论之中。

劳动的伦理追问建立在马克思对资本主义社会的资本逻辑批判的基础上。可以说，资本逻辑内在的悖论或者说资本的双刃剑效应是劳动伦理得以存在和发展的双重前提，众所周知，资本价值增殖构成了资本逻辑的核心因素，而外围因素是在资本价值增殖这一核心因素的前提下间接引申出来的具有正反效用的资本的各个层面的问题，主要有资本的效率问题、资本的文明问题与资本的性质问题。

### （一）资本逻辑的演化过程构成劳动伦理的生成前提

学界有一种观点将资本与劳动完全对立起来，认为资本是属于形而下层面的概念，劳动是属于形而上层面的概念，主张将两者用于完全不同的两种社会制度中，一旦在同一制度中需要用伦理来规约经济发展与资本的运行规律就是这一制度的失败。其实与此相反，伦理是一个普适性概念，可以存适于任何一种社会制度中，对所在制度下的经济社会发展进行必要的调控，尤其在资本逻辑主导的资本主义社会下，伦理同样适用。而在资本逻辑不可避免地存在的社会主义制度下，劳动伦理的规范与规约是社会主义和谐社会建设的必要途径。

在资本与资本逻辑运行的过程中探寻劳动伦理的生成前提，就要深入《资本论》的经典文本中。解释学中"理解"和"说明"相辅相成地统一于"解释"的整个过程中的观点，启迪我们对马克思劳动伦理思想的理解和把握，要放置于马克思对资本逻辑的批判和揭示的过程中去，绝不可把马克思的真实思想割裂开来进行理解。而马克思科学贡献的最伟大的地方恰恰在于他突破了资产阶级经济学家只有"说明"，没有"理解"的局限性。

要弄清资本逻辑与劳动伦理的内在结构关系，就要明确资本与劳动关系的变迁，明确在资本主义制度下劳动是如何被资本宰制的，在资本主义社会产生之前，劳动是人类赖以生存的根本途径，是社会发展进步的动力之源，但在资本主义制度产生初期，随着对剩余价值的无限追求，劳动的社会地位不断下降，东西方思想家贬损劳动是因为劳动对于劳动者而言是一种肉体上的折磨和精神上的摧残,但与此同时却并不会给劳动者足够的物质与精神的补充。与此相反,资产阶级思想家开始研究劳动,对劳动产生了浓厚的兴趣,洛克认为劳动是一切财产的源泉,亚当·斯密认为劳动是一切财富的源泉,而马克思认为劳动是人类创造世界的最高能力,正像阿伦特指出的那样,三个思想家中只有马克思是真正关心劳动的,马克思站在人道主义立场和无产阶级解放的基点挖掘资本主义社会资本逻辑的运行对劳动者劳动的宰制,以此探求劳动对于人类的终极意义。相较于马克思,洛克承认劳动的重要性仅仅是为了分析私有财产制度,斯密仅仅为了服务于财富积累最大化,只有马克思研究的是劳动本身。

"资本只有一种生活本能,这就是增殖自身,创造剩余价值,用自己的不变部分即生产资料吮吸尽可能多的剩余劳动"①,劳动在资本的这种增殖本能中加剧了劳动者的痛苦,资本的这种增殖本能也是有一定的限制的,且资本在不断探索脱离这种限制界限的方法,一旦资本在某一种界限之内不再感觉到受限制,资本就不再作为交换价值而仅仅作为使用价值存在了,而资本作为追求剩余价值的资本,终其一生不过是在无止境地追求剩余价值的量的积累,在剩余价值无限增加的界限中不断冲向临界点,企图突破"量"的限制。因此,资本的这种对界限的不断靠近与角逐,客观要求工人自发组织起来,不是作为单独的个体,而是作为一个阶级存在和资本家相抗衡。但对资本对劳动者的剥削与压迫不能仅仅局限在道义的谴责上,更要联合起来寻求真正解放的途径,寻求劳动者状况的改善途径。资本家向资本无限增殖的界限无限靠近的过程,也是剩余劳动无限创造的过程,"如果说资本一方面创造了剩余劳动,那么另一方面剩余劳动也是资本存在的前提,创造出可以自由支配的时间是财富整个发展的基础。"②资本与剩余劳动不断地互为齿轮地向前发展着,"资本的规律是创造剩余劳动,即可以自由支配的时间;资本只有推动必要劳动即同工人进行交

---

① 《马克思恩格斯文集》第 5 卷,中共中央马克思恩格斯列宁斯大林著作编译局编译,北京:人民出版社 2009 年版,第 269 页。
② 刘琳:《资本现代性的伦理批判》,北京:人民出版社 2015 年版,第 121 页。

换,才能做到这一点。因此,资本的趋势是要尽量多地创造劳动;资本的趋势也是要把必要劳动减少到最低限度。因此,资本的趋势也是:既增加劳动人口,又把劳动人口的一部分不断地变成过剩人口,即在资本能够利用他们之前先把他们变成无用人口。"[①] 由此可见,资本与劳动者在马克思所处的资本主义社会是无法调和的两极,资本的无限增殖同时意味着剩余劳动者的无限增加,意味着无用人口的无限扩大,这一部分人口将变成产业后备军。资本脱离了劳动无法独立存在,资本是一种静态的或者是一种被动的需要作用的对象,只有劳动积极主动地作用于它,只有在资本主义本质的客观作用与资本逻辑的增殖本性间接地迫使劳动与资本发生关系,且进入流通领域后,资本才能真正实现其职能,才会得到实际的价值增值额。反之,在劳动与资本发生关系之前,甚至在劳动时间内资本仍然仅仅作为一种未成形的产品存在,并不具备资本的增殖职能。

如果我们循着解释学的"说明"与"理解"相统一的思路,我们就会看到,对意义的追问是在对现实的分析的基础上产生的,马克思的分析逻辑正是由此展开的。资本逻辑产生了资本主义的道德困境。正是以资本与劳动发生关系为前提,才产生了何种劳动为道德的和具有伦理性的论析。在资本逻辑下,劳动伦理具有客观上得以重构的三重意蕴。

一是资本逻辑为劳动者自身自由与创新提供了发展通道。资本逻辑是以资本的无限增殖为唯一追求的,但同时为了资本的无限增殖,资本必须将为其获取价值的唯一载体——活劳动纳入其追求利润的体系内,因此,必须提供给劳动者自身生理和心理发展的平台,只要劳动者的生活水平得到逐步提升,劳动者的社会需求得到越来越充分的满足,劳动者就能将自身的劳动力质性地发挥到资本增殖过程中。对于劳动者而言,自由是其基本的精神诉求,被鞭笞着工作和劳动与人的本性背道而驰,因此,资本逻辑在自身增殖的过程中不可避免地要为劳动者争取相对意义上更多的自由,这里的自由主要指获得更多的自由时间,用于满足除了生存之外的其

---

[①]《马克思恩格斯全集》第30卷,中共中央马克思恩格斯列宁斯大林著作编译局编译,北京:人民出版社1995年版,第337页。

他需求。创新是劳动者的社会发展的需求,是市场对人力资源需求的必要能力,也是发展提升劳动者自身劳动技能的内在动力,是提升自身竞争力的关键。资本逻辑的无限增殖客观上促进了劳动力的大发展和科学技术的飞速发展,正是在这种客观规律的作用下,劳动者追求自由与创新的可能性增加了。不仅在资本主义社会,在社会主义社会中,资本的存在仍然是不可避免的,但社会主义社会对劳动者自由的不断拓展与对创新能力的不断提升,是在社会主义制度优越性的前提下得以充分发展的,资本逻辑在社会主义社会仅仅作为一种生产要素发挥作用,且是在一种被引导的趋利避害的情况下发展的,并不对我国社会的社会性质、劳动者的劳动性质、劳动者的自由与创新造成实质上的影响。

二是资本逻辑间接鼓励劳动者对自由、平等与公正的永恒向往。资本逻辑不仅间接地产生着劳动者对自由的向往和对创新的不断探索,同时劳动者的自由与创新也进一步构成资本逻辑无限增殖的前提。资本逻辑不仅在个体劳动层面,而且在社会层面,间接地促进了工人阶级对平等与公正的永恒向往。哪里有压迫,哪里就有反抗,在马克思所处的时期,资本家仅仅将劳动者视为"劳动工具",视为资本增殖的"机器",劳动者创造了劳动产品,但劳动成果却不属于劳动者所有,而是归资本家所有,劳动者在劳动过程中的不公平待遇促使工人阶级组织起来,从最开始的争取更多的自由时间到致力于推翻资本主义制度,进而建立为工人阶级自己发声的共产党,为实现劳动解放而奋斗。资本主义社会,在资本逻辑的作用下,不可能让劳动者实现真正的平等和公正,即使随着科学技术的发展,资本主义社会的劳动者的工资和社会地位得到极大提升,但从本质上仍然没有发生根本性改变,劳动者的被剥削的本质没有发生改变,目前的提升仅仅是资本家为了获取更多利润的缓和手段罢了。在资本家那里,所谓的平等和公正仅仅是就资本家这个阶级而言的,在他们那里,对劳动者劳动力剥削所获得的剩余价值不是剩余价值,而是他们提供了生产资料和生产机器的应得的利润。

三是资本逻辑对爱的道德诉求。资本主义社会资本逻辑不仅间接推进社会生产力的发展和社会的科学技术进步,同时也对资本主义社会宣扬的爱进行追求，资本主义社会的爱的道德诉求指一种普世的爱，主张劳动者在资本的控制下对更新的事物和美好的事物的一种爱的追求，资本主义社会资本逻辑对爱的道德诉求将爱资本化，为获取资本增殖的文化生产力发挥作用。正是在批判资本主义资本逻辑的条件下，马克思重构了劳动伦理思想，深刻揭露了资本主义制度下劳动的外在表象，为深刻披露资本主义条件下资本逻辑对劳动的宰制提供了前提，构成了劳动伦理的生成前提。

**（二）资本逻辑对劳动的宰制是资本主义社会的劳动不合伦理性的根本原因**

资本逻辑对劳动的宰制是资本主义社会劳动者生存环境的普遍和一般现象。资本逻辑对劳动的宰制不仅体现在现实的经济领域，还延伸至社会领域、生态领域、政治政策、文化生活的各个方面，在这些领域，资本逻辑对劳动的宰制也充分显现出来，客观上揭示了资本主义社会劳动不合伦理性的本质内涵。资本逻辑作为资本的核心逻辑，同时也衍生着其他的外围因素，主要表现为三个方面。

一是资本的效率问题。资本作为社会生产要素，本身没有阶级性，在资本主义社会，资本本质决定了资本家的目的仅仅在于用最少的资本获取最大化的利润，而为了获得资本的无限增殖，资本家不得不绞尽脑汁降低成本。就不变资本来说，资本家"鼓励"提高劳动生产率，以尽量降低对可变资本的投资，这间接地发展了社会生产力。资本效率问题的关键在于改变投入产出的比例，实现资本的最优化配置，"资本总是以'有用性的眼光'看待和处理一切，在效用关系中构造出一个普遍有用性的体系，让一切存在都变成这个体系的构件与体现者，丧失自身感性、诗意的光辉。"① 资本的"有用性"也不总是有用的，在资本主义生产过程中效率的快速提升，违背了社会经济规律和自然规律，必然造成相应的后果，如资本在追求剩余价值的过程中由于过于专注资本增殖而生产出过多的"剩余

---

① 刘志洪：《论资本的核心逻辑与附属逻辑》，载《马克思主义与现实》，2017年第1期，第33页。

产品",给人类社会造成一定的负效应,或者资本家为了单纯提升效率,而一味地降低社会劳动成本、降低资本投入,生产出不合格的产品或者损害人类健康和社会正常运转的产品,而这正是一种反效率的行为,大大危害了人类社会的发展和进步,对人类劳动造成了不可避免的伤害,是一种不合伦理性的劳动行为。因此,从这一层面来讲,资本的效率问题是资本逻辑运行的前提下,劳动伦理必然会面对和亟须解决的问题。

二是资本的文明问题。资本逻辑的运行,催生着人类社会的文明,将人类社会的文明向前快速推进,在资本主义社会兴起初期,随着科技技术的发展和机器的应用,资本家扩张的足迹遍及世界的各个角落,国内和海外市场得以迅速壮大起来,进而将资本主义社会的先进和腐朽的文明传播到资本所及之地,可以说资本与文明的关系是一对相辅相成、难以割裂的矛盾,资本促进了文明的生成和发展,反过来,文明也推动了资本的进一步运行。不管是何种社会形态,资本和文明的相互作用都会显现,资本"如果有10%的利润,它就保证到处被使用;有20%的利润,它就活跃起来;有50%的利润,它就铤而走险;为了100%的利润,它就敢践踏一切人间法律;有300%的利润,它就敢犯任何罪行,甚至冒绞手的危险。如果动乱和纷争能带来利润,它就会鼓励动乱和纷争"[①]。资本为了增殖的无限扩大,将文明纳入自己的体系和框架内,但目的并不在于为了发展文明,而是为获取剩余价值。其一,资本逻辑在催生资本社会的文明,生产人类社会伟大文明的同时,也生产着阻碍人类进步的落后的思想文化。资本逻辑的增殖本性必然会引导劳动者或消费者崇尚利益至上,将整个经济社会引向资本拜物教的境地,不利于正确的世界观、人生观与价值观的形成。其二,资本逻辑在生产和传播社会文明的同时,也在生产着摧毁社会文明的东西。资本逻辑的运行与发展造成社会生产力的巨大发展,但在马克思的语境中,以及在当代社会的具体实践中可以窥探到生产力不仅加速资本增殖与资本积累,同时也摧毁着资本主义社会,是资本主义社会走向

---

① 《马克思恩格斯文集》第5卷,中共中央马克思恩格斯列宁斯大林著作编译局编译,北京:人民出版社2009年版,第571页。

瓦解的核心因素。在资本逻辑与文明问题的拉锯战中，劳动伦理充分彰显了其时代价值。

三是资本的性质问题。资本主义社会由于其趋利本性导致资本家仅仅是利己主义的代表，他们极尽手段获取更多的剩余价值，进而进行资本积累和资本的扩大再生产，资本家此时对资本增殖的狂热欲望是非理性的，在这一过程中资本积累到一定程度必然会出现失衡，为了打破这一瓶颈，资本会超越过去的个体性而以公共性的力量实现出来，"然而是异化的、独立化了的社会力量，这个力量作为物并且通过这种物作为个别资本家的权力而同社会相对立。……资本转化成的普遍社会力量同单个资本家对于这些社会生产条件的私人权力之间的矛盾越来越触目惊心，并预示着这种关系的消灭，因为它同时包含着把物质生产条件改造成为普遍的，从而是公共的、社会的生产条件"①。资本在追求个体性的剩余价值时，劳动主要以劳动异化的形式呈现，而到公共性的资本时，不管在资本自身内部，还是资本家之间，或是资本家与雇佣劳动者之间，都需要劳动道德与美德的逐步完善，需要从劳动异化走向劳动正义，这也是劳动伦理在资本性质变化之际必要的伦理要求。

总之，在资本逻辑及相伴随的这些问题的正负效应的相互较量中，滋生着劳动不合伦理性的土壤，更有劳动不合伦理性向劳动正义、劳动合乎道德性的转化。到了资本主义社会的成熟阶段，资本逻辑中的一切负面效应尘嚣日上，成为整个资本主义社会发展的最普遍状态，成为资本逻辑的主导力量，到那时资本不再仅仅为资本家生产剩余价值，还生产着影响社会进步、文明与生态等的因素，劳动伦理正是晚期资本主义亟须的"拨乱反正"的理论指南与行动指挥。

解释学的代表人物伽达默尔认为，任何文本都是对人类生活中的某一个或某一些问题的回答，而对文本的理解则是从它们的回答中提出新的问题。他甚至认为，解释学应该成为一种来自生活经验，并说明生活经验的

---

① 《马克思恩格斯文集》第7卷，中共中央马克思恩格斯列宁斯大林著作编译局编译，北京：人民出版社2009年版，第294页。

实践哲学，它是一种处理具体、可变的实际生活的实践智慧，而不是从普遍性原则抽象地推导出具体结论的理论知识。就马克思《资本论》中的劳动伦理思想来说，其产生是为了回答马克思所生活的时代和社会历史提出的种种问题包括劳动与资本的关系的道德伦理问题。马克思《资本论》的意义和存在价值也正是来源于马克思对工人阶级命运和解放前景问题的回应。因此，我们对马克思《资本论》基于资本主义批判的劳动伦理思想的理解，也必须"提到一定的历史范围之内"，从它所面对和回答的问题中，去寻求把握思想观点意义的线索。也就是说，文本是我们的直接对象，但却不是我们的解读的最终根据，最终根据只能是生活实践中所产生的问题。

在马克思《资本论》中分析劳动伦理问题的生活事件背景表现在，资本主义生产力的发展对人的生存与自由和对人的全面发展的遏制。劳动伦理正是在资本逻辑的正面因素和负面因素的现实冲突中得以发展起来的，任何事物都有两面性，资本逻辑本身及其附属的资本效率问题、资本文明问题与资本性质问题也不例外，它们不仅各自内部有不可调和的矛盾，而且相互之间也有难以轻易破解的冲突。由于劳动不仅仅具有自然性，还具有社会性，因此，不能仅仅将工人阶级当作没有灵魂的劳动工具，而要充分尊重劳动者的权利，尊重劳动者作为"人"这一类存在物，维护其是社会关系的产物这一本质，资本逻辑及其他问题的冲突与矛盾违背了劳动的两种性质的有机统一。劳动价值既是既定的，又具有超越性；人本身也既具有自在性，又具有自为性，在劳动、劳动价值与人的性质的有机统一中揭示出这些矛盾和冲突的不合理性。资本逻辑并不适用于一切社会，它作为一种现世逻辑存在，为现世的权力服务，发展着现世的文明，并且产生着现世的产品。资本逻辑是阶级社会的阶段性存在，并非人类社会发展的终极目标，因此，在资本逻辑有必要存续的现当代，应合理调节、引导和控制资本逻辑产生的负面因素，在资本利益与劳动者利益两者的矛盾关系中，指明劳动伦理的发展方向。

在对资本逻辑产生的正面因素和负面因素的控制与引导中，生产力的发展是劳动伦理的最大价值。生产力的发展是资本逻辑无限增殖的"附属品","在唯物史观的视野中,生产力的发展构成社会进步和人的发展的当然基础和前提"①。同时,在人的发展过程中,不仅要注重外在条件的发展进步,更多的发展来自人自身内部,具体化为人的道德修养,社会的伦理规约对人的发展同样具有重要的作用,只有将生产力的发展与人的发展结合起来,才能称为人的自由全面发展。科学技术的发展不是纯生产力的发展,其蕴含着深刻的伦理道德因素,即所谓的双刃剑作用,这就使得市场经济条件下生产力的发展遵循一定的伦理道德规范,使得时代的产物如高科技充分作用于人的全面自由发展和社会的进步发展中。同时,在生产关系和社会关系中,劳动的道德规范同样重要,劳动的道德与伦理性在一定程度上作为软生产力促进生产关系和社会关系的运行。

资本作为一种生产要素,在不同所有制中呈现不同的阶级属性,因而反映不同阶级的伦理要求。通过劳动才能实现无限获取剩余价值的目的,只有在资本主义社会,在资本逻辑无限增值的裹挟下才显现其不合伦理性、非理性乃至反伦理的特性,才引发了其中的负面效应的充分显现。在这样的条件下,要引导与控制资本逻辑及资本效率问题、资本文明问题与资本性质问题中的正面和负面因素,要求劳动过程和劳动结果遵循一定的劳动伦理规范,只有这样,才能为构建一个健康、公平公正的社会提供相对成熟的环境。因此,对劳动伦理的提出与反复强调是致力于消除资本逻辑中负向因素在我国市场经济中滋生的重要举措,只有这样,资本才能发挥其公有资本的作用,达至资本的健康增殖,使得资本逻辑更加符合劳动伦理的价值规范与时代要求。改革开放以来,资本大量进入中国市场,我们不仅要规避资本以牺牲劳动者的利益为代价进行的"繁殖",同时也要引导资本为社会主义市场经济所用,避免像资本主义社会那样,由资本主导市场,因而要实行一系列的相关政策法规,强制性地规范资本的作用范围,但同时利用伦理道德间接性地引导资本的生产和分配,以共同富裕为指向,以缩小贫富差距为引线,加快发展

---

① 张三元、孙虹玉:《论资本逻辑的伦理调控》,载《江汉论坛》,2017年第7期,第34页。

我国的市场经济。梁漱溟曾说，中国是一个以伦理道德为"宗教"的国家，资本要在中国扎根，就必须遵循我国传统文化的劳动伦理要求，必须合乎我国劳动思想的道德伦理要素，否则，资本逻辑在我国的发展会遭遇瓶颈。由此可见，资本与劳动在社会主义市场经济的发展中是一对互相依托、螺旋式上升的辩证范畴。

### （三）资本主义制度下劳动的多维表征

在异化劳动下，财产的所有者本身被转变成"财产的财产"，也即财产的本来所有者被剥夺了所有者的身份，沦为财产的附庸，这是异化劳动最本质的表现，也是第一次颠倒（人与物的颠倒）。从《1844年经济学哲学手稿》到《资本论》，马克思从异化劳动学说发展到剩余价值理论，其中，劳动与资本的关系是马克思的分析主线。

资本主义社会运行机制下劳动形态的多维面孔是用抽象与具体统一的方法研究的。在科学技术的推动下，人类通过劳动极大地改变了自己的生存条件，并创造了前所未有的物质财富和精神财富。当然，在这一进程中，劳动也在资本关系的掌控下逐渐走向自己的反面。马克思揭示了资本主义制度下劳动的多维表征，即资本主义社会劳动"自我摧毁"的具体表现。一是劳动力的商品化，即创造性的消失。在资本主义制度下，劳动丧失了它的本质规定性，丧失了其创造性，呈现商品化的趋势。劳动力成为受市场导向、利润动机和交换价值支配的商品。二是劳动的齐一化，即个性的虚假。在资本主义条件下，由于机器等现代技术的发展，劳动失去了其独一无二的特性，劳动产品的生产成为一种符号化的过程，生产出可供社会发展进步的大众化商品。资本主义的发展同时使个人得到了发展，但同时个人的每一种进步又是"以牺牲个性为代价的"。三是资本主义制度下的劳动具有欺骗性，即主体超越维度的消解。在资本主义高度发达的生产力条件下，人类通过机械劳动实现自己虚假的需求，消解着自身固有的对社会的批判能力和超越能力，以"温水煮青蛙"的方式消解着人们的思维，在趋于平面化的劳动过程中达至一种与现实的"和解"和对现存的认同。四是劳动的统治性与操控性。劳动的商品化和齐一化消解了其创造性和个性，工资的表现形式又消解了人们对现实的不满和内在的超越维度。虽然劳动从表面上看不具有强制性，但它对人的统治和操控更为深入，具有无所不在的特征。劳动影响着整个工作日时间，它对劳动者的操控无论从深度还是广度上是其他统治形式无法比拟的。

马克思早期的劳动异化理论主要体现在《1844年经济学哲学手稿》中。在《1844年经济学哲学手稿》中，马克思首先将劳动的对象化理解为人的本质力量的对象化，是人的类本质的实现。劳动成为它的主体性与人的自由状态的本体性基础。可以看出，在马克思看来，恩格斯揭示了劳动一方面通过劳动工具对劳动资料塑形，另一方面生产出满足人类需要的产品。到了资本主义社会，第一，由于劳动者与现实性劳动要素的分离使得劳动成为单纯性的活劳动，是一种很纯粹的主体性存在。第二，劳动是一种人的主体性活动，是财富的一般可能性，资本与劳动的关系是，劳动是酵母，它投入资本，使资本发酵，是对象化劳动与活劳动的关系。这正是人的活动的对象化。马克思在《1844年经济学哲学手稿》中通过异化劳动来说明劳动对象化与主体性的关系，马克思认为对象化的过程既是人的本质力量的实现，也是人的主体性的丧失。

总体看来，马克思的劳动伦理思想（对资本主义劳动伦理的批判）经历了劳动异化批判、资本主义经济规律揭示和资本逻辑批判三个阶段。

第一阶段，从人道主义立场，提出异化劳动的价值悬设。物质生活关系是理解资本主义社会伦理关系的出发点。劳动本身的异化，意味着资本特权的确定。从1843年到1848年，这一时期，马克思主要从人本主义角度审视劳动主体的伦理关系，在他那里，劳动异化对资本主义社会的一切经济关系具有根源性的作用，他指出，要消除异化，就要消灭私有制。早在《1844年经济学哲学手稿》中，马克思已经表明商品经济中"劳动所生产的对象，即劳动的产品，作为一种异己的存在物，作为不依赖于生产者的力量，同劳动相对立。劳动的产品是固定在某个对象中的、物化的劳动，这就是劳动的对象化。劳动的现实化就是劳动的对象化。在被国民经济学假定的状况中，劳动的这种现实化表现为工人的非现实化，对象化表现为对象的丧失和被对象奴役，占有表现为异化、外化"①。这里强调人的实践活动的创造本性，伦理在一定程度上可以看作是价值科学，但资产阶级却仅仅强调人的抽象性，强调人作为个体的一种抽象的自然属性，抽象的利己行为。

第二阶段，从经济伦理视角，着眼于现实的经济行为与经济范畴本身的判断及对未来的展望出发来批判资本主义社会劳动的实然状态。马克思指出："资产阶级社会是历史上最发达的和最复杂的生产组织.因此，那些表现它的各种关系的范畴及对于它的结构的理解，同时也能使我们透视一切已经覆灭的社会形式的结构和生产关系。资产阶级社会借这些社会形式的残片和因素建立起来. 其中一部分是还未克服的遗物，继续在这里存留着，一部分原来只是征兆的东西，发展到具有充分意义，等等"②。这是历史和现实的层面之间的辩证规定。

劳动的对象化强调人是主体，即强调人的存在。在《1844年经济学哲学手稿》中，马克思揭示了人是自然存在物，人是对像性存在物，人是社会存在物这几个方面的规定性，并在《1857—1858年经济学哲学手稿》中，将人类社会划分为人的依赖关系，以物的依赖性为基础的人的独立性，人的全面发展和自生个性三个阶段，展示了劳动关系从私有制和资本关系中解放的历史图景。

20世纪，随着科学技术的发展，人的主体性也面临着双重矛盾，一方面，在物质财富极大丰富的前提下人的主体性得到充分彰显，但同时，这一彰显以一种异化的形式存在着，在这里，人没有真正实现其自由全面发展，社会物质分配不均仍然存在，人的困境仍然是社会发展的主要障碍。

第三阶段，剩余价值是异化劳动的转化形式，体现为异化的异化。完全转变为一种以"拜物教"为核心的劳动状态，即资本逻辑。私有财产是

---

① 《马克思恩格斯选集》第1卷，中共中央马克思恩格斯列宁斯大林著作编译局编译，北京：人民出版社1979年版，第41页。

② 《马克思恩格斯全集》第46卷（上），中共中央马克思恩格斯列宁斯大林著作编译局编译，北京：人民出版社1979年版，第43页。

异化劳动的物质表现,资本逻辑是异化劳动的逻辑表现。从人道主义的异化劳动向资本逻辑的过度主要是因为异化劳动带有过多直接的感性成分,而在深入分析资本主义的现实性到一定程度时,就要分析资本主义经济过程的具体结构与形式,就必须诉诸抽象的理性的资本逻辑了。

在资本主义社会中,劳动有两种存在状态,即劳动过程和劳动结果。劳动过程中劳动形式从三个视角出发,即人与自然的关系的视角、人与动物关系的视角和人与人的社会关系的视角。马克思认为:"劳动首先是人和自然之间的过程,是人以自身的活动来中介、调整和控制人和自然之间的物质变换的过程"①。在这一物质变换中,人类的劳动不是受动地,而是主动地对自然界进行改造的过程。劳动的这两种存在状态也可以表征为资本主义社会劳动和形态的应然与实然状态。应然状态指涉劳动的主体性与确证性,实然状态指涉劳动的异化性与受动性。由于分工的标准化,劳动者的主体性丧失,劳动者本身片面化和抽象化,倾向于有违人性的片面的专门化,成为被动的客体。在这种长期的异化状态中,物化结构及物化思维侵蚀到人的头脑中,使得人类以这种被侵蚀的状态进行思维和劳动,并将之作为一种普遍的规律遵循,长此以往,人类失去了其本身的批判和超越的维度,失去了其主体性维度。主体变成了外在的抽象的机器,同"所有者"人格相脱离。

主体性(尺度,价值)维度主要关注的是工人阶级的命运。正是在发现唯物史观和剩余价值论后,马克思找到了实现劳动应然状态的路径。

劳动的确证性指的是本质力量的对象性,劳动是人之为人的确证,由于劳动,人与动物才有了区别,在劳动者的劳动行为中,人才真正证明自己作为类存在物而存在。资本主义社会劳动却呈现出异化性、受动性与片面性。劳动异化性主要表现为《1844年经济学哲学手稿》中异化劳动的四种规定性;受动性则是在资本主义制度下,雇佣劳动者被当作机器一样的生产资料,不具有积极主动性,掩盖了马克思所说的人与动物的根本区

---

① 〔德〕马克思:《资本论》第1卷,中共中央马克思恩格斯列宁斯大林著作编译局编译,北京:人民出版社2004年版,第207—208页。

别；片面性则指劳动者的单一性，劳动者仅仅是参与社会建设，但并不是社会的享有者。在这样的条件下，资本主义制度下劳动的多维面孔为劳动伦理的提出与内涵提供了批判的理论基础和现实经验。

## 二、基于历史唯物主义视角审视劳动伦理思想

马克思的劳动伦理思想体现了通过历史唯物主义的方法在分析资本逻辑的基础上克服劳动异化，实现从劳动正义到劳动自觉，实现从对劳动主体的伦理关怀到人类社会的终极关怀，实现从对现世劳动反伦理的批判到未来理想社会的伦理反思。马克思运用唯物主义方法分析了资本主义社会制度下劳动的具体形态及雇佣劳动涉及的伦理道德问题，正是在马克思对资产阶级获得剩余价值的过程的分析中逐渐凸显出劳动伦理的现实作用及对劳动行为未来的设想，由此探寻通往自由王国的现实路径。

### （一）劳动伦理范畴的历史演变

马克思在批判资本主义生产方式时，尤其在《资本论》中，没有具体的关于劳动伦理的定义，劳动伦理只是在资本主义社会之前的历史长河中，在劳动工具与劳动方式等的演进中衍生出来的一种历史性范畴，劳动伦理的内涵会随着社会制度的变迁，随着社会生产条件的变化而发生变化。"人们为了能够'创造历史'，必须能够生活。但是为了生活，首先就需要吃喝住穿以及其他一些东西，因此第一个历史活动就是生产满足这些需要的资料，即生产物质生活本身。"[1] 由此可以说明，劳动作为人类社会生活的第一种生产活动，或者作为人类社会发展的最基础的方式，对整个社会以后的生产和发展具有决定性的影响，在人类社会发展的初期，劳动方式单一，生产力发展极度落后，劳动伦理思想主要以平均分配的方式显现出来。人类进入阶级社会以后，阶级之间的矛盾加剧，因此劳动伦理在

---

[1] 《马克思恩格斯文集》第 1 卷，中共中央马克思恩格斯列宁斯大林著作编译局编译，北京：人民出版社 2009 年版，第 531 页。

阶级社会中成为调和统治阶级和被统治阶级的工具，成为统治者的"代言人"。在阶级社会中也出现各个社会形态下不同的劳动伦理内涵及外延，各个社会形态下，劳动伦理的具体表现方式和价值规范是不同的，如在前资本主义社会，劳动伦理主要倾向于生产使用价值，且使用价值的生产是以人的依赖关系为主的；到了资本主义社会，劳动伦理崇尚以"自由主义天赋人权论"为核心的思想；马克思在论述社会主义社会的高级阶段时，将"人的解放"作为劳动伦理思想的价值旨归，主张实现一种自由自觉的劳动。因此，从马克思的著作及对历史唯物主义的考察中不难发现，劳动伦理的内涵是随着社会历史的发展不断变化和完善的，也是在人类劳动实践、生存抗争、对完满生活的不断追求中趋于完善的，因此，与此相伴随的劳动成果分配方式等的完善也会不断实现。

就历史唯物主义方法论而言，马克思并没有试图构建一种劳动至上的原则，没有寻求一种适用一切社会活动行为的劳动原则，也没有具体提出必须达到一种符合共产主义社会价值规范的劳动伦理思想，而仅仅基于资本主义生产方式内在地批判资本主义社会不合道德的劳动方式与劳动制度。就资本主义本身而言，它对于之前的封建社会具有先进性，一切劳动阶级积极支持资产阶级推翻封建制度，建立一种更加公平和现实的、切合资本主义制度的劳动规则，资本主义社会否定了封建社会由于分工造成的劳动者地位的极度不平等，推翻了封建社会对商业的过度压制及对个人信仰自由的打压，同时，此时科学技术和社会生产力的发展为资本主义制度的建立提供了重要的物质基础，也为之后社会主义的建立指明了前进方向。社会条件达到一定程度，使得资本主义社会的发展出现巨大阻碍时，劳动条件变动及劳动结果分配等方面随之而言的不道德性与不合理性则成为更高级社会形态的劳动伦理的发展基础与批判前提。马克思认为共产主义社会并不是超越一切社会形态、超越历史性的一种存在，而仅仅是在资本主义社会基础上建立起来的一种社会形态，在这个社会阶段中，劳动伦理成为一种显性的制约与规范社会劳动行为的法则，由此可见，劳动伦理具有深刻的历史性，马克思正是在这一方法论基础上深刻揭示了资本主义社会劳动不合价值性的根源，也在价值的综合判断中展望了未来社会主义社会高级阶段的劳动伦理胜利的历史必然性。

亚里士多德认为人是名副其实的政治动物，富兰克林认为人是制造工具的动物，恩格斯认为劳动创造了人本身。历史的发生与人是密切相关的，恩格斯在《劳动在从猿到人转变过程中的作用》中指出："甚至达尔文学派的最富有唯物精神的自然科学家们还弄不清人类是怎样产生的，因为他们在唯心主义的影响下没有认识到劳动在中间所起的作用"，"它是整个人类生活的第一个基本条件，而且达到这样的程度，以致我们在某种意义上，不得不说：劳动创造了人本身"①。早在马克思之前，古典经济学家已经发现了劳动作为现代社会的基始性力量的存在，亚当·斯密将现代社会的生成归结为"劳动—分工—专业化"的观点在西方经济学界久负盛名，他深刻分析了劳动分工对社会的知识形成的重要意义。古典经济学主张分工和知识之间是唇齿相交的关系，知识内在地影响着分工的进行，同样分工也有助于提升社会生产力，有助于加速资本积累，且通过积累，促使社会市场的良性形成，并周而复始地进行下一轮的劳动分工。大卫·李嘉图对劳动的研究具有两个决定性的意义：一是将劳动置于历史性的视角下，在劳动中注入主观因素的作用；二是将劳动抽象化，即把劳动演化为一种资本主义社会下的生产关系，并在资本主义生产关系的基础上考察社会历史的进程，逐渐将经济学从关注财富积累转变为关注资本积累。黑格尔和马克思在古典经济学的基础上将劳动视为现代社会大厦的基石。近代西方经济学家在古典政治经济学的基础上，断章取义地将劳动看作是"心或身所忍受的任何含有痛苦的努力，而以未来利益为全部目的或一部分目的者。"② 还有学者将劳动功利化，主要代表为英国经济学家马歇尔，他认为："不是为了直接从工作之中取得快乐，而完全或部分地是为了某种良

---

① 《马克思恩格斯全集》第20卷，中共中央马克思恩格斯列宁斯大林著作编译局编译，北京：人民出版社1979年版，第509页。

② 〔英〕杰文斯：《政治经济学理论》，郭大力译，北京：商务印书馆1984年版，第133页。

好的目的而进行的脑力或体力支出。"① 由此可见，近代社会主流经济学仅仅将劳动从一般的资源配置的供给等层面理解为纯粹追求利益的手段，使得劳动作为感性活动的形式没有被充分理解，忽视了人的感性存在形式。马克思继承了古典政治经济学优势的部分，将劳动价值论科学化从而拓展为具有强大理论奠基的劳动历史观，在马克思那里，劳动不仅仅体现的是简单的经济利益关系，还深刻铺展了社会生产与社会交换过程中的这种社会关系，"马克思从劳动范畴中发现了人对自然、人与人的对象化关系以及以此构建出的历史性的社会生活世界。"② 黑格尔在《法哲学原理》中仅仅将劳动的地位界定为"中介"，但马克思超越了黑格尔将劳动地位上升为理论体系的核心。马克思在《资本论》中就阐述了在以劳动为核心的基础上生产关系的演进过程，分析的重心从经济生活转向整个人类生活，并在此基础上，深刻剖析了劳动二重性，提出了科学的劳动价值论，创立了剩余价值理论，创立了完整的政治经济学体系。马克思在对劳动范畴的历史性分析的基础上，发现了推动社会进步的根本动力即生产力和生产关系之间的矛盾运动，并通过三种社会形态表现出来，正是在这种矛盾的不断产生和解决的过程中劳动的合乎价值性和合乎规律性的意义得以彰显。

众所周知，马克思的文本研究是运用唯物史观的方法进行的，但更准确地说，称之为劳动历史观更能体现马克思著作中对整个人类社会历史的分析。恩格斯将马克思的历史观概括为唯物史观他说："一切历史现象都可以用最简单的方法来说明，同样，每一历史时期的观念和思想也可以极其简单地由这一时期的经济的生活条件以及由这些条件决定的社会关系和政治关系来说明。历史破天荒第一次被置于它的真正基础上；一个很明显的而以前完全被人忽略的事实，即人们首先必须吃、喝、住、穿，就是说首先必须劳动，然后才能争取统治，从事政治、宗教和哲学等等，——这

---

① 〔英〕马歇尔：《经济学原理》上卷，朱志泰等译，北京：商务印书馆1964年版，第84页。
② 王程：《经济哲学视域下劳动观念的嬗变及现代性反思》，载《南京师范大学学报（社会科学版）》，2018年第6期，第119页。

一很明显的事实在历史上的应有之义此时终于获得了承认。"① 恩格斯认为，马克思在"劳动发展史中找到了理解全部社会史的锁钥的新派别"。不论是唯物史观还是劳动历史观都可以站在唯心史观对立面上进行批判，从这一角度来说，唯物史观也可以称为劳动史观。唯物史观强调："社会存在决定社会意识是历史唯物主义的最根本的原理，人民群众创造历史的观点是从这一原理中合乎逻辑地必然引出的结论。人们的社会存在就是他们的实际生活过程，主要是物质生活的生产过程。社会存在决定社会意识的观点，也就是物质生活的生产方式制约着整个社会生活、政治生活和精神生活的过程的观点，是物质生活的生产方式决定社会历史的观点，其核心为社会生产力是历史发展的最终决定力量的观点。人民群众是一切生产力中最重要的因素，是社会生产方式的主体，因而也就是社会历史的主体是历史的创造者。"② 这里所说的作为历史主体的人民群众指的就是从事物质资料生产的社会生产者，即体力劳动者。马克思的劳动历史观也强调人民群众创造历史，但不是从物质决定意识的观点推断来的，而是从劳动决定历史的观点推断来的，在这里人民群众指的就是广大的人民群众，但不一定是体力劳动者，还包括脑力劳动者。

### （二）关于劳动正义

"正义"一词有多种解说。有的站在权力的角度考察正义，认为正义是强力获得利益的范围，只有对彼此可以形成较量的关系之中才能形成正义。有的从契约的角度衡量正义，认为只有尊重约定内容的人和事才是符合正义的。有的就功利论正义，认为正义在于最大程度地获取利益，实现效用最大化。有的在个人利己主义层面看待正义，认为只有充分维护了自己的权利和获得自己赢得的利益，甚至个人利益和权利至上的才是正义

---

① 《马克思恩格斯文集》第3卷，中共中央马克思恩格斯列宁斯大林著作编译局编译，北京：人民出版社2009年版，第459页。

② 肖前：《马克思主义哲学原理》下册，北京：中国人民大学出版社1993年版，第433—434页。

的。由此可见，对正义的规定有其发展的历史性过程，并具有一定的相对性。阿马蒂亚·森则将正义与人的自由联系起来，认为核心问题是提升人的可行能力，这一观点是关于"正义"的权威观点。因此，在此前提下，劳动正义就是提高劳动者在劳动行为和劳动活动过程中的可行力，以此实现人的自由的最大程度上的实现。

马克思不是将正义视作一种永恒的概念来描绘社会主义社会的高级阶段，他旨在运用劳动正义批判资本主义社会雇佣劳动的本质，以此构建实现社会主义社会高级阶段的劳动的美好图景。因此，劳动正义一定具有历史性。同时，马克思在《资本论》中认为资本主义社会本身是存在劳动正义的，并在此基础上致力于构建一种更加正义的劳动行为作为社会发展目标。因此，"超验的正义"与马克思运用的历史唯物主义方法相冲突，因此很难预设一种超历史、超阶段、超现实的"超验的正义"来构建社会主义高级阶段的劳动伦理，劳动正义本身具有意识形态的性质。因此，马克思对资本主义社会劳动正义的批判是基于劳动伦理价值立场来分析资本主义社会的劳动问题的，如在资本主义社会，劳动者本应对劳动产品具有所有权，但这个时候资本家可以不费任何力气仅仅凭借资本投资获得利润。但是，社会主义高级阶段的到来和实现是一个漫长的过程。在这个过程中，仅仅凭借生产资料所有权获取利润的资本主义普遍规则被推翻，社会主义初级阶段实行按劳分配原则，这一分配方式体现了社会主义社会的劳动正义，是劳动正义在阶级社会的一大跨越。在资本主义生产方式下，资本是上帝，是整个社会运行的轴心，而除资本之外的其他生产要素则是客体，要实现劳动正义，就要将资本主义社会的主体与客体相互颠倒、转化。

劳动正义可以说是形而下层面的概念，且劳动正义是带有阶级烙印的，在马克思的著作中，尤其在《资本论》中，劳动正义应从两方面来理解，一是生产资料和劳动产品对劳动者来说是正义的，二是劳动对象必须在正义的框架下才能成为劳动对象。劳动者是生产使用价值和创造价值的主体要素，资本家无偿占有劳动产品是不正义的。因为，首先，"劳动创造新价值，也就是说，只要把创造产品使用价值的劳动特殊性抽去，各种劳动就全都化为相同的人类劳动"①。其次，劳动是新旧价值转换的唯一渠道，劳动者在生产过程中付出了生命，并在获得劳动报酬时用这些收入来维持自身的生存与发展，就此而言，劳动者应该获得劳动产品，并视劳动为衡量收入与财富正义的标准。

劳动正义主张劳动者享有劳动财富和劳动成果，但就其来源来说，劳动正义还必须有劳动前提的正义，这涉及生产资料所有制问题，即生产劳动产品的生产资料是否正义的问题，就此而言，马克思认为仍然应该从劳动的立场来说明问题，生产资料不是生来就有的，也是人类在历史长河中实践的结果，劳动工具不是大自然的馈赠，而是经过人类劳动实践而成的，劳动作用的对象正是由于人的能动性才使得其成为劳动对象的，并且这些劳动资料并不是任何人可以随意就改制而成，而是需要专业的、系统的操作才逐渐进化为现代社会生产所使用的劳动工具和劳动对象的，因此这里的劳动资料在原始物正义的基础上才能成为劳动正义的前提，劳动这一形态使得劳动工具与劳动对象不再是原始物的状态，呈现出现在劳动的形式。正如马克思谈到人的产生一样，"从自然产生的人是指以群体存在的人，是民族的人、部落的人、家庭的人，而不是以个体存在的人"②。到了资本主义社会，"个人劳动力本来就只是作为家庭共同劳动力的器官而发挥作用"③。前资本主义社会的一些部落团体或者民族等，在阶级出现以后，就逐渐出现了国家，与此同时，民族与部落所拥有的原始劳动资料自然而然成为国家的财产，但并不是说国家中的每个成员都平等和平均地占有原始劳动资料，这就引申出马克思在《资本论》中深刻揭示的资本主义社会对原始资料的强制性占有，这是劳动正义的前提性问题。在资本主义社会中，资本家对劳动原始资料甚至劳动资料的占有是一种狭隘的形式，

---

① 贺汉魂：《马克思劳动伦理思想研究》，湖南师范大学博士学位论文，2012年，第107页。

② 贺汉魂：《马克思劳动伦理思想研究》，湖南师范大学博士学位论文，2012年，第109页。

③ 《马克思恩格斯文集》第5卷，中共中央马克思恩格斯列宁斯大林著作编译局编译，北京：人民出版社2009年版，第96页。

而社会主义对生产资料的占有是在劳动人员共同占有的前提下进行的，在这一社会形态中，劳动才具有正义性。

正是劳动主客体因素的相互转化促进了劳动正义的形成，劳动正义主要表现在以下三个方面。

一是劳动合法性问题。劳动的重要目的是通过改造外在的自然界来满足人的基本生存与发展的需要，而劳动效率的高低则直接决定了改造自然的能力和满足人的需要的能力的大小。当劳动效率处于较低水平时，正常的劳动无法满足人们的基本生存和发展的需要，必然造成社会生产力水平低下，劳动群众无法获得维持自身生计的基本的生活资料，在这种情况下必然造成社会贫困的不断积累。当劳动效率处于较高的水平时，劳动人民在基本生存得到满足的情况下，还拥有更广阔的社会空间，用于拓展劳动者除生存以外的生活和发展空间与条件，这样才能有利于人类社会的发展和进步。劳动效率低必然造成社会停滞不前，因此，就历史规律而言，劳动效率低下或衰退是不合规律性的，其不能形成有效的劳动力，缺乏存在的合法性基础，因此必然会被淘汰。由此可见，劳动合法性问题至关重要，是劳动正义的价值基础和前提。

二是劳动的公平性问题。正义是一种评价事物的理性标准，而劳动公平是劳动正义的基本原则，劳动公平主要就劳动者而言，指劳动者参与劳动活动和在劳动关系中形成公平的关系。就劳动者本身而言，劳动者与劳动者之间、劳动者与管理者之间、劳动者与领导者之间的关系在人格上是平等的，不能因为职位的高低和所从事的劳动种类不同而对别的劳动者实行强力和霸权。应针对各类劳动者体力和技能的差异实施相应的政策，以保证劳动者的劳动机会。就劳动过程来讲，劳动者在劳动过程中有同等的劳动机会，不会因为外力因素如劳动资源渠道获取的差异、技术信息的滞后性差别而对同等条件的劳动者产生不同影响。劳动资源的掌握者要确保将劳动就业信息公开化，不搞特殊化，不蓄意隐瞒就业意愿相对较高的职业信息，保证劳动就业信息的公开透明，杜绝一切垄断行为。就劳动结果而言，由于劳动者自身劳动水平和劳动能力存在差异，因此要制定相应的政策保障弱势群体劳动成果的获得。实现劳动正义、劳动公平是实现社会劳动和谐的重要环节。

三是劳动和谐的问题。这是劳动正义的最终目标，是体现社会事物之间良序关系的表征，它不仅指人与自然关系的和谐，也指人与人之间的劳动关系。人与自然之间的劳动和谐指人在利用自然和改造自然的过程中要充分尊重自然规律，以保护环境为宗旨，避免生态破坏，保持其可持续发展。人与人之间的劳动和谐指的是在劳动过程中，劳动者之间要保持平等互利的劳动关系，劳动各主体之间是平等合作、互利共赢的劳动关系，将各劳动主体看作一个"命运共同体"，一荣俱荣，一损俱损。消除各主体之间相对敌对的状态，消除劳动异化，消除奴役，真正实现劳动和谐。这其中，要首先消除剥削，消除资本主义社会，合理引导资本与资本逻辑，实现资本为我所用，只有这样，才能为劳动正义的真正实现提供坚实的平台。

### （三）关于劳动的自由自觉

一个劳动正义的社会不一定是一个理想的社会，马克思早已发现了这一点，因为一个社会有可能存在劳动正义但是不富裕，例如在原始社会或者阶级社会形成之前的一些部落。由于是群居生活，不管是各个人之间，还是在劳动过程与劳动结果中，部落领导人或大族长根据每个成员的实际情况分配具体劳动事项，并在获得食物后，进行合理的分配。在这样的条件下，劳动有可能是符合马克思所强调的正义性，但是这一社会形态很有可能是不发达，不富裕的。相反，也存在经济发达但是劳动形态不正义的社会，这一情况在当今社会比比皆是，如发达资本主义国家，生产力高度发展，经济发达，但社会贫富差距大，主张个人利己主义的劳动行为，且对无劳动能力或者劳动能力相对较弱的群体没有相应的政策倾向，虽经济发达，但劳动缺乏正义。劳动正义虽然是衡量社会进步与否的标准，但其不是绝对的，仍然存在内在缺陷。

首先，对于个体劳动者而言，劳动者由于个体差异不能从事基本劳动活动的，没有任何劳动能力的，是没有获取自身生活资料的能力的，国家或者政府应该给予一定的补贴。按劳分配是相对科学的分配方式，即多劳者多得，不劳者不得，这就使得无劳动能力者无法获得维持自己生存的劳动资料，从这一层面来讲，劳动具有不正义性。

其次，劳动的不正义性从社会层面来说，科技发展对劳动者带来的不利影响表现在，随着科学技术和社会生产力的快速发展，进入虚拟经济时代，一方面，给社会创造出更多的岗位和工作机会，例如在当今社会，数字经济的发展，工业4.0时代的到来，为待业者提供了众多的工作平台。但另一方面由于相关政策和各方面的规定不成熟，导致对实体经济造成重大冲击，扩展了虚拟经济领域的就业机会，但同时挤压了实体经济领域的劳动者的就业机会。当劳动形势处于一定的阶段时，工作岗位的供应是有限的，在这一条件下，无劳动能力者或者弱劳动能力者无形中为具有完全劳动能力的人让渡了劳动机会，虽然就局部而言，这是一种劳动正义的表现，但对整个社会和国家的发展而言，体现了一种深刻的劳动非正义性。在新时代，提升劳动者的职业技能，培养新时代的新型工人，使得劳动正义在新时代达到了完满的状态。马克思在《哥达纲领批判》中已经提出了一种超越劳动正义的劳动成果分配方式，且这种分配方式在社会主义高级阶段才能完全实现。"在共产主义社会的高级阶段上，在迫使人们奴隶般地服从分工的情形已经消失，从而脑力劳动和体力劳动额对立也随之消失之后；在劳动已经不仅仅是谋生的手段，而且本身成了生活的第一需要之后，——只有在那个时候，才能完全超出资产阶级法权的狭隘眼界，社会才能在自己的旗帜上写上：各尽所能，按需分配！"[①] 这是实现劳动自觉的重要前提。分配方式是体现一个社会是否公平公正的重要标尺，一个社会的分配方式是否合理，是否真正坚持以人民为中心，关系到这个社会是否和谐稳定，是否有发展的良好环境。就中国特色社会主义而言，我国基本的分配制度是目前最符合我国国情，最能体现出以人民为中心的发展要求的分配方式，既有利于发展我国的市场经济，为提高劳动者分配比额做准备，又充分调动了劳动者的积极性，保障了劳动者的基本权利，为实现劳

---

① 《马克思恩格斯全集》第25卷，中共中央马克思恩格斯列宁斯大林著作编译局编译，北京：人民出版社2001年版，第20页。

动的自由自觉奠基基础。

劳动自由是人类自由的必要阶段，其表明在人与自然的关系中，人类不再是大自然的奴隶，人类可以合理地改造和利用大自然，合理的改造和利用不仅不会对大自然形成威胁，更不会威胁到大自然的生态，同时还有利于为大自然快速造血，更有利于生态安全。在人与人的关系中，不再是劳动者受奴役、受剥削的状态，人与人之间的劳动关系是平等的、和谐的、正义的。劳动自由还建立在劳动效率充分提高，劳动制度的完善和劳动关系和谐的基础上，这也是劳动伦理思想的内在价值诉求。为了实现劳动自由，就必须消除劳动异化，也就是要解除压抑人性的枷锁，这时人才是真正自由的，劳动者可以自由选择自己的职业，之前的劳动分工带来的弊端——劳动者劳动能力的片面性导致的人的不完满性，也能被消除。劳动生产力的提升使得劳动者花在创造必要生活资料上的时间越来越少，因此，"由于给所有的人腾出了时间和创造了手段，个人会在艺术、科学等等方面得到发展。"① 劳动自由也是在资本逻辑的不断发展与不断裂变的情况下澄明其存在的必要性的，资本逻辑的发展过程也是不断分离的过程，"即对象化劳动与活劳动的分离、劳动者与劳动对象的分离，剩余劳动与必要劳动的分离等。"② 资本主义经济学家认为资本主义社会是一个永恒存在的阶级社会，认为资本家进行资本增殖所使用的原始积累是自然界的馈赠，与劳动者没有任何关系，但马克思在《资本论》第一卷的"原始积累"和"现代殖民理论"中揭露了这一论断的伪科学性，指出了资本逻辑来到人世间，就充分暴露了其本性，商品和货币还并没有显示出剥削本质，但当两者都转化为资本时，资本积累就完全显示出其魔力。劳动力是资本增殖的唯一源泉，要实现资本逻辑的非"资本主义应用"，就要加强对象化劳动与活劳动的融合、劳动者与劳动对象的同一性、剩余劳动与必

---

① 《马克思恩格斯全集》第31卷，中共中央马克思恩格斯列宁斯大林著作编译局编译，北京：人民出版社1998年版，第101页。

② 周露平：《〈资本论〉与唯物史观的协同演进》，上海：上海人民出版社2017年版，第189页。

要劳动的协同性等,只有这样,才能为自由自觉的劳动提供必要的前提,才能实现从必然王国向自由王国的过渡。到了自由王国,劳动真正实现自由、自觉,才能真正实现人的类本质,人的本质并不仅仅是外在的抽象的物质劳动,它也是一种实实在在的体现人的生命本身的感性的活动,在这一类本质的实现过程中,需要构建一个人的类本质可以得到充分发展的劳动空间和劳动环境。

劳动的自由自觉是劳动发展到一定程度的理想状态,也是劳动者理性自主选择的结果,是共产主义社会的基本特征,但并不意味着劳动的行为状态到此已经终结,正如并不是到了共产主义社会人类就终结一样。在马克思的语境中,共产主义社会的人的发展与劳动的自由自觉并不是人类社会发展的最终状态,"而是人的社会和社会的人发展的一个空前的新高度和新阶段"①。

## 三、劳动的伦理旨趣与现实问题反思

马克思的著作中所蕴含的劳动伦理思想,就马克思的理论体系来讲是一个理论性的问题,就社会现实来讲是一个实践问题。劳动伦理思想中一个重要的因素即资本,因此劳动与资本的关系无疑成为贯穿整个理论体系的重要范畴,两者在相互碰撞与融合中逐渐勾画出了现代社会发展的轮廓,资本逻辑的双刃剑作用更是需要政府调控和劳动者反馈,只有这样才能在唯物主义历史观的方法下构建合乎伦理和道德性的劳动关系或劳资关系。

### (一) 劳动伦理的经济指向:劳动资本化与资本劳动化

资本与劳动的相互依存构成劳动伦理生存的土壤。只有资本,没有劳动,就无法形成价值增殖;只有劳动,没有资本,劳动无法实现对象化。

---

① 孙舒景、王峰明:《从人的发展悖论到自由个性〈资本论〉及其手稿中马克思的自由观辨析》,载《天津社会科学》,2018年第2期,第35页。

"资本与劳动，是社会生产中最重要、最基本的资源配置"①。资本作为生产要素，是经济活动中生产、消费、交换、分配的基本前提，没有资本就无法进行任何经济活动，没有作为经济基础的经济活动，整个社会的上层必然会轰然倒塌。劳动作为获得资本价值增殖的唯一源泉，必须作用于资本，才能将资本对象化，转化为社会和劳动者需要的各种产品和商品，因此，这两者是最基本的资源配置。马克思在《资本论》第二卷中谈道："不论生产的社会形式如何，劳动者和生产资料始终是生产的因素。但是，二者在彼此分离的情况下只在可能性上是生产因素。凡要进行生产，它们就必须结合起来"②。劳动和资本在理性的空间内应该各自履行各自的职责，只有将两者的作用发挥得恰到好处才能促进社会进步。因此，在市场经济建设过程中，要正确合理地运用资本，将资本引导到为社会主义社会建设服务的立场上来。在资本主义社会，但凡是资本可以自行增殖的经济行为，资本家必然会将劳动者剔除在社会生产之外（在资本主义社会，劳动者主要的作用在社会生产环节），当然，不是完全的剔除，资本进行自行增殖的前提和过程中必不可少地含有劳动者的劳动力价值，但是到最后的生产环节，随着机器的"资本主义应用"，资本可以通过机器"自行"生产商品，在这样的情况下就减少了对雇佣劳动者的劳动报酬的支付。在资本主义社会，由于生产资料都归资本家所有，劳动者如果不被雇佣，就无法维持正常的生活，因此，为了自身生存和发展的需要，劳动者不得不再次走进资本家的工厂中，接受更加不公平的劳动机会，因此劳动者生产得越多，越贫穷。而社会主义社会的劳动与资本的博弈与资本主义社会完全不同，从性质上就是完全相反，主要表现在资本主义社会劳动与资本的博弈是资本家与劳动者之间利益均衡的一种行为，两者的矛盾是不可调和的；而在社会主义社会，资本则仅仅作为一种生产要素与社会主义制度之间存在矛盾，是可以调节的。

---

① 马唯杰：《劳动伦理研究》，苏州：苏州大学出版社2017年版，第71页。
② 《马克思恩格斯文集》第6卷，中共中央马克思恩格斯列宁斯大林著作编译局编译，北京：人民出版社2009年版，第44页。

鉴于社会主义初级阶段我国生产力发展落后的社会现实，毛泽东同志为了快速提升我国的国家实力与国际竞争力，提出了"劳资两利"思想，旨在发展工业，加快改变我国积贫积弱的工业经济，为新中国积累一定的财富，奠定一定的经济基础。这种思路既能应对建国初期的内外忧患的局面，又能保障劳动者的劳动权利和义务，使得劳动人民在全民齐心协力进行大发展的同时，还能提高自身的生活水平与自身的生存能力；既能使资本获得价值增殖，也能使劳动者获得相应的劳动报酬。社会主义社会条件下的劳动与资本不是对立的，而是可以和谐共生的，资本为劳动服务，劳动为资本开辟道路。因此，既要善待劳动，也要善待资本，善待劳动是我国以人民为中心的劳动观的要求，善待资本是实现自由自觉的劳动与人的自由全面发展的重要前提。在处理社会主义劳动与资本的关系时，应明确资本的最终目标是为了人。习近平总书记多次强调劳动的重要性，强调新的时期将劳动教育纳入教育系统，加强对新时期的劳动者进行劳动教育，为构建新型的劳动大军做准备，劳动大军是社会主义的建设者，也是未来的开拓者，因此要重视劳动者的个人素养和个人能力的培养，这是劳动伦理在我国新时期的主要任务之一。资本在社会主义社会也是必不可少的生产要素，只有正确引导资本为社会主义发展服务，才能真正实现社会主义发展的和谐、稳定。因此，处理好劳动与资本的关系是马克思劳动伦理思想在新时代的内在要求。

劳动与资本的关系在新时期有新的形式，最理想化的形式是将劳动资本化和将资本劳动化。在市场经济快速发展的社会条件下，将劳动生产要素，如管理劳动、知识劳动等作为一种隐性的资本作用于劳动对象中，以此生成新的价值，作为一种新型生产力发挥作用。知识以软生产力的形式滞后性地表现在人力资本的发展上，人力资本将这种知识生产力转化为社会的现实生产力，从知识中获取能力的劳动者再将这种知识生产力传承给后继者，形成一种新型的资本积累。技术生产力是以显性的方式作用于劳动对象的，将劳动对象现代化为劳动者和社会需要的物质产品和商品，这些商品作为进一步发展的生产资料被投入到新一轮的生产循环中，因此，技术不仅可以通过劳动直接转化为资本，还可以通过再生产实现资本的再循环与再利用。管理是在劳动过程中为了获取更多价值的资源优化方式，有效节省资本投入，使得管理这一劳动形式隐性地转化为资本。这些新型的劳动方式不仅能直接转化为资本，也能为资本带来利润、带来剩余价值，这些以资本形式存在的劳动要素是市场经济快速发展的主要推动力，也是民族发展和进步的助推器。资本劳动化是进入数字时代以后的一种新型的使剩余价值得到质的提升的劳动方式，即在利益驱使下和科学技术的推动下，使管理、知识等成为新型资本。因此，对劳动者自身管理能力、知识水平的提升成为大力发展人力资本的途径。资本劳动化是时代发展的必然选择，和资本主义社会初期不同的是，资本主义社会发展初期，为了实现快速的资本积累，尽可能地减少成本，机器代替了劳动者，先进的科学技术挤压了雇佣劳动者的生存空间；但时代在进步，如今的市场经济中，资本家不能从科技发展中寻求到更多的剩余价值，开始转移目标，将还有更多提升的空间的劳动者重新搬上资本增殖的舞台。归根到底，科技的发展在于人，人的潜能才会真正提高人类社会快速发展与进步的可能性，因为人的知识、技能和管理能力不断被发掘，不断拓展，这些劳动力作为一种资本形态劳动化的过程也是实现资本增殖的最可能的新途径，但必须指出，无论资本主义生产方式怎样发展变化，其资本主义私有制的本质不会变，资本主义社会的基本矛盾也不会消失，马克思劳动价值论的科学性也不会消退。

在历史发展的演进中，劳动与资本呈现出一种相互交融的形式，两者的作用也越发明显，尤其在现代市场经济社会中，劳动资本化和资本劳动化创造的社会价值直接影响着社会发展的程度和速度。到了共产主义社会，劳动与资本会呈现一种完全相容的趋势，在这里，资本的存在只是为了社会整体的发展和利润的获取，劳动变成自由自觉的、完全以人的发展为根本目的的行为。劳动资本化在共产主义社会是"对信息、知识、技术进行创造、加工、经营、管理并转化为物质生产的过程"[①]。

---

[①] 王江松：《劳动资本化和资本劳动化》，载《中国工人》，2012 年第 6 期，第 21 页。

物质资本、人力资本、管理资本、知识资本等资本形态在资本主义社会后期已经开始运用，但和社会主义社会不同的是，资本家使用各种资本是为了获取更大的剩余价值和为了自身利益的增加。而社会主义社会将这些资本形态当作社会发展的"原料"，当作提升人民生活水平、国家经济实力、国际竞争力的手段，也是为了实现人对自身类本质的探寻。正是由于人力资本的出现，劳动和资本才由对立状态走向统一，因而在社会形态的不断演进过程中，资本的逐利性将趋于消失，人成为劳动伦理的核心，人力资本为彰显劳动伦理价值提供重要的现实意义。

## （二）劳动伦理的文化指引：正义的制度伦理

劳动伦理作为一种意识形式的规约劳动的理论，需要在文化层面的指引。以正义制度伦理为核心，劳动正义制度伦理主要体现为劳动制度规范和劳动道德规约。劳动伦理在缓解资本逻辑及其附属问题时的正面效用与负面效用的对抗中，发挥着伦理规范的作用。资本主义社会的劳动制度伦理相对于社会主义社会而言具有滞后性，前者多为资本家阶级服务，在资本主义社会，谁拥有资本，谁就是权力的掌控者，资本与权力是一对无法割裂的双生胎。也就是说，资本主义社会的劳动制度伦理对缓解资本与劳动的冲突、解决资本家与雇佣劳动者的矛盾没有很明显的作用。而市场经济作为社会主义社会资本生存的经济空间，如果没有劳动制度伦理的规范与约束，它在中国的运行将面临前所未有的阻力。资本在社会主义社会是有前提和限制的，即社会主义条件下的资本，不再是赤裸裸地为资本家谋取利益的，而是为我国社会主义市场经济和国家经济发展服务的资本，正因为劳动伦理是资本逻辑产生的结果这一事实判断，马克思才主张用一种制度性劳动伦理规范劳动者、劳动过程与劳动结果，用制度性伦理规范劳动活动中的一切活动，不仅用制度强制性地对劳动活动和劳动权益的界限进行设定，也要用道德对劳动活动和劳动关系进行规范和引导，而劳动制度伦理和劳动道德性是实现劳动正义与劳动自觉的实践途径。以下主要就社会主义社会和共产主义社会中的劳动伦理的实现路径提出几点意见。

就劳动制度规范而言，在社会主义市场经济中，一是要以中国特色社会主义制度为指南。劳动者的劳动行为、劳动过程与劳动结果必须符合中国特色社会主义制度才是合理的，遵循中国特色社会主义法律体系，坚持劳动活动的社会性前提，才能够实现劳动产品、劳动财富的正义性，使得社会主义社会的劳动产品及通过劳动生产的社会财富在公平公正的劳动环境下生产。且财富应是符合社会主义制度与法律的劳动成果，这使得生产资料和生产工具具有合理合法性，以确保生产行为的正常运行。在市场经济中，我国实行的是以公有制为主体、多种所有制共同发展的经济制度，这很大程度上彰显了劳动者的主体地位，在这一制度下，劳动者可以根据自身的实际情况选择从事的职业，从事个体职业时，可以自由选择劳动时间。我国是一个人口大国，生产力虽然得到极大发展，但其创造力还不能容纳全部的劳动力。而且，劳动者的就业空间和范围大大扩展。但也同时带来了劳动领域的诸多缺陷，主要表现为一部分劳动者的合法权益无法得到充分保障，这一现象主要表现在大量的私营企业中，由于我国是社会主义初级阶段，且没有既定的社会主义性质的国家政策供参考，因此也需要不断摸索，私营企业没有成熟的劳动合同形式，导致劳动者和企业之间的矛盾频出，这是中国特色社会主义制度当前需不断完善的任务和解决的问题。

二是劳动主体、劳动客体、劳动对象等，凡是处在劳动过程中的一切要素都必须遵守宪法和法律。劳动者遵守宪法和法律，不仅使得其劳动权利得到充分保障，还能间接地督促企业完善劳动合同。就企业等劳动主体而言，遵守宪法和法律有利于其维护市场经济规则，确保企业自身的正常运行，保障劳动者利益的获得。《中共中央关于全面推进依法治国若干重大问题的决定》中指出，要实现国家治理体系和治理能力的现代化，同样也要实现劳动能力现代化，将现代性的因素纳入劳动培养体系中，建立专门的职业学校，培养劳动者的专门技能，将高科技引入劳动教育实践基地，实现劳动能力现代化的普遍化，在现代化过程中，依法治国是关键。因此，要依法管制劳动，杜绝一切违法的劳动行为（如国外不法分子以利益诱惑的形式窃取我国信息数据），要培养我国青少年树立正确的劳动观念，劳动只有放置于法律体系中，才是有效的，合规范的。到了共产主义社会，马克思主张重建个人所有制，这一制度保障是实现劳动自由自觉和个人解放的重要基础。

对于劳动道德制约来说，其本身仅仅是一种道德约束，不具有强制性，因此，它的实现需要高度的劳动自觉性。仅仅靠劳动制度进行强制作用，只能将劳动活动和劳动行为限定在相对正义的框架下，对于一些比较微小的或者无法明确规定的劳动伦理问题，劳动道德制约是最合理的方式。劳动制度是劳动活动和行为中产生的矛盾和冲突的底线，劳动道德制约则适用范围更广，它不仅可以作用于违反国家宪法和法律的劳动行为中，更可以约束这一范围之外的所有劳动活动和劳动行为，以及劳动对象，但并不形成实际的作用力。因此，劳动道德制约是建立在国家几千年的礼仪文化的前提下的，是建立在社会主义核心价值观的前提下的。劳动道德制约主要表现在以下三个方面。

一是社会主义市场经济的趋利性使得劳动道德逐渐丧失，劳动行为变得不道德起来，要使市场经济有序、合理进行，就要重视劳动道德的规范作用，将劳动道德制度化，克服劳动道德无界限的缺陷。在市场经济初次发展起来的社会中，很多的劳动活动没有界限，因此，企业主利用这一空隙，快速发展起来，并且是以损害国家和劳动者个人的利益为代价的。随着我国社会主义市场经济体制的完善，对劳动主体的劳动行为与劳动活动进行有效的限制与引导，已初见成效，也逐渐形成了比较规范的劳动道德规则，使得中国特色社会主义劳动伦理的作用范围日益广阔。

二是将中国优秀传统文化重新活跃起来，继续宣扬"劳动最光荣"的美好劳动道德。我国的劳动文化博大精深，包容性极强，各种形式的劳动、各个阶层的劳动者包罗万象地被容纳在一个劳动体系中，由于劳动的道德规则与原则分散存在，因而并不能对劳动主体、劳动对象在劳动活动中的劳动行为形成系统地规范与引导。因此，我国也要构建一定的劳动道德体系，只有这样才能为我国和谐社会和共同富裕的目标奠定软基础。

三是在目前的社会主义建设中，要践行社会主义核心价值观。注重调节劳动行为中个人利益和国家利益的关系，并处理好个人劳动和国家劳动之间的关系，使得两者互为前提，确保个人劳动的合法性，在此基础上，集体劳动才能正常运行。将两种利益有效结合，劳动成效会以数倍的价值显现出来。在社会主义社会的第二阶段，劳动只是人类存在与发展的一种确证方式，而不再是必要的生存方式。因此，在这一过程中，劳动制度规范劳动行为的合理合法性，是劳动伦理在一定社会形态中的必要途径，也是实现共产主义社会劳动伦理退场的必然阶段。

就劳动的前提性正义而言，只有国家所拥有的劳动资料本身才是合理合法的，为劳动者提供的劳动资料才是正义的，只有协调为劳动者提供符合劳动者自身发展特质的生产资料，才能构成劳动自觉的先在条件。劳动者虽然是获得资本价值增殖的唯一源泉，但并不是获得劳动价值的唯一源泉，在劳动价值的形成过程中，劳动资料和劳动对象同样是其要素，是必不可少的。和资本主义社会不同，社会主义社会劳动资料虽然是公有制和集体所有制，但使用权在劳动者自身，劳动者可以自由地使用大自然馈赠的生产资料。如在中华人民共和国成立初期，由于我国面临积贫积弱的局面，农民在我国占有绝大部分比例，在这样的情况下，土地是唯一珍贵的生产资料，农民有权使用土地增加粮食收入，以保证生存问题，劳动者为了获得生存机会，必然会充分利用土地资源，由此可见，国家为劳动者提供的土地等资源是实现劳动自觉的基本前提。"在《资本论》中，马克思说未来理想社会所有制的目标是重新建立劳动者的个人所有制。"[①] "不是重新建立私有制，而是在资本主义时代的成就的基础上，在协作和对土地及靠劳动本身生产的生产资料的共同占有的基础上，重新建立个人所有制"[②]。

---

① 黄云明：《马克思劳动伦理思想研究的哲学基础》，北京：人民出版社2015年版，第196页。

② 《马克思恩格斯文集》第5卷，中共中央马克思恩格斯列宁斯大林著作编译局编译，北京：人民出版社2009年版，第874页。

### (三) 劳动伦理的现实指向——人的彻底解放

在《资本论》中，马克思强调的劳动伦理思想实质上是以劳动制度伦理作为基本制度保障的，且马克思将人的个性发展和人的彻底解放当作劳动制度实现路径的基本价值遵循。人的解放是马克思理论的最终目的，劳动是人的本质的通达方式，因此，马克思在其著作中所论述的劳动伦理思想建基于对资本主义社会生产方式和劳动方式批判的基础之上的，从中挖掘实现资本转向的方式，探寻实现人的解放的具体途径，以求构建劳动伦理对社会主义中劳动活动的机制引领。劳动的为人性是劳动自为性的前奏，只有在生产力高度发达的条件下，只有在人具有全面发展条件的情况下，劳动的自为性才会实现完满性，整个社会的劳动伦理才会趋于退场并失去存在的根基。劳动的为人性是劳动自为性的前奏，劳动自为性是劳动为人性发展到一定阶段的必然结果，两者是相辅相成，协同推进的关系。

首先要说明的是劳动为人性和自为性在每个阶段的表现方式不一样，两者不是对立关系，且都是具有伦理性的，两者仅仅在不同的社会阶段倾向度不同，且在不同的社会阶段都同时存在。在社会主义初级阶段，劳动更倾向于为人性，当社会的物质发展不再是直观目的，人的发展成为唯一的最核心的目的的时候，劳动的自为性才真正成为社会主题。为人性更多地倾向于人的相对被动性，由于这一阶段一切社会制度和劳动者的各种权利等仍在不断完善中，劳动者由于自身限制，无法能动地为自己的生存与发展的利益发声。在这样的情况下就需要充分体现社会主义社会制度的优越性，需要国家充分发挥其主观能动性，彰显其为人民的基本属性，使得劳动者有效提升自身的劳动素养和职业技能，为劳动者提供广阔的就业平台，并在社会分配中充分体现以人民为中心。在社会主义高级阶段更倾向于自为性，劳动的为人性通过使用价值实现自为性，劳动自为性并不是劳动在人类历史社会中的终结，而只是人类社会发展在更高阶段的表现和基本特征。反过来，劳动自为性也促进为人性的发展，任何劳动，都是两者的统一。社会主义社会初级阶段应实现公平、责任、权力为主的为人性，其中以人民为中心的为人性是劳动伦理在当代中国的具体表现，以国家、政府和企业为主体的劳动主体是劳动为人性的主要载体。要实现这一目标，就要在大环境下建立公平的劳动环境，培养每个劳动主体的责任意识，督促和引导他们为实现劳动为人性贡献自己的力量，在权力意识范围内自主地为劳动人民的劳动价值获取建言献策，以此构建正确的劳动伦理观念。在共产主义社会，应实现自由、自觉、身体健康、幸福等的自为性。在共产主义社会，劳动自为性已经不仅仅是为了人的生存的单一的目的了，而是要实现从物质到精神再到社会环境等的劳动的完全解放和人的解放。每个人的发展不仅是物质的极大丰富，更使每个个体身体健康、精神愉悦，感到幸福、精神极大满足。但由于社会仍在不断向前发展，特定的社会关系决定了特定的人和社会的形成。因此，在共产主义社会，人和社会的发展仍具有开放性和超越性，人永远处于未完成状态，人的本质到那个时候也会随着社会不断被开发、不断被完善和发展而更加完满，正是在这一前提下，马克思强调："人不是在某一种规定性上再生产自己，而是生产出他的全面性；不是力求停留在某种已经变成的东西上，而是处在变易的绝对运动之中。"①

中华人民共和国成立后，人民主体地位得以确立，劳动人民当家作主有了制度保障。劳动伦理在中华人民共和国成立以来经历了三个重要的阶段，第一阶段是从中华人民共和国成立到改革开放之初，这个时候我国社会主要以国家发展为中心，劳动者的集体意识大于一切，劳动者的一切劳动都为了国家和集体的利益，这一时期的劳动为人性以集体形式为特征。劳动者齐心协力发展我国经济，经济发展反过来也提高了国民的整体生活水平，但劳动"自为"倾向性在这一时期微乎其微。从1949年到1978年，由于各种原因，特别是随着计划经济体制和大锅饭的弊端导致后期劳动者失去劳动积极性，生产力整体提升空间有降低的趋势。第二阶段强调劳动发展为个人的劳动"自为性"。在这个时期，1993年市场经济体制的确立是分水岭，在1993年以后我国市场经济在中国大地蓬勃发展起来，生

---

① 《马克思恩格斯全集》第30卷，中共中央马克思恩格斯列宁斯大林著作编译局编译，北京：人民出版社1995年版，第480页。

产力迅速发展，劳动者的积极性得到极大提升。但与此同时，劳动者对国家和集体利益的维护受到一定影响，对于刚刚进入市场经济中的劳动主体而言，拜金主义开始出现，有对个人利益过度追求的现象。劳动者"自为"倾向一旦超过了正常的标准范围，必然会带来一系列社会弊端，最主要的是社会的贫富差距。第三阶段是新时代劳动伦理，核心特征是以人民为中心，既显示了为人性，又突出了自为性，尤其从十八大以来，党在十八届五中全会和《中华人民共和国国民经济和社会发展第十三个五年规划纲要》突出以人民为中心，并强调"注重劳动人民创造性、积极性、主动性，坚持一切为了人民，让人民在共建共享发展中有更多获得感。"① 劳动的为人性与为集体和国家服务是相辅相成的，在劳动人民获得自身的满足时，也为国家集体财富贡献了力量。由此可见，劳动者个人利益和国家利益的系统综合是劳动为人性和自为性在新时代的表现。劳动自为性是一个逐渐实现的过程，只有到了社会主义高级阶段才能完全实现劳动自为性，在那时，才能实现劳动自由自觉和人的解放。目前，我国要加快实现劳动为人性向劳动自为性的转变，最关键是要大力发展生产力，实现劳动者在生产力发展方面的合力，就像马克思在谈到生产力的时候所强调的，生产力保证的仅仅是基数，一旦其不发展，一切都会沉渣泛起。因此，生产力是劳动伦理的基础，当前中国生产力发展面临的问题是结构不够完善，出现了不充分不平衡的发展局面，主要体现在人群、城乡和区域等方面的不平衡不充分，资源约束、历史原因和政策因素造成了城乡资源分布不均衡、区域间的条件不对等的情况，这些问题是解决劳动伦理当前困境的拦路虎。因此，要大力发展生产力，以共建实现共享，真正做到马克思在《德意志意识形态》中讲到的合规律性和合价值性的劳动，也就是劳动者的劳动领域、劳动具体部门不受限，劳动者可以自由安排时间，进行狩猎、打鱼、牧畜、批判等。这并不是说他就是一个猎人、一个渔夫、一个牧人、一个批判者，他是一个自由劳动者。

---

① 《中共中央关于制定国民经济和社会发展第十三个五年规划的建议》，载《人民日报》，2015年11月4日，第1版。

因此，要实现劳动伦理在我国的实际操作性，最关键要发展生产力，实现共享，彰显劳动主体地位，完善劳动保障制度等。社会主要矛盾的变化是打造共建共治共享社会治理格局的现实依据，是劳动伦理走向完善化的指示器，将劳动伦理深入到具体的社会生活中，有助于更有效地指导中国特色社会主义社会的劳动实践。

劳动伦理思想在当代社会主义社会中需要在共治和共享中充分展现，共治即共同参与社会治理，共享即共同享有治理成果。资本主义制度下生产力的发展促进了商品拜物教、货币拜物教、资本拜物教的盛行，资本主义社会以资本对劳动的宰制为本，以获取剩余价值为最高宗旨，而社会主义社会以人民为中心，以全心全意为人民服务为宗旨。事实上，资本主义生产看似主要有机器等生产工具和现代化技术，劳动者看似轻松，实际上，资本主义生产是最消耗劳动者的肉体的，甚至消耗着劳动者的智慧和神经，相反，社会主义社会的生产是以人民的利益为中心的。人的主体性的发挥和创造精神的发展，是合理运用和发展资本及市场经济的前提和目标，也是伦理指向，以此为人的自由全面发展创造条件。

## 第二节　解释学视角的《资本论》分配伦理思想

今天我们要重新厘清马克思在《资本论》及其手稿中揭示的资本主义分配关系的本质，就必须采取视域融合的方法，让马克思揭示的规律和科学内涵的现实解释力得以开显出鲜活的生命力，呈现出19世纪中叶资本主义分配关系的图景，再现马克思所描绘的资本主义生产方式运行的规律，揭示出资本家剥削工人的秘密，揭示资本主义生产方式下资产阶级和无产阶级的关系，无情批判资本主义分配方式的虚假性、剥削性、异化性、抽象、非公平性的本质特征。

## 一、《资本论》分配伦理思想的"此在"解释学解读

《资本论》蕴含的分配伦理思想是马克思众多文本留存下来的重要思想资源,作为历史流传物之表达事件,固定的话语内蕴的意义在时间间距的条件下产生着深刻的意义。但是,《资本论》出版150多年以来,国内外对马克思《资本论》分配伦理思想的研究仅仅停留在经济哲学和政治哲学两个领域。其一是学者们更多的是进行文本思想资源的探寻,从马克思的《哥达纲领批判》等文本中去探讨分配的思想;其二是学者们把不同的分配伦理思想与马克思的分配伦理思想做比较研究,主要侧重与罗尔斯的《正义论》进行比较。然而,人们却往往忽略了马克思在《资本论》中丰富的分配伦理思想,使得这一历史文本中潜在的意义未能得以开显,因而造成无法科学理解它的重大学术意义和时代价值。

以海德格尔为代表的"此在"解释学为我们分析《资本论》的分配伦理思想提供了研究范式,我们可以以可能性为分析出发点,以"前见解"为指引、以"前拥有"为关联,实现"前把握",在解剖"前拥有"中实现"前结构",以解释学的循环克服"前结构"的"流俗之见",这种前结构的分析,用历史关联的方式在《资本论》分配伦理思想的历史性存在意义和在时间性中筹划出可能存在的意义,以实现自我理解。伽达默尔的语言解释学为理解《资本论》分配伦理思想也提供了一种分析范式,在语言、间距、对话的辩证法、效果历史与视域融合中实现对《资本论》分配伦理思想的意义理解,开启新的解释。贝蒂、利科、赫施等人的方法论解释学为避免解释学出现的相对主义提供了有力尝试,这对于我们理解分配伦理思想提供了方法论层面上的启示。这三种解释学的视角是我们分析马克思《资本论》分配伦理思想的宝贵资源,运用这一研究范式为我们开启《资本论》分配伦理思想的内在复杂思想世界具有很强的理论启迪作用,也有助于挖掘其中蕴涵的历史意义、时代价值。

### (一) 解释学解释的可能性

在海德格尔看来，传统哲学没有对存在即此在存在作为本体论进行批判和反思，导致了"存在者的存在——被遗忘了，纯粹的外部世界的实在性没有根据和意义"①。因而，海德格尔认为现象学所言说的现象是能够产生意义和根据的此在存在者，是历史的、具体的，我们对现象的理解的过程正是此在现象意义开显的过程。他把世界划分为三个世界，即"周围世界、共同世界和自我世界"②，这三个世界共同构成现象学的此在之基本现象。在他看来，此在存在者是世界一切意义和结构的存在场域，而这一结构和意义在"此在的意义和结构的理解中得以展示出来"③，这一概念的界定就突破了胡塞尔的现象学，这种生存论式本体论的解释学是海德格尔哲学走向解释的此在解释学，他弥合了自古希腊以来主客体二元对立的模式，使得在对此在现象的理解过程中此在逐渐转向主体和本体，由此，存在者的意义在理解上才是可能的。由此，海德格尔将此在的概念植入现象学，引发了解释范式的革新，为理解历史流传物提供了一种新思路。此在存在包含着一切现象和本质，其可能性远远高于现实性。因而，它蕴含着丰富的意蕴。此在存在的"可能性表征了此在存在的筹划本质"④，可能性筹划的本质实际上是现象学本质还原和现象直观得以实现。海德格尔对可能性给定了三种不同的类型："一是空洞的（leeren）逻辑上的可能性，二是某种现成东西的可能性，三是作为生存论环节的可能性"⑤，前两者的可能性低于现实性，不能有超越现实性的作用，而第三种是超越于现实性的，它是作为一种自由存在的可能性⑥，因而具有必然现实性，这种可能

---

① 潘德荣：《西方诠释学史》，北京：北京大学出版社2016年版，第300—301页。
② 潘德荣：《西方诠释学史》，北京：北京大学出版社2016年版，第302页。
③ 潘德荣：《西方诠释学史》，北京：北京大学出版社2016年版，第302页。
④ 潘德荣：《西方诠释学史》，北京：北京大学出版社2016年版，第303页。
⑤ 潘德荣：《西方诠释学史》，北京：北京大学出版社2016年版，第304页。
⑥ 潘德荣：《西方诠释学史》，北京：北京大学出版社2016年版，第304页。

性的展开就是理解意义的展开的过程,如此我们才能将其中未凸显的可能性筹划的意义开显出来,为文本的理解和自我理解注入新动力。

《资本论》作为分配伦理思想的有效载体——文本,是由马克思本人撰写的一部著作,他生前完成了第一卷,第二、三卷是恩格斯及其后继者不断修订的,经过150多年的历史流传,其中内蕴的伟大价值并不是接触者就能够直接解释清楚的,作为理解者既要立足不同文本之间的既有思想资源,又要关联马克思的时代语境,由此阐发出文本语境与时代语境的"遭遇""纠缠"碰撞出来的新的、可能性的意义。这一过程的意义展开过程就是理解者与文本对话的过程,《资本论》作为固定下来的文本,其中内蕴着非常丰富的分配伦理思想,如马克思对资本主义分配关系本质的批判、对资本主义分配关系的揭示、对收入分配两极分化的反伦理性的分析,以及马克思在批判资本主义分配关系本质基础上提出的未来社会的分配伦理构想,这些都是立足于利用资本主义生产方式的积极成果。在《1857—1858年经济学手稿》中马克思对造成分配两极分化这一历史结果进行了历时性考察,他分析了资本主义社会以前的人类社会所有制演进方式,指出资本主义社会以前的各种所有制形式有"亚细亚的所有制形式、古代的所有制形式、日耳曼的所有制形式"①,由此认为资本主义所有制是历史的产物,而不是永恒的制度,当资本主义生产关系内部发生不可克服的矛盾的时候,革命的时代就会到来。在资本主义关系的原始形成这一片段中,马克思分析了劳动作为生产要素是一个历史的过程。"第一,劳动者把土地当做生产的自然条件的解体那种关系的解体;第二,劳动者是工具所有者的各种关系的解体;第三,劳动者在所必须的消费品;第四,劳动者本身作、活的劳动能力本身……被人占有。"② 这表明劳动作为生产要素,劳动力作为商品同资本相交换是一个逐步被资本家排除、剥削的过

---

① 《马克思恩格斯文集》第8卷,中共中央马克思恩格斯列宁斯大林著作编译局编译,北京:人民出版社2009年版,第123、126、129页。

② 《马克思恩格斯文集》第8卷,中共中央马克思恩格斯列宁斯大林著作编译局编译,北京:人民出版社2009年版,第149—150页。

程，也反映了劳动者只有依靠出卖自身的劳动力才能活下去的现实境况。在《资本论》第一卷序言中马克思指出了本书研究的目的，即"我要在本书研究的，是资本主义生产方式以及和它相适应的生产关系和交换关系"①，这就表明马克思在《资本论》中所要研究的目的是要揭示资本社会生产方式及其生产关系和交换关系运行的规律，主要考察的典型代表地是英国，这一点马克思交代得也是非常清楚的。那么，生产关系主要包含三个层面的内容：其一，生产资料所有制；其二，产品如何分配；其三，人与人在生产中的关系。这三个问题是马克思分析资本主义社会生产关系的核心问题，对这三个问题的直接论述分布在《资本论》的不同卷次和不同手稿中，我们需要回到文本去寻找马克思对此的相关论述，这时候我们会发现，在《资本论》第三卷第四十八章、五十一章、五十二章有直接分析。另外，在《资本论》三大手稿中均有不同程度的论述，主要相关内容有经济活动的四环节、资本主义生产的作用及其界限、异化劳动与资本、资本主义生产以前的各种所有制形式、资本主义生产是特殊资本主义生产关系的生产和再生产。② 在《资本论》第一卷中从第七至九章，即第三篇，马克思分析了资本主义剩余价值率（衡量资本家剥削程度的理论武器）、工作日（资本家剥削工人的形式），分析了工作日的变化对绝对剩余价值生产的影响。在第四篇和第五篇中马克思又分析了相对剩余价值的生产，其中分析了分工、协作、使用机器生产等对生产相对剩余价值的影响。在第七篇"资本积累过程"中马克思分析了资本主义原始积累的历史过程，探究了现代殖民理论。③ 从中我们可以看出资本家剥削工人的方式在于剩余劳动时间创造的剩余价值，同时也能够看到工人为了缩短工作日而采取的斗争和资本原始积累的血腥发迹史。

---

① 〔德〕马克思：《资本论》第 1 卷，中共中央马克思恩格斯列宁斯大林著作编译局编译，北京：人民出版社 2004 年版，第 8 页。
② 《马克思恩格斯文集》第 8 卷，中共中央马克思恩格斯列宁斯大林著作编译局编译，北京：人民出版社 2009 年版，第 1 页。
③ 〔德〕马克思：《资本论》第 1 卷，中共中央马克思恩格斯列宁斯大林著作编译局编译，北京：人民出版社 2004 年版，第 876 页。

但是，以上这些是马克思在《资本论》中所呈现出来的明线文本，这还不足以反映和呈现马克思分配伦理思想的文本原貌。我们还要从马克思《资本论》的创作史、马克思研究政治经济学的历程、马克思、恩格斯思想发展史等前《资本论》时代和后《资本论》时代出发，寻找马克思批判资本主义分配伦理凭借的思想资源和文本群来作为马克思《资本论》分配伦理思想的历史流传物，挖掘、揭示、解释、对话，最终实现对其中显而不露的意义和马克思复杂的分配伦理思想世界的创造性理解。

根据上述分析，我们至少还应该在以下几个方向上努力。

第一，《资本论》第一卷中资本家与工人关系的考察。依据《资本论》第一卷第十三章探讨马克思的机器观，从中归纳出马克思对未来机器发生变革的趋势，应对可能带来的影响。关联马克思机器观与当前人工智能带来的影响，挖掘马克思对人类技术史的可能意义，探讨当前人工智能对劳动方式和分配方式产生的影响。马克思在《资本论》第一卷第十三章"机器与大工业"中对资本主义机器发展的历史进行了探讨，同时还分析了机器生产对工人的直接影响，主要侧重从工作日的延长和劳动的强化来分析。机器的发展，一方面提高了生产效率，但是也带来了工人的异化，工人被整合到机器中去。因而，需要我们历史地、辩证地看待机器对劳动者的影响。要避免资本主义异化劳动带来的异化分配关系就要实现劳动者对生产资料的占有和分配相统一。马克思在此基础上设想的未来社会的联合劳动和总体工人这一概念对今天有着极大的启示作用。人工智能的发展为人的解放带来积极作用，奠定了巨大的物质基础。工人与资本家的关系在工人与机器的关系中表现出来，资本家是人格化的资本，工人则是在资本家的监督和指挥下从事生产的"机器人"。

第二，"工作日"这一章蕴含的资本家违反分配伦理道德的表征。《资本论》的第一卷第八章"工作日"中蕴含着丰富的伦理学说，这有助于我们认识资本家和工人之间的生产关系的实质。我们可以摘录其中一些文本句子试分析之。其一，资本家虚伪、自私、贪得无厌。工作日的界限有两个：第一，"劳动力的身体界限"；第二，劳动力的社会界限①。工作日的延长以劳动日常"休息、睡觉、吃饭、穿衣、盥洗等"为限度，还以精神需要和社会需要为限度②，但是两个限度取决于资本家的道德，在资本家看来，工人就是牲畜、机器，完全忽视了工人作为社会人的正常需求，然而，资本家却向工人宣扬"节俭"和"节制"的福音，资本家把劳动力看做是他的唯一财产③。这表明资本家的贪婪、虚伪、自私，置工人的生存处境于不顾。因而，"资本家对剩余劳动的贪欲表现为无限延长工作日"④，这种贪欲在马克思的笔下被称作"吸血鬼"⑤。其二，资本家大量使用童工、妇女儿童等，他们的工作时间超越了人体的生理极限，导致很多人过劳死，这违反了人类基本的伦理规范和道德要求，泯灭人性。他们让童工在劳动的时间里"丧失"吃午饭的时间，就如同"给蒸汽机添煤加水"⑥，把工人吃午饭的基本需求当作机器辅料的消耗。在第八章第三节中马克思列举了英国在剥削上不受法律部门限制的行业工作日情况，指出"陶工作为一个阶级，不分男女，代表着身体上和道德上退化的人口"⑦。这一注释是马克思引证1860年格林豪医生的报告，陶工的身体状况具体表现在身材发育不良、胸部畸形，他们还患有肝脏病、消化不良、肾脏病、风湿、肺结核、支气管炎、哮喘病等。由此，可以得出这样的结论：工人身体和道

---

① 〔德〕马克思：《资本论》第1卷，中共中央马克思恩格斯列宁斯大林著作编译局编译，北京：人民出版社2004年版，第269页。

② 〔德〕马克思：《资本论》第1卷，中共中央马克思恩格斯列宁斯大林著作编译局编译，北京：人民出版社2004年版，第269页。

③ 〔德〕马克思：《资本论》第1卷，中共中央马克思恩格斯列宁斯大林著作编译局编译，北京：人民出版社2004年版，第270页。

④ 〔德〕马克思：《资本论》第1卷，中共中央马克思恩格斯列宁斯大林著作编译局编译，北京：人民出版社2004年版，第274页。

⑤ 〔德〕马克思：《资本论》第1卷，中共中央马克思恩格斯列宁斯大林著作编译局编译，北京：人民出版社2004年版，第269页。

⑥ 〔德〕马克思：《资本论》第1卷，中共中央马克思恩格斯列宁斯大林著作编译局编译，北京：人民出版社2004年版，第287页。

⑦ 〔德〕马克思：《资本论》第1卷，中共中央马克思恩格斯列宁斯大林著作编译局编译，北京：人民出版社2004年版，第284页。

德上的退化是"劳动时间过长"。因而调查委员会说道:"工人身体退化,遭受种种折磨,早期死亡"①。其三,资本家缺乏商业诚信,弄虚作假。资本家为了赚取所谓的"正当钱"不惜面包掺假、烟煤掺假,违背英国法律。马克思指出,在伦敦,面包掺假尤为厉害②。那么,为什么他们为了赚取所谓的"正当钱"要掺假呢?卖全价面包的老板向调查委员会揭发道:"'卖低价面包'的竞争者盗取别人的劳动"③。其四,对工人的遭遇漠不关心、冷漠无情,只关心利润的实现问题。资本主义生产的本质是剩余价值的生产,这一点实质上就是"剩余劳动的吸吮——通过延长工作日,不仅使人的劳动力由于被剥夺去了道德上和身体上正常的发展和活动条件而处于萎缩状态,而且使劳动力未老先衰和过早死亡。"④ 资本家从来不会关心工人的健康,他们关心的只是利润能否实现,除非社会迫使他去关心。⑤ 当工人们指出资本主义的生产方式给人们带来过劳死、身体和道德退化问题而义愤填膺的时候,"资本家却说:既然这种痛苦会增加我们的快乐(利润),我们又何必苦恼呢?"⑥ 在《资本论》第一卷第八章第六节、第七节,马克思又实证了英国工人阶级为了缩短工作日而斗争的历史,从而使得这一章从历史性的视角分析了资本主义生产方式下的工作日对工人剥削的基本史实。这些历史事实反映了资本主义剥削工人的种种方式,使得工人的生存状态,包括身体和道德退化,也反

---

① 〔德〕马克思:《资本论》第1卷,中共中央马克思恩格斯列宁斯大林著作编译局编译,北京:人民出版社2004年版,第285页。

② 〔德〕马克思:《资本论》第1卷,中共中央马克思恩格斯列宁斯大林著作编译局编译,北京:人民出版社2004年版,第288页。

③ 〔德〕马克思:《资本论》第1卷,中共中央马克思恩格斯列宁斯大林著作编译局编译,北京:人民出版社2004年版,第290页。

④ 〔德〕马克思:《资本论》第1卷,中共中央马克思恩格斯列宁斯大林著作编译局编译,北京:人民出版社2004年版,第307页。

⑤ 〔德〕马克思:《资本论》第1卷,中共中央马克思恩格斯列宁斯大林著作编译局编译,北京:人民出版社2004年版,第311页。

⑥ 〔德〕马克思:《资本论》第1卷,中共中央马克思恩格斯列宁斯大林著作编译局编译,北京:人民出版社2004年版,第312页。

映了资本家的贪婪、虚伪、自私自利、丧失人性、违反人类基本伦理道德规范的铁的事实。

第三，正确认识资本主义积累的一般规律和特殊规律，分析和预测当代资本主义新变化及发展趋势。在《资本论》第一卷第七篇第二十四章中，马克思分析了资本主义原始积累的历史过程，分析了无产者、资本主义地租农场主、工业资本家是如何产生的，最后还分析了资本主义积累的历史趋势。马克思认为随着国际垄断和掠夺利润的资本家减少以后，工人阶级内部联合的程度加深，内部生长出来的反抗资本家的因素逐步增多，资本的垄断和资本主义生产方式之间的矛盾越来越不可调和，因而马克思预测出了这样的趋势："资产资料的集中和劳动社会化，达到了同他们的资本主义生产方式不相容的地步。这个外壳就要炸毁了。资本主义私有制的丧钟就要敲响了。"① 这是马克思对资本主义积累的一般趋势所进行的预测，时至今日，资本主义焕发出生机活力，这并不代表马克思是错误的，也不代表马克思主义过时了，反映出来的问题的实质是，资本积累的一般规律和特殊规律是辩证统一的，我们应该具体问题具体分析。马克思对资本积累的一般规律和趋势进行了预测，这是基于资本主义内部固有的矛盾无法调和而得出的结论。因而，这是马克思对资本积累趋势的可能性的一个推测，这里的可能性意义是由我们从马克思在文本中的内容前见为导引，根据时代条件的变化还应该分析它内蕴的未开显的意义，这就是今天我们分析当代资本主义新变化应该着重探讨的问题。当前数字资本主义、新帝国主义等变化也是马克思对未来社会资本积累新变化可能性的一种推测，我们要注意分析其特殊规律，把这当作认识资本主义新变化应有的视域。

### （二）理解与前结构

理解不是把内蕴于文本之中的作者的意图简单复制出来，而是一种包

---

① 〔德〕马克思：《资本论》第 1 卷，中共中央马克思恩格斯列宁斯大林著作编译局编译，北京：人民出版社 2004 年版，第 874 页。

含着创造性的活动,其中包含着理解者自我理解的一种思维活动,但是也不是完全脱离作者的原意,即既要探寻作者的表达意图,又要激活文本隐藏的筹划意义。因而,海德格尔认为"由于世界之中的存在者之开显不可分割地与它的'诸种可能性'联系在一起,所理解的就不仅仅是显现出来的单一的东西,更不是隐藏在背后的关系"①,这无外乎说明了此在的普遍性与特殊性是辩证统一的。诚如资产阶级古典经济学家把分配作为经济学研究的重点,而割裂开了它与生产、交换、消费之间的辩证统一关系,导致了古典经济学的破产。海德格尔对意义也有他自己的严密定义,在他看来我们理解文本中的意义不是理解的意义本身,"而是存在者本身,或者更确切的说是,是存在。……因而意义是某种东西之可理解性赖以栖身的场所"②。海德格尔还进一步区分了解释和理解之间的逻辑关系,理解在解释活动中造就了自身,因而正是理解自己本身,解释也并不是自以为是地认为"某种意义"强加被解释的对象,而只是将在理解中展开的东西解释出来。③ 理解展开了此在,理解的这种"展开"是以筹划的方式完成的。因此,海德格尔在区分理解与解释之间的关系时赋予理解以新的内涵,这种理解是一种创造性的思维活动,也是一种筹划性的活动,对此在者——文本世界的意义开显具有重要的作用。在理解解释此在的意义时,"并非是可以随心所欲的,它们为一种先行的结构所引导"④,这种结构海德格尔称作"前结构"⑤,构成它的要素有"前拥有、前见解、前把握"⑥。前结构是理解意义的前提条件,指引着理解活动的方向。前拥有、前见解、前把握的前结构"作为筹划的'为何之故',表明了一种指引关联"⑦。那么如何确保前结构的指引关联是正确的,海德格尔的"循环结构"解决了这

---

① 潘德荣:《西方诠释学史》,北京:北京大学出版社2016年版,第306页。
② 潘德荣:《西方诠释学史》,北京:北京大学出版社2016年版,第307页。
③ 潘德荣:《西方诠释学史》,北京:北京大学出版社2016年版,第307页。
④ 潘德荣:《西方诠释学史》,北京:北京大学出版社2016年版,第308页。
⑤ 潘德荣:《西方诠释学史》,北京:北京大学出版社2016年版,第309页。
⑥ 潘德荣:《西方诠释学史》,北京:北京大学出版社2016年版,第309页。
⑦ 潘德荣:《西方诠释学史》,北京:北京大学出版社2016年版,第310页。

一难题。①

　　理解与前结构是海德格尔此在解释学的重要的概念,为我们理解文本的意义提供了极大的启示意义。《资本论》分配伦理思想的丰富意义蕴含于《资本论》的文本中,作为历史流传物,马克思本人在《资本论》中撰写的相关文本为我们理解提供前结构,我们可在解释展开的过程中实现自我理解,即其蕴含的重大意义。解释学为了纠正古希腊哲学以来的主客二元对立的矛盾创立了本体论现象学,海德格尔作出了重要的尝试和贡献。在生存论意义上对存在着的存在进行反思,理解的循环过程也是一个不断反思批判与建构意义的过程。当我们理解马克思《资本论》的分配伦理思想的时候,我们总是带着一定的"前见",这种"前见"包含了我们每个人自身的知识结构、立场、价值、意识形态、观念等东西,还包含着我们在阅读《资本论》时所看到的马克思对分配伦理的文字表述,这两方面的见解融合为当前理解者的视域,这种视域指引关联了当前的时代视域,还需要我们把视域拉开,追溯到马克思写作《资本论》的时代视域,两种视域融合才能开显出马克思《资本论》分配伦理思想的意义。在《资本论》第三卷第一篇第五章的概论部分、第三篇第十四章的第一部分,马克思论述了牺牲工人而实现劳动条件的节约和劳动剥削程度的提高两个基本史实。第六篇论述了地租理论的基本内容,第七篇"收入及其源泉"从资产阶级三位一体的收入分配公式入手,指出利润的本质是剩余价值,资产阶级分配的实质是剩余价值在不同阶级中的分配。

　　在第十四章第一部分,马克思指出"劳动的剥削程度,剩余劳动和剩余价值的占有,特别会由于工作日的延长和劳动的强化而提高。"② 但是,随着生产效率的提升、新技术的推广和机器的使用,资本家剥削劳动者的方式会随之变化,剥削方式会变得隐蔽化,以此来欺骗工人。剩余价值转化为利润,利润转化为平均利润,在自由竞争的市场机制下利润率下降,

---

　　① 潘德荣:《西方诠释学史》,北京:北京大学出版社2016年版,第311页。
　　② 〔德〕马克思:《资本论》第3卷,中共中央马克思恩格斯列宁斯大林著作编译局编译,北京:人民出版社2004年版,第258页。

对资本家来说一方面要把劳动资本化，即尽可能转化为剩余价值，另一方面，在资本的约束下，资本家又尽可能减少使用劳动①。这是马克思在《资本论》文本中传达出来的一些信息，其蕴含的可能性及我们赖以理解的前结构都是需要我们理解者将19世纪的工人与资本家的人身关系、生产关系、分配关系关联到21世纪的当前处境的。当前人工智能的纵深发展，无人工厂、无人超市、自动化生产线深刻改变了传统的劳动条件、方式和生产关系。马克思文本中指引的前见解、前拥有、前把握的前结构将我们导引至数字资本主义、新帝国主义，以及智能化生产的现实境遇的理解，要求我们必须从马克思给出的文本中寻求意义始基，关联于马克思语境意义的延伸，如此才能说我们真正理解了马克思《资本论》的分配伦理思想的意义。其一，当前，资本主义剥削方式发生了巨大变化剥削方式隐蔽化，对生产活动产生了巨大影响。智能化生产减少了劳动力的使用，虽然劳动者的劳动时间在某些行业是逐渐缩短的，但是劳动的复杂程度确实越来越高，高新技术产业岗位对工人的劳动素质提出了更高的要求，企业工人的活劳动减少了，但是并没有让工人觉得所从事的是自由自在的劳动。工人劳动的复杂程度的提高，要求工人掌握更先进、更高端的人工智能技术，具备一专多能的综合素质。这种要求从本质上来讲是一种隐性的剥削，工人借助人工智能技术在单位时间内创造了更多的剩余价值。其二，智能化生产对分配方式也产生了重要影响，高新技术作为生产要素越来越成为企业利润的重要来源。但是这也不能说明马克思的劳动价值论过时了，"因此，只有强调并确立弱人工智能的劳动者地位，才能有效破除资本原则对社会发展模式的控制，将弱人工智能强大的生产能力服务于人类自由发展的目的。"② 如此才能说明劳动价值论的新时代意义和使用范围，这一可能性就是马克思在《资本论》第一卷中论述的机器观之自动化成为

---

① 〔德〕马克思：《资本论》第3卷，中共中央马克思恩格斯列宁斯大林著作编译局编译，北京：人民出版社2004年版，第259页。

② 胡斌、何云峰：《弱人工智能时代的劳动价值论与劳动制度》，载《浙江工商大学学报》，2019年第4期，第5页。

未来人类社会生产的基本方式的分析预测,现在看来这一论述对科学认识劳动价值论、捍卫劳动者的地位有着重大作用。人工智能作为一种人与物结合的特殊"劳动者",分配原则就要按照物的因素和人的因素进行合理设计,如此才能凸显劳动者的特殊重要作用。其三,非自愿失业人数增加。智能化生产对劳动者的素质、技能有了更高的要求,操作生产线的工人需要掌握人工智能相关技术,否则就会失业,而这种失业是非自愿的,因而会对社会稳定产生一定影响。同时,也会增加继续教育培训的成本,如此就催生了一批人工智能技术培训的企业,也有利于增加社会总财富。

### (三) 理解的循环

循环作为海德格尔此在解释学的一个重要的范畴,它与我们日常所理解的循环的内涵不同。传统意义上的循环拘泥于整体与部分的辩证关系,而海德格尔定义的循环则不同,他指出"理解中的'循环'属于意义结构……具有本体论上的循环结构"①,这种循环不是黑格尔意义上的"圆圈逻辑",也不是逻辑意义上的循环,而是清除"前判断"中不合理的东西,以此到达正确的理解,因而海德格尔的循环概念是建立在生存论本体论基础上的范畴。这种循环表面上看起来似乎是一种逻辑形式的循环,实则是在接受整体意义的前见的过程中重新审视、筹划文本可能存在的潜在意义,在历史语境与文本语境、主体当代与效果历史、语词与文本之间进行意义的阐发和意义的建构。因而,"所有正确的解释都必须避免那种突发奇想的随意性,避免难以觉察的思维习惯之束缚,而将目光对准'事实本身'"②。正是在此意义上讲,海德格尔的循环是一种具有本体论意义的解释学概念,为避免解释走向相对主义提供了轨导。

《资本论》分配伦理思想分布于《资本论》的三卷中,与此同时,《资本论》的三大手稿、书信集及考茨基整理的第四卷即《剩余价值学说

---

① 潘德荣:《西方诠释学史》,北京:北京大学出版社 2016 年版,第 314—315 页。

② 潘德荣:《西方诠释学史》,北京:北京大学出版社 2016 年版,第 317 页。

史》中，要相对准确把握其中蕴含的分配伦理思想需要我们从《资本论》总体结构上把握其逻辑关系。剩余价值的生产揭示了剩余价值的来源，这一来源进一步表明资本家与工人阶级之间的关系。《资本论》从分析资本主义世界的商品为逻辑起点，为何从商品分析开始，马克思给出的答案是"资本主义生产方式占统治地位的社会财富，首先表现为'庞大的商品堆积'"①。商品是资本主义生产最普通、最常见的细胞，"分析经济形式，既不能用显微镜，也不能用化学试剂。二者都必须用抽象力来代替。"② 因而，认识资本主义分配关系必须从分析资本主义生产方式的逻辑起点开始，生产决定分配，研读《资本论》第一卷的意义在于明白资本主义生产方式的特殊性，明白剩余价值是如何被生产出来的。

从第一篇"商品和货币"到第七篇"资本的积累过程"，第一卷呈现出来的逻辑主线是商品—货币—资本—剩余价值—资本的积累过程，这一主线反映了剩余价值是如何生产出来，商品如何经过一系列范畴的转化到资本的。如果再仔细区分的话，第一卷包含了劳动价值论、货币观、生产过程论、工作日理论、工资理论、分工与协作理论、机器观、资本积累理论、现代殖民理论等。同样，第二卷"资本的流通"实际上论证了资本形态的变化、资本循环、资本周转、社会总资本的生产和流通，指明了剩余价值是在经济活动中如何流通的原理。而第三卷则分析了资本主义生产的总过程，马克思将生产、交换、分配、消费四环节作为辩证统一体来考察：剩余价值转化为利润、剩余价值率转化为利润率；利润转化为平均利润、平均利润率下降；商品资本和货币资本转化为商品经营资本和货币经营资本；利润转化为商业利润、利息、企业主收入、地租等形式。如果把这些内容整合概括一下，我们就会发现存在这样一些理论分支：价值转型理论、利润率下降规律、虚拟资本理论、地租理论等。因而，我们理解

---

① 〔德〕马克思：《资本论》第 1 卷，中共中央马克思恩格斯列宁斯大林著作编译局编译，北京：人民出版社 2004 年版，第 47 页。

② 〔德〕马克思：《资本论》第 1 卷，中共中央马克思恩格斯列宁斯大林著作编译局编译，北京：人民出版社 2004 年版，第 8 页。

《资本论》分配伦理思想需要从《资本论》三卷次的宏观逻辑去把握马克思这一思想是如何分布在不同卷次和分支理论中去的，同时我们也要从微观的章节目、字词句、隐喻、史料、数据、引证文献、插图等微观单元去理解，将马克思在《资本论》中蕴含的分配伦理思想的谱系图、核心观点、基本主张、核心要义、价值旨归、人文情怀、科学态度等内容多维度、逻辑化、线条式地廓清出来，挖掘其中可能筹划的意义。

《资本论》文本作为固定下来的话语，其中内蕴的分配伦理思想是我们在解释的活动中开显意义的文本依据，这一意义开显过程不是把马克思历史语境下的分配伦理思想简单的复制下来，而是在原有意义上去借助一系列中介要素实现创造性的建构、意义重置，把马克思语境中分配伦理思想未显现的、隐藏的、潜在的可能性意义开显出来。这一活动的展开就是在文本与理解者、历史语境与当代语境、视域融合与效果历史、理解与循环、历史性与时间性的多重张力中实现意义的阐释。在《资本论》第一卷第二版跋中马克思交代了他修改书稿的基本情况，他说道："原文中局部的、往往只是修辞上的修改，用不着一一列举出来，这些修改全书各处都有。但是，现在我校阅正在巴黎出版的法译本，发现德文原本的某些部分有的地方需要彻底修改，有的地方需要更好地修辞或更仔细地消除一些偶然的疏忽。"[1] 这些修改的地方会不会影响我们对《资本论》分配伦理思想的意义理解，局部的段落、句子、注释、数据、隐喻等修辞会不会影响我们从整体上把握文本所要表达的事件和承载的意义？按照海德格尔的说法，是会影响我们对文本的理解的。这就需要我们从马克思各类不同手稿中去寻找马克思分配伦理思想的文本群，在正式文本与非正式文本、出版文本与草稿文本、书信与笔记、引证文本与摘抄文本、报纸评论文本与通讯文本等不同种类的文本群中去解释此在存在者的本源意义。

值得注意的是《资本论》每卷次的序言、跋也是一项重要的理论资源，下面以《资本论》第一卷第一版序言为例探讨其中内蕴的分配伦理思

---

[1] 〔德〕马克思：《资本论》第1卷，中共中央马克思恩格斯列宁斯大林著作编译局编译，北京：人民出版社2004年版，第14页。

想在总体理解《资本论》分配伦理思想中的循环意义。

第一,英国工厂立法的历史、内容及结果所揭示的资本家对工人的剥削。"如果这些委员会……有权去揭发真相……调查女童工受剥削的情况以及居住和营养条件等等的英国调查委员那样内行、公正、坚决的人们,那么,我国的情况就会使我们大吃一惊。"① 这段话反映出英国的工人受剥削的事实被专制的政府予以掩饰,但是德国缺乏像英国工厂调查员那样公正的人,因而德国剥削工人的事实就尘封在历史的时空里。如前所述,《资本论》第一卷第八章"工作日"对英国资产阶级剥削工人的历史、工厂立法基本情况进行了全景式扫描,从而揭开了资产阶级与无产阶级之间的关系。

第二,经济范畴人格化和经济社会发展过程似自然史的概念。在序言中,马克思指出"我绝不用玫瑰色描绘资本家和地主的面貌。不过这里涉及的人,只是经济范畴的人格化,是一定的阶级关系和利益的承担者。我的观点是把经济的社会形态的发展理解为一种自然史的过程。"② 这段话向理解者反馈了两个重要信息。其一,经济范畴人格化在马克思《资本论》中主要指的是剥削劳动者的资本家、地主等剥削阶级。在《资本论》第一卷中马克思多次使用过这个概念,反映出了一定的经济关系,因而,马克思将资本家看作是资本范畴的人格化,这一概念反映出了资本家阶级的阶级本质,通过对资产阶级产生的分析让我们明确了这一阶级的产生、发展、消亡是一个历史的过程,资本家范畴体现和代表了剥削阶级的利益这一事实。其二,经济社会发展过程似自然史。这里包含着经济社会发展的规律性是一个似自然历史的过程,即具有客观性。但是,这绝不是说经济社会的发展就是机械的、与人类活动没有任何关联,反而说明了人类活动的目的性与人类社会发展之间的关联。把资本主义社会看作是人类历史的

---

① 〔德〕马克思:《资本论》第 1 卷,中共中央马克思恩格斯列宁斯大林著作编译局编译,北京:人民出版社 2004 年版,第 9 页。

② 〔德〕马克思:《资本论》第 1 卷,中共中央马克思恩格斯列宁斯大林著作编译局编译,北京:人民出版社 2004 年版,第 10 页。

一环，在资本主义社会内部矛盾尖锐到革命的时候，资本主义的丧钟就要敲响了，剥夺者就要被剥夺了，这正是把经济社会发展看作是自然史的过程的体现。如此看来，资本主义生产方式也具有历史暂时性，资本主义剥削工人的历史会随着资本主义内部成长起来的工人反抗力量而逐步被消灭。上述内容的分析旨在说明理解《资本论》的分配伦理思想要重视分布在不同文本中的观点，以便从总体上解释和理解其分配伦理思想，也需要从微观到宏观、从序言到结语、从字词句到段落、从章节目到篇到卷、从不同类型的文本、不同修辞、语言等要素，在循环中理解其蕴含的丰富意义。

### （四）历史性与时间性

海德格尔的理解的循环、理解的前结构表明了理解活动的历史关联性，这种关联性就是历史性，历史性是此在存在者的历史性。他对历史性做了一个严密的界定，他认为"历史是生存着的此在在时间中发生的事件（Geschehen），甚而在特别强调的意义上，相互共生（Miteinandersein）中'过去的'并且同时又'流传下来'的与继续发生作用的事件被当做历史"①。我们对这个定义进行分解，会发现其中主要包含这样几层含义：第一，历史是连接着过去、现在和将来的历时性与共时性的辩证统一，着眼于人的本质规定性。第二，"'将来'具有优先的地位，此在向着'为其自身之故'筹划自己，并从这种可能性走向自身。"② 这表明在历史性中，过去、现在和将来的地位并不是等量齐观的，未来具有绝对优先的地位，于理解者而言，走向理解本身需要在历史性的将来筹划中才能实现。第三，历史性是生存论的条件，根植于此在的时间性。③ 时间是历史性的根据，因而在此意义上来说，历史性已经隐含着时间性的到来。④ 由此观之，时

---

① 潘德荣：《西方诠释学史》，北京：北京大学出版社2016年版，第318页。
② 潘德荣：《西方诠释学史》，北京：北京大学出版社2016年版，第319页。
③ 潘德荣：《西方诠释学史》，北京：北京大学出版社2016年版，第318页。
④ 潘德荣：《西方诠释学史》，北京：北京大学出版社2016年版，第319页。

间性和历史性之间存在着一种辩证统一、不可分割的逻辑关系。此在存在的历史性终结于死亡的筹划，注意，这里的死亡不是我们传统理解的死亡——生命意义的终结，而是指此在存在筹划到先行之时，因而"唯有自身的时间性、且同时又是有终点的时间性，才使得如同命运这样的东西、亦即使自身的历史性成为可能"①。至此，我们可以看到海德格尔的解释学给出了一套完整的范畴来解释文本，建构意义，其对文本可能存在的意义进行筹划和挖掘，开显文本的此在本源之始基意义，使得文本无声的、内蕴的、隐藏的意蕴被呈现在理解者面前，这一系列活动过程的揭示都建立在海德格尔的此在存在本体论的基础之上进行建构的一套哲学话语，由此，为文本、理解者、意义之间的内在连接提供了方法论启示。

《资本论》第一卷自 1867 年发表以来，世界各地出现了许多不同语言的版本，他们按照马克思主义经典文本进行梳理和展现，对马克思留存下来的手稿、书信、笔记、报纸评论、马克思子女回忆录、人物传记、同一时期的哲学与经济学学者进行文本挖掘，力图反映马克思在《资本论》中阐述的分配伦理思想，考察他的理论渊源、他的思想凭借的资源，归纳和概括主要内容、基本特征、时代价值、思想演变历程、方法论启示；或者是从西方马克思主义学派的视角出发，对马克思分配伦理思想的某一方面进行理论阐发、概念再界定、理论解构与再造；或者是从西方政治哲学、西方伦理学的视角进行改造，对马克思分配伦理思想进行批判、解构，结合时代的变化，打着分配正义的旗号为资本主义分配公平提供政策依据、措施，建构一套分配公平的理论模型，例如：罗尔斯的《正义论》便是这种模式；或者是自我主观地解读马克思在《资本论》中的分配伦理思想；等等。在某种程度上，我们可以说，马克思《资本论》分配伦理思想在争论、批判与反思、理解与建构、解构与重构、历史与时间、文本阐释、时代关联等张力中发展，这说明马克思《资本论》分配伦理思想仍具有不可替代性、科学性、说服力、逻辑严谨性、历史存在的必然性。但是，我们绝不能毫无前提地拒绝或者直接去接受马克思文字表面上的理论资源，我

---

① 潘德荣：《西方诠释学史》，北京：北京大学出版社 2016 年版，第 319 页。

们还必须在历史语境与时代语境、理解者与文本、视域融合与效果历史的辩证统一中去解释其中所未开显的意义,将其中的可能性筹划的意义呈现出来,以此达到自我理解。历史性为马克思《资本论》此在存在的本体意义提供了条件和依据,时间性为历史性提供了根据。150 多年来,学术界对马克思《资本论》分配伦理的不同解读范式、观点的碰撞、思维的交锋、概念的重构、理论再造、视域融合、时代解读、价值探讨等活动为其可能性筹划的意义提供了一定的资源,也正是业已指向"到时"的终极性意义的存在之时间性为解读提供了意义筹划的条件。恩格斯在《资本论》1886 年英文版序言中指出,"本书所做的结论日益称为伟大的工人阶级运动的基本原则,不仅在德国和瑞士是这样,……各地的工人阶级都越来越把这些结论看成是对自己的状况和自己的期望所作的最真切的表述。"① 正是因为《资本论》所揭示的真理、科学为太平洋、大西洋沿岸的工人阶级逐渐接受、认可,因而正如恩格斯所说,《资本论》在大陆上常常被称为"工人阶级的圣经"。同理,马克思《资本论》所揭示的剩余价值理论产生的效果历史、可能性筹划的意义是在时间性和历史性的时空隧道中逐步为理解者——工人阶级所理解的,工人的理解方式不同于一般学者,而是在工人运动中证明自己的历史作用,证明自己是时代的主体和历史的创造者的。《资本论》第二卷阐释了资本循环、周转、社会总资本的再生产和流通的历史画卷,为读者呈现了资本主义之资本流通形式是什么样的。第三卷则给读者(理解者)呈现了一幅剩余价值分割的图景,展现了资本家阶级是如何分割剩余价值的,向我们传达了剩余价值分配的一种历史样态。1894 年恩格斯在付印的《资本论》第三卷序言中指出:最后一篇"最后一章只有一个开头。在这一章,同地租、利润、工资这三大阶级收入形式相适应的发达资本主义社会的三大阶级,即土地所有者、资本家、雇佣工人,以及由他们存在所必然产生的阶级斗争,应该当作资本主义时期的实

---

① 〔德〕马克思:《资本论》第 1 卷,中共中央马克思恩格斯列宁斯大林著作编译局编译,北京:人民出版社 2004 年版,第 34 页。

际存在的结果加以论述。"① 恩格斯这里向我们传达了至少两点重要信息，其一是《资本论》第三卷最后一章即第五十二章"阶级"是一个尚未完成的章节，仅仅是草稿，去阅读第五十二章我们就可以发现，它仅仅引出了"形成建立在资本主义生产方式基础上的现代社会的三大阶级"②。这就需要我们返回《资本论》第一卷第七篇第二十四章对原始积累的论述中去考察资本主义地租农场主、工业资本家是如何产生的，农村居民是如何被剥夺土地的，也是要重新阅读第二十四章第二、四、六三节内容。这样我们就对资本主义生产方式下的三大阶级形成的历史根源有了清晰的理解，有了对这一文本的时间跨度和历史性阐释恩格斯所说的三大阶级理论就有了本体论的此在存在意义。在《资本论》第二卷1885年序言第一段中恩格斯说道："要完成《资本论》第二册的付印工作，使本书成为一部连贯的、尽可能完整的著作，又成为一部只是作者的而不是编者的著作，这是一件不容易的事情。"③ 这里恩格斯反映了整理编辑出版马克思《资本论》手稿工作的难点，也同时反映出恩格斯的整理出版工作是忠实于马克思的原始手稿的，"在文体上，仅仅改动了马克思自己也会改动的地方，……我所改写和插入的文句，总共还不到10个印刷页，而且只是形式上的改动。"④ 这真实再现了恩格斯严谨、求实的科学态度和科学精神，这也有力回应了西方学者制造出来马克思和恩格斯思想的对立。这同时印证了解释学视角下的马克思文本的历史性与时间性的辩证统一，体现了视域融合在理解马克思《资本论》分配伦理思想承载的文本意义中的作用。

---

① 〔德〕马克思：《资本论》第3卷，中共中央马克思恩格斯列宁斯大林著作编译局编译，北京：人民出版社2004年版，第11页。
② 〔德〕马克思：《资本论》第3卷，中共中央马克思恩格斯列宁斯大林著作编译局编译，北京：人民出版社2004年版，第1001页。
③ 〔德〕马克思：《资本论》第2卷，中共中央马克思恩格斯列宁斯大林著作编译局编译，北京：人民出版社2004年版，第3页。
④ 〔德〕马克思：《资本论》第3卷，中共中央马克思恩格斯列宁斯大林著作编译局编译，北京：人民出版社2004年版，第3—4页。

## 二、《资本论》分配伦理思想的语言解释学解读

### （一）理解的语言性

在当代解释学领域中，伽达默尔无疑是最具有影响力的哲学家，他继承了海德格尔的此在解释学思想。他写道："我认为海德格尔的人类此在的时间性之分析，很有说服力地指出了这一点：理解不是主体的诸行为方式中的一种方式，而是此在自身的存在方式。"① 由此我们可以看到，海德格尔此在解释学对他的语言解释学的影响，基于此在存在的生存论，把理解当作一种本体论活动。伽达默尔以精深的语言学功底见长，为解释学提供了一整套理解的范式和范畴，为我们理解文本的意义提供了可借鉴的方法。在他的语言解释学中分别借鉴了三种理论资源：第一种理论资源是来自于古希腊哲学中柏拉图的对话理论，第二种理论资源是来自于辩证法的集大成者黑格尔的绝对观念的辩证法，第三种理论资源是来自于此在解释学大师海德格尔的此在本体论。这三种理论资源成为伽达默尔语言解释学的理论基石。柏拉图的对话理论为伽达默尔的解释学提供了思考语言的功能、作用，"黑格尔的绝对观念辩证法启发他确立语言的本体论基于语言本身的辩证法运动来阐明诠释性的精神世界"②。在伽达默尔看来，语言具有本体论的意义，语言具有包容性，它是人类一切经验世界获得的理性与非理性的表达，是连接人类认知世界对象的桥梁，"在语言中蕴含着人类的各种世界观念和文化建构。"③ 因而，"我们同时在语言中存在；然而，并不是因为我们在世界中存在具有语言性，而是语言使我们获得了在世界中存在的共同性。惟在语言中，'我'与世界相互联结，构成了世界整体，

---

① 潘德荣：《西方诠释学史》，北京：北京大学出版社2016年版，第324页。
② 潘德荣：《西方诠释学史》，北京：北京大学出版社2016年版，第324页。
③ 潘德荣：《西方诠释学史》，北京：北京大学出版社2016年版，第325页。

就此而言，语言代表了有一种'世界性'"①。伽达默尔的代表作——《真理与方法》一书的宗旨就是："在经验所及的一切地方和经验寻求其自身证明的一切地方，去探寻超越科学方法论作用范围的对真理的经验。"②从中我们可以看出，伽达默尔意图超越科学实证主义的藩篱，建立了一种统一的精神科学，对真理的经验进行证明，其中业已包含了三类经验：第一，哲学经验；第二，艺术经验；第三，历史经验。由此观之，伽达默尔的所谓的经验世界是解释和认识语言本体依托的存在者的意义的依托。

让我们再回到《资本论》文本中去探寻马克思揭示的分配伦理思想的表征。语言的理解性在筹划其可能性意义上究竟产生了什么样的作用？如何在语言的经验世界中形成具有本体论的意义建构？在1885年《资本论》第二卷序言中，写到《资本论》第二卷修订付印的基本情况时，恩格斯说："材料的主要部分，虽然在实质上已经大体完成，但是在文字上没有经过推敲，使用的是马克思写摘要时惯用的语句：不讲究文体，有随便的、往往是粗鲁而诙谐的措辞和用语，夹杂英法两种文字的术语，常常出现整句甚至整页的英文。"③这里反映了马克思在写作《资本论》文本时除德文外还使用了英法两种语言。这仅仅是我们从序言中了解到的基本情况，根据《资本论》出版的情况，1867年第一卷德文版在德国汉堡出版，9月以后马克思准备着手德文版的再版和出版外文译本④。接下来在1872年修订出版《资本论》第一卷的第二版，1872年的俄译本是《资本论》的第一个外文译本。到了后期，马克思还对译本的出版做了大量工作，比如对1872—1875年法译本进行修订、加工、校订。马克思去世以后，《资本论》第二、二卷的出版工作由恩格斯完成，在他的努力下，第二卷十

---

① 潘德荣：《西方诠释学史》，北京：北京大学出版社2016年版，第325—326页。
② 潘德荣：《西方诠释学史》，北京：北京大学出版社2016年版，第328页。
③ 〔德〕马克思：《资本论》第2卷，中共中央马克思恩格斯列宁斯大林著作编译局编译，北京：人民出版社2004年版，第3页。
④ 〔德〕马克思：《资本论》第1卷，中共中央马克思恩格斯列宁斯大林著作编译局编译，北京：人民出版社2004年版，第893页。

1885年出版，第三卷于1894年出版。此外，恩格斯还对《资本论》其他版本做了校订，包括1887年第一卷的英译本、1883年和1890年第一卷德文版的第3版和第4版。

《资本论》传入中国，形成中译本的历史始于1930年3月上海昆仑书店出版的《资本论》第一卷第一分册，译者是陈启修。① 但是，这还不是《资本论》第一卷中译本全本，真正意义上的第一卷全文中译本是由"侯外庐、王思华合译，以"世界名著译丛"的名义于1936年6月出版"②。还有1932年8月和1933年1月，由潘冬舟译的《资本论》第一卷的第二、三、四篇，分两册由当时的北平东亚书局出版。1934年，由吴半农译的《资本论》第一卷第一、二篇由商务印书馆出版。1938年，郭大力、王亚南译的《资本论》第一至三卷由当时的读书生活出版社出版。而后，人民出版社出版的《资本论》基本都是以《马克思恩格斯全集》历史考证版第1、2版进行编辑出版，而依据的原著版本是《资本论》俄文版、德文版第4版。③ 从《资本论》的不同语言版本和版次的修订出版情况来看，语言性对我们理解马克思《资本论》的分配伦理思想有着重要的影响，文本的不同语言版本在翻译的过程中必然受到了译者的一系列"前见"的影响，进而影响到他们对《资本论》基本原理的认识，由他们翻译出来的《资本论》实现了不同语言的转换，再理解、意义再造、修辞润色、布局安排、用词斟酌等情况也为我们理解马克思留下来的历史流传物有一定的积极作用。再比如，马克思在《资本论》第一卷跋的第三段写道："原文中局部的、往往只是修辞上修改，用不着一一列举出来。这些修改全书各处都

---

① 〔德〕马克思：《资本论》第1卷，中共中央马克思恩格斯列宁斯大林著作编译局编译，北京：人民出版社2004年版，第893页。
② 〔德〕马克思：《资本论》第1卷，中共中央马克思恩格斯列宁斯大林著作编译局编译，北京：人民出版社2004年版，第893—894页。
③ 〔德〕马克思：《资本论》第1卷，中共中央马克思恩格斯列宁斯大林著作编译局编译，北京：人民出版社2004年版，第894页。

有。"① 修改本身是对原有内容进行优化，为读者呈现出更加完整、准确的理解文本，语言本身所代表的意义是我们理解的关键，而不是在具体文字的变化上纠结。因而，我们理解的不是马克思留下的文本中的语言本身，而是语言背后所表达的此在存在者，即事件本身——工人阶级受剥削这一基本事实，反映了资本家不劳而获、工人劳而不获的收入两极分化的历史状况，反映了资本主义生产方式生产的非正义性，也反映了资本主义分配制度的非公平性、丧失价值理性与工具理性的统一、丧失劳动阶级立场的价值、缺乏集体主义的分配原则；反映了资产阶级与无产阶级的尖锐对立。因而，从这个意义上来讲，不同国家的学者对《资本论》不同译本的理解都有共性，即《资本论》揭示"资本主义生产方式以及和它相适应的生产关系和交换关系"②，进而揭示资本主义经济社会的运行规律。《资本论》揭示的剩余价值理论是工人阶级反抗资产阶级的理论武器，也是产生阶级对立的根源，把握了这一点也就理解了《资本论》表达的理论精髓。

值得注意的是，我们在理解《资本论》的分配伦理的时候，需要通过文本中出现的一些特别的修辞，理解马克思隐喻表达的目的，如此才能抓住事物的本质，避免盲人摸象。在这里，我们试举一二例论证。在《资本论》第一卷中我们可以看到，马克思曾经引用的古希腊神话、《圣经》及《莎士比亚》《浮士德》《哈姆雷特》《堂·吉诃德》等文学作品中的人物，这些宝贵的思想资源是我们理解《资本论》整个文本的重要资源，也可以拓展《资本论》的研究视角。下面，我们举出几个例子来分析马克思借用以上这些隐喻的用意。第一，柏修斯的隐身帽。"柏修斯需要一顶隐身帽来追捕妖怪。我们却用隐身帽紧紧遮住眼睛和耳朵，以便有可能否认妖怪的存在。"③ 马克思在这里借用了古希腊神话故事，意在说明英国的工厂视

---

① 〔德〕马克思：《资本论》第1卷，中共中央马克思恩格斯列宁斯大林著作编译局编译，北京：人民出版社2004年版，第14页。

② 〔德〕马克思：《资本论》第1卷，中共中央马克思恩格斯列宁斯大林著作编译局编译，北京：人民出版社2004年版，第8页。

③ 〔德〕马克思：《资本论》第1卷，中共中央马克思恩格斯列宁斯大林著作编译局编译，北京：人民出版社2004年版，第9页。

察员所揭发的英国女童工受剥削的情况及居住和营养条件正是德国状况的翻版,然而,德国人却矢口否认,而柏修斯的帽子具有巨大的神力,在这里却是用力遮住眼睛和耳朵,意在说明德国人自欺欺人,不愿意承认德国资本家剥削工人的事实。紧接着后面,他花费了很多篇幅来对"英国工厂立法的历史、内容和结果"① 进行了实证分析,也就是第一卷第八章"工作日"的重点论述。第二,拜物教。马克思在《资本论》第一卷第一章"商品"中为了说明商品对劳动者的主宰作用之神秘性,借用了一个类似宗教学的概念"拜物教"。他写道:"在那里,人脑的产物表现为富有生命的、彼此发生关系并同人发生关系的独立存在的东西。在商品世界里,人手的产物也是这样。我把这叫做拜物教。"② 拜物教概念的提出是马克思分析商品、货币、资本神秘性的理论武器,进而是"去蔽"的一种方式,这个概念揭开了商品、货币、资本的神秘面纱,把反映人与人之间的关系时被"遮蔽"为物与物之间的关系进行了重新厘定,进而揭开了资本家与工人阶级之间的经济关系。第三,复仇女神。"政治经济学所研究材料的特殊性质,把人们心中最激烈、最卑鄙、最恶劣的感情,把代表私人利益的复仇女神召唤到战场上来反对自由的科学研究。"③ 这里的复仇女神是马克思借用古希腊神话中的原型,复仇女神意指坚决惩罚那些犯下严重罪恶的人,使他们的良心受到痛悔的煎熬。这说明马克思研究政治经济学触犯了资产阶级的私人利益,因而他们千方百计阻挠这些材料的出现,坚决捍卫资产阶级政治经济学的基本理论。资产阶级极力反对的事实最终会在马克思所揭示的资本主义生产方式和经济社会运行的规律中呈现给世人,企图掩饰真相的做法和阻碍历史发展的潮流终究被历史所淘汰。因而,马克思指出:"现在的社会不是坚实的结晶体,而是一个能够变化并且经常处于

---

① 〔德〕马克思:《资本论》第 1 卷,中共中央马克思恩格斯列宁斯大林著作编译局编译,北京:人民出版社 2004 年版,第 9 页。
② 〔德〕马克思:《资本论》第 1 卷,中共中央马克思恩格斯列宁斯大林著作编译局编译,北京:人民出版社 2004 年版,第 90 页。
③ 〔德〕马克思:《资本论》第 1 卷,中共中央马克思恩格斯列宁斯大林著作编译局编译,北京:人民出版社 2004 年版,第 10 页。

变化过程的有机体。"① 社会有机体概念的提出反映了一种社会形态需要社会有机体自适应、调节、完善，就如同当今我国的改革，使社会主义制度更加完善。类似于这样的隐喻，或者象征的例子还有很多，由于本论题的需要我们不再把所有的隐喻一一列举出来，这一领域的研究是今后研究《资本论》思想的一个意义生长点。

## （二）时间间距

间距是伽达默尔解释学中的核心范畴，理解者对历史流传物（包括历史事件、文物、作品等②）的意义理解的条件，正是间距的存在形成了理解的不同视域，理解者远离文本表达事件的历史视域，没有亲自经历发生的历史事件，这一历史流传物因而是历史存在，于理解者来说具有"陌生性"和"熟悉性"③。所谓具有"熟悉性"是因为文本意义对象的语言成为理解者关联历史传统与时代视域的中介，因而在此在意义上，它于我们而言具有一种"熟悉性"。在"陌生性"与"熟悉性"的两极之间形成的中间地带，我们把它叫作"间距"，由于间距化的作用，历史流传物在理解者的视域和历史视域中生长出了新的意义，从而使历史流传物意义中断、面目全非、枯萎、模糊不清的情景通过进入语言而获得了活的意义。因而，伽达默尔说："间距的作用就在于，它事实上连接着陌生性与熟悉性，成为过去的历史与理解者所生活的时代之中介"④。在对间距理解问题上解释学存在三种不同的观点，了解这些不同观点有助于我们对这个概念的内涵有更加深刻的认识和理解。

第一种观点："在历史主义学派与现代诠释学派早期那里，时间间距是在阻碍理解的意义上被重视的。"⑤ 历史主义学派认为历史流传物随着时

---

① 〔德〕马克思：《资本论》第1卷，中共中央马克思恩格斯列宁斯大林著作编译局编译，北京：人民出版社2004年版，第12—13页。
② 潘德荣：《西方诠释学史》，北京：北京大学出版社2016年版，第348页。
③ 潘德荣：《西方诠释学史》，北京：北京大学出版社2016年版，第347页。
④ 潘德荣：《西方诠释学史》，北京：北京大学出版社2016年版，第348页。
⑤ 潘德荣：《西方诠释学史》，北京：北京大学出版社2016年版，第345页。

间的推移逐步被历史疏远，其中所承载的本体意义对理解者来说是难以把握的障碍，要克服这种障碍就要求理解者必须回到历史流传物所存在的那个年代，追溯其历史性存在的种种根据，借助这些根据来寻求意义的挖掘，以历史流传物的视域来理解文本的意义。但是在施莱尔马赫和狄尔泰那里，他们认为要克服间距障碍需要"心理移情"，即"理解体验作者曾经经历过的心理历程"①。

第二种观点：利科的间距理论。文本与作者之间具有独立性，因而我们要理解的不是作者向我们说些什么，而是文本本身向我们说了些什么。正是在这个前提下，他认为间距不是理解文本的障碍，也不是文本理解的条件，因而间距是理解之结构②。

第三种观点：伽达默尔的间距立场。他认为间距是前提和条件。所谓间距是理解的前提，就是说，"理解活动的终点是'视域融合'，融合的前提便是因为间距化而形成的'视域'之差距。"③ 作者视域和理解者之间的不同视域是理解的前提，视域之差距就是间距，为了理解文本的意义就必须实现视域的融合，在这一过程中间距发挥了"过滤"的作用，形成了新的视域，这个视域产生的意义超越了原创作品的意义。

在分析和比较了三种不同学派对间距的观点之后，我们需要总结伽达默尔的间距理论的基本观点，从而掌握其核心范畴，为进入他的复杂思想世界提供理论资源。在伽达默尔看来，间距具有三重功能和作用。

第一，"间距是中介"④。如前所述，间距使历史流传物产生"陌生性"和"熟悉性"，由于语言的介入使得文本的意义得以理解，间距使得枯萎的历史文本的意义"活起来"，它们在理解者的视域和作者的历史视域之间相融合，由此产生了新的理解意义，超越了作者文本的原来意义，如此来讲，这一可能性筹划具有生产新意义的功能。

---

① 潘德荣：《西方诠释学史》，北京：北京大学出版社2016年版，第346页。
② 潘德荣：《西方诠释学史》，北京：北京大学出版社2016年版，第346页。
③ 潘德荣：《西方诠释学史》，北京：北京大学出版社2016年版，第346页。
④ 潘德荣：《西方诠释学史》，北京：北京大学出版社2016年版，第347页。

第二，"间距是过滤器"①。在日常生活中，我们会对某个历史事件或者人物的评价争论不休，我们或许大多数会采取这样的做法：让历史去评判。历史流传物产生的视域与当前理解者的视域之间是有差异的，我们不是流传物的当事人，因而我们受到了发生过的历史产生的作用和影响，这种情况下形成的理解具有很多见解，形成了"前结构"，为了实现真正地理解文本的意义，我们需要"剔除'假的前判断'"②，如此才能到达正确的、符合理解规范的理解。以这种方式理解历史流传物，就会产生这样的效应："使它们自身所拥有的特殊性上升为普遍性。"③

第三，"间距是意义的生长域"④。理解者是如何超越于作者的文本意义的，上述对间距的过滤作用的分析正是对这个问题的较好回答。作品与作者的"共鸣"是一种"前判断和前结构"，理解者的理解是意义的理解，理解者理解到的正是意义本身，因而，理解者对文本的理解并不是一种简单的、机械的复制，而始终是一种可能性筹划，把文本本来存在的意义筹划出来，开显文本的始基意义，因而从这个意义上来讲，理解活动是一种创造性、生产性的活动。理解者理解文本的意义的生长域是在间距化的过程中实现的。

《资本论》第一卷的发表距离我们已经150多年，它的存在的作为历史流传物的形式存留与历史性和时间性之中。150多年来，《资本论》被传播着、解释着、研究着、解释着；抑或被解构、建构、质疑、批判等，对此有不同的种种声音，在这个世界的不同角落里回荡。马克思在《资本论》中描述的资本主义生产方式下的经济规律、对资本主义分配方式的批判、揭示的资本主义分配关系的本质、对分配伦理思想的解释等是我们认识资本主义分配关系的文本依据，但是，毕竟马克思所处的19世纪与当前的21世纪有很大的不同，资本主义生产关系的调整、生产力的迅速发展、

---

① 潘德荣：《西方诠释学史》，北京：北京大学出版社2016年版，第348页。
② 潘德荣：《西方诠释学史》，北京：北京大学出版社2016年版，第348页。
③ 潘德荣：《西方诠释学史》，北京：北京大学出版社2016年版，第348—349页。
④ 潘德荣：《西方诠释学史》，北京：北京大学出版社2016年版，第349页。

劳资关系的缓和、分配方式的改革等一系列措施推动了资本主义的发展，尽管存在着剥削，但是，剥削的程度有所减轻，剥削的方式也发生了巨大的变化。那么，如果我们完全遵循马克思在《资本论》中的分析的论断，显然是不能准确分析当前资本主义的新变化的。反之，如果我们分析当前的资本主义的新变化没有任何理论支撑和前提的话，我们也不能知道当前资本主义新变化对分配方式的影响，以及劳动者与资本家之间的关系，也不知道资本主义方式、资产阶级与无产阶级之间的关系在历史上是何种样态和何种情况。

马克思写作《资本论》的 19 世纪是资本主义发展处于自由竞争的时代，资产阶级与无产阶级之间的阶级矛盾激化到革命的地步，因而主张改良的思想不可能在资本主义世界实行。与此同时，主张绝对平均主义分配的主张也是一种迷惑无产阶级的思想，马克思正是在反对两种分配方式的思潮中批判了以上两种分配思潮的非科学性、非公平性、非正义性的。马克思写作《资本论》的视域与当前我们理解者的视域之间存在间距，文本于我们而言就具有"陌生性"和"熟悉性"，在两种张力中融合为新的视域，产生新的意义。间距的存在使得我们理解马克思《资本论》分配伦理思想既立足马克思的原始文本，回溯到马克思写作《资本论》的视域、历史情境，又根据当前资本主义新变化的实际情况，从当前视域出发分析其中可能筹划的意义，两种不同的视域融合为新的视域，生产出新的意义，从而超越马克思在《资本论》文本中所表达的意义。这就是说，间距是我们理解《资本论》分配伦理思想的条件。两种不同的视域的理解差异需要"过滤"，我们理解《资本论》分配伦理思想的时候总是带着一种"前见"，此外，还有文本作品与作者之间的某种"共鸣"也产生了一种"前见"，由此形成了"前结构"和"前判断"，但是，认识中也存在着非理性的、模糊的、不严谨的认识，这样形成的意义就不是我们所要达到了的对理解本身的理解了，而在间距化的作用下就"过滤"了"假前见"，剔除了虚假的意义，从而达到对马克思文本思想的理解。这一过程是生产意义的过程，形成了意义的"生长域"，因而是超越作品作者的意义的。

马克思、恩格斯对《资本论》不同版本、译本的修订情况就很好地例证了间距的作用。在前文中我们梳理了马克思和恩格斯修订不同语言版本的基本情况,我们着重从语言性来阐释,而在下面的文字中,我们主要是从马克思写作《资本论》的视域之历史状况与修订时期的视域之实际状况之间的差异对修正原有的理论进行说明。在《资本论》第一卷序言中马克思指出:"这部著作是我1859年发表的《政治经济学批判》的续篇。初篇和续篇相隔很久,是由于多年的疾病一再中断了我的工作。"① 这里马克思交代了第一卷为何迟迟不能付印的原因,在序言中马克思还描述了欧洲工人阶级的一些新状况。他写道:"以最近几星期内发表的蓝皮书《就工业和工联问题同女王陛下驻外使团的信函往来》为例。……,现有的劳资关系的变化同英国一样明显,一样不可避免。……现在社会不是坚实的结晶体,而是一个能够变化并且经常处于变化过程中的有机体"。② 这一情况说明了马克思原有的视域和现在的视域之间有所差异,形成的差异的原因是间距的存在,使得两个视域融合为一个新的视域,从而产生了新的意义,对资本主义内部的新变化纳入到了马克思考察的视野范围内。

在第二版序言中马克思提出了辩证法的革命意义,"辩证法不崇拜任何东西,按其本质来说,它是批判的和革命的"③。这一论断的提出给资本主义代言人带来了恐慌,辩证法的革命作用要求我们把资本主义社会制度和资本主义生产方式看作是人类社会历史的一环和生产方式的一种形态,而最终会被更高的社会形态和生产方式所代替。正是在此意义上马克思在序言的最后一段又作出了科学的预测,他写道:"使实际的资产者最深切地感到资本主义社会充满矛盾运动的是现代工业社会所经历的周期循环的各个变动,而这种变动的定点就是普遍危机。……它甚至对把辩证法灌进

---

① 〔德〕马克思:《资本论》第1卷,中共中央马克思恩格斯列宁斯大林著作编译局编译,北京:人民出版社2004年版,第7页。
② 〔德〕马克思:《资本论》第1卷,中共中央马克思恩格斯列宁斯大林著作编译局编译,北京:人民出版社2004年版,第12—13页。
③ 〔德〕马克思:《资本论》第1卷,中共中央马克思恩格斯列宁斯大林著作编译局编译,北京:人民出版社2004年版,第22页。

新的神圣的普鲁士德意志帝国的暴发户们的头脑里去。"① 这里我们可以看出，马克思预测的资本主义社会普遍危机将会随着资本主义固有矛盾的激化而出现。从第二版序言中我们可以看到，马克思对辩证法的历史发展状况、科学内涵及应用都作了深刻说明，表现在间距化和视域融合对理解的作用，他公开承认自己是黑格尔的学生，但是他的辩证法又和黑格尔完全不同，甚至是相反的。他批判了黑格尔的头足倒置的辩证法，"并且在关于价值理论的一章中，有些地方我甚至卖弄起黑格尔特有的表达方式。"② 从这一点我们可以看出他对待辩证法的态度是辩证的，他承认和坚持了黑格尔辩证法的一般运动形式。

辩证法在马克思的批判视域之前与之后是不同的，间距的存在使得马克思对资本主义社会未来的普遍危机具有了一定可能筹划的意义。对《资本论》的历次修订都是基于现实变化的需要和论战的需要，有时是为了澄清事实，批驳错误的观点，有时是为了将变化的实际纳入考察的视野，有时是为了预测资本主义生产方式和社会形态发展的一般规律和普遍状况，这是马克思和恩格斯对待科学研究的态度，他们始终是与时俱进地发展科学理论，始终是力求在不同视域中融合，产生效果历史意识，服务实践，他们始终是站在无产阶级的立场上批判资本主义制度的罪恶，批判和揭示资本主义不公平、剥削人的分配制度，这一点于他们来说是一个固定不变的主题，为谋求人类的解放而矢志不渝地斗争。从理解者的角度来说，我们应该在间距化的作用中将马克思写作《资本论》的视域和现时代我们理解的视域进行融合，形成新的视域，与时俱进地发展马克思的理论学说，将当前资本主义出现的新情况、新问题纳入我们的研究视域，例如，将数字劳动、数字资本主义、"996"的工作模式、智能化生产、新兴产业和职业等纳入研究视野，立足马克思的基

---

① 〔德〕马克思：《资本论》第1卷，中共中央马克思恩格斯列宁斯大林著作编译局编译，北京：人民出版社2004年版，第23页。

② 〔德〕马克思：《资本论》第1卷，中共中央马克思恩格斯列宁斯大林著作编译局编译，北京：人民出版社2004年版，第22页。

本经济原理,对该问题进行分析,形成新的理解意义,丰富《资本论》复杂的意义世界。

### (三) 效果历史与视域融合

效果历史是伽达默尔解释学中最具有突出地位的范畴,代表着伽达默尔解释学的最大成就。历史之所以成为历史乃是由于历史并不仅仅是属于过去的事件,而是因为历史作为过去的事件而对未来产生了意义,这就和传统的理解有了区别。而传统的观点认为历史是我们研究的客观对象,是不依赖于理解主体的客观存在的事物,是具有本体论意义的自在之物。而效果历史观则认为,历史在解释者那里"是一种效果历史,它是过去与当代相互作用的历史,这就是说,历史不能仅仅理解为过去已经发生的事件,把历史研究的任务规定为客观地再现历史事件,并从中勾勒出历史发展行程的长链。"[1] 这种观点是把研究历史当作研究自然科学,采取实证主义的方法,这显然是一种理想的状况,历史作为人的活动浓缩的历史事件,不可能与作为历史主体的人无关。

效果历史作为一种历史事件,我们理解历史就是把历史作为一种要素来理解,所理解的历史就是自己和他者之间的统一体[2]。历史作为过去的事件,留存下来,再次被人们所理解的时候就参与到了当代,进而进入了当代视域,对我们当前产生了影响,因而在我们理解历史的过程中历史被重新建构了,这就是说,以我们的视域去理解历史,历史才被作为要素来理解。我们在理解历史的过程中总是存在着两个视域,一个是历史视域,一个是时代视域,而这两个视域之间具有一定的边界或理解的界限[3],两个视域的"遭遇"融合形成新的视域,从而产生新的意义。历史视域是属于过去的视域,要求我们回到过去,按照历史本身存在的面目来理解历史,然而,在伽达默尔看来"这也是不可能的","我们永远是在既得视域

---

[1] 潘德荣:《西方诠释学史》,北京:北京大学出版社2016年版,第340页。
[2] 潘德荣:《西方诠释学史》,北京:北京大学出版社2016年版,第340页。
[3] 潘德荣:《西方诠释学史》,北京:北京大学出版社2016年版,第341页。

中理解着，不是把历史当做纯粹的、已经发生过的'事件'之链条，而是揭示其向我们这个时代所开启的意义，历史因此表明了与我们的一种意义关联，它乃是效果历史。"① 由此观之，历史就不是"随意打扮的姑娘"②，而是具有本体意义的理解要素。我们理解历史就是与历史对话，在"提问—回答"的对话结构中让历史"说话"，这一过程就是"视域融合"。具体而言，"我们能够获得这种普遍性的根据就在于，当我们进入历史时，我们的视域或历史的视域并不因之而被消解，相反地，是构成了一个更为广阔的视域，它乃是包含了历史和现代的整体性视域，伽达默尔称之为'视域融合'"③。视域融合后形成的新的视域超越了原来的历史视域和时代视域，产生了理解意义的生长域。这一过程是扬弃"前见""前判断"之"前结构"的过程，也是"我们通过筹划的历史使历史与我们区别开来"④ 的过程。形成新的视域是我们理解所达到的目标，但是这个视域之理解并不是理解活动的终结，而是为后继者的理解提供理解的视域，如此形成了理解的循环，但是，这种循环并非逻辑上的循环，这样的视域是开放的视域，随着历史的变迁，形成了间距，在间距化的作用下，使得理解者达到的理解已经成为历史流传物的历史视域的载体，而新的视域则会关联历史视域，如此循环下去。正是视域融合的作用使得人类认识和理解历史意义的水平不断提升。

至此，我们对伽达默尔的语言性、间距、效果历史与视域融合等核心概念的理解就已经形成一个完整的轮廓。我们可以说，伽达默尔与海德格尔的解释学共性是，它们都建立在此在存在的本体论基础上理解历史流传物或者文本，但是，伽达默尔把语言作为他的解释学的本体论，赋予语言一种本体意义。海德格尔的理解的循环、可能性、理解的前结构、历史性与时间性与伽达默尔的效果历史、视域融合、间距有着密切的联系，两人

---

① 潘德荣：《西方诠释学史》，北京：北京大学出版社2016年版，第342页。
② 潘德荣：《西方诠释学史》，北京：北京大学出版社2016年版，第343页。
③ 潘德荣：《西方诠释学史》，北京：北京大学出版社2016年版，第343页。
④ 潘德荣：《西方诠释学史》，北京：北京大学出版社2016年版，第3444页。

对文本的理解都具有历史本体意义、辩证观念、对话结构的特征，为我们理解文本意义提供了非常具有启发意义的方法论。

视域融合和效果历史是理解文本的有效方法，《资本论》作为马克思的重要文本，其中的分配伦理思想作为一种我们理解的意义对象对理解者来说存在两个不同的视域：历史视域（马克思在写作《资本论》时的世界历史之视域）、现代视域（我们理解《资本论》当代视域）。《资本论》作为历史流传物，它揭示的资本主义生产方式和现代经济社会运行的规律是以真理的面向留存于历史之中的，马克思所揭示的资本主义两极分化、资本家剥削工人的历史事实、资本主义分配方式的非公平正义性、资本家的虚伪和自私自利性、价值创造主体与分配主体相扭曲等是资本主义难以辩驳的基本历史事实。正是马克思对19世纪英国的资本主义生产方式和生产关系规律的揭示使得马克思分配伦理思想具有真理性，这一规律对资本主义的前途命运、历史趋势、未来走向、实现条件等做了一般意义上的科学预测和论证，因而影响着世界社会主义运动和国际共产主义运动。《资本论》发表150多年以来，资本主义经济社会运行的主要规律仍旧没有超越马克思所揭示的规律。在国际共产主义运动的历史浪潮中，马克思主义逐步被工人阶级所接受，推动了国际共产主义运动的发展。列宁将马克思主义基本原理与俄国革命、建设相结合形成了列宁主义，社会主义由理论变为现实。马克思主义传入中国以后，以毛泽东同志为首的中国共产党人积极探索如何在半殖民地半封建社会的中国实现国家独立和民族解放，形成了毛泽东思想。在毛泽东思想的指引下，中国新民主主义革命取得胜利，建立了新中国，建立了社会主义制度。之后还实行了改革开放，深刻改变了中国人民的面貌。从马克思列宁主义到中国化的马克思主义，从马克思、恩格斯设想的共产主义到中国特色社会主义的发展历程就是马克思、恩格斯所开创的共产主义事业的继承与发展，就是坚守马克思、恩格斯的无产阶级立场、初心使命，就是要解放全世界无产者。马克思在《资本论》中的伟大思想弥足珍贵，这一历史文本深刻根植于无产阶级受剥削的历史事实中，指向了重建所有制，实现劳动者共同占有生产资料和共同分配生产资料的未来社会的分配方向，影响着世界社会主义运动。正是马克思《资本论》文本的历史视域筹划了人类未来社会的前进方向，给了我们今天重新理解其中的可能性筹划的机会。马克思写作的历史视域今天我们不可能再回去，我们亦无法要求马克思对今天社会所出现的分配正义失范作出解答。因而，我们要在历史视域与当代视域的融合中形成一种新的视域，开创新的意义，这是我们能够做的事情。

在《资本论》第一卷第一版序言中，马克思指出了资本主义生产的发展和不发展都使我们受苦，历史遗留下来的旧的生产方式也会给人带来痛苦。"除了现代的灾难而外，压迫着我们的还有许多遗留下来的灾难，这些灾难的产生，是由于古老的、陈旧的生产方式以及伴随着它们的过时的社会关系和政治关系……死人抓住活人。"① 这一段话有这样几层深意。第一，资本主义的发展造成剥削和压迫无产阶级的程度加深，这是因为资本主义的生产是剩余价值的生产过程，生产服从资本逻辑的规律，剥削工人越严重实现的剩余价值就越大。反之，资本主义不发展，资本家的预付资本就不能实现，剩余价值无法转化为资本，资本主义生产就无法继续下去。资本主义不发展，封建专制剥削的生产关系就不会解体，人类社会自然难以进步。第二，资本主义发展到自身阻碍自身的发展这一地步完全是由资本主义生产方式自身固有的矛盾所决定的。第三，旧的生产关系如果不解体，新的生产力就得不到发展，过时的社会关系和政治关系就会"抓住活人"，这就是说，旧的生产关系是阻碍先进生产力发展的桎梏。生产力决定生产关系，生产关系要适应生产力的发展。同样，资本主义生产方式曾经起到非常积极的作用，但是，现在，生产关系已经开始成为先进生产力发展的桎梏，资产阶级还在继续维护它的发展，采取延长工作日或者提升劳动的复杂程度、难度来榨取工人阶级的剩余价值，出现了不劳而获的资产阶级和劳而不获的无产阶级，造成了两极分化、分配正义失范，出现了非公平的历史事实，形成了被统治

---

① 〔德〕马克思：《资本论》第 1 卷，中共中央马克思恩格斯列宁斯大林著作编译局编译，北京：人民出版社 2004 年版，第 9 页。

阶级与统治阶级、被剥削阶级和剥削阶级、被压迫阶级和压迫阶级之间的阶级斗争的历史事件。马克思从历史视域中看到了旧的生产关系对现代人的剥削，也从他的视域中看到了当前资本主义压迫、剥削和统治无产阶级的基本事实，他还在两个不同视域的融合中形成了新的视域。未来社会如何消除剥削、压迫、统治的关系？通过重建个人所有制实现。从我们的视域出发关联马克思的历史视域，我们又可以形成新的视域。社会主义如何消除分配不公？资本主义分配的新变化于我们而言有何意义？马克思设想的公有制的按劳分配是我们社会主义的基本分配方式，而努力实现共同富裕是我们社会主义的价值追求，也是社会主义本质的基本内涵。我们确立以人民为中心的发展思想，坚持人民主体地位就是要消除两极分化，让全体人民实现共同富裕。针对目前出现的新情况，例如数字劳动、人工智能等，我们可以从马克思的机器观、总体工人、自动化等范畴出发，关联当前的劳动方式，让马克思的历史文本的范畴与当前视域的鲜活事实对话，在比较、分析、间距的过滤中实现新的理解和启发。这样我们对马克思对《资本论》文本中的分配伦理才能有更深刻的理解，才能推进马克思主义理论的时代化发展和创造性应用。

　　《资本论》作为一种历史留存的文本，其中蕴含的真理意义透过间距而得以被人们理解，它之所以为人们不断解释、理解是因为它表达的历史事件具有效果历史的作用，产生的影响持续到现在，对人类社会发展产生了重要的影响。它所揭示的"资本主义生产方式以及和它相适应的生产关系和交换关系"[①] 的经济社会发展规律是被日益实践的工人运动所证实的，也是科学的理论，经过时代的检验，具有真理的性质。在国外马克思主义的视域中，《资本论》具有独特的学术价值意义，被不同的学者进行分析和解读，英国的大卫·哈维、法国的阿尔都塞、日本的广松涉、美国的詹姆逊等人从不同角度和视野解读和阐释着《资本论》的价值和意义。阿尔都塞的认识断裂说制造了马克思学术思想断裂的结论，我们对此应该有理

---

① 〔德〕马克思：《资本论》第 1 卷，中共中央马克思恩格斯列宁斯大林著作编译局编译，北京：人民出版社 2004 年版，第 8 页。

论上的澄清，而不是默不作声。究其原因，阿尔都塞把马克思文本中的语言做了认识上的区分，马克思给我们所呈现出来的文字是表层上的，而其中隐藏的无声的文字所表达的意义被我们所忽略了。因而，我们需要去从这一点上把握马克思复杂的思想世界，从而弥补认识上的不足和理解上的误区。但是，我们从马克思写作《资本论》的基本构思来看，从最初的六分册到最后的四卷本，从写作的实际情况来看，马克思在《资本论》中的研究对象是资本主义生产方式及与之相适应的生产关系和交换关系，这样就说明了研究对象的明确性，而在写第一分册的时候马克思已经对总体的写作计划进行了构思。从《资本论》四卷本的逻辑关系来看，也不存在阿尔都塞所说的认识论断裂。但是，在阿尔都塞的另一部著作——《读〈资本论〉》却对马克思《资本论》第一卷第一版的德文版序言进行了质疑和批判，这里我们摘录出几个具有代表性的观点。马克思写道："物理学家是在自然过程表现得最确实、最少受干扰的地方观察自然过程的……到现在为止，这种生产方式的典型地点是英国。"① 在这一段落内马克思向我们传递了这样几点信息：一是自然科学研究对象具有纯粹客观实在性，而研究资本主义生产方式和与之相适应的生产关系和交换关系具有相对客观性，研究过程会受到各种条件的限制；二是马克思研究采取的是从后思索的抽象分析法，用这种方法来研究资本主义经济社会规律，所抽取的样板是英国，原因在于资本主义生产方式和发展水平最高的典型是英国。而阿尔都塞在《读〈资本论〉》一书中却做了不同的解读，他的基本观点是这样的："这段话清楚地说明了前面引用过的以物理学为例证的话，我们从那些话中所使用的术语可以知道，马克思寻求的是'纯粹的'、'不受干扰因素影响'的对象……因为马克思的理论对象不是英国，而是'内在本质'上的资本主义生产方式以及这一'内在本质'的规定"②。从中我们

---

① 〔德〕马克思：《资本论》第1卷，中共中央马克思恩格斯列宁斯大林著作编译局编译，北京：人民出版社2004年版，第8页。

② 〔法〕路易·阿尔都塞、巴里巴尔：《读〈资本论〉》，李其庆、冯文光译，北京：中央编译出版社2001年版，第234页。

可以看出阿尔都塞对马克思是一种片面的误读,马克思认为自然科学的研究对象具有客观性,他们在受到最少干扰的地方观察研究对象,而人文社会科学研究难免受到干扰,但是马克思力求减少干扰来研究资本主义生产方式的规律。尽管如此,阿尔都塞的认识有一点是值得我们认可的,他写道:"至于说到英国,如果我们详细阅读马克思的著作,我们就会看到,英国只是作为例证的说明,而绝不是理论研究的对象。"① 马克思把英国作为研究资本主义生产方式的典型,在《资本论》的各个章节里有大量的实证资料来自英国,以第一卷为例,我们看到在第八章"工作日"中马克思列举了 14 世纪以来英国工厂的立法及其工人为缩短工作日而斗争的历史,因而马克思在《资本论》第一卷第一版序言中就明确指出:"因此,我在本卷中还用了很大的篇幅来叙述英国工厂立法的历史、内容和结果。"② 阿尔都塞误读马克思的原因是他不能区分一般意义上的研究方法和叙事方法,对此马克思认为科学的研究方法要经历"完整的表象蒸发为抽象的规定,抽象的规定导致思维行程的具体再现",马克思在《〈政治经济学批判〉导言》中的论述就说明了研究方法和叙事方法是有很大区别的,③ 因而,我们认为阿尔都塞误读了马克思的原意。我们在理解《资本论》的复杂思想世界的意义的时候,需要用视域融合的效果历史的解释学方法去解读马克思的原意,必须在理解结构的前提规定下展开理解,防止理解出现相对主义和绝对客观主义,力求将马克思的可能性筹划的历史意义展开出来,以此理解他复杂思想世界的意义。

---

① 〔法〕路易·阿尔都塞、巴里巴尔:《读〈资本论〉》,李其庆、冯文光译,北京:中央编译出版社 2001 年版,第 233 页。
② 〔德〕马克思:《资本论》第 1 卷,中共中央马克思恩格斯列宁斯大林著作编译局编译,北京:人民出版社 2004 年版,第 8 页。
③ 《马克思恩格斯文集》第 8 卷,中共中央马克思恩格斯列宁斯大林著作编译局编译,北京:人民出版社 2009 年版,第 25 页。

## 三、《资本论》分配伦理思想方法论的解释学解读

前两部分我们从海德格尔的此在解释学和伽达默尔的语言解释学对《资本论》分配伦理思想做了阐释，理解本体论学派和此在存在主义学派是现代解释学的重要流派，为我们理解历史流传物的文本提供了研究视角，特别是可能性、历史性与时间性、间距、视域融合与效果历史等范畴给我们理解文本提供了可以借鉴的方法，但是德国现代解释学如何"克服理解的相对主义"①，这是解释学观念冲突需要解决的问题，同样理解《资本论》分配伦理思想也需要防止"过度理解"的现象的出现。而贝蒂、利科、赫施等人的观点为修正从海德格尔到伽达默尔的德国现代解释学提供了具有一定意义的方法论，避免了理解相对主义的出现。下面，我们用贝蒂、利科、赫施等人的解释学观点，对马克思的《资本论》中的分配伦理思想展开分析和阐释。

### （一）解释学的方法论意蕴

贝蒂的解释学力图"建立科学的精神科学方法论，他不能容忍海德格尔、伽达默尔等人的看法，认为文本的意义在理解中产生，而非本文本身所固有"②。在他看来，解释学存在的目的、理由、宗旨就是为了准确理解文本作者的原意，而非理解者自身的主观认识，因而主张通过构建解释的四原则来实现这一目的。他的主张显然是坚持作者（文本）中心论，理解者要理解作者文本表达的原意，获取理性的、客观的知识，这一点主张无非是回到了德国古典哲学的主张，"他接受了康德对知识的界定：'知识不是认识主体对实在的被动反映，它的对象是由我们理解他们的方式决定的'。"③ 因此，他反对狄尔泰的"心理移情"理论，认为那种方式理解文

---

① 潘德荣：《西方诠释学史》，北京：北京大学出版社2016年版，第371页。
② 潘德荣：《西方诠释学史》，北京：北京大学出版社2016年版，第372页。
③ 潘德荣：《西方诠释学史》，北京：北京大学出版社2016年版，第374页。

本是主观的心理体验的行为，因而是一种心理主义学派的理解方式，不能确保理解的客观性。我们对《资本论》分配伦理思想的解读、理解也是一种理解精神科学的活动，因而要以马克思的《资本论》文本为依据，既不能过"过度"理解，也不能完全处处以文本为依据而走入教条主义或者本本主义的"胡同"，以变化着的实际为条件，必须坚持理解者与文本之间的互动，坚持辩证唯物主义与历史唯物主义相统一，视域融合与效果历史相统一来展开理解活动。在《资本论》第二版跋中马克思写道："人们对《资本论》中应用的方法理解的很差，这已经由对这一方法的各种相互矛盾的评论所证明。例如：巴黎的实证者评论一方面责备我形而上学地研究经济学……而没有为未来的食堂开出调味单。"① 这一实例很好例证了理解者的主观臆想，没有进入马克思的"从后思索"方法，即"对人类生活形式的思索，从而对这些形式的科学分析，总是采取同实际相反的道路。这种思索是从事后开始的，就是说，从发展过程的完成的结果开始的。"② 这一方法是马克思分析政治经济学的独特方法，他是第一人，因而他才说"叙事方法必须和研究方法不同。"③ 这对于我们理解马克思《资本论》的分配伦理思想也具有重要的启示。

### （二）富有意义的形式

贝蒂解释完了解释学的方法论意蕴之后，又给定了富有意义的形式，即"所有富有意义的形式共同形成了人类文明的统一体。在此，'形式'乃是他人的心灵向我们诉说、传达的形式，应理解为一种统一的结构关联。"④ 他还对所谓的"形式"进行了举例说明，如："诸如文字、密码数

---

① 〔德〕马克思：《资本论》第1卷，中共中央马克思恩格斯列宁斯大林著作编译局编译，北京：人民出版社2004年版，第19页。
② 〔德〕马克思：《资本论》第1卷，中共中央马克思恩格斯列宁斯大林著作编译局编译，北京：人民出版社2004年版，第93页。
③ 〔德〕马克思：《资本论》第1卷，中共中央马克思恩格斯列宁斯大林著作编译局编译，北京：人民出版社2004年版，第21页。
④ 潘德荣：《西方诠释学史》，北京：北京大学出版社2016年版，第374页。

字、艺术的象征、语言与音乐表达面部表情、行为举止等。"① 他把这些叫作精神的客观化物，它承载着精神意义，被人们所认知、理解。"广义上理解的'富有意义的形式还包括了人们的思想的'实践活动'，……可推知作者的思想活动、行为动机。"② 这是富有意义的形式，是联结理解者与作者的中介，因而架起了理解者与作品和作者的沟通桥梁。《资本论》作为精神的客观化物和历史的流传物，于理解者而言，其中马克思批判资本主义生产方式、分配方式的正义失范，建构理想的分配方式、消除剥削等的意义是由《资本论》文本所承载的，理解者需要的是与之对话，开显其本来就已经存在的丰富意义，而不是主观臆想、"过度解释"，对马克思经济理论进行误读、肢解。例如，马克思在《资本论》第一卷第四版序言中提到的《协和》杂志社的格莱斯顿③便是如此。

### （三）理解与解释

在伽达默尔看来，理解是一种具有生产意义的活动，通过解释文本中蕴含的可能性筹划的意义使得意义开显。而解释本身是什么并成为什么？伽达默尔认为理解本身才是意义的源泉，因而他坚持理解本体论。而方法论解释学的贝蒂则对解释和理解的含义做了新的界定，下面，我们将从他的定义出发去厘清二者之间的联系与区别。"他认为，解释是主体行为，而理解则是这种行为的目的，解释因而是朝向理解的过程，其任务就是让某物得以理解，其性质是解决理解的认识论问题"④。在富有意义的形式的中介作用下，理解者对精神的客观化物内蕴的意义有了认识，从而使得对立的两极有对话的可能性。那么，理解者如何通过自身的解释将精神的客观化物的意义揭示出来？这里，贝蒂给出了解决方案："一是意义的客观化，二是理解主体对蕴含其中的主要意义之'复制'亦使客观化的东西重

---

① 潘德荣：《西方诠释学史》，北京：北京大学出版社2016年版，第374页。
② 潘德荣：《西方诠释学史》，北京：北京大学出版社2016年版，第375页。
③ 〔德〕马克思：《资本论》第1卷，中共中央马克思恩格斯列宁斯大林著作编译局编译，北京：人民出版社2004年版，第38页。
④ 潘德荣：《西方诠释学史》，北京：北京大学出版社2016年版，第376页。

新回归到主观化。"① 这一解决路径就有效防止了理解意义的相对主义和主观化，纠正了自海德格尔以来的德国解释学的相对主义倾向。以对《资本论》的理解为例，我们能够很好地说明理解与解释之间的密切关系。大卫·哈维作为西方世界中研究马克思《资本论》的著名专家，他坚持开设《资本论》课程，经过几十年的积累，他把《资本论》的教学讲稿加以整理出版，形成《跟大卫·哈维读〈资本论〉》这一著作。我们不妨去看看他是如何解释和理解《资本论》的相关问题的。他写道："最后需要说明的一点是：我们的目的是按照马克思的原意阅读马克思的著作。但是，因为我指导学生们学习这种方法，所以内容将不可避免地受我个人兴趣爱好和人生经历的影响……这些学术背景显然会影响我现在阅读《资本论》的方式。"② 显然，这里大卫·哈维说出了自己理解和讲授《资本论》的方式：第一，意义客观化，即按照马克思的原意去阅读《资本论》；其二，复制文本的客观化意义，这一过程大卫·哈维说是受到自身学术兴趣爱好的影响，这一点是任何理解者都难以避免的，因而这种理解方式就是贝蒂所主张的理解方式。

### （四）解释的四原则

为了确保理解的客观性，避免相对主义，贝蒂制定了解释的四原则。

第一，"诠释对象的自主性原则。"③ 这一原则解释了文本的客观独立性，文本是作者思想的凝结，但是文本形成以后便不依赖于作者和理解者，因而具有自主独立性。理解者在解释文本意义的过程中需要经过"意义客观化"和"意义之复制"两个环节，后者则包含了理解者的创造性理解意义，这里的创造是理解者在模仿（复制）的基础上对意义的创造，它要求理解者"在其自身的'必然性、融贯性和结论性'中进行理解，以把

---

① 潘德荣：《西方诠释学史》，北京：北京大学出版社 2016 年版，第 378 页。
② 〔美〕大卫·哈维：《跟大卫·哈维读〈资本论〉》，刘英译，上海：上海译文出版社 2013 年版，第 14 页。
③ 潘德荣：《西方诠释学史》，北京：北京大学出版社 2016 年版，第 380 页。

握事实真相，而不能迎合其他任何外在的目的来进行理解。"① 这一原则要求理解者要坚持以文本为理解的出发点，克服主观随意性，在文本世界中解释意义，理解作者的生命意义，把握文本表达的事实真相，复制文本的意义，通过转化、深化，以确保文本意义被开显出来。《资本论》是马克思一生理论研究的最高成就，他毕其一生来研究政治经济学，他的科学精神、人民情怀、崇高人格、思想境界是我们在阅读他的作品中应该感受到的意义。诠释对象的自主性原则要求我们对各种非马克思主义、反马克思主义的学术观点要进行回应，捍卫马克思的真理性，保卫马克思。在时代发展中，马克思主义应与时俱进，在不断赋予马克思主义鲜活的生命力，为我们的治国理政提供丰厚的理论资源和思想养分。

第二，"意义圆融性原则（整体原则）"②。意义的整体性原则和诠释对象的自主性原则是确保理解的客观性的要求。理解意义的圆融性原则表明理解文本的意义的整体与部分之间的辩证统一关系。作者将写作意图融入作品中，进而将自己的生命融入作品中，我们理解作品的意义就是在理解作者的生命意义。理解过程依赖于作品的整体意义和个别元素，这种理解意义之循环反映了需要理解者在更大的"文化系统"③ 去把握作品的整体意义。同理，我们去理解《资本论》这部作品时，也需要按照马克思的原意去理解作品蕴含的整体意义，以便把握资本主义生产方式及与之相适应的生产关系与交换关系，深切理解马克思的无产阶级立场，批判资本主义分配正义失范的历史状况，阐明资本家剥削工人的基本事实，建构符合人的自由全面发展的分配制度，建立共产主义道德，这是我们在理解《资本论》文本时应该读出的意义。我们从《资本论》的整体逻辑出发，按照逻辑起点、逻辑运行的诸环节、逻辑前提、逻辑价值旨归等把握马克思分析资本主义经济社会发展规律的主要线索，理解他研究《资本论》的研究

---

① 潘德荣：《西方诠释学史》，北京：北京大学出版社2016年版，第380—381页。
② 潘德荣：《西方诠释学史》，北京：北京大学出版社2016年版，第380页。
③ 潘德荣：《西方诠释学史》，北京：北京大学出版社2016年版，第381页。

方法和叙事方法之间的差异及其贯通。诚如马克思在1872年《资本论》法文版序言和跋中写的那样："我所使用的分析方法至今还没有人在经济问题上运用过，这就使得前几章读起来相当困难。"① 这里表明马克思的研究方法是经济学的"术语的革命"，这种研究方法造成了读者的困难，但是，如果跳过这几章去读《资本论》的话则不能理解马克思研究政治经济学的起点是什么，逻辑是如何推进和运演的，以至于理解者对《资本论》产生片面理解或者误读，因而必须坚持作者的原意，坚持意义的整体性原则，以文本为出发点来理解作者的复杂思想世界的意义。

第三，"理解的现实性原则"②。贝蒂所说的现实性原则意指"意义在理解主体那里，通过主体主动的模仿和'补充、转化、深化'的双重创造性，通过重新建构文本的意义而得以重新'实现'"③。这一过程并非主体完全抛弃富有意义的形式的文本，而是主体在理解的过程中"亲自体验、认知客观网络关系中的意义，在主观中完成客观意义的重构"④。理解者的理解是作品的历史视域和理解者的主体现代视域的融合，是效果历史和视域融合的统一。我们在理解《资本论》的某一思想时，比如，我们在理解《资本论》中的分配伦理思想的时候，就应该将其中所指向的现实意义按照马克思的原意解释出来。例如，马克思在《资本论》第一卷第二十五章"原始积累"中提出的"重建个人所有制"，这里的"个人所有制"指的是资本主义在否定封建专制的私有制的前提下建立的资本主义私有制，"在协作和对土地及靠劳动本身生产的生产资料的共同占有的基础上，重新建立个人所有制"⑤。马克思还认为，共产主义社会的所有制是对资本主

---

① 〔德〕马克思：《资本论》第1卷，中共中央马克思恩格斯列宁斯大林著作编译局编译，北京：人民出版社2004年版，第24页。
② 潘德荣：《西方诠释学史》，北京：北京大学出版社2016年版，第382页。
③ 潘德荣：《西方诠释学史》，北京：北京大学出版社2016年版，第382页。
④ 潘德荣：《西方诠释学史》，北京：北京大学出版社2016年版，第382—383页。
⑤ 〔德〕马克思：《资本论》第1卷，中共中央马克思恩格斯列宁斯大林著作编译局编译，北京：人民出版社2004年版，第874页。

义私有制的否定,是建立公有制,在此意义上,重建个人所有制是历史的进步,是对剥削人的资本主义私有制的否定。这里的"重建个人所有制"和资本主义时代的"重建个人所有制"的意义完全不同。诸如此类的范畴还有很多,我们需要遵循理解的现实性原则。

第四,"理解的意义正确性原则"①(意义和谐一致原则)。这一原则要求理解者理解出来的意义要与文本的原始意义相一致、相符合,这是衡量和检验理解正确与否的"试金石"和标准。"'和谐'在此不仅意指解释出来的意义本身和谐一致,并与解释对象符合一致,还表明了解释者的一种积极、坦诚的态度,一种在道德和理论上的反省的态度,采用最合适的立场主动追求、创造和谐一致的观念。"②至此,贝蒂的解释学四原则我们就理清了,前两个原则是客观性原则,后两个原则是主体性原则,主客观原则的界定旨在确保理解主体解释出来的意义的客观性,以避免相对主义的出现。贝蒂的这一套方法为我们理解文本提供了新的视角,尤其是在解释学方法论方面,具有很大的启发意义。我们在理解《资本论》的时候不能总是从我们自身的视域出发,带着主观色彩去阅读文本,而是应该在文本与意义之间寻求契合的和谐一致,作为理解者,我们对《资本论》分配伦理思想的解释要与文本原意、马克思科学预测的人类社会发展趋势、现实运动的特点相结合,坚持并发展马克思的理论学说。

### (五)文本与话语

文本与话语的区分使得二者之间本来模糊的界限变得清晰明确,于理解活动而言具有重要的价值。利科对"文本"的定义是"任何由书写所固定下来的任何话语"③,但是这里的话语和我们日常所理解的话语是不同的,甚至是相反的。他进而又对话语的特殊含义进行了界定:"(1)话语常常被暂时的现实地实现;(2)话语是借助一个复杂的指示系统如人称代

---

① 潘德荣:《西方诠释学史》,北京:北京大学出版社2016年版,第383页。
② 潘德荣:《西方诠释学史》,北京:北京大学出版社2016年版,第383页。
③ 潘德荣:《西方诠释学史》,北京:北京大学出版社2016年版,第391页。

词进行；（3）话语总是关于某一事件的；（4）在话语中信息被相互交换。"① 话语将流逝的语言固定在文本中，为理解提供了依据和来源，"因此，文本不言而喻的具有主体性，它表达的是说话者的意图及其所意指的意义；话语所涉及领域是整个世界，这个世界构成了文本的境域。"② 通过这样的界定，利科就将话语、语言、文本之间的区别和联系讲清楚了，所以他的话语和伽达默尔的语言有本质的区别，在他看来，语言具有流动性、符号性、缺乏主体性、超时限性③等特点。《资本论》这一文本之所以能够在发表后150多年来被我们解释、理解就是马克思思想之话语凝固在文本中，他揭示出来的资本主义社会经济发展规律能够切中现实，指向未来，规划了人类美好生活的图景，给现实社会开出了"良方"，诊断了资本主义社会的"病症"，这些意义由固定的话语文本所承载，我们作为理解者就是把文本蕴含的意义揭示出来，把其中的规律阐释清楚，以指导我们的经济发展，提供经济社会治理的方案。

### （六）文本的理解与占有

文本的意义需要理解者去阅读文本，把文本向我们诉说的意义揭示出来，这一过程是读者世界与文本世界的意义关联，"在阅读过程中，文本符号的内部关系和结构获得了意义。"④ 这就是说，阅读会产生这样的意义，或者说形成这样的结果。而所谓的阅读"就是把一个新的话语和文本的话语结合在权一起。话语的结合，在文本的构成上揭示出一种本来的更新能力。解释就是这种联结和更新的具体结果。"⑤ 这是对文本理解的独特定义，如此看来，贝蒂是文本中心论者，但是通过理解者的解释，文本的意义解释就在于主体，与伽达默尔相比不同的是，"利科把符号化的文本

---

① 潘德荣：《西方诠释学史》，北京：北京大学出版社2016年版，第391页。
② 潘德荣：《西方诠释学史》，北京：北京大学出版社2016年版，第391—392页。
③ 潘德荣：《西方诠释学史》，北京：北京大学出版社2016年版，第391页。
④ 潘德荣：《西方诠释学史》，北京：北京大学出版社2016年版，第395页。
⑤ 潘德荣：《西方诠释学史》，北京：北京大学出版社2016年版，第395页。

世界当做读者自我理解的媒介。"① 在他看来，对文本理解的最高峰就是"占有"文本，所谓的"'占有'意味着这种间距的化克服，真正地创造出原先被疏远化的东西。"② 在间距化的作用下，意义的"熟悉性与陌生性"之间筹划出新的意义。于《资本论》文本而言，要理解其中的分配伦理思想，我们就要充分占有文本，把固定下来的话语的文本当作意义的出发点，在间距的"过滤"作用下，扬弃理解者的"前见"和"前结构"，以达到理解作者原意的目的。工人阶级把《资本论》当作"圣经"，是因为《资本论》揭示了他们的处境——被压迫、剥削、统治的事实，这一点已为日益活跃的工人运动所证实，"任何一个熟悉工人运动的人都不会否认：本书所做的结论日益称为伟大工人运动的基本原则，不仅在德国和瑞士是这样，……各地的工人阶级越来越把这些结论看成是对自己的状况和自己的期望的最真切的表达。"③ 马克思的政治经济学理论切中现实，因而成为工人的"圣经"，指导工人运动，成为运动的原则。

### （七）隐喻

隐喻是修辞的一种形式，它的使用使得语言具有了超越它自身所指的东西。"在隐喻中，语言的创造性才充分表现出来，就此而言，它意味着新的意义和价值的生成。"④ 在利科看来，一词多义会引起人们理解的误区，因此，他主张理解意义的唯一性，科学语言必须消解意义的歧义性。在《资本论》第一卷中出现了众多文学作品和神话中的人物，这些文学作品中的人物具有特定含义，在本书第四章第二节中，关于伽达默尔解释学的语言性那一部分，我们列举了《资本论》中的三个隐喻，在此我们再列举其他地方的隐喻。第一，人格化的资本的隐喻。在《资本论》第三卷四

---

① 潘德荣：《西方诠释学史》，北京：北京大学出版社2016年版，第395—396页。
② 潘德荣：《西方诠释学史》，北京：北京大学出版社2016年版，第396页。
③ 〔德〕马克思：《资本论》第1卷，中共中央马克思恩格斯列宁斯大林著作编译局编译，北京：人民出版社2004年版，第34页。
④ 潘德荣：《西方诠释学史》，北京：北京大学出版社2016年版，第397页。

十八章中马克思写道:"我们还看到,资本——而资本家只是人格化的资本"①。这里马克思把资本家看作是人格化的资本,是何之故?因为资本的属性是增殖性,资本的这一特性正好与资本家剥削工人,获取剩余价值转化为资本的基本属性一样,因而,把资本家叫作人格化的资本。这一隐喻揭示了资本家的贪婪性、剥削性的本质,也揭示了资本家与工人之间的关系是赤裸裸的剥削关系的本质,理解了这一点就明白了马克思的用意何在了。第二,可感觉又超感觉的物的隐喻。"但是桌子一旦作为商品的出现,就转化为一个可感觉而又超感觉的物"② 这里的劳动产品一旦取得了具有商品形式的物,就超越了一般意义上的物的范畴,这个物具有两重含义:一是一般物的属性;二是具有特定社会意义上的物,它凝结了人的活劳动。第三,吸血鬼的隐喻。对这个隐喻的描述,主要有两处,第一处是在《资本论》第一卷第八章第一节:"资本是死劳动,它像吸血鬼一样,只有吸吮活劳动才有生命,吸吮的活劳动越多,它的生命就越旺盛。"③ 第二处描述是在同一章第四节:"把工作日延长到自然日的界限以外,延长到夜间,只是一种缓和的办法,只能大致满足一下吸血鬼吸吮劳动鲜血的欲望。"④ 第一处中指的是资本依赖于活劳动,资本的增殖性、生命力是活劳动赋予的,资本不能独立增殖,而必须宰制活劳动才能实现自行增值,也就是说资本寄生于活劳动。第二处的含义则是资本剥削劳动力的方式是把工作日延长到自然日以外,这是资本家剥削工人剩余劳动时间创造剩余价值的基本形式。

上述内容,我们分析了贝蒂和利科的方法论解释学的基本观点,

---

① 〔德〕马克思:《资本论》第3卷,中共中央马克思恩格斯列宁斯大林著作编译局编译,北京:人民出版社2004年版,第927页。

② 〔德〕马克思:《资本论》第3卷,中共中央马克思恩格斯列宁斯大林著作编译局编译,北京:人民出版社2004年版,第88页。

③ 〔德〕马克思:《资本论》第3卷,中共中央马克思恩格斯列宁斯大林著作编译局编译,北京:人民出版社2004年版,第269页。

④ 〔德〕马克思:《资本论》第1卷,中共中央马克思恩格斯列宁斯大林著作编译局编译,北京:人民出版社2004年版,第297页。

与此同时，我们将它运用于分析《资本论》的分配伦理思想和一般经济规律。我们可以看出，他们的核心主张是文本中心论，力求避免解释的相对主义，要求解释出文本作者的原意，同理解本体论的读者中心论不同，方法论解释学派是为了解决现代解释学观念冲突的有力尝试，为我们理解《资本论》文本提供了有益的解读视角。下一部分，我们研究的中心任务是从现代解释学中汲取有益养分，寻求《资本论》解读的方法论启示，以期更好地理《资本论》分配伦理思想的当代价值和丰富意义，为我们新时代分配伦理建设提供有益指导，推动分配公平正义，促进社会和谐。

## 四、《资本论》分配伦理思想的解释学解读的启示

此在解释学、语言解释学、方法论解释学是现当代最重要的解释学流派，他们的观点之间既有耦合，也有分歧，在相互争论、修正的历史进程中推进了解释学的发展。他们所形成的存在本体中心论、语言理解中心论、文本中心论共同反映了现当代解释学发展的一般轨迹，为我们分析和理解《资本论》分配伦理思想乃至《资本论》文本具有重要的理论启迪。

### （一）文本与理解者有机贯通，厘清边界与条件

我们在理解《资本论》分配伦理思想的时候，要反对两种倾向。第一，读者中心论。从读者自身的视域出发去阅读《资本论》，分析其中蕴含的分配伦理思想，就会形成读者主观臆断，把自己的社会阅历、知识水平、"前见"、个人偏见、世俗看法等带入解读作品的视域中，与此同时还会受到个人学术专长、兴趣爱好等因素的影响，正如大卫·哈维自身所说的境况。第二，文本中心论。以文本为理解的唯一来源本身没有错，但是理解者完全从文本出发去解读作者的原意，无论如何也难以达到作者原意。其原因在于：一是理解者自身的生命体验难以达到作者的高度，因而理解者不能完全排除自身的个人主观体验和认识；二是理

解者自身的学术素养与作者之间存在者一定的差距,如果作者不能理解文本的原初意义,那么将会出现自己的"过度"解读和"误读";三是理解者与作品之间存在间距。理解者不可能回到作品的视域,只能尽可能从作品的历史语境中去理解文本的原意,理解者的现代视域和作品的历史视域之间是不同的,因而需要我们达到视域融合,产生效果历史,服务当前的实践活动。比如,我们在分析资本主义分配制度的时候,既要以《资本论》为文本理解的出发点,又要对马克思写作《资本论》时期的古典经济学的作品有所涉猎。例如,1865年亨·福赛特的《英国工人的经济状况》、加尼尔·沙的《论政治经济学的各种体系和学说的比较价值和其中最有利于财富增长的学说》(两卷集)等,以及亚当·斯密、大卫·李嘉图、詹姆斯·穆勒等人的经济学作品。还要注意到马克思在《资本论》序言、脚注中提到的、对他经济学思想有影响的作品。我们既要坚持文本与理解者有机贯通,又要明确文本与理解者各自的边界,我们既不能过度解读文本,也不能完全被文本所限制,这二者之间的界限使得作品的意义具有了客观化的样态。要在文本与读者之间互动、解释,在比对中理解文本。在复制意义与"创造性转化"的历程中实现意义的解释。文本与作者之间的中介就是语言,但是语言与固定的话语文本之间有着严格的界限,我们只能把握语言的无人称代指性、流动性、超时限性等局限性。文本作为理解者理解意义的载体,在间距的作用下出现了意义的"生长域",但是这里的生长域不是理解者完全自主的创造性意义,而是在揭示文本可能存在的意义。理解出来的意义如果符合文本原意的潜在形式的意义,我们就说理解意义达到了和谐一致。

## (二) 视域融合与效果历史意识的辩证统一

视域融合是解决文本视域与理解者视域差异的有效形式,这一方法要求我们理解《资本论》文本时需要把握两种视域的差异及融合这两种视域而成的新视域之间的关系,既要"再现"作者的文本视域,即沉淀历史的过去视域,又要把握理解者的当前视域,在两个不同视域的"交锋""争论"的对话中生长为新的视域,这一视域是有根据、有前提的视域，而非理解者的完全自主的行为。同理，理解马克思写作的历史流传物的富有意义的形式——《资本论》的分配伦理思想，就需要我们回到马克思，再现19世纪资本主义生产方式的图景，明晰资本家与工人之间的关系，进而明晰两大阶级之间的真实关系，了解马克思对资本主义分配方式的批判，预见马克思对未来社会分配伦理的建构。马克思在《资本论》中指出的现象，我们现在依然存在，如食品造假、剥削、收入两极分化、环境污染、资本增殖逻辑主导企业生产等问题，不仅资本主义国家存在着这些问题，而且社会主义国家依然存在这些问题，因而，我们没有走出马克思的时代，马克思主义理论依然具有解释力和科学性。但是，我们也应该注意到当代经济全球化已经发展到纵深化的阶段，国际垄断资本在世界市范围内流通，发达国家和发展中国家之间的收入差距越来越大。美国的单边主义盛行，拉美的中等收入陷阱依然没有走出来，全球性的气候变化问题，恐怖主义问题，文化冲突问题，国际突发公共卫生事件，社会阶层分化，世界和平赤字、发展赤字、治理赤字等问题严重影响着人类未来命运，影响着国际风云变幻。同时，人工智能、大数据、互联网+、区块链、云计算等高端技术也在日益发展，对未来世界经济发展产生着重大影响。

我们既要从马克思《资本论》及其手稿中寻找可借鉴的理论资源、重要思想、观念模式、伦理规约、理论启示、人文关怀和理想旨归、前进目标，也要从现代社会出现的现实问题去剖析它们产生的根源、一般发展规律、表现形式、应对策略，即"从后思索"——"这种思索是从事后开始的"[①]。从文本到理解者，从作者视域到读者视域，从部分到整体，从历史语境到当代语境，从复制意义到生产意义，从文本原意到可能性筹划的意义都是在理解活动中不断循环的过程，而循环不是逻辑的循环，而是不断生长的"意义域"，但是这个"意义域"是要符合理解的意义的。

---

[①]〔德〕马克思：《资本论》第1卷，中共中央马克思恩格斯列宁斯大林著作编译局编译，北京：人民出版社2004年版，第93页。

### (三) 历史性与时间性高度融合

历史性指向文本意义的过去，时间性指向文本意义的未来（到时）。由此而言，《资本论》文本的意义在过去、现在、将来的三维时空中统一的面貌有全体完整的意义。我们对《资本论》的理解存在着一些误区，比如，在革命时期我们的理论普及仅仅局限于《资本论》中劳动价值论、剩余价值学说、现代殖民理论、资本原始积累理论等，以凸显劳苦大众的历史主体地位，唤醒他们的革命意识，明确自身被剥削的现实境况。

中华人民共和国成立以后，国内掀起了研究劳动价值论的潮流，学术界对生产劳动与非生产劳动问题的争论促进了马克思经济学说的进步。改革开放以后，学术界围绕劳动价值论学说进行了思想交锋、观点碰撞，推动了劳动价值论的发展。但是，在这一时期，我们的经济学教学却出现了西化倾向，西方经济学（微观经济学、宏观经济学）在高校盛行，一时间新自由主义开始涌现在国内经济学界，也正是在这样的背景下，林毅夫主张新结构经济学的建立，积极探索中国化的经济学理论。新自由主义和主流意识形态之间交锋，不同观点之间互相激荡存在。进入21世纪后，随着中国加入WTO，国内经济学界围绕经济全球化问题开始研究，例如，著名的经济全球化研究专家叶险明就是其中杰出的代表之一。还有研究马克思劳动学说的学者，比如著名的经济哲学专家宫敬才的《马克思经济哲学研究》、张雄、鲁品越合著的《新时代哲学探索》、鲁品越的《鲜活的资本》和《走向深层的思想》、白刚的《回到〈资本论〉：21世纪政治经济学批判》等。他们或是从经济哲学、政治哲学的视角研究《资本论》，或是从马克思的原著出发，对《资本论》进行不同程度、层次的研究，产生了一定的影响力。目前也还存在着对《资本论》分配伦理、劳动伦理、科技伦理、生态伦理等经济伦理的研究方式，或是从解释学视角来研究《资本论》。不可否认，这些不同范式的研究推动了国内学术界《资本论》研究事业的发展，也对我国经济发展产生了一定影响。

自从20世纪30年代《资本论》中译本被翻译出来以后，我国学术界就开始了研究，研究范式经历了从理论哲学到实践哲学再到哲学解释学的范式转化，从宏观研究到微观研究，从资本主义经济理论到社会主义经济理论，从《资本论》到中国特色社会主义政治经济学的建构，基本上反映了我国学术界研究《资本论》的历程。但是，我们继续推进《资本论》的研究，就要总结经验，回顾历史，弥补研究方法的不足，将《资本论》研究的深度、广度推向前进，提升《资本论》的研究水平。着力将《资本论》中蕴含的未来学研究推出来，做好我国经济研究的顶层设计，优化《资本论》研究的生态，发扬传统，继承前辈学人的科学精神和态度，一丝不苟，推进我国《资本论》的研究走上新台阶。

与此同时，我们还要注意当代中国和世界资本主义发展出现的新问题，将它们纳入研究的视域，例如，数字劳动、新帝国主义、数字经济、人工智能、996 工作模式等问题也应纳入我们的《资本论》研究，拓展《资本论》的研究范围至劳动伦理、科技伦理等领域，实现马克思主义政治经济学与西方经济学的对话，引领西方经济学的发展，着力建构具有中国气派、中国风格的政治经济学，解决中国问题，形成自己的话语，提升我国政治经济学话语的地位，服务国家发展战略。坚持过去、现在、将来时序的统一，把《资本论》研究的历史话语、现代话语及未来话语统一起来。针对我国分配领域存在的问题，以《资本论》分配伦理为基础，切中现实问题，做好政策建议的提供，加强顶层设计，做好制度保障，贡献出《资本论》研究学者的智慧，推进分配公平正义，促进社会和谐，实现共同富裕。

### （四）历史语境与当代语境密切联系

在理解《资本论》分配伦理思想的时候必然要受到两个不同语境的影响：一是历史语境，也就是文本语境；二是当代语境，也就是理解者的语境。历史语境是马克思在分析 19 世纪英国经济社会发展的规律中形成的语境，具有历史性，指向过去，是作者意图的体现和反映，其论述的一系列假设、模型等都具有一定的历史条件，如果不注意历史语境特设的条件就会造成对马克思经济理论误读的现象。这里，我们举例论证一二，以飨读者。第一，对"重建所有制"的理解。比如，马克思在《资本论》第一卷

第二十五章"原始积累"中提出的"重建个人所有制",这里的所有制指的是资本主义在否定封建专制的私有制的前提下建立的资本主义私有制,"在协作和对土地及靠劳动本身生产的生产资料的共同占有的基础上,重新建立个人所有制"①。而马克思认为,共产主义社会所有制是对资本主义私有制的否定,是建立公有制的按需分配,在此意义重建个人所有制是历史的进步,是对剥削人的资本主义私有制的否定,因而和资本主义时代"重建个人所有制"的意义完全不同。第二,对马克思政治经济学追求纯粹的、不受干扰的社会研究条件的理解。"物理学家是在自然过程表现得最确实、最少受干扰的地方观察自然过程,……到现在为止,这种生产方式的典型地点是英国。"② 而阿尔都塞在《读〈资本论〉》一书中却做了不同的解读,他的基本观点是这样的:"这段话清楚地说明了前面引用过的以物理学为例证的话,我们从那些话中所使用的术语可以知道,马克思寻求的是'纯粹的'、'不受干扰因素影响'的对象……因为马克思的理论对象不是英国,而是'内在本质'上的资本主义生产方式以及这一'内在本质'的规定"③。阿尔都塞的认识是否符合马克思的原意,这是值得我们认真思考的问题,要探究这一问题就需要把握马克思写作《资本论》第一卷序言的历史语境,找出影响马克思写此话的依据和因素,知晓马克思是在何种语境下写的,受到了同时期哪些学者的影响,同时还要了解阿尔都塞写作这段话的作者语境,也即历史语境,在综合马克思和阿尔都塞的一切研究基础和条件上的基础上,结合我们的当代语境,如此才能做一判断。在《资本论》中这样的例子有很多,我们需要坚持历史语境与当代语境的统一,准确理解马克思的原意。

---

① 〔德〕马克思:《资本论》第1卷,中共中央马克思恩格斯列宁斯大林著作编译局编译,北京:人民出版社2004年版,第874页。

② 〔德〕马克思:《资本论》第1卷,中共中央马克思恩格斯列宁斯大林著作编译局编译,北京:人民出版社2004年版,第8页。

③ 〔法〕路易·阿尔都塞、巴里巴尔:《读〈资本论〉》,李其庆、冯文光译,北京:中央编译出版社2001年版,第234页。

## 第三节 《资本论》蕴含的科技伦理思想

马克思创立的马克思主义是包含着丰富内容的理论体系。马克思在哲学、政治经济学、科学社会主义、法学、历史学、人类学等诸多人类社科领域都有独到的见解。马克思主义是一个庞大的理论体系。虽然长期以来，马克思主义科技伦理在学界的影响没有受到应有的重视，但马克思的科技伦理思想是马克思主义哲学的重要组成部分。马克思应被称为科技伦理的先驱，虽然马克思在对科技伦理没有做过专门的论述，但马克思在一系列著作中，都对科技伦理思想有过深刻的思考。马克思的科技伦理思想是马克思主义哲学的有机组成部分，理应受到学界的重视。

### 一、《资本论》蕴含的近代科技发展史

马克思是马克思主义理论体系的创立者，然而，对于马克思的科学技术史研究，尤其是马克思生活的时代，马克思在第一次工业革命中对技术史的研究，学术界给予的重视还不够。马克思以极大的热情和精力研究技术史，尤其是研究了第一次工业革命中的技术史，提出了很多独到的见解。19世纪50年代，马克思阅读了大量科学技术史方面的著作，主要有英国数学家、力学家和经济学家查·拜比吉的《论机器和工厂的节约》、德国学者约·波佩的《从科学复兴时期到18世纪末工艺学的历史》和《工艺学教程》、德国工艺学家约·贝克曼《论发明史》、英国经济学家安·尤尔的《工厂哲学或论大不列颠工厂制度的科学、道德和商业的经济》和《技术词典》等。对这些著作，马克思做了详细的摘要。这些摘要被马克思称为《关于工艺学的笔记》。

马克思阅读了大量的科技文献，聚焦科技在推动人类历史发展过程中

发挥的巨大效用，与此同时他还聚焦当时最新的科技发明创造。1851年，马克思兴致勃勃地参观了在英国伦敦举行的首届工业博览会，同时还仔细学习了博览会出版的科技方面的著作《各国的工业》。在以后的研究中，马克思对技术发明的资料多次予以引用。

19世纪60年代，马克思为了写作《资本论》而撰写了经济学手稿，即《1861—1863年经济学手稿》，这本由23本笔记所组成的手稿，其中第一篇第三章第三节的标题是"机器。自然力和科学的应用"。1863年，马克思在给恩格斯的信中说"我正在对机器这一节做些补充。在这一节里有些很有趣的问题，我在第一次整理时忽略了。为了把这一切搞清楚，我把我关于工艺学的笔记（摘录）全部重读了一遍，并且去听韦斯利教授为工人开设的实习课"[①]。

马克思生活的年代，欧洲许多国家先后完成了工业革命。资产阶级推翻了封建制度，先后确立了政治上的领导权，英国率先完成工业革命，法国和其他欧洲国家的资本主义工商业也有了很大的发展，随着科学技术的不断发展，资本主义大工业也有了飞速的发展。马克思发现了"资产阶级在它的不到一百年的阶级统治中所创造的生产力，比过去一切世代创造的全部生产力还要多，还要大。自然力的征服，机器的采用，化学在工业和农业中的应用，轮船的行驶，铁路的通行，电报的使用，整个整个大陆的开垦，河川的通航，仿佛用法术从地下呼唤出来的大量人口——过去哪一个世纪料想到在社会劳动里蕴藏有这样的生产力呢？"[②] 资产阶级也看到了当时社会的发展必须改良技术。资产阶级积极应用最新的思想武器和技术力量，使科学技术在当时爆发出巨大能量，促进了生产力的发展。

在马克思一生呕心沥血的著作《资本论》中，主要探究了从工场手工业到机器大工业的转变的过程。通过研究英国工业革命的主角蒸汽机的发

---

[①]《马克思恩格斯全集》第30卷，中共中央马克思恩格斯列宁斯大林著作编译局编译，北京：人民出版社1974年版，第317页。

[②]《马克思恩格斯文集》第2卷，中共中央马克思恩格斯列宁斯大林著作编译局编译，北京：人民出版社2009年版，第36页。

明和应用来研究技术史。马克思指出：1690年，法国著名物理学家巴本提出蒸汽机设计，1705年，英国技师纽可门发明第一台实践的蒸汽机，这期间时间跨度大约15年。这期间，蒸汽机的技术不断革新，但并未被应用到具体的实践层面，在之后的50多年时间里，蒸汽机的技术一直没有多大改良。一直到珍妮纺纱机的发明，纽可门的蒸汽机又重新回到人们的视野。1784年，瓦特的双向蒸汽机诞生。马克思认为："17世纪末工场手工业时期发明的、一直存在到18世纪初的那种蒸汽机，并没有引起工业革命，相反地，正是由于创造了工具机，才使得蒸汽机的革命成为必要……这种变更往往会使原来只以人为动力而设计的机构发生重大的技术变动……大工业最初的科学要素和技术要素就是这样在工场手工业时期发展起来的"①马克思发现：蒸汽机的发明和应用，从工场手工业到机器大工业的发展阶段，这一切都是科学技术发展的内生动力在起作用，是一部科技的发展史。"采用蒸汽机作为生产运动的机器，则是第一次工业革命。"这进一步彰显"大工业发展到一定阶段，也在技术上同自己的工场手工业技术发生冲突"②。

## 二、《资本论》中表达的科学技术观

"马克思主义科学技术观是由马克思、恩格斯创立的，为他们的后继者所发展的，以研究科学技术的存在及其发展规律，促进科学技术与社会和谐发展为目标的理论体系。"③ 它是马克思主义科学体系的重要组成部分，也是展现科学技术现代性的重要维度，马克思科技观是一个系统的理论体系。他继承了古希腊的科技思想的传统，同时吸取了启蒙思想家的科

---

① 《马克思恩格斯全集》第23卷，中共中央马克思恩格斯列宁斯大林著作编译局编译，北京：人民出版社1972年版，第412—413页。
② 《马克思恩格斯全集》第23卷，中共中央马克思恩格斯列宁斯大林著作编译局编译，北京：人民出版社1972年版，第421—422页。
③ 张明国：《马克思主义科学技术观概述》，载《洛阳师范学院学报》，2017年第10期，第1页。

技思想，也继承了德国古典哲学的科技思想。他创建了辩证唯物主义和历史唯物主义，立足于人民群众的立场，认为人民是物质财富和精神财富的创造者，科学技术发展的主体是人，科学技术是生产力，最终把实现人的自由而全面的发展为最终目的，创立了马克思主义科技观。

《资本论》写作于1861—1878年间，是马克思运用他的唯物史观指导研究工作，以毕生的经历考察和研究资本主义经济史和经济状况的结晶，是划时代的伟大著作。在《资本论》中，马克思对科学技术的探究，主要集中在第一卷的第十三章，马克思主要论述了机器大工业发展的基础、发展的重要作用和其对劳动者前途可能产生的影响。

在《资本论》中，马克思指出，工业革命的起点是机器。机器所具有的劳动生产率的衡量标准是由它代替人类劳动力的程度来决定的。机器大工业使得生产中的智力与体力相分离，使智力转化为资本支配劳动的权利。"现代工业的技术基础是革命的，而所有以往的生产方式的技术基础本质上是保守的。"[①] 在分析机器在劳动生产中的应用和发展时，马克思写道："劳动资料取得机器这种物质存在方式，要求以自然力来代替人力，以自觉应用自然科学来代替从经验中得出的成规。"[②] 在阐述机器在劳动生产中的巨大作用时，马克思写道："我们已经知道，由协作和分工产生的生产力，不费资本家分文。这是社会劳动的自然力。用于生产过程的自然力，如蒸汽、水等等，也不费分文。可是，正像人呼吸需要肺一样，人要在生产上消费自然力，就需要一种'人的手的创造物'。要利用水的动力，就要有水车，要利用蒸汽的压力，就要有蒸汽机。利用自然力是如此，利用科学也是如此。……因此，大工业把巨大的自然力和自然科学并入生产过程，必然大大提高劳动生产率，这一点是一目了然的。"[③]

---

[①] 《马克思恩格斯全集》第44卷（上册），中共中央马克思恩格斯列宁斯大林著作编译局编译，北京：人民出版社2001年版，第559—560页。

[②] 《马克思恩格斯全集》第44卷（上册），中共中央马克思恩格斯列宁斯大林著作编译局编译，北京：人民出版社2001年版，第443页。

[③] 《马克思恩格斯全集》第44卷（上册），中共中央马克思恩格斯列宁斯大林著作编译局编译，北京：人民出版社2001年版，第444页。

可见，马克思认为，在自然科学出现以前，人们是从经验中得出的成果来从事物质生产的，大机器生产使得自然力代替人力，以自觉的自然科学代替经验。人对自然力的利用必须借助于先进的生产工具，就这样，正是大工业把自然力和利用自然力的科学并入了生产过程，从而带来了劳动生产率的极大提高。

### 三、《资本论》中的科技伦理思想

马克思在《资本论》中不仅有完整的技术哲学思想，而且在技术伦理方面有重要研究。在《资本论》中，"以当时科学技术"，马克思认为科学技术属于改造自然的实践范畴，本质上反映了人对自然的能动关系。马克思指出："劳动首先是人和自然之间的过程，是人以自身的活动来引起、调整和控制人和自然之间的物质交换的过程。"①

#### （一）科技伦理的逻辑起点：消除科技异化

马克思主义科技伦理思想的最终旨归是消除科技异化。马克思十分关注科学技术的发展，对科学技术极其广泛的社会影响有深刻的观察。19世纪上半叶，欧洲资本主义生产方式迅速发展，资产阶级在欧洲很多国家占据了主导地位。19世纪40年代，英国基本上已经完成了工业革命，法国工业革命也在如火如荼地开展，随后德国也开启了工业革命。第一次工业革命使社会生产力得到极大的发展，随着资本主义大工业的发展，科学技术也得到了迅猛的发展。

马克思在深刻考察科技的影响时，也看到了科学技术的负面效应。马克思指出"在我们这个时代，每一种事物好像都包含着自己的反面。我们看到，机器具有减少人类劳动和使劳动具有成效的神奇力量，然而却引起了饥饿和过度的疲劳。财富的新源泉，由于某种奇怪的、不可思议的魔力

---

① 〔德〕马克思：《资本论》第1卷，中共中央马克思恩格斯列宁斯大林著作编译局编译，北京：人民出版社2004年版，第207—208页。

而变成贫困的源泉。技术的胜利，似乎是以道德的败坏为代价换来的。随着人类愈益控制自然，个人似乎愈益成为别人的奴隶或自身的卑劣行为的奴隶，甚至科学的纯洁光辉仿佛也只能在愚昧无知的黑暗背景上闪耀。我们的一切发明进步，似乎结果都是使物质力量成为有智慧的生命，而人的生命则化为愚钝的物质力量。现代工业和科学为一方，现代贫困和衰颓为另一方的这种对抗，我们时代生产力和生产关系之间的对抗，是显而易见的、不可避免的毋庸争辩的事实。"①

劳动资料在机器大工业中获得了新的发展形式、从而引起了工人生产的变化。对工人的影响是方方面面的。

第一，资本对妇女和儿童劳动的剥削。马克思指出："就机器使肌肉力成为多余的东西来说，机器成了一种使用没有肌肉力或身体发育不成熟而四肢比较灵活的工人的手段。因此资本主义使用机器的第一个口号是妇女劳动和儿童劳动！"② 机器使得工人阶级全体家庭成员受到资本的直接统治，从而使雇佣人数增加，机器使得全体家庭成员都到劳动市场上，从而使男劳动力贬值；机器的也提高了剥削程度。与此同时，伴随着资本家和工人的关系发生变化，工人成为"奴隶贩卖者"。"对儿童劳动的需求，在形式上也往往同美国报纸上常见的对黑奴的需求相似"③。机器使得妇女、儿童的身体受到摧残，使他们从物质和精神上成为创造剩余价值的机器。

第二，延长了工人工作日的时间。机器"作为资本的承担着，首先在它直接占领的工业中，成了把工作日延长到超过一切自然界限的最有力的手段"④。一方面，它创造了新的境遇，使得资本能够实现最大化；另一方

---

① 《马克思恩格斯文集》第2卷，中共中央马克思恩格斯列宁斯大林著作编译局编译，北京：人民出版社2009年版，第580页。
② 《马克思恩格斯文集》第5卷，中共中央马克思恩格斯列宁斯大林著作编译局编译，北京：人民出版社2009年版，第5页。
③ 《马克思恩格斯文集》第5卷，中共中央马克思恩格斯列宁斯大林著作编译局编译，北京：人民出版社2009年版，第55页。
④ 《马克思恩格斯文集》第5卷，中共中央马克思恩格斯列宁斯大林著作编译局编译，北京：人民出版社2009年版，第63页。

面，资本增强了占有工人劳动的贪欲。进一步说，机器在资本主义社会的应用，一方面延长了工作日的新动机，使得劳动方式和社会劳动体的性质发生变革；另一方面，由于机器排挤工人，造成了过剩的劳动人口，"由此造成了近代工业史上一种值得注意的现象，即机器消灭了工作日的一切道德界限和自然界限，由此产生了一种经济上的反常现象，即缩短劳动时间的最有力手段，竟成了把工人及其家属的全部生活时间变成承受资本支配的增值资本价值的劳动时间的最可靠的手段"①。

第三，随着机器的改进，工人的劳动强度增加。随着机器的改进和工人劳动熟练程度的增强，劳动的速度进一步加快，由于机器的采用导致工作日的延长，引起了工人阶级不断增长的反抗，迫使国家强制缩短劳动时间，从而产生了受法律限制的正常工作日。在正常工作日的基础上，劳动强度得到了进一步加强。

第四，机器产生了它的对立面，导致科技和工人的相互对立。马克思认为，资本主义生产方式的发展，导致了工人和机器的对立和斗争。伴随着资本主义大工业的发展，工人开始觉醒，最初捣毁机器，后来反对作为资本主义生产方式的物质基础的机器。作为劳动资料的机器一出现，立刻就成了工人本身的竞争者。

### （二）科学技术发展的最终目的是推动社会历史的进步

马克思认为，在资本主义社会，科技的发展出现了科技的异化，科技异化的根本原因资本逻辑的主宰。马克思指出："一个毫无疑问的事实是：机器本身对于工人从生活资料中'游离'出来是没有责任的……同机器的资本主义应用不可分离的矛盾和对抗是不存在的，因为这些矛盾和对抗不是从机器本身产生的，而是从机器的资本主义应用产生的！"② 马克思在

---

① 《马克思恩格斯文集》第 5 卷，中共中央马克思恩格斯列宁斯大林著作编译局编译，北京：人民出版社 2009 年版，第 69 页。

② 《马克思恩格斯文集》第 5 卷，中共中央马克思恩格斯列宁斯大林著作编译局编译，北京：人民出版社 2009 年版，第 508 页。

《资本论》中认为生产力的提高是由多种因素共同起作用的结果,其中最显著的主要有"科学技术的发展水平和它在工艺上应用的程度"的理论,马克思又指出:"劳动生产力是随着科学技术的不断进步而不断发展的。"①

### (三) 科学技术的最终价值旨归是实现人的自由全面发展

马克思主义的理论落脚点是实现人的自由全面发展。当今时代,科学技术推动了人类社会各方面的发展,但是我们也应该看到,科学技术的发展也给我们带来了科学技术反对人的现象。出现了技术的异化,本来技术的发展是为了人的发展,最终使人成为科技的奴隶。马克思认为消除异化的最终目的是要消除资本主义的个人私有制。科学技术为人的自由而全面的发展提供了可能,随着科学技术的不断发展,人们的物质生活得到了极大改善,社会生产力得到极大的提高。

在《资本论》中,马克思找到了解决科技异化的路径,即要解决科学技术与社会伦理的关系,根本目的就是要变革资本主义制度。资本主义社会的主要矛盾即生产的社会化和生产资料的资本主义的私人占有之间的矛盾,这是解决科技伦理问题的最大障碍。

## 四、《资本论》中科技伦理思想的归纳

根据马克思科技伦理的相关理论,特别对《资本论》科技伦理思想的重新理解,我们可以得出以下认识。

### (一) 关于科技价值的观点

科学是一种在历史上起推动作用的革命力量。现代自然科学和工业一起变革和改变了整个自然界和人类社会的文明进程,因而,科学技术是用来震撼旧世界基础的伟大杠杆,是历史前进的火车头。劳动人民是科学技

---

① 《马克思恩格斯文集》第 5 卷,中共中央马克思恩格斯列宁斯大林著作编译局编译,北京:人民出版社 2009 年版,第 698 页。

术进步的决定性力量，是社会物质财富和精神财富的创造者。由于人类认识是有限性和无限性的统一，科技发展的前瞻性造成了人类认识的障碍，人类对科技发展的认知也是一个从少到多，从片面到全面的过程，科技本身也不是无所不有的，但人类运用自己的理性去认识和把握科技本身，使得科学技术为人类发展贡献力量。

科技的产生和发展与人自身的发展具有一致性，科技进步是人类不断改造自然、认识自然、认识科学规律的结果，科技的发展是合规律性和目的性的统一，科学技术可以被人所认识，为人的自由而全面的发展服务。人的理性的提升和科学技术的跃升是一个双向拉动、动态平衡、交错发展的关系。科技发展对人类带来的挑战，需要新的科技进步来回应。

### （二）关于科技作用的观点

在马克思看来，科学是一种在历史上起推动作用的革命的力量。科学技术能够推动生产力发展。科学技术的发展是人能动地改造自然的过程，科学技术不断把生产力推向前进，生产力的不断进步又使得科学技术的作用得到进一步的彰显。

科学技术可以改造人的思维方式，科学技术促进了人的认识能力，人的认识能力又进一步促进了科学技术的发展。千百万人为满足生产生活需要而进行的实践活动是科技发展的发源地。劳动人民是物质和精神产品的创造者，也是一切科技进步的最基本动力。

科技还引发新的社会分工，使生产力获得新的发展。科技进步既是分工深化的结晶，又是新的分工的前提。科技还带来整个社会结构的改变，从而成为震撼旧社会基础的伟大杠杆。人类社会的文明进步史就是一部科技进步史。社会基本矛盾的运动在很大程度上是被科技发展牵引着的，科学技术成为社会结构变化的重要推动力。

### （三）关于科技效应的观点

科学技术是一把双刃剑，它既能够给生产力安上翅膀，又能够给人类带来灾难，它既有正效应，又有负效应。关键看怎么用它，谁来用它。马克思看到，由于科技被资本所利用，使得其毫无限制地成为资本逐利的工具，成为使无产阶级沦为资本奴隶的帮凶，并且成为人类社会精神堕落的因素。

由于资本逻辑统治的资本主义社会，科学技术成为奴役劳动者的手段，科学技术的发展或停滞受到资本逻辑的统治，只有消除了资本逻辑的统治，科学技术才能成为实现人类社会进步和人的自由全面发展的保障。

科技异化的症结在于人与人关系的异化。在资本主义社会，由于生产资料资本主义私有制的存在，造成了人与人关系的异化。因此要变革资本主义制度，消除私有制，把人的世界归还给人，才能为人的自由而全面发展创造条件。

### （四）关于科技主体的观点

在马克思看来，科学技术的动力源泉来自劳动人民的发明和创造，劳动人民即是物质财富的创造者，也是精神财富的创造者；正是劳动人民的智慧和心血创造出人类文明。在阶级社会，统治阶级和剥削阶级利用劳动人民创造的科技成果统治和压迫劳动人民。在科技与人的关系上，马克思主义认为，人是主体，科技是手段或工具。比如，蒸汽机的创造者是人，使用者是也人，维护者和改进者还是人。而蒸汽机本身什么也没有做，是人的力量创造了它，而不是它的力量创造了人。人与自然关系的为人性、人为性是理解人与科技关系的指南。

### （五）关于科技未来趋势的观点

马克思主义认为，人的解放伴随着人与自然关系的解放，也伴随着人从一切物的关系下解放出来，其中当然包括人与科技关系的回归。这个物，既包括商品货币，也包括一切科技成果和手段。伴随着科技的进步，社会的生产力得到极大的发展，人类最终消除了人对物的依赖，把人的世界归还给人的历史进程，为人的全面解放奠定坚实的基础。

在马克思看来，当人类最终摆脱了动物的生产，即仅仅满足生存的生产，进入人的生产，即进入提供人的生活质量的生产的阶段，一切科技手段都成为人能够驾驭的手段，成为因人、由人、为人而使得人的本质能够得以彰显的手段，这样，人类就实现了从必然王国向自由王国的伟大飞跃。

资本主义社会大工业是未来共产主义社会的基础，当资本主义社会的潜力发挥殆尽，无产阶级成为社会主人的时候，社会主义将摆脱科技的资本统治，为科技发展创造无限的可能。社会主义和共产主义，是建立在依靠科学技术的基础上的。要把资本主义社会所创造的一切优秀科技成果充分运用。工人阶级要培养属于自己的专门人才。

## 五、《资本论》中科技伦理思想的当代价值

现在和马克思生活的年代相比已经发生了很大的变化，伴随着三次科技革命，科学技术在各个方面已经改变了人们的生活方式。技术乐观主义者认为技术对人类社会的改变是前所未有的，当然我们也应该看到，技术也对人们的伦理关系带来了消极的影响。马克思所揭示的技术异化所带来的影响也是多方面的。由技术异化所带来的生态问题、失业问题、技术全球化问题等给人类带来了前所未有的挑战。马克思技术伦理思想试图通过人的积极能动性来应对这些挑战。马克思基于现实的人类实践活动与技术实践来消除技术的异化，来建构合理的技术伦理，来实现人的自由而全面的发展。但不可否认，马克思生活的时代和今天相比已经发生了很大的变化，科学技术的发展已经渗透到社会生活的方方面面，马克思的技术伦理思想为我们解决问题提供了理论和方法，这也是马克思技术伦理思想为我们提供的重要的遗产。

因而，我们应该进行视域融合，把马克思关于科技理论论述的文本的历史视野与当今人工智能深入发展的时代视域相融合，挖掘新的意义生长域，既关照马克思所在的19世纪资本主义自由竞争阶段的科技发展现状，又立足当今时代的深度学习、大数据、人工智能与云计算纵深发展的事实和趋势，深刻挖掘人工智能时代的科技伦理，深挖马克思机器观的新时代内涵。马克思关于科技作用论、科技价值论、科技主体论、科技趋势论、

科技效应论等观点在今天依旧有巨大的理论阐释力和现实解释力。透过《资本论》发表时与今天的150年的间距，我们可以看到人类社会的科技迅速发展，特别是从第三次科技革命开始以来，新兴的科技发展深刻改变了人类社会的面貌、社会结构、人的思维方式、生产生活方式。间距化使得马克思科技伦理思想的当代价值得以开显出来，我们需要立足于当前科技发展遇到的伦理问题，构建人机和谐的关系，努力解决科技异化问题，特别是要关注近几年来关于人类基因编辑的伦理走向，回应社会关注的伦理问题，促进社会的公平正义。应关注当前全球新冠肺炎背景下人类应对疫情的公共伦理价值走向，关注防治新冠肺炎视域下科技伦理的人本性、价值性。与此同时，还应当关注高科技带来的伦理问题，大数据对个人隐私的影响，虚拟劳动对人的交往关系的影响，在这些问题上我们要坚持运用马克思的科技观去分析和审视，也应当用马克思《资本论》的科技伦理思想去理性分析新科技引发的伦理问题，构建理性和谐的当代科技伦理关系，充分研判科技引发的负面的社会效应。

在理论研究方面，我们需要挖掘马克思在《资本论》及其手稿中科技伦理思想的观点表达，依据马克思文本表达的科技事件与读者、历史、间距之间的解释循环实现对马克思科技伦理思想的本真理解。应充分挖掘马克思科技伦理思想凭借的思想资源，展现马克思分析的19世纪世界科技发展的历史原貌，展现他对人类科技发展趋势的一般预测，展现他对人类科技发展问题的多角度分析，呈现出马克思分析科技异化的本真样态。要用历史的眼光审视科技异化的"前世今生"，采取双向解释学来分析马克思的科技伦理思想，汲取理论营养，更好地挖掘马克思《资本论》科技伦理思想蕴含的解释学原理，实现解释学与马克思主义的双向互动，融合贯通，以关照科技发展的历史与现实。今天，我们对这些内容的理解离不开马克思开辟的科技伦理思想的道路，应依循解释学循环的方法，从整体上去理解马克思科技伦理的丰富意义，不断开拓出新的意义生长域，凸显其当代价值。应坚持效果历史与视域融合的辩证统一，让马克思《资本论》的科技伦理思想"返本开新"，既与时俱进，关照当前我国和世界科技伦理的发展现状，又遵循马克思在《资本论》中对科技的基本观点和原则，把马克思所开创的研究视野推向前进，推动马克思主义伦理学的发展，切中当今我国科技发展的时代问题，在历史视域与时代视域、理论视域与实践视域、时代视域与未来视域的交互中发展马克思《资本论》的科技伦理思想。

真正的科学原理不会随着时间的推移而失去价值，马克思主义就是这样的理论学说，它所揭示的科学真理在众多方面对人类进步发展的启迪作用还在灼灼闪光，加上马克思主义继承者坚持与时俱进的品格对其理论的不断挖掘和发展，使得马克思主义对人类的思想贡献仍在彰显并指导着实践，马克思主义科技观也是这样。

马克思主义把最终实现人的自由全面发展作为其理论的落脚点。当今时代，科学技术给人类的社会进步带来了巨大的推动作用，深刻改变了世界，但是我们也应该看到，由于科学技术的发展是不以人的意志为转移的，科技的负面效应也应该引起重视。科学技术的发展的目的是为了人的发展，但是最终科学技术成为阻碍人发展的障碍。要消除科技异化，就要消解资本主义主义制度。资本主义社会的主要矛盾，是生产的社会化和生产资料的资本主义私人占有之间的矛盾，这是解决科技伦理的最大障碍。因此要消除科技异化现象，就要大力发展社会生产力，实现无产阶级的自身解放，变革资本主义制度，建立一个最终实现人的自由全面发展的共产主义社会，到那时，科技的异化就会消除。

## 第四节 《资本论》生态伦理思想价值的时代解读

《资本论》蕴含着深刻的生态伦理思想。生态伦理的哲学起点是人与自然的关系，人与自然关系的本质是物质交换，人与自然之间物质交换的中介是劳动。生态伦理失范的根源是资本逻辑的反生态性，在资本逻辑支配下人与自然之间关系呈现出尖锐矛盾，物质交换建立在物的依赖基础之上，劳动力降低为人索取自然物质的生产要素。生态伦理的规范路径在于社会形态的进步,在扬弃了资本主义制度弊端的条件下,人的发展与自然的发展具有一致性,物质交换实现循环利用,劳动主体联合协作实现有机的节约生产。绿色发展理念是马克思主义生态伦理观的必然体现和现实关照,是以人与自然和谐的共同体为旨归的时代理念,是以科技引领物质交换为表征的现实理念,是以高劳动生产率为特点的经济理念。

近代工业文明一方面依靠强大的生产力创造出史无前例的物质财富,一方面却同时也造成了前所未有的生态危机。生态伦理正是对如何消除生态危机、构建生态文明的哲学反思。《资本论》中虽没有明确提出"生态伦理"的概念,但在论证、批判机器大工业时代资本主义社会固有矛盾的过程中,深刻解析了人、自然、资本、社会等之间的内在关联,揭示了资本主义生产方式不可调和的生态危机,形成了具有革命意义的生态伦理思想。

## 一、文献梳理:《资本论》生态伦理思想研究综述

多年以来,国内外众多学者对《资本论》中的生态伦理思想进行的分析和解读,可大致分为四类。

### 1. 剖析《资本论》中人与自然之间的伦理关系

宋周尧认为,《资本论》对资本主义社会中人与自然的关系进行了深入解析,其中的环境伦理是"对现时代人与自然和谐关系的构造。"[①] 万冬冬认为,要"从资本逻辑的视角去认知资本主义社会中人与自然的矛盾",《资本论》是"以人和自然的双重解放为指归。"[②] 陈墀成认为,马克思在《资本论》中"揭示了资本主义条件下人和自然之间物质交换关系的反自

---

① 宋周尧:《〈资本论〉环境伦理思想探解》,载《道德与文明》,2002年第6期,第43页。
② 万冬冬:《人与自然的矛盾及其和解:〈资本论〉及其手稿的生态意蕴》,载《学术交流》,2014年第4期,第31页。

然的本质特征，提出了克服人与自然物质变换异化的调节控制论的设想。"① 李繁荣认为，要"弥补人与自然之间物质交换出现的代谢断层"②，不仅要改变资本主义的生产方式，也要改变消费方式。

2. 分析《资本论》整体性角度下的伦理意义

张秀芳梳理了《资本论》"生态思想否定说和二分说及其依据"，整理了"马克思生态思想及其理论辩护"的主要观点，并做出"《资本论》有着深刻生态思想意蕴，这种意蕴只是以一种较隐蔽方式得以体现"的结论。③ 鲁品越认为，马克思"以劳动的自然性与社会性的统一为基础"，"以吮吸生态'自然力'的资本逻辑的正反馈循环圈为中心"，"以资本逻辑的时空展现对生态逻辑循环圈的撕裂为基本机制"④ 构建起了《资本论》整体的生态哲学。吉志强指出，《资本论》的生态经济思想是"集系统性、永续性、过程性和人道性等基本特征于一体的整体性思想"⑤，其中"人道性"是指人自由全面发展建立在人与自然关系和谐的基础上。

3. 解析《资本论》生态思想的某一方面的伦理价值

马江指出，马克思在《资本论》中论述了"生产过程和消费过程减量化和生产排泄物和消费排泄物资源化"⑥，成为现今循环经济的必然选择。王建辉则进一步指出，马克思在《资本论》中蕴含着资本逻辑与"自然界

---

① 陈墀成：《物质交换的调节控制——〈资本论〉中的生态哲学思想探微》，载《厦门大学学报（哲学社会科学版）》，2009 年第 2 期，第 35 页。
② 李繁荣：《〈资本论〉中物质变换思想及其现实意义》，载《江汉论坛》，2011 年第 5 期，第 62 页。
③ 张秀芳：《马克思〈资本论〉生态思想及其论辩之争》，载《自然辩证法研究》，2016 年第 5 期，第 117 页。
④ 鲁品越：《〈资本论〉的生态哲学思想研究》，载《学习与探索》，2015 年第 1 期，第 12 页。
⑤ 吉志强：《〈资本论〉生态经济思想的基本特征及其当代价值》，载《广西社会科学》，2013 年第 2 期，第 59 页。
⑥ 马江：《论马克思经典理论中的循环经济思想》，载《统计与决策》，2009 年第 6 期，第 148—149 页。

的物质循环""人体的生命循环"和"社会经济循环"① 三个层次之间的悖论,由此阐述了循环经济的思想。蒋晓雷认为,在《资本论》中,"资本积累在引起资产阶级财富积累、导致无产阶级贫困积累的同时,还存在着第三种积累,即'生态环境破坏'的积累"②,并得出关注第三次积累"成为拯救人类的最后一次机会"的判断。胡家勇深入分析了"《资本论》中生产力概念的生态意蕴和科学技术的生态取向。"③

4. 辨析《资本论》与其他经典文本之间的伦理逻辑

徐水华认为,"'对象性关系'和'物质交换关系'是马克思分别在《1844年经济学哲学手稿》和《资本论》中提出的重要概念"④,并断定从"对象性关系"到"物质变换关系"是马克思生态哲学思想的逻辑主线。莫放春认为,《德意志意识形态》批判了布鲁诺·鲍威尔的"自然与历史的对立",《资本论》完整结合了"唯物主义历史观"和"唯物主义自然观",并得出了"社会经济形态的发展是一种自然史"⑤ 的论断。

## 二、文本解读:《资本论》生态伦理思想的挖掘

《资本论》已经诞生150多年了,作为一代伟人在那个时代对资本主义乃至人类命运思考的巨著,随着时间的推移,其科学内含在时间间距中不断显示出来。根据解释学原理,间距是文本原初的意义与解释者生成的

---

① 王建辉、彭博:《循环经济理论探源与实现路径——〈资本论〉的生态语域》,载《武汉大学学报(哲学社会科学版)》,2016年第1期,第46页。

② 蒋晓雷:《基本"生态破坏"积累的第三种积累下〈资本论〉的一般规律补充研究》,载《学术论坛》,2010年第10期,第138页。

③ 胡家勇、李繁荣:《〈资本论〉中的生态思想及其当代价值》,载《经济学动态》,2015年第7期,第72页。

④ 徐水华:《从"对象性关系"到"物质交换关系"——论马克思生态哲学思想的逻辑发展》,载《生态经济》,2014年第1期,第186页。

⑤ 莫放春:《〈资本论〉及其手稿中的生态自然观》,载《学术论坛》,2015年期2期,第8页。

意义之间的中介,是文本不断产生新的意义的生长域。也就是说,正是间距的作用,才使得解释者对文本新的意义的再造和组合成为可能。基于时间间距的理论考察。像马克思主义其他基本原理一样,马克思《资本论》及其主要著作中包含的生态伦理思想的思想内容和理论价值是随着时代发展不断被重新认识的。这就是解释学所说的时间间距对文本及其观点理解的作用。许多思想是随着时间和实践的推移逐渐显示出内在深刻的含义和启迪的。

《资本论》作为150多年以前对资本主义生产方式进行批判性考察的巨著,其对生态伦理的思想贡献将不断被挖掘出来。

### (一) 生态伦理的理论基点: 人与自然的关系

《资本论》蕴含着丰富的生态伦理思想,研究和发掘这些伦理思想,和马克思其他著作里的伦理思想对照与结合,和一百多年来人类处理人与自然关系的历史经验相联系,能使我们领悟出更多的科学道理,从而不断更新我们对马克思生态伦理思想的理解和把握。

自然对人而言,一方面存在着"自在的自然",另一方面又存在着"人化自然"。从第一方面来说,"自在的自然"即人类产生之前就已然存在的自然或人类的社会实践暂时未能影响到的自然。"没有自然界,没有感性的外部世界,工人就什么也不能创造。"[1] 黑格尔认为人类面对的自然界是绝对精神的异化:绝对精神外化出自然界,而外化的本身就是一种异化形式。黑格尔认为自然是与人自身思维相对立的"有缺陷的存在物"[2]。马克思把黑格尔对自然的认识颠倒了过来,指出自在自然具有客观存在性和优先存在性。在《资本论》中,马克思阐述劳动的外在条件时,提出了两个"自然富源"的概念:在人类发展初期,生活资料的自然富源,如渔

---

[1] 《马克思恩格斯全集》第42卷,中共中央马克思恩格斯列宁斯大林著作编译局编译,北京:人民出版社1979年版,第92页。

[2] 《马克思恩格斯全集》第42卷,中共中央马克思恩格斯列宁斯大林著作编译局编译,北京:人民出版社1979年版,第177—178页。

产丰富的水域、旺盛肥力的土壤等对人类的生存起着决定性的作用；在人类发展的较高阶段，生产资料的自然富源呈现出决定性作用，如为工业生产提供能源的煤炭，提供材料的金属矿产，提供交通便利的河道，等等，"这些生产资料，它们是天然存在的。"① 从第二方面来说，自然对人而言，又存在"人化的自然"，即人通过劳动实践使自在自然凝聚了人的对象化的本质力量。人化自然"是经过形式变化而适应人的需要的自然物质"②。人通过劳动实践使自在自然呈现出人化的独特存在方式，自然成为人的无机身体进入人类社会的领域，自然从"自在之物"转化为了"为我之物"。自然的人化程度如何，"总还剩有一种不借人力而天然存在的物质基质"③。随着人类社会生产力的发展，自然不能够直接满足人类的大规模、多种类的需要，人类就发挥自身的创造力，根据自然物质的特性，以满足人的高级需要为目的生产出各种人工自然物。人工自然物是人化自然的集中表现，它有着物质的基本形态，符合自然的作用规律。

从自然界生成为人的历史过程和结果看，人的自然化是人与自然关系的必然结果。在马克思看来，自然本质的丰富属性、自然力内嵌为人的主体属性和人的能力即"人的自然化"。马克思对人与自然关系的重新认识是建立在对黑格尔绝对精神的批判和费尔巴哈人本学的汲取之上的。黑格尔忽视自然对人的物质进化的作用，认为自然只是人的思想发展的各个阶段组成的体系，"精神才是人的真正的本质"④。费尔巴哈将具有超自然属性的宗教神学归还于自然，"使人从神学家变为人类学家"⑤。马克思则把

---

① 〔德〕马克思：《资本论》第1卷，中共中央马克思恩格斯列宁斯大林著作编译局编译，北京：人民出版社2004年版，第214页。

② 〔德〕马克思：《资本论》第1卷，中共中央马克思恩格斯列宁斯大林著作编译局编译，北京：人民出版社2004年版，第211页。

③ 〔德〕马克思：《资本论》第1卷，中共中央马克思恩格斯列宁斯大林著作编译局编译，北京：人民出版社2004年版，第56页。

④ 《马克思恩格斯全集》第42卷，中共中央马克思恩格斯列宁斯大林著作编译局编译，北京：人民出版社1979年版，第162页。

⑤ 费尔巴哈：《费尔巴哈哲学著作选集》下卷，北京：商务印书馆1984年版，第525页。

人的抽象化带到现实的自然中,将人作为自然之人看待,他指出,"人是具有自然力、生命力,是能动的自然存在物"①。人从农业文明时期的敬畏自然,到工业文明时期的征服自然,再到后工业时期重新审视自然并提出与自然和谐相处,正是人的能动性在自然化中的集中表现。同时,人的劳动实践并不会凭空创造出前所未有的东西来,只能"类似于自然本身那样发挥作用,只能改变物质的形态而已"②。因此,在自然面前,人的肉体、思想和劳动实践等方面又都表现出明显的受动特征。

在《资本论》中,马克思针对大工业的发展和资本主义的现实,客观揭示了基于唯物主义历史观的人与自然关系的理论,体现了马克思独特的生态伦理思想。

人与自然关系的本质是物质交换。物质交换是指能量、信息和价值等物质资源的循环、交流过程。在《资本论》中,物质交换和物质变换是同义词。人与自然之间物质交换表现为三个方面:自然的物质交换、社会的物质交换和两者之间的物质交换。自然的物质交换中,自然是狭义的自然,是摒除人化自然外的原生自然,是指包括人在内的生物等有机体在生长、发育和进化的演进过程和物理化学运动中物质能量的交互、循环活动。社会的物质交换是指在人和社会的交往中,为获取生产、生活资料而进行的直接或以一般等价物充当媒介的信息、能量等物质交换。自然物质交换是社会物质交换的基础,因为社会中所交换的物质只是由自然自在的存在形式通过人的劳动变为适应人的需要的存在形式,在社会物质交换中物质或精神损耗丧失使用价值的物质如机器、产品等会随着自然的物质交换而解体、消亡,也就是说人改变自然物质形态为己所用的同时,也将废弃物返还自然,由自然吸收。自然的物质交换和社会的物质交换并不是单向的平行存在,而是在双向的互动中耦合出的人和自然之间的物质交换。

---

① 《马克思恩格斯全集》第42卷,中共中央马克思恩格斯列宁斯大林著作编译局编译,北京:人民出版社1979年版,第167页。

② 〔德〕马克思:《资本论》第1卷,中共中央马克思恩格斯列宁斯大林著作编译局编译,北京:人民出版社2004年版,第56页。

### 4. 人与自然物质交换的中介是劳动

在人和自然的物质交换中，人的劳动起着决定性作用。劳动将人的目的性注入自然的物质交换链条，使自然更趋于"人类本性"。"劳动首先是人和自然之间的过程，是人以自身的活动来中介、调整和控制人和自然之间的物质交换的过程"①。劳动主要在三个方面体现人与自然物质交换的中介作用。其一，劳动资料：机器。机器的出现是劳动资料的革命。机器并不能创造自然力，机器只有符合自然规律的发生条件时，才能释放出巨大的效能，才能解放人的双手，才能具有使用价值。其二，劳动形式：分工。分工以人本身的自然为基础，例如性别、年龄和体质等，它们决定了在古代社会成年男子主要从事生产、保卫等劳动，老弱妇孺主要从事一些辅助性劳动，"在纯生理的基础上产生了一种自然的分工"②。分工还有以生产的自然因素为基础的，例如土地肥力、地形水势和气候矿藏等的不同，造成了不同人群、民族从事游牧、打猎和耕种等劳作。马克思指出，"不是土壤的绝对肥力，而是它的差异性和它的自然产品的多样性，形成了社会分工的自然基础"③。其三，劳动主体：人。作为个人行为，人所获得的生产、消费资料以自然属性承载着使用价值，以满足个人的多元需求。作为社会行为，社会整体的生产、消费水平是人类对自然生态系统物质的耗用能力的体现。总之，"劳动作为使用价值的创造者，作为有用劳动，而不以一切社会形式为转移的人类生存条件，是人与自然之间的物质变换即人类生活得以实现的永恒的自然必然性"④。

---

① 〔德〕马克思：《资本论》第1卷，中共中央马克思恩格斯列宁斯大林著作编译局编译，北京：人民出版社2004年版，第207页。

② 〔德〕马克思：《资本论》第1卷，中共中央马克思恩格斯列宁斯大林著作编译局编译，北京：人民出版社2004年版，第407页。

③ 〔德〕马克思：《资本论》第1卷，中共中央马克思恩格斯列宁斯大林著作编译局编译，北京：人民出版社2004年版，第587页。

④ 〔德〕马克思：《资本论》第1卷，中共中央马克思恩格斯列宁斯大林著作编译局编译，北京：人民出版社2004年版，第56页。

结合马克思在《资本论》前后的著作里关于人与自然关系的论述，在马克思的视野中，从自然界的人的社会历史运动来看，自然生成人，人作用于自然，自然报复人，人重新认识自然这样一个发展过程就是人与自然关系的写照。

在马克思看来，首先，自然的人化是自然异化的表现。自然的人化是实现人的价值的历史过程，人的社会实践活动是自然的人化的动力，自然的人化是一个极其漫长的历史过程，自然的人化是人的主体自我价值的实现，价值多元性导致自然人化的多样性特征。其次，人的自然化是人的自然的社会存在的表征。人成为自然存在的一种异己的力量，自然也是人的存在的一种异己力量，技术进步是人的自然化的基本动力，人的自然化是一个自然的历史过程。最后，从自然的人化与人的自然化的关系来看，自然人化与人的自然化都是自然历史过程，自然人化是人的自然化形成的基础或条件，人的自然化有效地加速了自然的人化进程，自然的人化与人的自然化是一对辩证关系。

### （二）生态伦理的失范根源：资本逻辑的反生态性

马克思的理论和学说本质上是现实社会批判和未来社会展望的理论。同样，他的人与自然关系的理论也是在对资本主义社会人与自然关系的反思批判中形成的。《资本论》中蕴含的生态伦理思想也是在对资本主义生产方式的历史暂时性的论证中展开并阐发的。

马克思在作为《资本论》草稿的《1857—1858年经济学手稿》中指出："只有资本才能创造出资产阶级社会，并创造出社会成员对自然界和社会联系本身的普遍占有。由此产生了资本的伟大的文明作用；它创造了这样一个社会阶段，与这个社会阶段相比，一切以前的社会阶段都只表现为人类的地方性发展和对自然的崇拜。只有在资本主义制度下自然界才真正是人的对象，真正是有用物；它不再被认为是自为的力量；而对自然界的独立规律的理论认识本身不过表现为狡猾，其目的是使自然界（不管是作为消费品，还是作为生产资料）服从于人的需要。"①

同马克思《1844年经济学哲学手稿》阐发的观点一样，到了1857年，马克思在为创作《资本论》做艰巨的理论准备的时候，继续客观分析了资本主义大工业对自然的人化的历史作用，并在此基础上展开了对资本主义制度的反思和批评，这就为《资本论》的创作奠定了思想基础和基本思路。在《资本论》中，面对以英国为代表的资本主义大工业和资本主义生产方式发展进程中的矛盾和困惑，马克思尖锐地批判了资本逻辑对人与自然关系的破坏，揭示了资本主义社会人与自然之间的尖锐矛盾。

1. 资本逻辑导致人与自然关系之间的矛盾加深

资本成为一种主体性的存在，具有不以外物为转移的自我增值的逻辑。资本逻辑是"对自然的社会统治和社会调节"②。自然生态是一种巨大的动态开放系统，本应以平衡—失衡—再平衡的循环往复而存在。最初，虽然除去自然无意识的运动外，人的实践是自然从平衡走向失衡的关键动因，但是此时的自然失衡是一种相对状态，自然的自我恢复能力和人类利用自然规律的外界干预都可以使自然再次走向平衡。然而，当人受到资本逻辑的支配，深陷拜物教当中时，人对自然规律的认知陷入了误区，通过资本扩张的需要，利用大工业的成果，一味地向自然索取自然物质，改变了自然平衡的深度与广度，最终使自然丧失了自我恢复能力。人通过机器运用自然力，导致自然系统的能量物质输出远远大于其自我补偿能力，另外，当社会生产过程的废弃物又一次融入自然生态当中的同时却没有得到自然的及时消融，进一步削弱了自然力。而且，"机器本身是人对自然力的胜利，而它的资本主义应用使人受自然力的奴役"③。自然力本应是社会生产力发展的前提和保障，正如马克思所说："在农业中（采矿业中也一

---

① 《马克思恩格斯全集》第30卷，中共中央马克思恩格斯列宁斯大林著作编译局编译，北京：人民出版社1995年版，第390页。

② 〔德〕马克思：《资本论》第1卷，中共中央马克思恩格斯列宁斯大林著作编译局编译，北京：人民出版社2004年版，第872页。

③ 〔德〕马克思：《资本论》第1卷，中共中央马克思恩格斯列宁斯大林著作编译局编译，北京：人民出版社2004年版，第508页。

样），问题不只是劳动的社会生产率，而且还有由劳动的自然条件决定的劳动的自然生产率。"① 但是在资本主义的历史进程中，自然生产力却遭到了严重的破坏，不能再持续为社会生产力的发展提供所需要的劳动资料、能源供给等要素。马克思在《资本论》中，以人和土地之间的关系为例，论述了人与自然两者在资本逻辑支配下的深刻矛盾。在土地上劳作的人，深受自然灾害和资本剥削的双重压迫。土地"这种无偿的自然力，像一切生产力一样，表现为资本的生产力"②，成为资本运作的生产要素，人从土地上取得的收获，不再是直接满足于人的物质生存需要，而是变为商品进入市场，通过交换农作物的使用价值获取货币，实现资本的再增值。在这个过程中，人为了最大限度地获得土地所生产的产品，不惜直接改变土地的自然力的作用规律，"使人以衣食形式消费掉的土地的组成部分不能回归土地，从而破坏土地持久肥力的永恒的自然条件"。③ 当区域内的土地丧失自然生产力后，资本就会再次寻找新的土地，以便不断地实现增值。这就使得人过多地注重以产品为完成形态的原始自然资源的人化的结果，而人在生产和消费中所造成的自然生产力的丧失，并不在人们普遍的视野当中。

2. 人与自然之间的物质交换受物的依赖关系的支配

在马克思看来，物的依赖关系是指人依靠商品、货币和资本确立自己的主体地位，据此"形成了普遍的社会物质、全面关系、多方面的需要以及全面的能力的体系"④。物的依赖关系主要存在于资本逻辑支配下的社会，人摆脱了依附旁人或群体的自然联系，取得了人身的独立性，而这种

---

① 〔德〕马克思：《资本论》第3卷，中共中央马克思恩格斯列宁斯大林著作编译局编译，北京：人民出版社2004年版，第867页。
② 〔德〕马克思：《资本论》第2卷，中共中央马克思恩格斯列宁斯大林著作编译局编译，北京：人民出版社2004年版，第843页。
③ 〔德〕马克思：《资本论》第1卷，中共中央马克思恩格斯列宁斯大林著作编译局编译，北京：人民出版社2004年版，第579页。
④ 《马克思恩格斯全集》第30卷，中共中央马克思恩格斯列宁斯大林著作编译局编译，北京：人民出版社1995年版，第388页。

独立性是相对而言的，必须以商品生产和交换为基础才能发展起来。在资本主义社会中，人和自然之间的物质变换关系最终转变成为征服与被征服、统治与被统治的关系。"财富、财富、第三还是财富"①，成为人的一切活动与行为的最终目的。为了资本增值而无限地掠夺自然，只会使人和自然之间的物质交换关系从原始的双向依赖，变为人的单向索取。马克思在《资本论》中对大土地所有制和小土地所有制进行了比较，资本主义工业为大土地所有制提供了诸多的手段，把土地变为资本增值的生产要素，使土地的自然力遭受滥用，"这些条件在社会的以及由生活的自然规律决定的物质交换的过程中造成了一个无法弥补的裂缝"②。任何社会形态的经济活动都不是一次性运行的结果，而是周而复始的运行过程，因为社会一刻都不能停止的消费决定了其也就一刻不能停止生产。在资本主义社会中，人和自然之间的物质变换，"是在资本循环和构成这个循环的一个阶段的商品形态变化中完成的"③。社会化大生产创造出的产品越多，劳动者获得的收益与消费能力越小，生产相对过剩下的未能被及时消费掉的产品就会被作为废弃物排入自然生态中，并且社会化大生产仅仅在"有用的形式上占有自然物质"④，"有用"是指能够成为资本增值的生产资料，当一次生产、消费过后产生的废弃物不再能为资本增值服务时就会被抛入自然生态中，在这种经济运行中被打破的生态循环就会导致人与自然的物质交换断裂。

### 3. 劳动力被贬低为资本索取自然物质的生产要素

马克思分析了资本主义生产方式导致的人的关系"非人化"的结果，

---

① 《马克思恩格斯全集》第21卷，中共中央马克思恩格斯列宁斯大林著作编译局编译，北京：人民出版社1965年版，第201页。
② 〔德〕马克思：《资本论》第3卷，中共中央马克思恩格斯列宁斯大林著作编译局编译，北京：人民出版社2004年版，第919页。
③ 〔德〕马克思：《资本论》第2卷，中共中央马克思恩格斯列宁斯大林著作编译局编译，北京：人民出版社2004年版，第167页。
④ 〔德〕马克思：《资本论》第1卷，中共中央马克思恩格斯列宁斯大林著作编译局编译，北京：人民出版社2004年版，第208页。

即资本主义社会的生产关系对人作为自然界一部分的性质的破坏和人与自然关系的破坏。前者的破坏使人沦为动物；后者的破坏使人失去人的自然的生存条件。"资本的趋势是赋予生产以科学的性质，而且直接劳动则被贬低为只是生产过程的一个要素。"① 这里的"直接劳动"指的就是人的劳动力。特别是在资本主义早期，其一，人的劳动力的过度使用使人的自然生命遭受破坏。"资本是不管劳动力的寿命长短的，它唯一关心的是在一个工作日内最大限度地使用劳动力"②。"它靠缩短工人的寿命，在一定期限内延长工人的生产时间。"③ 为使工人的劳动力效能发挥到极致，资本拥有者必然竭尽所能地延长工人的劳动时间和增加工人的劳动强度，却有意无意地忽视工人恶劣的生存环境，其做法的直接结果就是，工人自身的正常的自然需要得不到满足，身体机能和智力思维严重损害甚至退化，而工人面对这种悲惨的境遇却总是无能为力，因为工人只有将自己的劳动力出卖，成为资本物质要素的一部分，才能继续生存下去。其二，资本扩张的强烈冲动使人的自然的生存和生产环境受到破坏。马克思在《资本论》中写道："人为的高温，充满原料碎屑的空气，震耳欲聋的喧嚣等等，都同样的损害人的一切感官，更不用说在密集的机器中间所冒的生命危险了"④。其三，人的劳动力的片面使用使人的自然力发生扭曲和损耗。"劳动力即一个人的身体即活的人体中存在的，每当他生产某种使用价值时就运用的体力和智力的总和。"⑤ 资本逻辑下，人的劳动力的使用的最终目的

---

① 《马克思恩格斯全集》第46卷（下册），中共中央马克思恩格斯列宁斯大林著作编译局编译，北京：人民出版社1980年版，第219页。
② 〔德〕马克思：《资本论》第1卷，中共中央马克思恩格斯列宁斯大林著作编译局编译，北京：人民出版社2004年版，第307页。
③ 〔德〕马克思：《资本论》第1卷，中共中央马克思恩格斯列宁斯大林著作编译局编译，北京：人民出版社2004年版，第307页。
④ 〔德〕马克思：《资本论》第1卷，中共中央马克思恩格斯列宁斯大林著作编译局编译，北京：人民出版社2004年版，第490页。
⑤ 〔德〕马克思：《资本论》第1卷，中共中央马克思恩格斯列宁斯大林著作编译局编译，北京：人民出版社2004年版，第195页。

都是为了"像狼一般的追求剩余价值"①，为了获得以货币为完成形态的资本。工人成为机器的附属物，只能不断重复地从事生产过程中某一小部分的工作，身体因过度的劳累而满身病痛，却将智力闲置起来，造成了"智力的荒废"②。

### （三）生态伦理的规范路径：社会形态的进步

马克思政治经济学批判的使命是在批判旧世界中呼唤新世界。在《资本论》对资本主义生产方式的批判中，到处表达了他对以扬弃资本增值为唯一目的新社会制度的向往和追求，其中包括对生态伦理扭曲现状的揭示和对新生态伦理建设的构想。

#### 1. 人与自然的关系从利用到共生

在马克思、恩格斯之前，客观自然很少进入唯心主义者们的思考世界，他们总是忽视了客观自然对人类的历史发展进程的基础性地位，他们或者排除人的因素构建出一个纯粹的自然本体，又或者仅仅以人的主体性出发建立一个纯粹的社会本体。他们总是"把人对自然界的关系从历史中排除出去了，人为造成了自然界和历史之间的对立"③。这也是前社会主义社会（除原始社会外）中人和自然之间关系始终不能最终和谐的文化哲学因素。马克思认为"只有自然主义能够理解世界历史的行动"④。马克思的理论已然明确地告诉我们，人本身就是一个客观的自然存在物，并且是客观的外在自然对人长期作用而形成的产物，所以我们必须承认，客观自然是人类文明存在的前提和发展的保障。客观自然并不是表明自然是一个独

---

① 〔德〕马克思：《资本论》第1卷，中共中央马克思恩格斯列宁斯大林著作编译局编译，北京：人民出版社2004年版，第306页。

② 〔德〕马克思：《资本论》第1卷，中共中央马克思恩格斯列宁斯大林著作编译局编译，北京：人民出版社2004年版，第460页。

③ 〔德〕马克思：《资本论》第1卷，中共中央马克思恩格斯列宁斯大林著作编译局编译，北京：人民出版社2004年版，第56页。

④ 《马克思恩格斯全集》第3卷，中共中央马克思恩格斯列宁斯大林著作编译局编译，北京：人民出版社2002年版，第324页。

立于人和人类社会之外的自在的世界,而是自有其运动规律的,人不能将自己的主观意识随便加到自然之上,更不能因自身生产生活的需要将自然削减至无的境地,正如马克思在《资本论》中指出的:"人在生产中只能像自然本身那样发挥作用,就是说,只能改变物质的形式"①。客观自然只能在外在自然和人的感性运动两者的有机统一之中才能被理解。换言之,人的主体性得以真正发挥、人的生存价值和意义得以明确化,只能在人真正地认知和利用客观自然,使自在自然和人的主体性融合到人化自然的整体联系当中时才能实现。

2. 物质交换从浪费到循环利用

马克思在《资本论》中对物质的循环利用有着开创性的探索,其类似于我们今天所称的循环经济的萌芽,是在对当时资本主义社会中人、社会和自然之间的物质交换断裂的深入研究中生长出来的。在资本主义大工业时代,物质交换断裂已然直接危害到了人的生存和自然的稳定,此时资本主义并不是采取限制资本增值、制约过度消费的措施以扼制其所带来的生态危机,而是将高污染、高消耗、高排放的生产行业转移至欠发达地区,此举更加剧了全球范围内的物质循环断裂,最终危害到整个人类的可持续发展。物质交换断裂的直接产物就是生产废弃物(工业与农业的废弃物)、消费废弃物及人的新陈代谢排泄物、消费产品的剩余物。马克思认为这些废弃物并不是没有使用价值,"所谓的废料,几乎在每一种产业中都起着重要的作用"②,科技的进步可以将这些废弃物变废为宝,"通过工艺、机器的改良和新发明,可以把废毛和破烂毛织物制成再生毛呢,把废丝制成多种用途的丝织品,把以前几乎毫无用处的煤焦油,变为苯胺燃料,茜红燃料(茜素),甚至把它变成药品"③。马克思的物质循环思想大大扩展了

---

① 〔德〕马克思:《资本论》第1卷,中共中央马克思恩格斯列宁斯大林著作编译局编译,北京:人民出版社2004年版,第107页。
② 〔德〕马克思:《资本论》第3卷,中共中央马克思恩格斯列宁斯大林著作编译局编译,北京:人民出版社2004年版,第116页。
③ 〔德〕马克思:《资本论》第1卷,中共中央马克思恩格斯列宁斯大林著作编译局编译,北京:人民出版社2004年版,第117页。

劳动对象的范围，生产与消费的废弃物再次成为劳动对象，经过人的劳动的再作用重新成为生产材料，为社会生产服务。马克思对其所处时代的对生产排泄物的利用所取得的一些成就做了客观生动的描述："我们在曼彻斯特的大机器制造厂内可以看到，被庞大的机器像刨花一样削下的铁屑推挤入山，傍晚用大车运到炼铁厂去，第二天变成铁锭再运回来"①。

3. 劳动方式从盲目到有机联合的节约生产

马克思认为，"社会化的人，联合起来的生产者，将合理地调节他们和自然之间的物质交换，把它置于他们的共同控制之下，而不让它作为一种盲目的力量来统治自己，靠消耗最小的力量，在最无愧于和最适合于他们的人类本性的条件下进行这种物质交换"②。联合起来的劳动者在生产实践中不再被压迫与剥削，生产实践反而成为劳动者自由的表现。劳动者的生产经验是减少废弃物排放的重要条件。"只有结合工人的经验，才能发现而且指出，在什么地方节约和怎样节约"③。联合劳动者而非资本的人格化即资本家才是生产实践的主人，其完全可以从纯市场机制起作用的市场外部，通过法律制度进行人为的合理干预。在马克思看来，在社会主义社会，联合起来的劳动者能够以整体性的视角看待人与自然之间的物质交换，摒除了资本主义社会中客观自然被个人或少数群体作为生产资料垄断以获取资本增值。联合劳动者以无愧于人类本性和符合于自然规律的形式成为自然界中自觉的调解者，能够"消除资本主义生产方式所造成的障碍和破坏、产品和生产资料的浪费"④。

---

① 〔德〕马克思：《资本论》第1卷，中共中央马克思恩格斯列宁斯大林著作编译局编译，北京：人民出版社2004年版，第239页。

② 〔德〕马克思：《资本论》第3卷，中共中央马克思恩格斯列宁斯大林著作编译局编译，北京：人民出版社2004年版，第928—929页。

③ 〔德〕马克思：《资本论》第3卷，中共中央马克思恩格斯列宁斯大林著作编译局编译，北京：人民出版社2004年版，第118页。

④ 《马克思恩格斯全集》第20卷，中共中央马克思恩格斯列宁斯大林著作编译局编译，北京：人民出版社1971年版，第318页。

### 4. 将人的尺度和自然的尺度统一起来

马克思在《资本论》中指出："只有当社会生活过程即物质生产过程的形态，作为自由联合体的人的产物，处于人的有意识、有计划的控制之下的时候"①，人与自然之间、人与人之间的"神秘的纱幕"才能被揭掉。在马克思看来，人类在扬弃了资本主义生产关系弊端的前提下的联合劳动者，利用和尊重客观自然的突出表现应是以"人的尺度"即把人的生存需要作为人的生产实践的价值取向和"自然的尺度"即把除人外的其他自然物种的生存需要作为人的生产实践的价值取向，通过两者相统一的方式进行生产实践活动。物质交换既不是像在自然经济和小商品经济条件下的受自然支配的以使用价值为目的的简单生产，也不是像在资本主义条件下的征服自然中以交换价值为目的的商品生产，物质交换仅仅表现为人最本质力量的发挥，表现为人的兴趣、才能等的普遍性。

## 三、视域融合：《资本论》生态伦理思想再理解

马克思《资本论》中丰富而珍贵的生态伦理思想，给后人留下了宝贵精神遗产。如今，当我们重新审视人类面临的生态问题，与100多年前马克思的生态伦理思想实现视域融合，会使我们得出许多新体会新收获。

在解释学领域，视域就是文本的作者和解释者对文本意义的预期表达，因而被融合的视域是指文本的"原初的视域"和解释者的"现在的视域"，二者之间虽然存在着很大的差距，但在理解中须把这两种视域融合起来。

"视域融合"是"放置我们（即解释者）自己"的过程，即在理解一发生就必须带着我们（即解释者）的视域进入所要理解的文本的视域。同时也不停留于文本初始的视域，而是把它融入我们现在的视域中，对文本重新提问并给予新的解答。在这一过程中，由于两个视域的遭遇、交融和沟通，就会出现一种向更高的视域提升的情形，这种情形也就使文本新的

---

① 〔德〕马克思：《资本论》第1卷，中共中央马克思恩格斯列宁斯大林著作编译局编译，北京：人民出版社2004年版，第97页。

意义得以产生或获得。

根据对马克思主义人与自然关系的理论,特别是对《资本论》生态伦理思想的重新理解,并和现实对应,我们可以得出以下的认识。

1. 人与自然的关系实际上是人类社会发展的首要动力

从发生学来看,人与自然的关系在先,人与人的社会关系在后。从某种意义上说,人的社会性是由于人与自然的严酷关系所产生和强化的,人的社会关系也是在解决人与自然的矛盾的过程中发展的。为了能够抵御自然界对人类的侵害,为了从自然界获取人的生存资料,人类必须发生社会关系,必须从事社会生产。所以,人类社会的矛盾首先来自和起源于人与自然的矛盾。人的社会关系也是在同自然界矛盾的过程中发展的。当我们看到人的社会矛盾加深的时候,其实是在争夺自然资源或生存资料,归根结底是人与自然的矛盾引发的。所以,人与自然的矛盾是人类社会发展的首要动力。

2. 人与人的关系的协调是人与自然关系协调的制约因素

人与自然的关系制约人与人的关系,反过来人与人的关系又制约人与自然的关系。当人与自然的关系出问题的时候,人的社会关系变得紧张;当人的社会关系出问题的时候,人与自然的关系受到影响。在以上矛盾中,人与人的关系的破坏是人与自然关系破坏的起因。具体表现在,一部分阶层为了满足无止境的欲望,疯狂地向自然界掠夺;另一部分阶层,为了生存,只能无奈地拼命向自然界索取。人类社会关系的不协调,严重地破坏了人与自然的关系。

3. 人类社会的进步与自然环境的退步实际上形成了一个悖论

这几十年来,放眼全世界,随着人类物质文明的不断进步,自然生态环境问题日益严重。使我们看到了一个现象,那就是,经济不发展,自然不伤害;经济弱发展,自然少伤害;经济大发展,自然大伤害。这似乎成了一个悖论。所以第二次世界大战以后许多西方学者率先发出了警惕增长的极限的呼吁。我们看到,自然界的演变有着自己的规律,对人类的价值选择来看,自然界似乎是冷漠的。用生物进化理论不能说明生态也是进化的，相反，我们看到的是沙漠化的不可逆转，大量动植物的日趋灭绝，臭氧层空洞的增加和温室效应的出现。这一切让我们警觉，并思考人类进步的自然障碍。

4. 人的主体性地位使人在处理与自然的关系时往往忘乎所以并付出代价

早在100多年前，恩格斯就指出了人类由于在自己的主观能动性方面的忘乎所以，带来的自然生态环境的破坏始料未及。恩格斯举出的例子有美索不达米亚、希腊、小亚细亚。我们看到，正是由于人的主体性地位，使人往往会以为人定胜天，会以为只要有了人，什么都可以实现，会以为人是无所不能的。结果就导致"人有多大胆，地有多大产"的观念横生并造成极大的破坏性后果。所以要正确看待人的主体性地位问题。人要改造世界和自然但必须遵循自然规律。价值性必须服从规律性。

5. 人类在自然界面前仍然是一个小学生，必须拥有对大自然的神秘感和畏惧感

从必然王国不断走向自由王国是人类坚定的信念，那是由于在必然王国的世界里，人类遭受了无数的苦难和折磨，我们由于不懂水性而被水淹，不懂火性而被火烧，不懂兽性而被兽侵……今天，地震、海啸、泥石流、沙漠化、疾病仍缠绕着我们。面对着这一切，我们不禁要问：我们对自然界到底了解多少？我们想起了康德的警告，在未知世界面前我们不能下我们能到达彼岸世界的定论。关于这一点，与不可知论不同，康德给了我们一个传统，那就是对未知世界保持敬畏感。人类要永远当大自然的小学生。

6. 自然史和人类史实际上是一致的

我们看到，自然史和人类史是紧密连结在一起的。从历史传说和神话故事中，我们就可窥见这个特征。西方上古时代，《荷马史诗》所叙述的就是古希腊祖先的英雄事迹，其中的《伊利亚特》主要表现同异族的战争，《奥德赛》主要表现同大自然的斗争，这两个主题构成了上古时代人

类生存斗争的主要内容。从世界历史文献中，我们看到，人类的文明史就是一部与自然界斗争的历史，人类的每一个科学发现和科技发明都既是我们对大自然认识的进步，又是我们与大自然妥协的结晶。自然的演变和人类的发展是命运相连的整体。

7. 在科技有巨大发展以前，人类命运的未来依托不在于自己，而在于自然

我们必须树立这样一个观念，那就是全人类都面临着自然对人类的新挑战，地球资源的日益枯竭，人口的膨胀，各种已知和未知病魔的肆虐，消费的扩张，世界两极分化的加剧……在新的科技革命完成以前，人类可能还将遭受各种过去不曾遇到过的新灾难。因此，我们需要调整发展思路，调整消费政策，调整我们对自然的观念，改善我们和自然的关系，牢记历史教训，树立一种不自利的新生态观；用科技创新摆脱必然王国的缠绕，解除自然给予人类的痛苦和迷茫，并留给我们的后来人更加美好的发展和生活的条件和空间。

## 四、实践关照：《资本论》生态伦理思想的当代启迪

党的十八届五中全会继承和发展了科学发展观，提出了"创新、协调、绿色、开放、共享"五大发展理念，其中，绿色发展理念是对中国社会经济持续协调发展的核心要求。《资本论》中丰富的生态伦理思想，为绿色发展理念的进一步分析提供了深厚的理论基础。从而使我们站在新时期的基点上，对社会经济生态的可持续发展产生更为深刻的理解。

1. 绿色发展是以人与自然和谐共生为旨归的时代理念

按照马克思主义自然观，自然对于人而言，有着不可或缺的使用价值，这造就了人与自然关系的不可分割。在历史实践中，人类逐渐产生了两种截然不同的生态伦理观念即"人类中心主义"和"自然中心主义"。"人类中心主义"将人与自然的关系视为"主体-客体"关系，人作为主体制约、影响自然这个客体。理性是人之所以成为主体的专有性因素，决

定了人为自然立法。人在理性的支配下能动地占有和驾驭自然，过分地榨取自然，为己所用，这是生态危机的逻辑根源之一。"自然中心主义"深受生物进化论的影响，将人与自然关系视为"整体-部分"关系，把人当作自然的一部分，人与非人类同源于自然生态的演进，人仅仅是自然界内的一种存在物，除人之外的生物同样具有自身价值及道德权利。马克思的生态伦理思想，将解决"人类中心主义"和"自然中心主义"两者的对立归旨于社会生产方式和社会形态的进步之上，认为积极扬弃了资本主义私有制的共产主义"是人和自然之间、人和人之间的矛盾的真正解决，是存在和本质、对象化和自我确证、自由和必然、个体和类之间的斗争的真正解决"①。在《资本论》中，马克思提出的必然王国向自由王国飞跃的条件的思想，更是把人与自然的共存和谐关系作为基础。即"合理地调节他们和自然之间的物质变换。"②

2. 绿色发展理念脱胎于社会主义初级阶段的现实背景，必然应摒弃"人类中心主义"和"自然中心主义"的生态伦理观念，人与自然应相互内化为一个和谐共同体

一方面，自然是人劳动实践的客体对象，人在劳动实践中与自然进行物质交换，但绝不能片面主张人在物质交换过程中的一元性和绝对性；另一方面，人本身是自然的一部分，人作为劳动实践的主体，同时也是自然存在物，人在与自然进行物质交换时进行了对象化活动，但绝不能以人的自在性和自然性去遮蔽人的社会性和能动性。

3. 绿色发展是以科技引领物质交换为表征的现实理念

科技能够极大地促进社会生产力的提高，从而扩展人与自然之间物质交换的广度与深度。科技能够进一步促进人与自然之间的物质交换效率，以实现对原有材料使用的最大化。科技能够发现可以进入人与自然之间的

---

① 《马克思恩格斯全集》第3卷，中共中央马克思恩格斯列宁斯大林著作编译局编译，北京：人民出版社1960年版，第297页。

② 〔德〕马克思：《资本论》第3卷，中共中央马克思恩格斯列宁斯大林著作编译局编译，北京：人民出版社2004年版，第928页。

物质交换的新材料，"难以加工的材料日益不可避免地被应用，例如以铁代替木材"①。科技能够发现人与自然之间物质交换的旧材料的新功能，科技的应用总是以机器为载体，"人们使用经过改良的机器，能够把这种本来几乎毫无价值的材料，支撑有多种用途的丝织品"②。科技能够对人与自然之间物质交换后的废弃物进行再次利用，"科技的进步，特别是化学的进步，发现了那些废物的有用性质"③。但科技也同时具有负效应，这取决于社会关系的样态，而非科技本身。过分地崇拜科技，使科技沦落为仅仅为价值增值服务的工具，就必然会造成在人与自然之间物质交换过程中，人被奴役。中国社会要实现绿色发展，就必须珍视《资本论》中关于科技对人与自然之间物质交换正效应的论述，认真区分科技本身与科技的应用，重视对科技创新的扶持与投入，把科技创新内嵌于理论创新、制度创新和文化创新的整体协调当中。

4. 绿色发展是以高劳动生产率为特点的经济理念

现代的社会化大生产并不是一种在原有规模上的简单生产，而是在扩大生产规模基础上的再生产或在原有生产规模基础上通过提高劳动生产率以增加产量的生产。两种扩大再生产的方式存在着生态效益的差别。生产规模的扩大必然以厂房、机器等物质条件为载体，而这些物质条件的实现最终来源于人类对自然资源的获取。这两种生产方式以不同的自然资源，实现等量社会物质财富的创造，这就造成了对自然资源的浪费。绿色发展的实现应建立在提高劳动生产率的根基之上。提高劳动生产率的实质是对"无用劳动的免除"④。劳动过程是劳动力和自然物质资料的同时耗费。当

---

① 〔德〕马克思：《资本论》第1卷，中共中央马克思恩格斯列宁斯大林著作编译局编译，北京：人民出版社2004年版，第440页。

② 〔德〕马克思：《资本论》第3卷，中共中央马克思恩格斯列宁斯大林著作编译局编译，北京：人民出版社2004年版，第117页。

③ 〔德〕马克思：《资本论》第3卷，中共中央马克思恩格斯列宁斯大林著作编译局编译，北京：人民出版社2004年版，第115页。

④ 〔德〕马克思：《资本论》第1卷，中共中央马克思恩格斯列宁斯大林著作编译局编译，北京：人民出版社2004年版，第605页。

劳动力仅仅改变自然物质资料的形态,而未能满足人的目的之时,使用价值就不复存在,其结果就致使无用劳动的出现,造成劳动力与自然资源的双向浪费。要真正践行绿色发展,就必须认知和重视影响劳动生产率的相关因素,例如劳动者的平均熟练程度、生产过程的科学管理、劳动工具的有效使用等。通过激发高效的劳动生产率,以较少的自然资源消耗,创造出更多能够满足社会日益增长的需要的物质财富,这对于解决中国目前的生态环境问题,真正实现绿色发展有着十分重要的意义。

# 本书主要参考文献

〔法〕保罗·利科:《解释的冲突》,莫伟民译,北京:商务印书馆2017年版。

白刚、吴留戈:《〈资本论〉的三重逻辑》,载《南京社会科学》,2016年第5期,第29—35页。

卜祥记:《〈资本论〉的理论空间与哲学性质》,载《中国社会科学》,2013年第10期,第4—21页。

卜祥记、邬蕾:《唯物史观是判别〈资本论〉当代效用的根本准则》,载《学习与探索》,2016年第7期,第14—22页。

陈新夏:《唯物史观与人的发展理论》,南京:江苏人民出版社2012年版。

陈墀成:《物质交换的调节控制——〈资本论〉中的生态哲学思想探微》,载《厦门大学学报(哲学社会科学版)》,2009年第2期,第35—41页。

陈海飞:《解释学与哲学解释学》,载《高校理论战线》,2005年第2期,第54—57页。

戴文标等:《现代政治经济学》,杭州:浙江大学出版社2006年版。

〔美〕大卫·哈维:《跟大卫·哈维读〈资本论〉》,刘英译,上海:上海译文出版社2013年版。

〔美〕D.史密斯:《〈资本论〉修炼宝典》,饶青欣译,桂林:广西师范大学出版社 2017 年版。

〔英〕佛朗西斯·惠恩：《马克思〈资本论〉传》，陈越译，北京：中央编译出版社 2009 年版。

〔美〕弗雷德里克·詹姆逊：《马克思主义与形式》，李自修译，南昌：百花洲文艺出版社 1997 年版。

〔德〕费彻尔：《马克思与马克思主义——从经济学批判到世界观》，赵玉兰译，北京：北京师范大学出版社 2009 年版。

丰子义：《〈资本论〉唯物史观的呈现方式与独特作用》，载《中国高校社会科学》，2015 年第 6 期，第 4—16 页。

高瑞泉：《中国近代社会思潮》，上海：华东师范大学出版社 1996 年版。

〔意〕葛兰西：《狱中札记》，葆煦译，北京：人民出版社 1983 年版。

〔意〕葛兰西：《葛兰西文选》，李鹏程编，北京：人民出版社 2008 年版。

〔德〕H.R.姚斯、〔美〕R.C.霍拉勃：《接受美学与接受理论》，周宁、金元浦译，沈阳：辽宁人民出版社 1987 年版。

〔德〕黑格尔：《法哲学原理》，范杨、张企泰译，北京：商务印书馆 1996 年版。

胡希宁：《当代西方经济学概论（第三版）》，北京：中共中央党校出版社 2004 年版。

洪汉鼎：《诠释学：它的历史与当代发展》，北京：人民出版社 2001 年版。

何卫平：《通向解释学辩证法之途》，上海：上海三联书店 2001 年版。

胡斌、何云峰：《弱人工智能时代的劳动价值论与劳动制度》，载《浙江工商大学学报》，2019 年第 4 期，第 5—14 页。

胡家勇、李繁荣：《〈资本论〉中的生态思想及其当代价值》，载《经济学动态》，2015 年第 7 期，第 70—79 页。

胡潇：《"从实践出发来解释观念"——马克思解释学思想片论》，载《马克思主义研究》，2006 年第 8 期，第 53—57 页。

贺汉魂：《马克思劳动伦理思想研究》，湖南师范大学博士学位论文，2012年。

〔德〕海德格尔：《海德格尔选集》上卷，孙周兴选编，北京：生活·读书·新知三联书店1996年版。

〔德〕黑格尔：《法哲学原理》，范杨、张企泰译，北京：商务印书馆1996年版。

〔德〕伽达默尔：《真理与方法》上卷，洪汉鼎译，上海：上海译文出版社1999年版。

〔德〕伽达默尔：《真理与方法》，洪鼎汉译，北京：商务印书馆2007年版。

〔德〕伽达默尔：《诠释学Ⅰ：真理与方法》，洪汉鼎译，北京：商务印书馆2010年版。

〔德〕伽达默尔：《诠释学Ⅱ：真理与方法——补充和索引》，洪汉鼎译，北京：商务印书馆2010年版。

〔德〕伽达默尔：《美学与诗学——诠释学的实施》，吴建广译，北京：北京大学出版社2013年版。

吉志强：《〈资本论〉生态经济思想的基本特征及其当代价值》，载《广西社会科学》，2013年第2期，第59—63页。

蒋晓雷：《基本"生态破坏"积累的第三种积累下〈资本论〉的一般规律补充研究》，载《学术论坛》，2010年第10期，第138—141页。

〔英〕杰文斯：《政治经济学理论》，郭大力译，北京：商务印书馆1984年版。

〔美〕理查德·E.帕尔默：《诠释学》，潘德荣译，北京：商务印书馆2012年版。

〔美〕罗伯特·L.海尔布隆纳：《马克思主义：支持与反对》，马林梅译，北京：东方出版社2014年版。

聂锦芳、彭宏伟：《马克思〈资本论〉研究读本》，北京：中央编译出版社2013年版。

刘炯忠：《论〈资本论〉对唯物史观的证明》，载《马克思主义研究》,1985年第4期,第163—177页。

刘琳:《资本现代性的伦理批判》,北京:人民出版社2015年版。

刘忠友:《〈资本论〉中的历史观研究》,北京:中国社会科学出版社2017年版。

〔匈〕卢卡奇:《卢卡奇自传》,杜章智编,李渚青、莫立知译,北京:社会科学文献出版社1986年版。

〔匈〕卢卡奇:《历史与阶级意识》,王伟光、张峰译,北京:华夏出版社1989年版。

〔法〕路易·阿尔都塞、巴里巴尔:《读〈资本论〉》,李其庆、冯文光译,北京:中央编译出版社2001年版。

《列宁专题文集(论资本主义)》,中共中央马克思恩格斯列宁斯大林著作编译局编译,北京:人民出版社2009年版。

《列宁全集》第1卷,中共中央马克思恩格斯列宁斯大林著作编译局编译,北京:人民出版社1984版。

《列宁全集》第38卷,中共中央马克思恩格斯列宁斯大林著作编译局编译,北京:人民出版社1959年版。

《列宁选集》第1卷,中共中央马克思恩格斯列宁斯大林著作编译局编译,北京:人民出版社1995年版。

〔意〕理查德·贝洛菲尔、罗伯特·芬奇主编:《重读马克思》,徐素华译,上海:东方出版社2010年版。

〔意〕拉布里奥拉:《关于历史唯物主义》,杨启、孙魁、朱中龙译,北京:人民出版社1984年版。

鲁品越:《〈资本论〉的生态哲学思想研究》,载《学习与探索》,2015年第1期,第12—17页。

刘志洪:《论资本的核心逻辑与附属逻辑》,载《马克思主义与现实》,2017年第1期,第29—37页。

李繁荣:《〈资本论〉中物质变换思想及其现实意义》,载《江汉论坛》,2011年第5期,第61—66页。

李云飞:《语言·真理·意义——国内伽达默尔哲学解释学研究的历

史及其现状》，载《南京社会科学》，2002年第8期，第7—13页。

〔德〕马丁·海德格尔：《存在与时间》，陈嘉映、王庆节译，北京：生活·读书·新知三联书店2006年版。

严理编：《外国共产党纪念马克思逝世100周年文集》，北京：人民出版社1985年版。

莫放春：《〈资本论〉及其手稿中的生态自然观》，载《学术论坛》，2015年期2期，第8—12页。

马江：《论马克思经典理论中的循环经济思想》，载《统计与决策》，2009年第6期，第148—150页。

《马克思恩格斯〈资本论〉书信集》，中共中央马克思恩格斯列宁斯大林著作编译局编译，北京：人民出版社1976年版。

《马克思恩格斯选集》第1—4卷，中共中央马克思恩格斯列宁斯大林著作编译局编译，北京：人民出版社1995年版。

《马克思恩格斯选集》第1—4卷，北京：人民出版社2012年版。

《马克思恩格斯文集》第1—10卷，北京：人民出版社2009年版。

《马克思恩格斯全集》第1—47卷，中共中央马克思恩格斯列宁斯大林著作编译局编译，北京：人民出版社1956—1985年版。

〔德〕马克思：《资本论》第1—3卷，中共中央马克思恩格斯列宁斯大林著作编译局编译，北京：人民出版社2004年版。

〔英〕马歇尔：《经济学原理》上卷，朱志泰等译，北京：商务印书馆1964年版。

马唯杰：《劳动伦理研究》，苏州：苏州大学出版社2017年版。

聂锦芳、彭宏伟：《马克思〈资本论〉研究读本》，北京：中央编译出版社2013年版。

聂锦芳：《〈资本论〉再研究：文献、思想与当代性》，载《中国高校社会科学》，2013年第6期，第47—64页。

〔德〕欧内斯特·曼德尔：《〈资本论〉新英译本导言》，仇启华、杜章智译，北京：中共中央党校出版社1991年版。

彭宏伟：《资本社会的结构与逻辑——〈资本论〉议题再审视》，北京：中国人民大学出版社 2018 年版。

潘德荣：《文字、诠释、传统——中国诠释传统的现代转化》，上海：上海译文出版社 2003 年版。

潘德荣：《西方诠释学史》，北京：北京大学出版社 2016 年版。

皮家胜：《解释学：马克思主义哲学中国化研究的新维度》，载《哲学研究》，2005 年第 11 期，第 27—30 页。

彭启福：《走出我国诠释学研究的"伽达默尔框架"》，载《山东大学学报（哲学社会科学版）》，2016 年第 4 期，第 131—138 页。

潘革平：《"马克思用著作改变世界"——访比利时劳动党副主席戴维·派斯提欧》，载《光明日报》，2008 年 5 月 6 日，第 8 版。

〔美〕乔治亚·沃恩克：《伽达默尔：诠释学、传统和理性》，洪汉鼎译，北京：商务印书馆 2009 年版。

〔加〕让格·朗丹：《诠释学真理？——论伽达默尔的真理概念》，洪汉鼎译，北京：商务印书馆 2015 年版。

〔德〕施泰格缪勒：《当代哲学主流》，王炳文、王路、燕宏远译，北京：商务印书馆 1992 年版。

慎海雄：《习近平改革开放思想研究》，北京：人民出版社 2018 年版。

邵然：《〈资本论〉与人类解放的现实道路》，北京：社会科学文献出版社 2018 年版。

孙乐强：《〈资本论〉形象的百年变迁及其当代反思》，载《马克思主义与现实》，2013 年第 2 期，第 48—54 页。

孙正聿：《选择与标准：我们时代的哲学理念》，载《黑龙江社会科学》，2015 年第 6 期，第 1—5 页。

孙正聿：《〈资本论〉与马克思主义哲学》，载《学习与探索》，2014 年第 1 期，第 1—14 页。

孙承叔：《中国道路与马克思主义哲学研究重心的第二次转向》，载《马克思主义与现实》，2014 年第 1 期，第 167—173 页。

孙舒景、王峰明：《从人的发展悖论到自由个性——〈资本论〉及其手稿中马克思的自由观辨析》，载《天津社会科学》，2018 年第 2 期，第

27—35 页。

宋周尧:《〈资本论〉环境伦理思想探解》,载《道德与文明》,2002年第 6 期,第 43—46 页。

桑明旭:《解释学与"理解马克思"的科学立场》,载《湖北社会科学》,2016 年第 9 期,第 5—10 页。

《世界哲学年鉴(1988—1990)》,上海:上海人民出版社 1991 年版。

〔英〕特里·伊格尔顿:《马克思为什么是对的》,李杨、任文科、郑义译,重庆:重庆出版社 2017 年版。

王东:《〈资本论〉的哲学底蕴及其现代意义》,载《教学与研究》,1997 年第 8 期,第 33—37 页。

王虎学:《人的社会与社会的人——马克思哲学的革命变革与现代视域》,济南:山东人民出版社 2012 年版。

王江松:《劳动资本化和资本劳动化》,载《中国工人》,2012 年第 6 期,第 18—21 页。

王程:《经济哲学视域下劳动观念的嬗变及现代性反思》,载《南京师范大学报(社会科学版)》2018 年第 6 期,第 118—125 页。

王金福:《马克思主义研究的解释学反思》,载《江苏行政学院学报》,2001 年第 4 期,第 15—21 页。

王金福、陈海飞:《解释学的越界与哲学的退缩和唯心主义化》,载《苏州大学学报(哲学社会科学版)》,2004 年第 1 期,第 21—25 页。

万冬冬:《人与自然的矛盾及其和解:〈资本论〉及其手稿的生态意蕴》,载《学术交流》,2014 年第 4 期,第 31—34 页。

王南湜:《"历史科学"的两种模式——〈资本论〉方法论问题的再思考》,载《福建论坛(人文社会科学版)》,2017 年第 7 期,第 80—94 页。

吴猛:《阿尔都塞〈资本论〉解读的困境及其意义论根源》,载《哲学研究》,2009 年第 8 期,第 8—14 页。

王维平、王海龙:《〈资本论〉研究的解释学视角刍议》,载《当代经济研究》,2018 年 5 期,第 15—22 页。

王维平、韩璐：《〈资本论〉与狄更斯作品对资本主义社会批判的视域融合》，载《甘肃社会科学》，2018年第1期，第8—15页。

王建辉、彭博：《循环经济理论探源与实现路径——〈资本论〉的生态语域》，载《武汉大学学报（哲学社会科学版）》，2016年第1期，第46—51页。

习近平：《在哲学社会科学工作座谈会上的讲话》，载《人民日报》，2016年5月19日，第2版。

习近平：《深刻认识马克思主义时代意义和现实意义 继续推进马克思主义中国化时代化大众化》，载《人民日报》，2017年9月30日，第1版。

习近平：《在纪念马克思诞辰200周年大会上的讲话》，载《人民日报》，2018年5月5日，第2版。

肖前：《马克思主义哲学原理》下册，北京：中国人民大学出版社1993年版。

徐水华：《从"对象性关系"到"物质变换关系"——论马克思生态哲学思想的逻辑发展》，载《生态经济》，2014年第1期，第186—190页。

《西方学者论〈1844年经济学哲学手稿〉》，复旦大学哲学系现代西方哲学研究室编译，上海：复旦大学出版社1983年版。

〔奥〕约瑟夫·熊彼特：《资本主义、社会主义与民主》，吕良健译，北京：商务印书馆1999年版。

殷鼎：《理解的命运》，上海：上海三联书店1988年版。

仰海峰：《资本论的哲学》，北京：北京师范大学出版社2017年版。

杨继国：《虚拟经济：马克思经济危机理论新释》，厦门：厦门大学出版社2016年版。

杨泽树：《"效果历史"——理解之维的哥白尼革命》，载《浙江社会科学》，2007年第6期，第127—132页。

杨生平、李鹏：《试论伽达默尔效果历史理论》，载《世界哲学》，2018年第3期，第104—111页。

俞吾金：《马克思的权力诠释学及其当代意义》，载《天津社会科学》，2001年第5期，第17—21页。

〔德〕马克思：《资本论》第 1—3 卷，中共中央马克思恩格斯列宁斯大林著作编译局编译，北京：人民出版社 2004 年版。

张一兵：《文本学解读语境的历史在场》，北京：北京师范大学出版社 2004 年版。

张一兵：《回到马克思——经济学语境中的哲学话语》，南京：江苏人民出版社 2014 年版。

周露平：《〈资本论〉与唯物史观的协同演进》，上海：上海人民出版社 2017 年版。

朱炳元：《马克思主义虚拟资本理论与金融危机》，北京：中央编译出版社 2014 年版。

张秀芬、包庆德：《马克思〈资本论〉生态思想及其论辩之争》，载《自然辩证法》，2016 年第 5 期，第 112—117 页。

张三元、孙虹玉：《论资本逻辑的伦理调控》，载《江汉论坛》，2017 年第 7 期，第 31—38 页。

张明国：《马克思主义科学技术观概述》，载《洛阳师范学院学报》，2017 年第 10 期，第 1—7 页。

《中共中央关于制定国民经济和社会发展第十三个五年规划的建议》，载《人民日报》，2015 年 11 月 4 日，第 1 版。

Harvery D, *The Limits to Capital*, Oxford：Blackwell, 1982.

Ryan M, *Marxism and Deconstruction：A Critical Articulation*, Baltimore：Johns Hopkins University Press, 1982.

Marx K & Engels F, *Karl Marx and Friedrich Engels. Collected Works*, Volumes 1-50. Moscow, London, New York：Progress Publishers, Internation Publishers, and Lawrence & Wishart, 1975-2004.

# 附 录

马克思《资本论》(第一卷)细纲抽绎

**第一册 资本的生产过程**

**第一篇 商品和货币**

**第一章 商品**

**第一节 商品的两个因素：使用价值和价值（价值实体、价值量）**

一、研究资本主义生产关系从对商品的分析开始

1. 资本主义社会的商品经济是商品经济发展的最充分最完备的占统治地位的形式

2. 资本主义生产方式与统治地位的社会表现是"庞大的商品堆积"，单个商品是这个社会的财富的元素形式

3. 商品是资本主义社会的经济细胞，必须解剖这个细胞才能揭示资本主义社会结构的奥秘

二、商品的使用价值

1. 商品首先是靠自己的属性来满足人的某种需要的物

2. 每种有用物的质的多种用途和量的计量尺度，是在历史进程中不断发现和形成的

3. 使用价值是商品的自然属性，是商品学而不是政治经济学研究的

对象

4. 在商品经济社会，使用价值是交换价值的物质承担者

三、交换价值和价值（价值实体）

1. 交换价值首先表现为一种使用价值同另一种使用价值相交换的量的关系或比例

2. 必须把各种商品的交换价值化成一种共同的东西

3. 使用价值不是交换价值所表现的共同的东西

4. 抽象劳动形成的价值实体，是交换价值所表现的共同的东西

5. 交换价值是价值的表现形式，价值是交换价值的内容

6. 价值是无差别人类劳动的单纯凝结

四、商品的价值量

1. 商品的价值量由劳动时间来测量

2. 决定商品价值量的是社会必要劳动时间

3. 价值量随劳动生产力变化而变化

五、商品是使用价值和价值的统一

第二节　体现在商品中的劳动的二重性

一、劳动二重性是理解政治经济学的枢纽

二、生产使用价值的有用劳动——具体劳动

1. 具体劳动的特殊形式，主要表现在目的、操作方式、对象、手段和结构等方面

2. 同种具体劳动的产品不能作为商品互相对立

3. 社会分工和私有制是商品生产产生的条件

4. 有用劳动是不以一定社会形式为转移的人类生存条件

5. 劳动与自然物质都是物质财富的源泉

三、形成价值实体的一般人类劳动——抽象劳动

1. 抽象劳动是抽去具体形态的一般人类社会劳动力的耗费

2. 复杂劳动是加倍的简单劳动

四、体现在商品中的劳动是具体劳动与抽象劳动的统一

1. 异质的具体劳动是形成使用价值的要素，同质的抽象劳动是形成价值的实体

2. 单位商品价值量的变化，是由社会必要劳动时间的变化引起的，与具体劳动无关

3. 物质财富的量增长时，它的价值量可能同时下降，这是由劳动二重性引起的

4. 劳动二重性是商品二重性的根源

第三节　价值形式或交换价值

1. 商品具有二重形式：自然形式和价值形式

2. 要探索商品价值，就要从商品的交换关系出发，从而研究价值的表现形式

3. 研究价值形式的目的，在于要说明货币形式的起源

一、简单的、个别的或偶然的价值形式

（一）价值表现的两极：相对价值形式和等价形式

1. 简单价值形式隐藏着一切价值形式的秘密

2. 相对价值形式与等价形式在价值关系中起着不同作用

3. 相对价值形式和等价形式是对立统一的关系

（二）相对价值形式

1. 相对价值形式的内容

① 首先从质的方面研究，"20 码麻布 = 1 件上衣"是这一等式的基础

② 一种商品的价值，要通过与另一商品相交换的关系才能表现出来

③ 形成价值的劳动的特殊性质，只有在不同种商品的等价表现中才能显示出来

④ 相对价值形式必须通过等价形式上商品的使用价值才能表现出来

⑤ 一商品与另一商品相交换时，它本身的价值就表现出来了

⑤ 把一种商品的价值表现在另一种商品的使用价值上，价值被表现的

这种商品就处于相对价值形式的地位

2. 相对价值形式的量的规定性

① 价值形式既表现价值又表现一定的价值量

② 劳动生产力的变化引起商品价值量的变化，相对价值形式随生产力变化的量的规定性表现为四种情况

a. 麻布的价值起了变化，上衣的价值不变，麻布的相对价值即它表现在上衣上的价值的增减，与麻布的价值成正比

b. 麻布的价值不变，上衣的价值起了变化，麻布表现在上衣上的价值的增减与上衣的变化成反比

c. 生产麻布和上衣的必要劳动量按同一方向和同一比例同时发生变化，他们的相对价值保持不变

d. 生产麻布和上衣的各自的必要劳动时间发生变化，从而它们的价值或按同一方向但以不同程度，或按相反方向但以不同程度发生变化时，对相对价值的影响可根据以上三种情况推知

3. 等价形式

① 一个商品的等价形式就是它能与另一个商品直接交换的形式

② 等价形式上的商品，不表现它自己的价值量

③ 等价形式的第一个特点，使用价值成为价值的表现形式

④ 等价形式的第二个特点，具体劳动成为抽象劳动的表现形式

⑤ 等价形式的第三个特点，私人劳动成为直接社会形式的劳动

⑥ 揭露价值形式秘密的社会历史条件

4. 简单价值形式的总体

① 简单价值形式表明，商品价值通过交换价值而表现，交换价值是价值的表现形式

② 简单价值形式还表明，商品内部的价值与使用价值的对立，表现为商品与商品的外部对立

③ 价值形式随商品形式的发展而发展

④ 简单价值形式是不充分、不成熟的，必须发展为扩大的价值形式

二、总和的或扩大的价值形式

（一）扩大的相对价值形式

1. 扩大的价值形式进一步表明，价值是真正无差别的人类劳动的凝结物

2. 扩大的价值形式还进一步表明，交换中商品的价值量总是一样大的

（二）特殊等价形式

1. 每一种商品的一定自然形式都成为一个特殊的等价形式，与其他许多特殊等价形式并列

2. 各种不同的商品体中包含的多种多样的具体有用劳动现在只是一般人类劳动的同样多种的特殊表现形式

（三）总和的或扩大的价值形式的缺点

1. 商品的相对价值表现是未完成的，因为它的表现系列永无止境

2. 这条锁链形成一幅由互不关联的而且种类不同的价值表现拼成的五光十色的镶嵌画

3. 每一种商品的相对价值形式都是一个不同于任何别的商品的相对价值形式的无穷无尽的价值表现系列

三、一般价值形式

（一）价值形式的变化了的性质

1. 一般价值形式的特点

① 现在，商品价值的表现：一是简单的，因为都是表现在唯一的商品上；二是统一的，因为都是表现在同一的商上。

② 第一种形式和第二种形式都只是使一种商品的价值表现为一种与它自身的使用价值或商品体不同的东西

③ 第二种形式比第一种形式更完全地把一种商品的价值同他自身的使用价值区别开来

2. 相对价值形式的变化

① 现在，一切商品，在与麻布等同的形式上，不仅表现为在质上相同，表现为价值，而且同时也表现为在量上可以比较的价值量

② 商品世界的一般的价值形式，使被排挤出商品世界的等价物商品获得了一般等价物的性质

3. 等价形式的变化

① 新获得的形式使商品世界的价值表现在从商品世界中分离出来的同一种商品上

② 这个价值形式清楚地告诉我们，在这个世界中，劳动的一般的人类的性质形成劳动的特殊的社会的性质

4. 一般价值形式是商品世界的社会表现

（二）相对价值形式和等价形式的发展关系

1. 等价形式的发展是相对价值形式发展的表现和结果

2. 价值形式向前发展，相对价值形式与等价形式这两极的对立，也以相同程度向前发展

3. 从一般价值形式到货币形式的过渡

四、货币形式

（一）由一般形式到货币形式，没有发生质的变化

（二）金本身原来是商品，只是在交换发展过程中才成为货币

（三）一般相对价值形式转化为价格形式

（四）简单的商品形式是货币形式的胚胎

1. 理解货币形式的困难，无非是理解一般价值形式，从而是理解第三种价值形式的困难

2. 第三种形式倒过来，就化为第二种形式，而第二种形式的构成要素是第一种形式

3. 因此，简单的商品形式是货币形式的胚胎

第四节 商品的拜物教性质及其秘密

一、商品拜物教的发生及其性质

（一）商品的神秘性质不是从它的使用价值发生的

（二）商品的神秘性质也不是由形成价值的抽象劳动的性质发生的

（三）商品的神秘性质是由商品形式本身发生的

1. 人类劳动的等同性，取得了劳动产品的等同的价值对象性这种物的形式

2. 用劳动的持续时间来计量的人类劳动力的耗费取得了劳动产品的价值量的形式

3. 劳动的那些社会规定借以实现的生产者的关系取得了劳动产品的价值量的形式

（四）商品货币关系是拜物教幻觉的根源

1. 私人劳动的社会性必须通过物的交换来表现，这就使人发生了幻觉

2. 私人劳动的二重社会性，采取了使用价值和价值的形式，又使人发生幻觉

3. 价值量运动规律的客观强制力，造成了物的运动支配人的幻觉

4. 在价格形式上，货币能与一切其他商品相交换，更使人们为物的幻觉所迷惑

二、商品拜物教是商品生产的社会形式中特有的现象

（一）在孤岛上生活的鲁滨孙，他的个人劳动和物的关系，是极其简单明了的

（二）在封建社会里，人们在劳动中的社会关系，直接表现在人身依附关系上

（三）在自给自足的农村家长制生产中，劳动具有直接的社会性

（四）在未来的自由人联合体中，个人劳动和产品的社会关系，都是极其简单明了的

（五）要消灭商品拜物教的社会意识，必须消灭产生它的社会基础

三、资产阶级的经济学家不了解商品拜物教的秘密

（一）古典学派不了解商品拜物教秘密的原因

（二）资产阶级经济学家为商品拜物教所迷惑而产生的糊涂见解

（三）资产阶级的学者把现实的经济关系完全颠倒过来

## 第二章 交换过程

第一节 商品交换的条件和交换的必然性

一、私有制是商品交换的基础，法权关系是由经济关系决定

二、商品是对别人的使用价值，它是社会分工的产物

三、使用价值和价值的矛盾必须通过交换来解决

四、交换过程，既是个人的过程，又是一般社会的过程

第二节 交换的发展过程同时是货币的形成过程

一、货币是交换过程的必然产物

二、货币形成的历史过程

三、金银成为货币的原因

第三节 货币的本质和对资产阶级经济学家货币理论的批判

一、货币是充当一般等价物的商品

二、交换过程给予货币的，不是它的价值，而是它的特殊的价值形式

三、货币不是物的自然属性，而是一定社会生产关系的反映

## 第三章 货币或商品流通

第一节 价值尺度

一、价值尺度和价格

1. 价值尺度的职能是为商品世界提供表现价值的材料

2. 价格是商品价值的货币表现

3. 货币当作价值尺度，是观念上的货币，但是以实际的货币材料为依据的

二、价格标准和价格涨落的规律

1. 包含一定金属重量的货币单位及其等分叫作价格标准

2. 价值尺度和价格标准的区别

3. 金价值变动对价格标准的关系不会妨碍金执行价格标准的职能

4. 金价值变动也不会妨碍金执行价值尺度的职能

5. 金价值变动对价格的影响

6. 价格提高或降低的规律

三、价格形式

1. 金属重量的货币名称同它原来的重量名称逐渐分离进一步掩盖了价值关系

2. 价格形式包含着价格偏离价值量的可能性

3. 价格形式包含着价格和价值在质上矛盾的可能性

4. 价格形式包含着商品转化为货币的可能性和必要性

## 第二节 流通手段

一、商品的形态变化

1. 商品形态的变化，是交换过程的实际运动形式

2. 商品的第一形态变化是一个惊险的跳跃

3. 商品的第二形态变化是许多其他商品第一形态变化的总和

4. 简单商品流通克服了物物交换的矛盾，但又包含着危机的可能性

二、货币的流通

1. 商品流通决定货币流通

2. 货币流通量首先是由商品的价格总额决定的

3. 货币流通量又是由货币流通速度决定的

4. 货币流通量的规律

三、铸币。价值符号

1. 铸币是具有一定形状、重量、成色和额面价值的金属货币，它是由货币当作流通手段的职能中产生的

2. 纸币是一种价值记号

3. 纸币流通规律是它的发行量与它象征地代表的金或银的实际流通数量

4. 纸币与商品价值的关系

## 第三节　货币

### 一、货币贮藏

1. 货币贮藏的职能是在商品流通的基础上发展的

2. 货币贮藏职能随商品流通的发展而发展

3. 货币贮藏者的特点

4. 货币贮藏与调节货币流通量

### 二、支付手段

1. 产生支付手段职能的历史条件

2. 债权人和债务人的关系

3. 在支付手段的职能上，货币运动的新特点

4. 制约支付手段必要量的诸因素

5. 支付手段的矛盾和货币危机

6. 货币流通规律的总公式

7. 信用货币是直接从货币作为支付手段的职能中产生的

8. 由支付手段职能所引起的问题

### 三、世界货币

1. 世界货币的特点

2. 在国际上，金银的流动是二重的

## 第二篇　货币转化为资本
## 第四章　货币转化为资本

### 第一节　资本的总公式

1. 商品流通是资本的起点，货币是资本的最初表现形式

2. 商品流通和资本流通在流通形式上的共同点和区别

3. 商品流通与资本流通在内容上的区别

4. 货币所有者和资本家的区别

5. 资本的本质

6. G—W—G′是资本的总公式

### 第二节 总公式的矛盾

1. 货币羽化为资本的流通公式，是和前面阐述的所有关于商品、价值、货币和流通本身的性质的规律相矛盾的

2. 剩余价值不能从流通中产生，无论是等价交换和非等价交换都不会产生剩余价值

3. 在分析剩余价值产生时，暂时撇开商业资本和高利贷资本

4. 离开流通领域也不能说明剩余价值的产生

5. 解决资本总公式矛盾的条件是必须在流通领域中，又必须不在流通领域中

### 第三节 劳动力的买和卖

1. 劳动力的买和卖是研究剩余价值产生问题的关键

2. 劳动力成为商品是历史发展的产物

3. 劳动力的价值是由生产和再生产这种特殊商品所必需的劳动时间决定的

4. 劳动力的使用价值能创造价值

5. 在流通领域进行劳动力买卖时，自由平等的契约形式掩盖了资本主义剥削的实质

## 第三篇 绝对剩余价值的生产

## 第五章 劳动过程和价值增殖过程

### 第一节 劳动过程

一、劳动过程的一般性质

1. 首先研究劳动过程一般性质的原因

2. 劳动过程的三要素：劳动、劳动对象、劳动资料

3. 劳动产品在劳动过程中的作用

4. 劳动过程是人类生活的永恒的自然条件

二、资本主义劳动过程的特点

1. 在劳动过程开始前，资本家不仅购买了生产资料，还买到劳动力这一特殊商品

2. 资本主义劳动过程的两种特殊现象

## 第二节 价值增殖过程

一、资本家的目的在于生产剩余价值

二、价值形成过程

1. 必须根据商品价值由社会必要劳动时间决定的原理，研究价值形成过程

2. 生产资料的价值是产品价值的构成部分

3. 劳动者新消耗的劳动，创造出的新价值是产品价值的另一组成部分

4. 假定一日劳动新创造出来的价值，等于劳动力的日价值，结果产品的价值只等于预付资本的价值

5. 批判资产阶级的庸俗政治经济学为价值增殖辩护的谬论

三、价值增殖过程

1. 价值增殖的秘密在于劳动力这一商品的特殊性质

2. 以棉纱生产为例，说明剩余价值是怎样产生的

3. 剩余价值的生产，完全符合商品交换规律，解决了资本总公式的矛盾

四、资本主义的生产过程是劳动过程和价值增殖过程的统一

1. 价值形成过程和价值增殖过程的关系

2. 价值形成过程与劳动过程的区别是由劳动二重性引起的

3. 在价值形成的过程中，必须保持社会必要劳动时间的正常消耗

4. 资本主义生产过程是劳动过程与价值增殖过程的统一

5. 简单劳动与复杂劳动的区别，不会影响价值增殖过程

## 第六章 不变资本和可变资本

一、价值的转移和创造是由劳动的二重性产生的

1. 新价值的创造和旧价值的转移，是同一劳动的两种不同结果

2. 抽象劳动创造价值，具体劳动转移生产资料的价值

3. 同一劳动的二重作用，表现在种种不同的现象上

二、生产资料的价值转移到产品中去

1. 生产资料的旧价值转移，是因为它在劳动过程中失掉自己原来的使用价值形态，获得另一种使用价值形态

2. 生产资料价值在转移中的两种不同形式

3. 生产资料价值在转移中的两种有趣现象

4. 由生产资料转移到商品中去的价值，不能比它原有的价值大

5. 转移生产资料价值的劳动和创造价值的劳动是不可分割，互为条件的

6. 旧价值的转移，只是生产资料价值在商品中的再现

三、劳动力价值的再生产和剩余价值的生产是新价值的构成部分

1. 劳动力价值的再生产是新价值的构成部分

2. 剩余价值的生产是新价值的另一构成部分

四、不变资本和可变资本

1. 变为生产资料的那部分资本叫不变资本，变为劳动力的那部分资本叫可变资本

2. 生产资料的价值变动不会改变不变资本的性质

3. 不变资本和可变资本间比例的变动，不会影响它们在比例上的区别

## 第七章　剩余价值率

### 第一节　劳动力的剥削程度

一、剩余价值完全是可变资本价值变动的结果

1. 剩余价值首先表现为产品价值超过它所消耗的生产资料和劳动力价值的部分

2. 产品中新生产的价值和产品价值是不同的

3. 剩余价值完全是可变资本价值变动的结果，在研究剩余价值率时，

应把不变资本抽去

二、剩余价值率

1. 剩余价值率表现为剩余价值同可变资本的比率

2. 剩余价值率也表现为剩余劳动同必要劳动的比率

3. 剩余价值和可变资本的比率，等于剩余劳动和必要劳动的比率

三、研究剩余价值率的重大意义

1. 剩余价值率表示工人受资本家剥削的程度

2. 不能把剩余价值率和利润率相混同

四、计算剩余价值率的方法

第二节　产品价值在产品相应部分上的表现

1. 产品价值的三个要素：C、V、M

2. 就工作日完成的结果考察各项价值要素在产品相应部分上的表现

3. 从产品的形成过程，考察产品不同价值要素在产品的相应部分上的表现

4. 由于把产品各构成部分的表现和它的生产混为一谈而产生的错误

第三节　西尼尔的"最后一小时"

1. 西尼尔的"最后一小时"的谬论

2. 对西尼尔"最后一小时"的批判

第四节　剩余产品

1. 代表剩余价值的那部分产品是剩余产品

2. 工作日是必要劳动与剩余劳动的总和

## 第八章　工作日

第一节　工作日的界限

1. 工作日是个可变量，它本身是不定的

2. 工作日的最低界限和最高界限

3. 无产阶级和资产阶级为规定工作日长度而斗争

第二节　对剩余劳动的贪欲。工厂主和领主

1. 资本主义生产本身的性质，决定着资本家对剩余劳动的贪欲是无限的

2. 工厂主和领主剥削剩余劳动形式的差别，丝毫不会改变剩余劳动与必要劳动之间的量的比率

3. 英国工厂法的产生，说明资本家的掠夺欲，使国家的生命力遭到根本的摧残

第三节 在剥削上不受法律限制的英国工业部门

第四节 日工和夜工。换班制度

第五节 争取正常工作日的斗争。十四世纪中叶至十七世纪末叶关于延长工作日的强制性法律

1. 资本是不管劳动力的寿命长短的，它唯一关心的是一个工作日内最大限度地使用劳动力

2. 两个阶段工厂立法的历史背景和实际内容

3. 十四世纪中叶至十七世纪末叶，英国关于延长工作日的强制性法律

第六节 争取正常工作日的斗争。对劳动时间的强制的法律限制。1833—1864年英国的工厂立法

1. 从1833年的工厂法到1847年的新工厂法

2. 资本的猖狂进攻

3. 1850年的新的补充工厂法是工人阶级反击资本家的进攻所取得的胜利

第七节 争取正常工作日的斗争。英国工厂立法对其他国家的影响

1. 根据英国工厂法的历史事实得出的两点结论

2. 英国工厂法对其他资本主义国家的影响

3. 工人阶级必须团结起来和资产阶级作斗争

## 第九章 剩余价值率和剩余价值量

1. 决定剩余价值量的三个规律

2. 货币转化为资本，必须有一定的最低限额

3. 在生产过程中资本对劳动的强制关系

## 第四篇 相对剩余价值的生产
### 第十章 相对剩余价值的概念

一、相对剩余价值的概念

1. 生产相对剩余价值的方法是缩短必要劳动时间，相对地延长剩余劳动时间

2. 把工资压低在劳动力价值以下来缩短必要劳动时间的方法，在这里应被排除

3. 要缩短必要劳动时间，必须提高劳动生产率

4. 绝对剩余价值和相对剩余价值的区别

二、个别资本家追求超额剩余价值的结果，引起相对剩余价值的生产

1. 只有提高生产生活资料的部门和为这些部门提供生产资料的部门的劳动生产力，才会降低劳动力价值

2. 劳动力价值的降低等于全部必要生活资料价值降低的总和

3. 资本家降低生活资料价值的直接目的，是为了在竞争中取得超额剩余价值

4. 超额剩余价值实质上也是相对剩余价值

三、提高劳动生产率来使商品便宜，并通过使商品便宜来使工人本身便宜，是资本的内在的冲动和经常趋势

1. 相对剩余价值的增加和劳动生产率的提高成正比

2. 劳动生产率的提高，降低了单位商品的价值量，又增加了剩余价值量

3. 资本主义提高劳动生产率的目的是为了榨取更多剩余价值

### 第十一章 协作

一、简单协作是资本主义生产的起点

二、简单协作的一般优点

1. 协作使个人劳动取得社会平均劳动的性质

2. 协作可以节约生产资料

3. 协作创造出一种新的集体力

4. 协作可以增进劳动效能

5. 协作使劳动具有连续性和多面性

6. 协作使不同工作可以同时进行

7. 协作能在短时间内完成必须完成的工作

8. 协作,一方面可以扩大劳动的空间范围,另一方面,可以与生产规模相比相对地在空间上缩小生产领域

9. 协作提高了社会劳动的生产力

三、资本主义协作的条件和特点

1. 一定量的可变资本和不变资本集中在资本家手中是资本主义协作的条件

2. 资本家对协作的管理,在内容上是二重的,在形式上是专制的

3. 因协作而产生的社会生产力,好像是资本天然具有的生产力

4. 资本主义协作以自由雇佣工人为前提,协作自身也表现为资本主义生产过程的一个特有形式

5. 协作是资本主义发展最初阶段的特殊形式,也是资本主义生产方式的基本形式

## 第十二章　分工和工场手工业

第一节　工场手工业的二重起源

1. 以分工为基础的协作,在工场手工业上取得了自己的典型形态

2. 工场手工业产生的两种方式

3. 理解工场手工业的分工必须把握住的问题

第二节　局部工人及其工具

1. 由独立劳动者变为局部工人所引起的变化

2. 劳动工具的专门化

第三节　工场手工业的两种基本形式——混成的工场手工业和有机的工场手工业

1. 工场手工业的两种基本形式

2. 工场手工业的分工，使劳动更加具有连续性、划一性、规则性、秩序性，并提高了劳动强度

3. 工场手工业的分工，使不同种工作需要不同比例的人数

4. 工场手工业的分工，使局部工人成为总机构中的一个特殊器官

5. 工场手工业发展为不同的工场手工业的结合

6. 由许多局部工人结合而成的总体工人是工场手工业时期特有的机器

7. 分工产生了简单劳动和复杂劳动的差别，从而产生劳动力的等级制度及与其相适应的工资等级制度

8. 分工的结果，使劳动力价值降低，增加了相对剩余价值的生产

第四节　工场手工业内部的分工和社会内部的分工

1. 两种分工产生的历史过程及其相互关系

2. 两种分工的差别

3. 工场手工业内部的分工是资本主义生产方式的独特创造

第五节　工场手工业的资本主义性质

1. 工场手工业的资本主义性质

2. 在经济思想史上对分工的两种片面看法

3. 工场手工业还不能建立资本对劳动的绝对统治

## 第十三章　机器和大工业

第一节　机器的发展

1. 机器是生产剩余价值的手段

2. 劳动资料如何从手工工具转变为机器

3. 必须把许多同种机器的协作和机器体系区别开来

4. 用机器生产机器，才能建立大工业的技术基础

5. 机器的应用使劳动过程发生了变化

第二节　机器的价值向产品的转移

1. 机器的价值比手工工具的价值大

2. 为什么价值大的机器生产的产品会更便宜

3. 决定机器价值向产品转移的诸因素

4. 机器的生产率是由它代替的人类劳动力的程度来衡量的

5. 资本主义使用机器的界限

第三节　机器生产对工人的直接影响

1. 资本对补充劳动力的占有。妇女劳动和儿童劳动

2. 工作日的延长

3. 劳动的强化

第四节　工厂

1. 机器是主体，工人受机器支配，是资本主义工厂的特征

2. 机器虽然从技术上推翻了旧的分工制度，但又在更令人厌恶的形式上加以恢复

3. 工人成为机器的单纯附属物，智力变成资本支配劳动的权利

4. 资本主义的工厂制度把工厂变成监狱

第五节　工人和机器之间的斗争

1. 机器出现后，工人才开始反对劳动资料本身

2. 工人反对机器的原因

3. 工人阶级的敌人不是机器而是资本主义制度

第六节　关于被机器排挤的工人会得到补偿的理论

1. "补偿论"是错误的

2. "补偿论"的实质在于掩盖资本主义使用机器所产生的矛盾和对抗

3. 在应用机器的劳动部门排挤工人的同时，也能引起其他劳动部门就业的增加，但这和所谓补偿理论毫无共同之处

第七节　工人随机器生产的发展而被排斥和吸引。棉纺织业

的危机

1. 在工厂部门极度扩张的同时，所使用的工人人数，不仅可能相对减少，而且可能绝对减少

2. 就业工人人数的相对减少和绝对增加是并行不悖的

3. 在生产周期中，工人时而被排斥时而被吸引

第八节　大工业所引起的工场手工业、手工业和家庭劳动的革命

1. 以手工业和分工为基础的协作的消失

2. 工厂制度对于工场手工业和家庭劳动的反作用

3. 现代工场手工业和家庭劳动向大工业的过渡。这一革命由于工厂法在这两种生产方式中的实行而加速

第九节　工厂法（卫生条款和教育条款）。它在英国的普遍实行

1. 工厂法的卫生条款，清楚地表明资本主义生产方式的特点

2. 工厂法的卫生条款说明，工厂制度萌发了未来教育的幼芽

3. 大工业既瓦解了旧家庭制度的经济基础，也瓦解了旧的家庭关系本身

4. 工厂法的普遍化及其后果

第十节　大工业和农业

1. 机器大工业加速了小农的破产，使农村阶级关系发生变化

2. 它加深了工农业之间、城乡之间的对立，又为消灭这个对立创造了条件

3. 它加强了对农业劳动者和土地的掠夺


## 第五篇　绝对剩余价值和相对剩余价值的生产

### 第十四章　绝对剩余价值和相对剩余价值

一、资本主义制度下的生产劳动

1. 随着劳动过程本身的协作性质的发展，生产劳动的概念必然扩大

2. 从资本主义生产看，只有生产剩余价值的劳动才是生产劳动

3. 古典政治经济学对生产劳动的看法

二、绝对剩余价值与相对剩余价值的关系

1. 绝对剩余价值的生产构成资本主义体系的一般基础，并且是相对剩余价值生产的起点

2. 劳动对资本在形式上的隶属，发展为实际上的隶属

3. 生产相对剩余价值的方法，同时也是生产绝对剩余价值的方法

4. 绝对剩余价值和相对剩余价值之间的同一性和区别

三、剩余价值的生产，不是由自然条件，而是由资本主义生产关系决定的

1. 没有一定程度的劳动生产率，就不能产生剩余劳动

2. 剩余价值生产是历史发展的产物

3. 自然条件对人类社会有一定的影响，但人对自然起着支配作用

4. 良好的自然条件，只提供剩余劳动的可能性，剩余价值的生产是资本主义经济关系的产物

5. 批判剩余价值来源于劳动生产力的谬论

## 第十五章　劳动力价格和剩余价值的量的变化

第一节　工作日的长度和劳动强度不变（已定），劳动生产力可变

1. 一定量的劳动时间总是创造一定量的价值，与劳动生产率的变化无关

2. 劳动生产力的变化按相反方向影响劳动力价值，按相同方向影响剩余价值

3. 剩余价值增减是劳动力价值相应增减的结果，而不是原因

4. 李嘉图表述这三个规律时所存在的缺点

第二节　工作日和劳动生产力不变，劳动强度可变

1. 劳动强度较大的工作日，会提供较多的价值产品

2. 提高劳动强度对劳动力价格和剩余价值的影响

### 第三节　劳动生产力和劳动强度不变，工作日可变

1. 在工作日缩短的情况下

2. 在工作日延长的情况下

### 第四节　劳动的持续时间，劳动生产力和劳动强度同时变化

1. 劳动生产力降低，同时工作日延长

2. 劳动强度和劳动生产力提高，同时工作日缩短

## 第十六章　剩余价值率的各种公式

1. 马克思对剩余价值率公式的科学表述

2. 批判古典学派剩余价值率公式的错误

3. 第三个公式

# 第六篇　工资

## 第十七章　劳动力的价值或价格转化为工资

一、"劳动的价值"是从资本主义生产关系产生的虚幻用语

1. 在资产阶级社会，工资表面上表现为劳动的价格

2. 劳动不是商品，没有价值

3. "劳动的价值"是一个虚幻的用语，是从生产关系本身中产生的

二、古典学派所称的"劳动的价值"，其实就是劳动力的价值

三、劳动力的价值和价格转化为劳动的价值和价格

1. 劳动力的价值表现为劳动的价值

2. 工资的形式掩盖了必要劳动和剩余劳动，有酬劳动和无酬劳动的区别

3. 劳动力价值转化为工资，掩盖着资本主义的真实关系

四、劳动力价值或价格转化为工资的必然性

1. 一般的商品买卖关系，掩盖着劳动力特殊商品买卖的资本主义关系

2. 劳动力商品和其他一切商品的区别

3. 在工资形式的掩盖下，工人和资本家都看不出劳动价值和工资之间的关系

4. 工资现实运动的两种现象，仿佛证明了被支付的就是劳动的价值

5. 劳动力的价值与价格和劳动的价值与价格的关系是本质与现象的关系

## 第十八章　计时工资

一、计时工资是劳动价值或价格的转化形式

1. 工资的两个基本形式

2. 计时工资是劳动力价值或价格的转化形式

3. 在考察计时工资时，必须把工资总额与劳动价格区别开来

二、计时工资的一般规律

1. 工资总额、劳动价格、工作日长度三者之间的关系

2. 计时工资的一般规律

三、计时工资的一般规律发生的作用和结果

1. 资本家利用计时工资加强对工人的剥削

2. 计时工资的一般规律对工人所产生的结果

3. 反映在资本家头脑中的只是生产关系的假象

## 第十九章　计件工资

一、计件工资是计时工资的转化形式

1. 计件工资所造成的表面现象

2. 计时工资与计件工资在同一些行业中同时并存，说明它们在本质上是没有差异的

3. 计件工资同计时工资一样，也包含有酬劳动和无酬劳动两部分

4. 计件工资是计时工资的转化形式

二、计件工资的特点

1. 它是资本家克扣工资和欺诈的最丰富的源泉

2. 它是资本家测量劳动强度的尺度

3. 它是资本主义家庭劳动和形成层层剥削和压迫制度的基础

4. 它是提高劳动强度，延长工作日的手段

5. 它是资本家降低工资水平的手段

6. 它是最适合资本主义生产方式的工资形式

三、计件工资运动的规律

## 第二十章　工资的国民差异

1. 工资是由劳动力价值和价格的规律决定的，这一规律产生作用的结果，导致国民工资的同一时期的差异

2. 价值规律在国际市场上的应用

3. 名义工资在资本主义发达的国家高，但实际工资并不是这样

4. 资本主义发达的国家，名义工资较高，但相对劳动价格较低，工人受剥削更重

5. 对凯里工资理论的批判

## 第七篇　资本的积累过程

## 第二十一章　简单再生产

一、简单再生产的概念

1. 如果生产在原有规律上重复就是简单再生产

2. 生产的条件同时也是再生产的条件

3. 生产具有资本主义的形式，再生产也就具有同样的形式

4. 资本主义简单再生产就是资本家把剥削到的全部剩余价值用于个人消费

二、资本的再生产

1. 可变资本的再生产表明工人今天的劳动或下半年的劳动是用他上星期的劳动或上半年的劳动来支付的

2. 全部资本的再生产表明经过或长或短时间以后所有资本都是由剩余价值转化而来的

三、雇佣工人的再生产

1. 雇佣工人的再生产是资本主义再生产必不可少的条件

2. 工人的个人消费，是资本主义再生产的一个要素

3. 从社会的角度看，工人是资本的附属物

4. 资本主义生产关系的再生产

## 第二十二章　剩余价值转化为资本

第一节　规模扩大的资本主义生产过程。商品生产所有权规律转化为资本主义占有规律

一、资本积累

1. 把剩余价值转化为资本就是资本积累

2. 资本积累的条件是要有追加的生产资料、生活资料和劳动力

3. 追加资本的来源是剩余价值

二、商品生产所有权规律转化为资本主义占有的规律

1. 从商品生产所有权规律到资本主义占有规律的转变

2. 这一转变并不是价值规律的破坏，而是对价值规律的应用

3. 从孤立的生产过程看不出这一转变，但从再生产过程来看，这一转变就表现出来了

4. 以上的转变是劳动力成为商品才引起的

5. 从再生产过程看，全部预付资本都是剩余价值的转变

第二节　政治经济学关于规模扩大的再生产的错误见解

1. 古典学派在资本积累问题上比货币储藏者的偏见前进了一大步

2. 古典学派在资本积累问题上的错误见解

第三节　剩余价值分为资本和收入。节欲论

1. 剩余价值分割为资本与收入的比例，决定积累量的大小

2. 资本主义积累的客观必然性

3. 资本积累和资本家的享受是同时增长的

4. 对积累与收入的认识，古典学派与马尔萨斯是不同的

5. 对西尼尔节欲论的批判

6. 在不存在资本形式的社会中，扩大再生产不采取资本积累的形式

第四节　几种同剩余价值分为资本和收入的比例无关但决定积累量的情况：劳动力的剥削程度；劳动生产力；所使用的资本和所耗费的资本之间差额的扩大；预付资本的量

1. 剩余价值分割的比例不变，剩余价值量越多，积累越多
2. 劳动力的剥削程度，决定着积累量的大小
3. 社会劳动生产率的水平，也是决定积累量大小的一个因素
4. 所使用的资本和所耗费资本之间的差额的增大，也决定着积累量的大小
5. 决定积累量大小的又一因素是预付资本的量

第五节　所谓劳动基金

## 第二十三章　资本主义积累的一般规律

第一节　资本构成不变，对劳动力的需求随积累的增长而增长

1. 由资本的技术构成决定并且反映技术构成变化的资本价值构成，叫资本的有机构成
2. 在有机构成不变的情况下，对劳动力的需要会随资本的增加而增加，工资可能提高，但并不改变资本主义生产的性质
3. 批判古典学派所谓"适度的工资"的谬论
4. 即使工资稍有提高，工人生活稍有改善，仍不能改变雇佣工人的地位
5. 资本积累和工资提高的因果关系
6. 工资提高的界限是不侵犯资本主义制度的基础并保证资本的扩大再生产

第二节　在积累和伴随积累的积聚的进程中资本可变部分相对减少

1. 劳动生产率的提高，成为积累的最强有力的杠杆
2. 劳动生产率的增长，表现为劳动的量比它所推动的生产资料的量相对减少

3. 劳动生产率提高，引起资本有机构成提高的变化

4. 资本家拿出一部分剩余价值作为资本，使资本总额增大，叫资本积累

5. 合并几个资本为一个更大的资本叫资本的集中

6. 资本集中补充了积累的作用

7. 在有机构成提高下的资本积累，资本对工人的需要愈来愈小

第三节　相对剩余人口或产业后备军的累进生产

1. 相对过剩人口的形成是可变资本相对减少的结果

2. 资本主义生产方式特有的人口规律

3. 剩余劳动人口是资本主义生产方式存在的条件之一

4. 相对过剩人口的生产，比资本积累的增进、有机构成的提高、可变资本的相对减少更为迅速

5. 决定工资的一般变动的，不是工人人口绝对数量的变动，而是相对过剩人口的增减

第四节　相对过剩人口的各种存在形式。资本主义积累的一般规律

1. 相对过剩人口的各种存在形式

2. 资本主义积累的一般规律

3. 对曲解资本主义积累对抗性质的观点的批判

第五节　资本主义积累一般规律的例证

1. 1846—1866 年的英格兰

2. 不列颠工业工人阶级中报酬微薄的阶层

3. 流动人口

4. 危机对工人阶级中报酬最优厚部分的影响

5. 不列颠的农业无产阶级

6. 爱尔兰

## 第二十四章　所谓原始积累

第一节　原始积累的秘密

1. 原始积累是资本主义生产方式的起点

2. 资产阶级经济学对原始积累的错误看法

3. 原始积累是生产者与生产资料分离的历史过程

4. 原始积累是从封建剥削变为资本主义剥削的历史过程

第二节 对农村居民土地的剥夺

第三节 十五世纪末以来惩治被剥夺者的血腥立法。压低工资的法律

第四节 资本主义租地农场主的产生

第五节 农业革命对工业的反作用。工业资本的国内市场的形成

第六节 工业资本家的产生

第七节 资本主义积累的历史趋势

1. 从以个体劳动为基础的私有制向以雇佣劳动为基础的资本主义私有制的转化

2. 从资本主义私有制到社会主义公有制的转化

3. 资本主义产生和灭亡的辩证法

## 第二十五章 现代殖民理论

1. 政治经济学家混同了个体私有制和资本主义私有制

2. 资产阶级意识形态使得私有制观念成为永恒观念

3. 在殖民地,以宗主国力量的后盾,资本家企图用暴力消除个体私有制

4. 剥夺人民的土地是资本主义生产方式的基础,也是殖民地繁荣的基础

# 后 记

本书是我主持的国家社会科学基金西部项目的最终研究成果，本课题自2014年7月立项到2020年3月结项，以本人为主，在核心期刊上发表了10余篇论文作为阶段性研究成果。在长达五年多的研究和叙述过程里，课题组成员做出了珍贵的集体贡献，他们协助我分别参与了部分章节的撰写，他们有西安交通大学王海龙、四川警察学院韩璐、新疆大学靳永茂、西北农林科技大学高耀芳、甘肃政法大学张番红、兰州理工大学孙大林、兰州大学张起梁和汪钊。兰州财经大学解慧娟做了资料整理和对相关文献的计量分析。兰州大学汪钊和牛新星对本书的校对做了大量工作。

本课题研究和本书写作过程中，学习和参考了大量国内外文献资料，大多在脚注和尾注中已予注明。在此对这些文献的编著者予以衷心感谢！

作为一种新的研究方法的运用，本书的一些观点可能不够成熟，内容结构和表述还存在很多不足和遗憾。恳请广大读者给予宝贵的意见，以便我们今后进一步深入研究和探索。

感谢中央编译出版社刘溪编辑和其夫人李培芳女士在一年多的时间里对本书从修改完善到出版所做的辛勤工作和真挚支持。中央编译出版社要求书稿多次修改，完善的严谨态度和责任意识令人敬佩。

王维平

2020年12月